当代中国马克思主义政治经济学丛书

总主编：逢锦聚

财智睿读

中国特色社会主义政治经济学概论

逢锦聚　景维民　何自力　刘凤义　周云波／等著

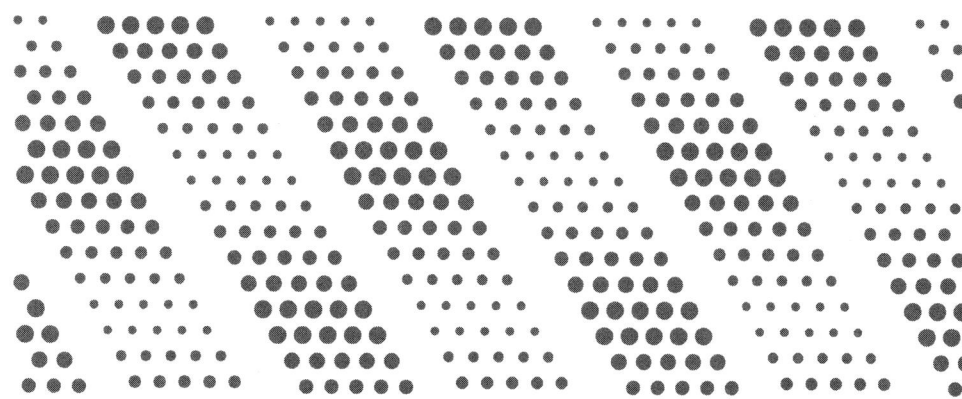

中国财经出版传媒集团

经济科学出版社
Economic Science Press

图书在版编目（CIP）数据

中国特色社会主义政治经济学概论/逢锦聚等著．
—北京：经济科学出版社，2019.4
（当代中国马克思主义政治经济学丛书）
ISBN 978 – 7 – 5218 – 0439 – 3

Ⅰ．①中⋯　Ⅱ．①逢⋯　Ⅲ．①中国特色社会主义 –
社会主义政治经济学 – 概论　Ⅳ．①F120.2

中国版本图书馆 CIP 数据核字（2019）第 060844 号

责任编辑：郎　晶
责任校对：王肖楠
责任印制：李　鹏

中国特色社会主义政治经济学概论

逢锦聚　景维民　何自力　刘凤义　周云波　等著
经济科学出版社出版、发行　新华书店经销
社址：北京市海淀区阜成路甲 28 号　邮编：100142
总编部电话：010 – 88191217　发行部电话：010 – 88191522
网址：www.esp.com.cn
电子邮件：esp@esp.com.cn
天猫网店：经济科学出版社旗舰店
网址：http://jjkxcbs.tmall.com
北京季蜂印刷有限公司印装
710×1000　16 开　28.75 印张　530000 字
2019 年 5 月第 1 版　2019 年 5 月第 1 次印刷
ISBN 978 – 7 – 5218 – 0439 – 3　定价：86.00 元
（图书出现印装问题，本社负责调换。电话：010 – 88191510）
（版权所有　侵权必究　打击盗版　举报热线：010 – 88191661
QQ：2242791300　营销中心电话：010 – 88191537
电子邮箱：dbts@esp.com.cn）

南开大学政治经济学研究中心成果
教育部哲学社会科学研究重大课题攻关项目阶段性成果
项目批准号：16JZD005

参与本书初稿写作人员

逄锦聚	景维民	何自力	刘凤义
周云波	安虎森	杜传忠	宁光杰
王　璐	郭金兴	张海鹏	荆克迪
乔晓楠	张　兵	冯志轩	孙景宇

总　　序

习近平在 2016 年 5 月 17 日召开的哲学社会科学工作座谈会上强调：我国哲学社会科学的一项重要任务就是继续推进马克思主义中国化、时代化、大众化，继续发展 21 世纪马克思主义、当代中国马克思主义。① 他在庆祝中国共产党成立 95 周年大会上的讲话中又提出："我们要以更加宽阔的眼界审视马克思主义在当代发展的现实基础和实践需要，坚持问题导向，坚持以我们正在做的事情为中心，聆听时代声音，更加深入地推动马克思主义同当代中国发展的具体实际相结合，不断开辟 21 世纪马克思主义发展新境界，让当代中国马克思主义放射出更加灿烂的真理光芒。"②

发展 21 世纪马克思主义，开辟 21 世纪马克思主义新境界，是哲学社会科学的重要任务。政治经济学是马克思主义的重要组成部分，应该为发展 21 世纪马克思主义，开辟 21 世纪马克思主义新境界做出新贡献。基于这样的认识，在中国特色社会主义经济建设协同创新中心和教育部人文社会科学重点研究基地南开大学政治经济学研究中心的支持下，自 2014 年开始我组织国内一些学者开展中国特色社会主义政治经济学研究、当代中国马克思主义政治经济学研究、开辟 21 世纪马克思主义政治经济学新境界研究，形成一批成果。本丛书将在"当代中国马克思主义政治经济学"旗帜下，陆续出版这些成果。

逢锦聚
2017 年 7 月 1 日

---

① 习近平：《在哲学社会科学工作座谈会上的讲话》，载于《人民日报》2016 年 5 月 19 日。
② 习近平：《在庆祝中国共产党成立 95 周年大会上的讲话》，载于《人民日报》2016 年 7 月 2 日。

前　言

2015年，由我作为负责人，与我所在的学术团队成员一起组成课题组，申报教育部哲学社会科学重大课题"中国特色社会主义政治经济学理论体系和话语体系研究"，获得批准。2017年9月，课题组完成了《中国特色社会主义政治经济学通论》（以下简称《通论》），并由经济科学出版社出版。该书74万字，从内容深度和广度看，比较适合于经济学科研究生阶段学习之用和经济学理论工作者研究时参考。作为《通论》的姊妹篇，现在呈现给大家的《中国特色社会主义政治经济学概论》（以下简称《概论》），大约50万字，比较适合于经济学类大学生阶段的学习之用，同时也可以为广大干部群众学习研究中国特色社会主义政治经济学提供参考。

《概论》与《通论》相比，观点和结构基本保持了一致，但《概论》有明显的特点。就内容而言，《概论》更充分地吸收了党的十八大以来特别是党的十九大的最新理论成果。就结构而言，《概论》除删除了《通论》的第一篇外，其余六篇的结构未变，但全书由《通论》的28章变为19章，一些节、目的内容也做了相应调整。具体而言，《概论》在延续《通论》对社会主义基本理论如：社会主义初级阶段理论，基本经济制度、分配制度理论，社会主义市场经济理论，改革开放理论，微观理论，宏观调控理论和发展理论等阐释的基础上，在以下理论上有所推进：

第一，加强了对中国特色社会主义进入新时代和习近平新时代中国特色社会主义经济思想的论述。党的十八大以来，中国特色社会主义进入新时代，形成了习近平新时代中国特色社会主义经济思想。《概论》着力阐释了中国特色社会主义进入新时代的经济社会基础和时代背景，中国特色社会主义新时代的基本特征，特别着力阐释了习近平新时代中国特色社会主义经济思想的科学内涵、理论意义、时代价值和理论内容。

第二，深化了对社会主义初级阶段和社会主要矛盾的阐释。中国特色社会主义进入新时代，我国社会主要矛盾已经转化为人民日益增长的美好生活需要和不平衡不充分的发展之间的矛盾。社会主要矛盾的变化是关系全局的历史性变化，提出了许多新要求，但没有改变我国仍处于并将长期处于社会主义初级阶段的基本国情，也没有改变我国仍是世界最大发展中国家的国际地位。《概论》对这些判断进行了比较充分的学理性阐释。

第三，加强了对以人民为中心发展思想和新发展理念的阐释。党的十八大以来，以习近平同志为核心的党中央创新形成了创新、协调、绿色、开放、共享的新发展理念。新发展理念坚持以人民为中心的发展思想，把实现人民幸福作为发展的目的和归宿，强调发展为了人民、发展依靠人民、发展成果由人民共享。围绕以人民为中心，必须坚定不移把发展作为党执政兴国的第一要务，坚持解放和发展社会生产力，坚持社会主义市场经济改革方向，推动经济持续健康发展。新发展理念内涵丰富，是马克思主义基本原理与当代中国实际相结合的产物，是中国特色社会主义理论体系的最新成果。牢固树立并切实贯彻创新、协调、绿色、开放、共享的新发展理念，是关系我国发展全局的一场深刻变革。基于这样的认识，《概论》不仅从学理上把新发展理念上升到社会主义基本特征和内在要求的高度，充分阐释了新发展理念的丰富内涵、现实意义和深远历史意义，而且论述了要贯彻新发展理念，深化改革，开拓前进，推动我国发展迈上新台阶。

第四，加强了对全面建成小康社会，建成社会主义现代化强国，实现中华民族伟大复兴的"两个一百年"奋斗目标和一系列新战略的阐释。党的十九大确立了在全面建成小康社会的基础上，基本实现社会主义现代化，把我国建成富强民主文明和谐美丽的社会主义现代化强国的奋斗目标，并提出了为实现目标，统筹推进经济建设、政治建设、文化建设、社会建设、生态文明建设，坚定实施科教兴国战略、人才强国战略、创新驱动发展战略、乡村振兴战略、区域协调发展战略、可持续发展战略、军民融合发展战略。《概论》对此进行了深入的阐释。

第五，加强了对贯彻新发展理念建设现代化经济体系的阐述。现代化经济体系，是由社会经济活动各个环节、各个层面、各个领域的相互关系和内在联系构成的一个有机整体。建设现代化经济体系，是实现社会主义现代化"两个一百年"建设目标的要求，是适应我国经济已由高速增长阶段转向高质量发展阶段的要求，是化解我国社会主要矛盾推进经济建设的客观要求。本书阐述了我国建设的现代化经济体系的主要内容和建设现代化经济体系的思路和重大措施。

第六，加强了对经济全球化和建设开放型经济、推动全球治理、构建人类命运共同体的论述。对外开放是我国的重大国策。在过去的对外开放中，我国为世界经济的发展注入了强劲动力，引导经济全球化向更加开放、包容、普惠、平衡、共赢方向发展，为国际合作提供"一带一路"等公共产品，致力于为解决世界难题提供方案，为推动世界经济的发展做出了重要贡献。面对经济全球化出现的新形势新问题，在今后建设现代化国家的过程中，我国仍将继续高举和平、发展、合作、共赢的旗帜，同各国人民同心协力，构建人类命运共同体，建设持久和平、普遍安全、共同繁荣、开放包容、清洁美丽的世界。对于经济全球化和我国推动经济全球化健康发展的重大举措，《概论》做了新的论述。

以上这些内容大都是党的十八大以来取得的、党的十九大加以凝练的重大理论创新，本书力图充分地反映这些理论创新成果。但由于中国特色社会主义正在发展中，所以书中阐释的理论肯定还会随着实践的发展而不断发展和完善。跟踪实践的发展不断进行理论创新，是我们今后继续努力的方向。

新中国成立以来，特别是改革开放以来，社会主义经济建设对能够立足中国国情、指导中国现代化经济建设实践的经济学理论，一直存在着强烈的需求。几代经济学人为此而付出了艰辛的努力，并取得了宝贵的成果，为其后的理论探索奠定了坚实的基础。在此基础上，党的十八大以来，习近平总书记多次提出要构建中国特色社会主义哲学社会科学，要学好用好政治经济学，要坚持中国特色社会主义这种教学原则。在进行课题研究和《通论》《概论》的写作过程中，我们一直在思考，我们要构建的中国特色社会主义政治经济学究竟应该是什么样子，具有哪些基本的要求？经过反复的研究，初步形成了如下一些共识。

我们认为，中国特色社会主义政治经济学就本质而言，与马克思创立的后为列宁、毛泽东等继承和发展了的马克思主义政治经济学一脉相承，是当代中国马克思主义政治经济学，是中国特色社会主义理论体系的重要组成部分。它既具有马克思主义政治经济学的本质规定性，即坚持马克思主义的基本原理，又与时俱进，是发展了的时代化、中国化了的马克思主义政治经济学。

作为中国化、时代化的马克思主义政治经济学的中国特色社会主义政治经济学，应该具有科学性、人民性、实践性、发展性和开放性，这是中国特色社会主义政治经济学的本质属性和要求，也是检验是否是真正中国特色社会主义政治经济学的试金石。

按照科学性的要求，中国特色社会主义政治经济学就要坚持和运用辩证唯物主义和历史唯物主义的根本方法论，分析中国特色社会主义赖以建立和发展的基本国情，特殊发展阶段，特殊基本经济制度、分配制度，揭示中国特色社会主义经济的特殊规律和其中包含的人类经济社会发展的一般规律。辩证唯物主义和历史唯物主义的根本方法论在中国特色社会主义政治经济学中的具体运用，可以表现为多种方法，例如：矛盾分析的方法、历史与逻辑统一的方法、抽象法、人民是历史主体的分析方法、以实践为基础的分析方法等。除这些方法之外，随着自然科学的发展，不仅数学的方法，而且包括系统论、博弈论、信息论、控制论等一些现代科学的研究方法也逐步被运用到经济学的研究中。这些方法从根本上说，与马克思主义的辩证唯物主义和历史唯物主义的方法具有一致性，如系统论与辩证法中普遍联系的观点，控制论与辩证法中内因外因关系的观点，信息论与辩证法中事物相互联系的观点等都是相通的。现代科学方法还会不断发展，在经济学中还会被广泛地运用,所以中国特色社会主义政治经济学既要坚持运用马克思主义的历史唯物主义和辩证唯物主义根本方法论,又要充分地吸收和借鉴现代科学的方法。

按照人民性的要求,中国特色社会主义政治经济学就要坚持一切为了广大人民群众的根本利益,满足人民美好生活的需要,"必须始终坚持人民立场,坚持人民主体地位"。① 改革开放和现代化建设是中国特色社会主义政治经济学必须着力研究的重大理论和实践,而改革开放和现代化建设必然涉及各种利益关系的调整。在我国社会主义经济制度确立之后,生产力与生产关系、经济基础与上层建筑之间的矛盾虽然对抗性已经消失,但仍然存在。而这些基本矛盾在社会经济生活中往往表现为具体的利益矛盾。改革是革命,要冲破旧体制不利于生产力发展的藩篱,必然触及各种利益矛盾。所以,中国特色社会主义政治经济学必须分析研究各种利益关系和矛盾,探求解决各种利益矛盾途径,为处理和解决各种利益关系和矛盾提供理论指导。这就要求有一个基本的立足点,就是必须反映广大人民群众的根本利益,一切为了人民,一切依靠人民。对世界经济问题的研究也是一样。中国特色社会主义政治经济学要研究经济全球化条件下的世界市场、国际贸易、国际金融、国际环境保护和国际经济关系等。而国际经济关系,也是利益关系,说到底最根本的是国与国之间的利益关系。分析研究国际经济关系,探求解决各种经济关系矛盾的途径,也必须有一个基本的立足点,就是在各种国际惯例形式背后的国家利益。

按照实践性的要求,中国特色社会主义政治经济学就要站到时代和实践发展前沿,以改革开放进程中提出的重大问题为导向,在实践的基础上认真总结经验,上升为系统学说,为建设现代化强国实现中华民族伟大复兴提供理论指导和支撑。马克思说:"社会生活在本质上是实践的。"② 实践的观点、生活的观点是马克思主义认识论的基本观点。马克思主义不是书斋里的学问,而是为了改变人民历史命运而创

---

① 习近平:《在第十三届全国人民代表大会第一次会议上的讲话》,载于《人民日报》2018年3月21日。
② 《马克思恩格斯文集》第1卷,人民出版社2009年版,第506页。

立的,是在人民的实践中形成的,也是在人民的实践中丰富和发展的,同时又为人民认识世界、改造世界提供了强大精神力量。"哲学家们只是用不同的方式解释世界,问题在于改变世界"。① 中国特色社会主义政治经济学适应实践的需要而产生,就一定要指导实践沿着正确的轨道前进,并在实践前进过程中得到检验和发展。

按照发展性的要求,中国特色社会主义政治经济学就要不教条、不僵化、不封闭、不保守,始终站在时代前沿,不断根据时代、实践、认识的发展而发展,不断探索时代发展提出的新课题,回应人类经济社会面临的新挑战。马克思主义理论不是教条,而是行动指南,必须随着实践的变化而发展。马克思主义政治经济学发展的历史就是马克思、恩格斯以及他们的后继者们不断根据时代、实践、认识发展而发展的历史,是不断吸收人类历史上一切优秀思想文化成果丰富自己的历史。中国特色社会主义政治经济学要永葆生机和活力,就一定要在不断探索时代发展提出的新课题中不断创新和发展。

按照开放性的要求,中国特色社会主义政治经济学就要跟上世界多极化、经济全球化、社会信息化、文化多样化的潮流,反映和平、发展的时代要求,在揭示中国特色社会主义经济建设、改革发展特殊规律的同时,揭示人类经济社会发展的一般规律。人类是命运共同体,各国的经济建设实践经验和在此基础上形成的理论,可以互相借鉴和学习。中国特色社会主义政治经济学要采取开放的态度,不仅要善于使自己取得的成果走向世界,而且也要善于有分析地、有鉴别地学习别国的经验和理论。在相互学习的基础上,实现创新,为中国也为世界、全人类的经济发展和经济学建设贡献中国智慧。

这五项基本要求,是构建和发展中国特色社会主义政治经济学所必须坚持的,也是本书要努力做到的。但由于课题组特别是我本人水平限制,本书还不可能完全达到这样的要求,有些地方还有比较大的差距,敬请广大读者批评指正。

本书是南开大学有关专家学者集体劳动的成果。参与初稿写作的

---

① 《马克思恩格斯文集》第1卷,人民出版社2009年版,第506页。

学者有：前言、导论逄锦聚，第一、二章景维民，第三章王璐，第四章何自力，第五章郭金兴，第六章何自力，第七章张海鹏，第八章杜传忠，第九章安虎森，第十章、十一章刘凤义，第十二章冯志轩、刘凤义，第十三章周云波、孙景宇，第十四章周云波，第十五章杜传忠，第十六章荆克迪，第十七章逄锦聚、宁光杰，第十八章张兵，第十九章乔晓楠。全书由我和刘凤义进行统稿，最后由我定稿。

  本书在研究过程中，得到教育部社科司、中国特色社会主义经济建设协同创新中心、南开大学政治经济学研究中心和经济学院的大力支持，在出版过程中得到经济科学出版社的大力支持，在此表示衷心的感谢！

逄锦聚

2018年9月1日

目 录

导论 **构建中国特色社会主义政治经济学**/1

第一节 中国特色社会主义政治经济学的研究任务、对象和方法/1

第二节 中国特色社会主义政治经济学的主要来源和范畴/12

第三节 学好用好政治经济学/22

思考题/25

第一篇 经济制度与经济改革

第一章 社会主义制度的建立与社会主义初级阶段/29

第一节 社会主义制度的建立/29

第二节 社会主义初级阶段及其根本任务/37

第三节 社会主义初级阶段基本经济规律/46

思考题/49

第二章 中国特色社会主义基本经济制度和分配制度/50

第一节 中国特色社会主义基本经济制度/50

　　　　第二节　公有制主体地位和国有经济主导作用 / 52

　　　　第三节　非公有制经济及其发展 / 57

　　　　第四节　中国特色社会主义的分配制度 / 60

　　　　思考题 / 66

第三章　**社会主义市场经济及其体制** / 67

　　　　第一节　社会主义市场经济 / 67

　　　　第二节　社会主义市场经济体制 / 78

　　　　第三节　社会主义市场经济的理论贡献和世界意义 / 85

　　　　思考题 / 89

第四章　**改革和社会主义经济制度的发展完善** / 90

　　　　第一节　社会主义是不断发展的制度 / 90

　　　　第二节　改革的性质、方向和根本目的 / 97

　　　　第三节　改革的方法论 / 102

　　　　思考题 / 111

第二篇　居民与企业

第五章　**中国经济中的居民** / 115

　　　　第一节　作为经济主体的居民 / 115

　　　　第二节　居民的收入及其提高 / 121

　　　　第三节　居民的消费 / 131

　　　　第四节　居民的储蓄与投资 / 136

　　　　思考题 / 138

第六章　中国经济中的企业 /139

第一节　企业目标与企业制度 /139

第二节　公有制企业 /143

第三节　非公有制企业 /152

第四节　混合所有制企业 /154

思考题 /161

第七章　中国经济中的农村、农业和农民 /162

第一节　"三农"在中国经济中的特殊地位和面临的主要问题 /162

第二节　深化农村农业改革 /167

第三节　转变农业经营方式 /171

第四节　乡村振兴战略 /175

思考题 /178

第三篇　区域经济与产业结构

第八章　中国经济中的区域经济 /181

第一节　我国区域经济的发展 /181

第二节　中国特色社会主义区域经济理论 /185

第三节　实施区域协调发展战略　拓展区域发展空间 /192

思考题 /202

第九章　经济结构、产业结构与发展方式 /203

第一节　经济结构 /203

第二节　产业结构 /206

　　第三节　转变发展方式与调整产业结构 /215

　　思考题 /224

第四篇　宏观经济与政府职能

第十章　**中国宏观经济中的总量与结构** /227

　　第一节　按比例分配社会劳动时间 /227

　　第二节　社会总供求与结构 /233

　　第三节　社会主义市场经济宏观经济目标和综合平衡 /240

　　思考题 /242

第十一章　**中国宏观经济中的政府与市场** /243

　　第一节　政府与市场关系 /243

　　第二节　社会主义市场经济中的政府经济职能 /250

　　第三节　创新和完善宏观调控方式 /254

　　思考题 /258

第十二章　**宏观调控的政策和手段** /259

　　第一节　货币政策 /259

　　第二节　财政政策 /270

　　第三节　宏观调控的其他政策手段 /278

　　思考题 /284

第五篇　经济发展与改善民生

第十三章　经济增长与经济发展 /287

　　第一节　经济增长与经济发展的含义及影响因素 /287

　　第二节　中国特色社会主义新时代和经济发展新常态 /292

　　第三节　新发展理念和全面发展战略布局 /298

　　第四节　贯彻新发展理念　建设现代化经济体系 /302

　　思考题 /307

第十四章　创新发展与经济增长动力转换 /308

　　第一节　创新及其在经济发展中的作用 /308

　　第二节　经济增长动力转换与拓展发展空间 /315

　　第三节　实施创新驱动发展战略 /320

　　思考题 /325

第十五章　协调发展与发展中重大关系 /326

　　第一节　国民经济持续健康发展的内在要求 /326

　　第二节　城乡协调发展 /330

　　第三节　新型工业化、信息化、城镇化、农业现代化协调发展 /336

　　第四节　物质文明和精神文明协调发展 /344

　　思考题 /347

第十六章　绿色发展与建设生态文明 /348

　　第一节　绿色发展和生态文明 /348

　　　　　第二节　绿色发展的理论／351

　　　　　第三节　开创社会主义生态文明新时代／359

　　　　　思考题／371

第十七章　**共享发展与改善民生**／372

　　　　　第一节　发展成果人民共享／372

　　　　　第二节　优先发展教育／375

　　　　　第三节　提高就业质量和人民收入水平／378

　　　　　第四节　统筹城乡社会保障体系建设／386

　　　　　思考题／392

第六篇　开放发展与全球治理

第十八章　**开放发展与全面提高开放型经济水平**／395

　　　　　第一节　开放是繁荣发展的必由之路／395

　　　　　第二节　构建开放型经济新体制／399

　　　　　第三节　发展更高层次的开放型经济／402

　　　　　思考题／413

第十九章　**构建人类命运共同体和全球治理**／414

　　　　　第一节　经济全球化／414

　　　　　第二节　坚持和平发展道路　推动构建人类命运
　　　　　　　　　共同体／424

　　　　　第三节　积极参与全球治理体系改革和建设／428

　　　　　思考题／435

主要参考文献／436

导 论

构建中国特色社会主义政治经济学

本书研究的是处于社会主义初级阶段的中国特色社会主义经济制度、经济运行、改革开放和经济发展，旨在揭示社会主义初级阶段的经济发展规律，并尽可能揭示在中国特殊经济规律中包含的人类经济运动的一般规律。在此基础上，探索构建中国特色社会主义政治经济学。

第一节 中国特色社会主义政治经济学的研究任务、对象和方法

一、中国特色社会主义政治经济学

中国特色社会主义政治经济学是适应时代和实践发展要求，立足当代中国国情和中国发展实践，同时又充分吸收和弘扬中华民族优秀文化传统，借鉴别国有益成果而产生的政治经济学。中国特色社会主义政治经济学是马克思主义政治经济学时代化、中国化的成果，是当代中国马克思主义政治经济学。

1949年中华人民共和国成立，经过一个从新民主主义社会向社会主义社会的过渡时期，到1956年社会主义经济制度确立，开始了社会主义经济建设。在长期的建设中，我们把马克思列宁主义基本原理与中国实际相结合，发展了毛泽东思想，产生了中国特色社会主义理论体系，形成了习近平新时代中国特色社会主义思想，政治经济学是其重要的组成部分。今天我们讲的马克思主义政治经济学，既包括马克思创立的政治经济学、列宁等继承发展了的马克思主义政治经济学，也包括马克思列宁主义基本原理与中国实际相结合产生的中国化马克思主义

政治经济学。中国特色社会主义政治经济学与马克思创立的，后为列宁、毛泽东等继承发展的马克思主义政治经济学一脉相承，是当代中国马克思主义政治经济学，是进行社会主义现代化建设、改革开放的必修课。

中国特色社会主义政治经济学与中国经济学既有联系又有区别。中国经济学，从广义上说，包括以中国经济为研究对象的一切经济学科，既包括理论经济学，也包括应用经济学。从狭义上说，中国经济学特指中国特色社会主义政治经济学，即目前国务院学位委员会公布的学科目录中的政治经济学。[①] 从这样的意义上，中国特色社会主义政治经济学也可简称为狭义上的中国经济学。当然，中国特色社会主义政治经济学与广义上说的中国经济学不是简单的学科范围大小或包含与被包含的关系，而是根本理论基础与分门别类研究的关系，中国特色社会主义政治经济学为中国经济学一切学科提供根本的理论基础，其他经济学科为中国特色社会主义政治经济学提供理论滋养并以中国特色社会主义政治经济学为指导展开分门别类的研究。

恩格斯说："一个民族要站在科学的最高峰，就一刻也不能没有理论思维。"[②] 一个国家一定要有适合本国国情的占主导地位的根本经济理论和根本经济思想，没有根本理论和根本思想的国家，充其量只能跟在别国后面走，不可能自立于世界强国之林。中国特色社会主义政治经济学既揭示处于社会主义初级阶段中国经济的特殊运动规律，也揭示市场经济和社会化大生产的一般规律，是指导中国经济建设和改革开放的根本理论，也为时代的发展和世界经济、经济学的发展贡献中国智慧。

对于要不要发展中国特色社会主义政治经济学，学术界存在不同的认识。大部分学者主张要建立并不断发展中国特色社会主义政治经济学，并为此做出了不懈的努力，取得了重大成果。也有学者认为经济学不分国界，无所谓哪国经济学，世界上只有一种经济学，即西方现代主流经济学。后一种观点既否定了马克

---

① 学科目录适用于学士、硕士、博士的学位授予与人才培养，并用于学科建设和教育统计分类等工作，在人才培养和学科建设中发挥着指导作用和规范功能。学科目录分为学科门类、一级学科（本科教育中称为"专业类"）和二级学科（本科专业目录中称为"专业"）三级。我国先后施行过四份学科专业目录。第一份是1983年3月国务院学位委员会第四次会议决定公布、试行的《高等学校和科研机构授予博士和硕士学位的学科专业目录（试行草案）》。第二份是1990年10月国务院学位委员会第九次会议正式批准的《授予博士、硕士学位和培养研究生的学科、专业目录》（简称《专业目录》）。第三份是1997年国务院学位委员会、国家教育委员会联合发布的《授予博士、硕士学位和培养研究生的学科、专业目录（1997年颁布）》。第四份是2011年2月国务院学位委员会第二十八次会议审议批准的《学位授予和人才培养学科目录（2011年）》。

② 《马克思恩格斯文集》第9卷，人民出版社2009年版，第437页。

思创立的马克思主义政治经济学的当代意义,也否定了中国建设和发展中国特色社会主义政治经济学的必要和可能,本书是不赞成的。本书主张,要构建并不断发展中国特色、中国风格、中国气派的中国特色社会主义政治经济学。理由是:

第一,经济学有共性也有特殊性。作为研究社会化大生产和市场经济一般规律的社会科学,经济学在全世界范围具有共同性,正是这种共同性,决定了各国发展经济的实践经验和在此基础上形成的经济理论可以互相借鉴;但作为研究生产关系、利益关系的社会科学,政治经济学则具有历史性、人文性,并由于各国经济制度、经济发展阶段的差异而具有特殊性。正是这种特殊性,决定了各国经济和经济理论的差异性和"本土化"的必要性。认为经济学不分国界,没有必要发展中国特色社会主义政治经济学的观点,从哲学意义上是以共性否定了特殊性,从经济学意义上是试图以西方发达国家的经济学否定后发的实行不同社会制度的发展中国家的经济学,在我国则是要否定建立中国特色社会主义政治经济学的必要性和必然性。

第二,由中国特殊国情,包括特殊的经济制度、特殊的发展阶段等,所决定的许多经济现象,是其他别的国家的经济学没有解释也解释不了的,建设中国特色社会主义经济必须以中国特色社会主义政治经济学为指导。如中国为什么一定要选择社会主义经济制度而没有选择其他经济制度,为什么一定要走社会主义道路而没有走其他道路,为什么要实行社会主义市场经济而不能实行其他的市场经济等,这些问题是西方经济学至今没有回答也不可能做出科学回答的问题,这些问题只能由中国特色社会主义政治经济学做出回答。

第三,实践证明,只有以中国特色社会主义政治经济学为指导,才能够更好地发展中国特色社会主义经济。我国社会主义经济建设历经艰辛探索,取得了举世瞩目的成就,今天经济总量居世界第二,人民生活水平大幅提高,对世界经济增长的贡献越来越大。这些成就是在中国特色社会主义政治经济学的指导下才取得的。这是不可否认的事实。

当然,我国仍处于社会主义初级阶段,社会主义在不断发展中,与之相适应,中国特色社会主义政治经济学也不可能一开始就非常成熟,而要不断发展和完善,发展完善中国特色社会主义政治经济学是我们的长期任务。

二、中国特色社会主义政治经济学的任务和对象

任何政治经济学的使命都是由它产生的那个时代的需要提出的。如果从1615年法国重商主义代表人物安·德·蒙克莱田第一次使用政治经济学概念算起,政

治经济学在世界存在、发展，至今已有400多年历史。如果从1662年英国古典政治经济学创始开始算起，① 政治经济学在世界存在、发展，至今已有350多年历史。如果从19世纪40年代马克思主义诞生算起，② 作为马克思主义重要组成部分的政治经济学在世界存在、发展，至今已有170多年的历史。从政治经济学创立、发展的历史看，政治经济学是时代和实践发展的产物，不同的时代赋予政治经济学不同的使命。

以英国古典政治经济学为例。17世纪中叶，英国已经成为整个世界工业最发达的国家，与此相应，资本主义生产关系在英国已达到最发达的程度。这是英国得以最先产生古典政治经济学的经济基础。英国资产阶级革命的胜利奠定了英国最先产生古典政治经济学的阶级基础。威廉·配第代表新兴的产业资本的利益和要求，开始创立英国古典政治经济学。这时的政治经济学是资本主义制度产生和上升阶段产生的理论，当时时代赋予它的历史使命是阐明在资本主义制度产生发展过程中所产生的一系列经济现象，探索资本主义经济发展的规律，为新兴的资本主义经济制度的发展提供理论基础和指导。

资本主义制度促进了生产力的巨大发展和社会文明的巨大进步，同时又产生了自身无法克服的矛盾。资本主义发展到日益成熟的阶段，经济危机开始发生，制度本身固有的矛盾开始暴露，无产阶级与资产阶级矛盾日趋尖锐的阶段，马克思主义政治经济学适应时代和实践的需求产生了。从马克思主义政治经济学诞生的那一天开始，时代就赋予其揭示资本主义生产方式内在矛盾、为无产阶级改革提供理论武器的历史使命。实践为完成这种使命提供了条件，正是有了这种条件，马克思主义政治经济学才开天辟地第一次在揭示资本主义制度下社会化大生产和市场经济发展一般规律的同时，揭示了资本主义制度的生产资料私有制与生产社会化的基本矛盾和资本主义制度必然被新的社会主义制度所代替的历史必然性。③

19世纪末20世纪初，资本主义发展到帝国主义阶段，世界进入帝国主义和无产阶级革命的时代，政治经济学就不能停留在对资本主义经济制度一般规律的揭示上，而必须揭示资本主义进入帝国主义阶段的经济特征。在这样的条件下，列宁的帝国主义理论产生了。列宁的帝国主义理论是对马克思主义政治经济学的继承和发展，为分析发展到帝国主义阶段的资本主义特征提供了理论指南，为帝

---

① 威廉·配第是英国古典政治经济学的创始人，他最著名的经济学著作《赋税论》出版于1662年。
② 对于马克思主义诞生的标志，理论界有不同观点，本书同意把1848年《共产党宣言》的问世作为马克思主义诞生的重要标志。
③ 《马克思恩格斯文集》第5~7卷，人民出版社2009年版。

国主义时代无产阶级的革命提供了理论武器。[1]

当社会主义制度从理论变为现实，世界上产生苏联、中国等一批社会主义国家并开始社会主义建设实践时，以社会主义生产关系为主要研究对象的政治经济学在继承马克思主义政治经济学的基础上诞生了，斯大林、毛泽东等根据苏联和中国的社会主义实践，探索并创立了各具特色的政治经济学理论，为社会主义建立初期的经济建设和经济发展实践提供了理论指导。[2][3]

历史发展到当代，和平与发展成为时代的两大主要问题。一方面，人类正处在大发展大变革大调整时期。世界多极化、经济全球化深入发展，社会信息化、文化多样化持续推进，新一轮科技革命和产业革命正在孕育成长，各国相互联系、相互依存，全球命运与共、休戚相关，和平力量的上升远远超过战争因素的增长，和平、发展、合作、共赢的时代潮流更加强劲。另一方面，人类也正处在一个挑战层出不穷、风险日益增多的时代。世界经济增长乏力，金融危机阴云不散，发展鸿沟日益突出，兵戎相见时有发生，冷战思维和强权政治阴魂不散，恐怖主义、难民危机、重大传染性疾病、气候变化等非传统安全威胁持续蔓延。

中国正处于并将长期处于社会主义初级阶段，经济建设是整个工作的中心。经过几十年建设改革和发展，中国特色社会主义进入新时代，在实现了中华民族从站起来到富起来的伟大飞跃的基础上，迎来了从富起来到强起来的伟大飞跃，开辟了社会主义现代化建设的新征程，社会主要矛盾已经由人民日益增长的物质文化需要与落后的生产之间的矛盾转化为人民日益增长的美好生活需要与不平衡不充分发展之间的矛盾。[4] 新时代，经济建设、政治建设、文化建设、社会建设、生态文明建设全面推进，工业化、信息化、城镇化、农业现代化深入发展，人口、资源、环境压力日益加大，改革经济体制，转变发展方式，实现高质量发展的要求更加迫切。在这样的时代和实践条件下，中国特色社会主义政治经济学的历史使命主要是为社会主义经济建设、改革发展和全面建设社会主义现代化强国提供理论指南。具体包括：

第一，适应我国进入改革开放加快推进社会主义现代化的历史新时期的新要求，揭示我国社会主义经济发展的特殊历史、发展所处的特殊阶段，面临的国际环境和社会主义初级阶段的基本经济制度、分配制度，社会主义市场经济运行和

---

[1] 《列宁专题文集（论资本主义）》，人民出版社2009年版，第97~213页。
[2] 斯大林：《苏联社会主义经济问题》，人民出版社1952年版。
[3] 《毛泽东著作选读》下册，人民出版社1986年版，第720~744页。
[4] 习近平：《决胜全面建成小康社会 夺取新时代中国特色社会主义伟大胜利——在中国共产党第十九次全国代表大会上的报告（2017年10月18日）》，人民出版社2017年版。

经济发展的规律,以及社会主义条件下政府职能和政府与市场的关系等,为改革开放和现代化建设提供理论支持和指导。

第二,适应和平与发展成为时代两大主要问题和世界多极化、经济全球化深入发展、科技进步日新月异的世界发展潮流,研究和揭示经济全球化条件下人类经济社会发展的特点、规律和趋势,为促进我国和世界经济的发展做出应有的贡献。

第三,作为一门学科,政治经济学还要从最基本理论的层次上揭示其规律性,从而为其他经济学科提供综合的基本的理论基础。

第四,归根结底,政治经济学要为"经世济民"服务。政治经济学要反映时代和实践发展的要求,回答时代和实践发展的关切。不仅为中国人民服务,也要为全人类服务;要为有效地推进中国特色社会主义制度完善、实现国家治理能力和治理体系现代化服务,也要为推进全球共同治理服务;要为推进中国和全球经济社会的发展,促进民众福祉的不断提高提供理论的指导和支持。

中国特色社会主义政治经济学的使命是神圣的,要承担起这样的使命,就要立足时代,立足我国国情和发展实践。发展当代中国马克思主义政治经济学,就要揭示系统的经济学说,开辟21世纪马克思主义政治经济学的新境界。

一门科学的研究对象是由其担负的任务决定的。由中国特色社会主义政治经济学的使命所决定,中国特色社会主义政治经济学的研究对象,就是中国社会主义初级阶段的生产方式及与之相适应的生产关系和交换关系。具体说,要研究社会主义初级阶段的社会生产力、生产关系,包括经济制度、经济体制、经济运行、经济改革、经济发展、对外经济关系、政府职能等,研究它们的相互关系及其在社会再生产中表现的规律性。在研究这些问题的同时,要联系政治、文化、社会等上层建筑,联系人与环境的关系。显然,与马克思、恩格斯创立的马克思主义政治经济学相比,中国特色社会主义政治经济学的研究对象明显拓宽了。

三、中国特色社会主义政治经济学的方法

历史唯物主义和辩证唯物主义是马克思创立的政治经济学的根本方法论,也是中国特色社会主义政治经济学的根本方法论。

关于历史唯物主义方法,马克思在《〈政治经济学批判〉序言》中做了经典的论述。马克思说:"我所得到的,并且一经得到就指导我的研究工作的总的结果,可以简要地表述如下:人们在自己生活的社会生产中发生一定的、必然的、不以他们的意志为转移的关系,即同他们的物质生产力的一定发展阶段相适合的

生产关系。这些生产关系的总和构成社会的经济结构,即有法律的和政治的上层建筑竖立其上并有一定的社会意识形式与之相适应的现实基础。物质生活的生产方式制约着整个社会生活、政治生活和精神生活的过程。不是人们的意识决定人们的存在,相反,是人们的社会存在决定人们的意识。社会的物质生产力发展到一定阶段,便同它们一直在其中运动的现存生产关系或财产关系(这只是生产关系的法律用语)发生矛盾。于是这些关系便由生产力发展的形式变成生产力的桎梏。那时社会革命时代就要到来了。随着经济基础的变更,全部庞大的上层建筑也或慢或快地发生变革。""无论哪一个社会形态,在它所能容纳的全部生产力发挥出来以前,是绝不会灭亡的;而新的更高的生产关系,在它的物质存在条件在旧社会的胎胞里成熟以前,是决不会出现的。"① 列宁曾说,马克思在《〈政治经济学批判〉序言》中的论述是对历史唯物主义基本原理的"完整的表述"。

关于辩证唯物主义方法,马克思在《资本论》第二版跋中做了经典的论述。他详细引证并肯定了俄国经济学家伊·伊·考夫曼对《资本论》方法的评论之后,指出《资本论》的方法"正是辩证法"。这种辩证法与黑格尔的辩证法不同:"观念的东西不外是移入人的头脑并在人的头脑中改造过的物质的东西而已。""辩证法在对现存事物的肯定的理解中同时包含对现存事物的否定的理解,即对现存事物的必然灭亡的理解,辩证法对每一种既成的形式都是从不断地运动中,因而也是从它的暂时性方面去理解;辩证法不崇拜任何东西,按其本质来说,它是批判的和革命的。"②

马克思运用历史唯物主义和辩证唯物主义,花费几十年的时间研究了资本主义生产方式和与它相适应的生产关系、交换关系,揭示了资本主义产生、发展的规律,撰写了不朽的巨著《资本论》,建造了马克思主义政治经济学的宏伟大厦。《资本论》是建立在历史唯物主义和辩证唯物主义基础上的,通篇充满着历史唯物主义和辩证唯物主义的方法。今天,我们发展中国特色社会主义政治经济学,历史唯物主义和辩证唯物主义依然是最根本的方法。

历史唯物主义和辩证唯物主义的方法论贯彻在经济学研究中,可以具体表现为许多的方法,如矛盾分析的方法、抽象法、历史与逻辑统一的方法、人是历史主体的分析方法、以实践为基础的分析方法等。

矛盾分析的方法。辩证法认为,事物内在矛盾的对立统一推动事物的发展。在经济社会发展中,矛盾无处不在无处不有,其中生产力和生产关系、经济基础

---

① 《马克思恩格斯文集》第 2 卷,人民出版社 2009 年版,第 591~592 页。
② 《马克思恩格斯文集》第 5 卷,人民出版社 2009 年版,第 22 页。

和上层建筑之间的矛盾是最基本的矛盾。人类经济社会的发展是由生产力和生产关系、经济基础和上层建筑的矛盾运动决定的。马克思揭示了这一矛盾运动的规律,并把这一矛盾运动规律用于对社会经济现象的分析,从而揭示了人类社会经济制度发展的根本规律,成为经济学分析的根本方法。今天我们分析中国特色社会主义现代化进程中的种种矛盾,进行经济社会改革,也必须运用这种根本方法。

抽象法。马克思认为:"分析经济形式,既不能用显微镜,也不能用化学试剂。二者都必须用抽象力来代替。"① 马克思主义经济学的抽象法包含相互联系的两个科学思维过程:一是从具体到抽象的过程,这是抽象法的基础和前提。科学的抽象是以客观存在的具体事物为依据的,因而具体存在的事物是理论研究的出发点,经过科学的抽象,对普遍存在的具体的经济现象进行分析,撇开次要的因素,从中找出最基本、最简单的东西,并综合它的各种发展形式及其内在的必然联系,阐明经济范畴,揭示经济规律。就像马克思在分析资本主义经济时,面对纷繁的各种具体的资本形式和经济现象,首先对商品这一最基本的财富细胞利用抽象力,抽象出商品价值、使用价值、抽象劳动、具体劳动等最基本的经济范畴。二是从抽象到具体的过程,也就是依据前一过程的结果,从最简单最基本抽象的范畴开始,循着由简单上升到复杂的思维过程,对客观存在的事物及其内在联系进行理论阐释,建立逻辑体系。马克思在《资本论》中就是以资本主义社会的劳动产品的商品形式或者商品的价值形式作为逻辑起点,以从抽象到具体作为叙述方法的。上述两个过程归结起来就是马克思说的:"在第一条道路上,完整的表象蒸发为抽象的规定;在第二条道路上,抽象的规定在思维行程中导致具体的再现。"② "在形式上,叙述方法必须与研究方法不同。研究必须充分地占有资料,分析它的各种发展形式,探寻这些形式的内在联系。只有这项工作完成以后,现实的运动才能适当地叙述出来。这点一旦做到,材料的生命一旦在观念上反映出来,呈现在我们面前的就好像是一个先验的结构了。"③ 经济学运用抽象法,有利于将具体的实践上升为科学理论,又运用科学理论指导丰富的实践,同时有利于透过千差万别的经济现象把握现象之间的内在联系和本质,揭示在经济现象深处的经济运动规律。中国特色社会主义政治经济学当然应该很好地研究并运用这种方法。

历史与逻辑统一的方法。在经济学中运用历史与逻辑统一的方法,一方面要

---

① 《马克思恩格斯文集》第5卷,人民出版社2009年版,第8页。
② 《马克思恩格斯全集》第30卷,人民出版社1995年版,第49页。
③ 《马克思恩格斯文集》第5卷,人民出版社2009年版,第21~22页。

坚持逻辑与历史的一致性,"历史从哪里开始,思想进程也应当从哪里开始,而思想进程的进一步发展不过是历史过程在抽象的、理论上前后一贯的形式上的反映;这种反映是经过修正的,然而是按照现实的历史过程本身的规律修正的,这时,每一个要素可以在它完全成熟而具有典型性的发展点上加以考察。"① 这就是说,历史是逻辑的基础,逻辑则是历史在思维中的再现,因此,逻辑的进程和历史的进程具有内在统一性。另一方面,又要避免抛开客观存在的起决定作用的经济关系而将经济范畴按历史先后顺序简单排列。因为历史与逻辑的统一,是在总的发展趋势上的统一,在某些具体细节上二者又包含差异和对立。历史总是包含有偶然的因素、次要因素以及迂回曲折的细节。逻辑则是通过对历史事实加工改造,抛弃历史细节,抓住主流,把握历史发展的内在规律,因此能更深刻地反映历史。历史与逻辑统一的方法在马克思主义的经济学著作中得到充分的体现,《资本论》是运用历史与逻辑统一方法的典范,今天我们建设中国特色社会主义政治经济学,深化对中国复杂经济现象的分析,揭示中国经济发展的规律,也需要运用历史与逻辑统一的方法。

人是历史主体的分析方法。与以往见物不见人的经济学分析不同,马克思经济学坚持历史唯物主义的观点,认为人是历史活动的主体,并指出,这里说的人,是处于一定现实的社会关系之中,从事一定物质生产实践、社会政治实践和科学文化活动的"现实的人"。社会历史活动是人们最基本的社会活动,社会历史过程是通过社会历史主体活动实现的,社会历史的发展规律深深地存在于这些最基础的社会活动之中。马克思主义经济学同时认为,人的发展是社会发展的根本目的和根本内容,人的发展状态是社会发展状况的衡量尺度。在马克思主义的经典著作中,马克思甚至预言,到共产主义社会,生产的发展和财富的增长与人的自由而全面发展相一致,从而人类的全部发展成为目的本身,"真正的经济——节约——是劳动时间的节约","节约劳动时间等于增加自由时间,即增加使个人得到充分发展的时间"。② 马克思把彻底的唯物主义、科学的经济学分析与人的自由而全面发展的崇高理想高度地统一在一起,为经济学的分析提供了科学的方法。继承并运用这种方法,是中国特色社会主义政治经济学的重要使命,也是中国特色社会主义政治经济学沿着正确方向发展的保证。

以实践为基础的分析方法。历史唯物主义和辩证唯物主义认为,实践是人类社会的基础,一切社会现象只有在社会实践中才能找到最后的根源。物质生产实

---

① 《马克思恩格斯文集》第2卷,人民出版社2009年版,第603页。
② 《马克思恩格斯全集》第46卷下,人民出版社1979年版,第225页。

践,是人的第一个历史活动。人们在进行物质生产的同时,也生产了自己的物质生活;在改变生产方式的同时,也改变了自己的生存方式;在改造客观世界的同时,也改造了自己的主观世界。一部人类社会的历史,在本质上是人的实践活动的历史。理论的重要性,在于它来源于实践并能够指导实践,能够回答实践提出的种种问题。马克思说:"理论在一个国家实现的程度,总是决定于理论满足这个国家的需要的程度"。① 经济学理论不但是适应实践的需要而产生的,而且是对实践经验的概括和总结。总结经验,要坚持唯物主义反映论,坚持一切从实际出发的原则。"在自然界和历史的每一科学领域中,都必须从既有的事实出发。"② 调查研究是辩证唯物主义的基本要求。调查研究要客观、周密和系统,在此基础上,加以分析、综合,抓住本质,抓住规律,抓住全局。理论是否正确,在理论的范围内不能解决,"社会实践是检验真理的唯一标准。"③ 实践是发展的,理论也是发展的。

阐释马克思主义经济学的根本方法论及其具体运用,其目的是学习把握马克思主义经济学方法的精髓,并用以指导中国特色社会主义政治经济学的建设。今天,与马克思所处的时代相比,现代自然科学大大地发展了。而随着自然科学的发展,不仅数学的方法,包括系统论、博弈论、信息论、控制论等一些现代科学的研究方法也逐步被运用到经济学的研究中。这些方法从根本上说,与马克思主义的辩证唯物主义和历史唯物主义的方法具有一致性,是对马克思主义经济学根本方法的丰富和发展。如系统论与辩证法中普遍联系的观点,控制论与辩证法中内因外因关系的观点,信息论与辩证法中事物相互联系的观点等都是相通的。现代科学方法还会不断发展,在经济学中还会被广泛地运用,所以中国特色社会主义政治经济学既要坚持运用马克思主义的历史唯物主义和辩证唯物主义根本方法论,又要充分地吸收和借鉴现代科学的方法,如能做到这样,中国特色社会主义政治经济学一定会在改革开放和现代化建设实践中得到进一步的繁荣和发展。

四、中国特色社会主义政治经济学的立场

马克思主义经济学具有鲜明的立场,它公开申明为无产阶级和广大人民群众谋利益。中国特色社会主义政治经济学的出发点和立足点是一切为了广大人民群众的根本利益,"必须始终坚持人民立场,坚持人民主体地位"。④

---

①②③ 《马克思恩格斯全集》第31卷,人民出版社1998年版,第107页。
④ 习近平:《在第十三届全国人民代表大会第一次会议上的讲话》,载于《人民日报》2018年3月21日。

马克思说："每一个社会的经济关系，首先是作为利益表现出来。"① "它正确地猜测到了人们为之奋斗的一切，都同他们的利益有关"，②而在各种利益中，物质利益是基础，追求物质利益，是生产力发展的内在动力和原始动因。

改革开放和现代化建设是中国特色社会主义政治经济学必须着力研究的重大理论和实践，而改革开放和现代化建设必然涉及各种利益关系的调整。在我国社会主义经济制度确立之后，生产力与生产关系、经济基础与上层建筑之间的矛盾虽然其对抗性已经消失，但仍然存在。而这些基本矛盾在社会经济生活中往往表现为具体的利益矛盾。改革是革命，必然触及各种利益矛盾。所以，中国特色社会主义政治经济学必须分析研究各种利益关系和矛盾，并为处理和解决各种利益关系和矛盾提供理论指导。分析研究各种利益矛盾，探求解决各种利益矛盾的途径，必须有一个基本的立足点，就是必须反映广大人民群众的根本利益，一切为了人民，一切依靠人民。

对于世界经济问题的研究也一样。中国特色社会主义政治经济学不仅要研究中国的经济问题，而且要研究经济全球化条件下的世界市场、国际贸易、国际金融、国际环境保护和国际经济关系等。而国际经济关系，也是利益关系，说到底最根本的是国与国之间的利益关系。分析研究国际经济关系，探求解决各种经济关系矛盾途径，也必须有一个基本的立足点，就是在各种国际惯例形式背后的国家利益。

马克思主义经济学关于利益问题的基本观点，为中国特色社会主义政治经济学提供了基本的立足点和科学的分析方法。它告诉我们在分析繁杂的经济现象时，要善于透过现象，揭示各种复杂的利益关系，从而把握各种经济现象之间的本质联系。同时在分析各种矛盾时，要善于分析不同社会利益群体的形成过程、经济地位、利益关切和利益诉求，以及不同社会利益群体利益的变化趋势。它要求我们要以人民为中心，代表广大人民群众的根本利益，科学分析各种经济主体思想行为背后的利益动因，建立和完善利益评判机制、利益表达机制、利益协调机制、利益补偿机制，有效解决或化解各种利益矛盾和利益冲突。

---

① 《马克思恩格斯全集》第2卷，人民出版社1957年版，第103页。
② 《马克思恩格斯全集》第1卷，人民出版社1956年版，第187页。

第二节　中国特色社会主义政治经济学的主要来源和范畴

一、中国特色社会主义政治经济学的主要来源

中国特色社会主义政治经济学有四个主要来源。

首先是马克思主义。马克思主义是科学的理论，创造性地揭示了人类社会发展规律；是人民的理论，第一次创立了人民实现自身解放的思想体系；是实践的理论，指引着人民改造世界的行动；是不断发展的开放的理论，始终站在时代前沿。① 毛泽东思想和中国特色社会主义理论体系是中国化了的马克思主义。

中国新民主主义革命与社会主义改革和建设是在马克思主义指导下取得成功的，所以马克思主义早已同中国的命运、中国人民的命运、中华民族的命运紧紧连在一起，已经融入中国经济理论的肌体，成为中国经济理论的血脉和灵魂。建设中国特色社会主义政治经济学不仅要从马克思主义经济学中汲取丰富的营养，而且必须坚持以马克思主义为指导，只有坚持以马克思主义为指导，中国特色社会主义政治经济学才有正确的方向和方法。

马克思主义政治经济学经典著作十分丰富。马克思的《1844年经济学哲学手稿》，马克思、恩格斯的《德意志意识形态》，马克思的《哲学的贫困》等，"提出了一系列新的经济学观点"，"包含着后来在《资本论》中阐发的理论的萌芽"。② 马克思的《资本论》是马克思主义政治经济学最具代表性的经典著作。在《资本论》中，马克思在对英国古典政治经济学进行批判扬弃的基础上，运用辩证唯物主义和历史唯物主义的世界观和方法论，阐释了资本主义社会的经济运动规律和人类社会发展规律；根据对资本主义基本矛盾的分析，论证了资本主义被共产主义取代的历史必然性，为科学社会主义奠定了理论基础。这部著作在政治经济学领域实现了革命变革，创立了马克思主义政治经济学。《资本论》内容极其丰富，除经济学内容外，还包括马克思主义哲学和科学社会主义的内容，以及有关政治、法律、历史、教育、道德、宗教、科学技术、文学艺术的精辟论述，是马克思主义的理论宝库。③ 当然，马克思主义政治经济学经典著作，不局

---

① 习近平：《在纪念马克思诞辰200周年大会上的讲话》，人民出版社2018年版。
② 《马克思恩格斯文集》第1卷，人民出版社2009年版，第2、5页。
③ 《马克思恩格斯文集》第5卷出版说明，人民出版社2009年版，第1页。

限于《资本论》《共产党宣言》《〈政治经济学批判〉序言》《〈政治经济学批判〉导言》《反杜林论》《社会主义从空想到科学的发展》等，以及列宁的《帝国主义是资本主义的最高阶段》《论粮食税》，毛泽东的《论十大关系》《关于正确处理人民内部矛盾》等，都是至今仍然具有重要指导作用的经典著作。在这些经典著作中，包含了极其宝贵的政治经济学基本原理。主要的可以概括为：

一是基本立场。以人民为中心，代表最广大人民群众的根本利益，是马克思主义政治经济学的根本立场。二是基本方法。辩证唯物主义和历史唯物主义是马克思主义政治经济学的根本世界观和方法论。三是商品经济、社会化大生产的一般规律。包括劳动价值论、分工协作理论、提高劳动生产率理论、商品生产商品交换理论、价格和价值规律理论、货币及货币流通规律理论、实体经济与虚拟经济理论等。四是对资本主义经济的分析和得出的理论。这些理论最核心的是在劳动价值论基础上揭示的剩余价值规律及剩余价值生产理论分配理论、资本积累理论、资本循环周转和社会资本再生产理论、竞争和垄断理论、资本主义危机理论等。五是在对资本主义分析基础上，按照人类社会发展规律对未来共产主义社会科学预测得出的理论以及关于社会主义经济建设的理论。包括马克思、恩格斯提出的全社会占有生产资料的理论、按劳分配理论、按比例分配社会劳动时间理论、有计划组织生产理论和每个人的自由而全面发展的理论，以及列宁提出的社会主义社会还要发展商品生产商品交换的理论，毛泽东思想中关于社会主义社会的基本矛盾、主要矛盾理论，统筹兼顾、注意综合平衡，以农业为基础、工业为主导、农轻重协调发展等重要理论。

上述这些原理，除了第四类以外，其他几类原理对当代中国都有直接的指导意义，即使第四类原理，如果抛掉其资本主义生产关系性质，对今天我国发展社会主义市场经济，进行经济建设、改革、经济发展也具有重要指导意义。这是我们发展中国特色社会主义政治经济学要坚持以马克思主义为指导的根本原因所在。

改革开放以来，随着实践的发展，形成了邓小平理论、"三个代表"重要思想和科学发展观，其中包括丰富的经济思想。党的十八大以来，面对世界经济复苏乏力、全球性问题凸显的外部环境，面对中国特色社会主义进入新时代等一系列深刻变化，以习近平同志为核心的党中央坚持观大势、谋全局、干实事，成功驾驭了我国经济发展大局，同时把中国特色社会主义政治经济学推向新的高度，形成了以新发展理念为主要内容的习近平新时代中国特色社会主义经济思想。这一思想以中国特色社会主义为主题，以中国共产党领导为根本保证，以满足人民日益增长的美好生活需要为发展目的，以创新、协调、绿色、开放、共享的新发展理念为主要内容，以全面深化改革开放为根本动力，是集揭示经济发展规律、社会发展规律和人与自然关系于一体的理论体系。习近平新时代中国特色社会主义经济思想作为中国特色社会主义政治经济学的最新成果，不仅有力指导了我国经济发展实践，而且开拓了马克思主义政治经济学发展的新境界；不仅具有鲜明的中国特色、中国风格、中国气派，而且蕴含着现代经济学的一般原理；不仅是中国经济发展的根本指导思想和中国经济学的宝贵财富，也为世界经济发展和经济学创新贡献了中国智慧。

其次是中国的基本国情和实践。中国的历史、制度、生产力水平、发展阶段和中国的人口、资源环境等，构成了中国独特的国情，中国特色社会主义政治经济学根植于此，发展于此，与此相适应。一个近14亿人口的发展中大国，要跨越"中等收入陷阱"，实现中华民族的伟大复兴，这是人类社会史无前例的实践。从计划经济体制转变为社会主义市场经济体制，从封闭半封闭状态走向开放，从生产落后走向现代化强国，这样大跨度的经济社会迅速发展是任何国家都无法比拟的。实践是理论产生和发展的基础，理论来源于实践，在实践的检验中发展。中国特色社会主义政治经济学，正是从我国社会主义建设和改革开放实践中挖掘新材料，发现新问题，总结新经验，提炼出一系列创新性的观点和理论。其中包括：社会主义本质和以人民为中心的理论，社会主义初级阶段的理论，社会主义基本经济制度的理论，促进社会公平正义、逐步实现全体人民共同富裕的理论，发展社会主义市场经济、使市场在资源配置中起决定性作用和更好发挥政府作用的理论，全面深化改革、完善和发展社会主义基本制度、推进国家治理体系和治理能力现代化的理论，企业改革和建立完善现代企业制度的理论，宏观经济运行和调控的理论，"创新、协调、绿色、开放、共享"发展理念的理论，我国经济发展进入新常态的理论，推动新型工业化、信息化、城镇化、农业现代化相互协调的理论，用好国际国内两个市场、两种资源的理论，等等。这些理论成果，是适应当代中国国情和时代特点的中国特色社会主义政治经济学的重要理论，不仅有力地指导了我国经济改革和发展的实践，而且为世界贡献了中国智慧。

过去的实践和理论创新为今后的发展奠定了基础，进一步改革开放和现代化建设的实践必将提出一系列新问题，如新常态下增长速度变化、发展动力转变、经济结构变动、供给侧结构性改革、环境保护、民生改善、应对经济风险、跨越"中等收入陷阱"等，这就要求中国特色社会主义政治经济学跟踪实践的新发展，加强对改革开放和社会主义现代化建设实践经验的总结，进一步形成系统学说。这是发展中国特色社会主义政治经济学的着力点、着重点。

再次是中华民族优秀文化传统中的丰富经济思想。当代中国是历史上中国的传承与发展。我国是有着数千年悠久历史的文明古国,曾经有过经济繁荣发展的辉煌,特别是农耕文明长期居于世界领先水平。在经济发展的基础上,我国产生了富有中国特色的丰硕经济思想,体现了中华民族几千年集聚的知识和智慧。正如习近平同志曾指出,包括儒家思想在内的中国优秀传统文化中蕴藏着解决当代人类面临的难题的重要启示,比如,关于道法自然、天人合一的思想,关于天下为公、大同世界的思想,关于自强不息、厚德载物的思想,关于以民为本、安民富民乐民的思想,关于为政以德、政者正也的思想,关于苟日新日日新又日新、革故鼎新、与时俱进的思想,关于脚踏实地、实事求是的思想,关于经世致用、知行合一、躬行实践的思想,关于集思广益、博施众利、群策群力的思想,关于仁者爱人、以德立人的思想,关于以诚待人、讲信修睦的思想,关于清廉从政、勤勉奉公的思想,关于俭约自守、力戒奢华的思想,关于中和、泰和、求同存异、和而不同、和谐相处的思想,关于安不忘危、存不忘亡、治不忘乱、居安思危的思想,等等。① 所以有学者指出:中国经济思想比欧美发达国家更早,而且对西方经济学产生影响。例如,中外许多学者先后研究法国重农学派与中国古代思想的关系。日本著名经济史学家泷本诚一在《欧洲经济学史》(1931)一书的附录"重农学派之根本思想的根源"中提出,"西洋近代经济学的渊源在于中国的学说"。② 就连马克思在《资本论》中论及货币与商品流通时,也曾在第83注中讲到中国清朝人王茂荫的经济思想。③ 王茂荫的货币理论有很多内容,其关键核心就是无累于民,它的实质在于希望能够在国和民之间保持一个相对的平衡,并不伤害各自利益,这是中国货币思想的一个积极因素。④ 德国著名社会学家马克斯·韦伯的名著《儒教与道教》第一章第一点货币制度所谈的就是中国,其中谈道:中国的货币制度保持了十分古朴的成分,儒教经济政策观念比较符合财政学的观念,司马迁的经济思想和亚当·斯密的经济思想有相通之处等。同时这部著作的部分参考书目也是对中国货币制度的详细阐述,说明当时中国的货币经济学引起了世界重视。⑤

即使在对外开放的实践和思想方面,我国也比世界上一些国家要早得多。例如,早在公元前二世纪,从西汉时期汉武帝派遣张骞出使西域开始,后经多个朝

---

① 习近平:《在纪念孔子诞辰2565周年国际学术研讨会暨国际儒学联合会第五届会员大会开幕会上的讲话》,新华网,2014年9月24日。
② 谈敏:《法国重农学派学说的中国渊源》,上海人民出版社1992年版。
③ 马克思:《资本论》第1卷,人民出版社1975年版,第146~147页。
④ 叶坦:《徽州经济文化的世界走向——〈资本论〉中的王茂荫》,载于《学术界》2004年第5期。
⑤ 周建波、杜浩然:《中国经济思想研究的创新与发展——首届中国经济思想论坛综述》,载于《贵州财经学院学报》2011年第2期,第2~3页。

代的发展，中国就开辟了"陆上丝绸之路"和"海上丝绸之路"，成为中国古代与亚欧互通有无的商贸大道，促进了中国与亚欧各国友好往来，筑起了沟通东西方文化的友谊之路。到明朝，从1405年开始，郑和率领200多艘海船，7次远航西太平洋和印度洋，到达30多个国家和地区，最远的曾到达麦加、红海及非洲东部。郑和的航行比葡萄牙、西班牙等国航海家如麦哲伦、哥伦布等人的远行，早了将近100年，是名副其实的"大航海时代"的先驱。

中华民族的这些深厚文化传统，是我国的独特优势。继承优秀的历史文化遗产，"是发展民族新文化提高民族自信心的必要条件"。[①] 发展中国特色社会主义政治经济学，要加强对中华优秀传统文化中经济思想的挖掘和阐发，把具有当代价值的经济思想弘扬起来，使中华民族优秀的经济思想，与当代经济思想相适应，与现代经济发展相协调。

最后是对世界人类文明成果的借鉴。中国特色社会主义政治经济学既具有中国特色、中国风格、中国气派的特殊性，也具有人类文明的一般性。世界各国经济学长期的探索和取得的成果，虽然都具有各自具体条件的适应性，但也包含有人类文明的一般性，借鉴和吸取世界各国经济学的有益成分，为我所用，对建设和发展中国特色社会主义政治经济学是有益的。以西方发达国家的经济学为例，这些国家的经济学对社会化大生产和市场经济分析所采取的一些方法和得出的理论，包含科学的成分，借鉴和吸取这些科学的成分，对我国发展社会主义市场经济，完善社会主义市场经济体制，丰富和发展中国特色社会主义政治经济学理论，是有益的。当然，西方国家的主流经济学以资本主义私有制为前提，其基本假定并不符合我国国情，所以只能经过分析和检验，取其精华，去其糟粕，而绝不可照抄照搬，更不可把它作为指导我国经济建设实践的根本理论。需要强调的是，在借鉴各国经济学过程中，要克服只局限于借鉴某个发达国家主流经济学的局限，眼界要放得更宽一些，包括国外学者对马克思主义经济学研究取得的成果，发展中国家经济学探索取得的成果和实践取得的经验，都应该研究和借鉴。

二、中国特色社会主义政治经济学的主要范畴

范畴是人的思维对客观事物的普遍本质的概括和反映，任何社会科学都需要以范畴为基础。经济范畴是对经济本质的概括和反映，政治经济学就是在一系列范畴的基础上建立起来的。运用经济范畴，可以加深对经济规律的认识，并用以

[①] 《毛泽东选集》第2卷，人民出版社1991年版，第707~708页。

进一步继续探索和研究经济发展中出现的新情况、新问题，形成系统经济学说。中国特色社会主义政治经济学的建设和发展，也需要一系列经济范畴。这一系列范畴有的可以从前人那里继承过来直接运用，有的需要从前人那里继承过来加以创新，有的则需要根据当代中国的国情和实践创新产生。

对马克思主义政治经济学范畴的继承和发展主要包括三类：

一类是人类社会发展规律、商品经济和社会化生产的一般范畴。例如生产力、生产关系、生产关系一定要适合生产力状况的规律，生产资料所有制、经济基础、上层建筑、上层建筑一定要适应经济基础的性质，社会生产方式、社会分工、社会经济形态、社会经济结构、社会经济制度等；自然经济、商品经济、市场经济、商品、价值、使用价值、生产商品的劳动的二重性、简单劳动、复杂劳动、具体劳动、抽象劳动、私人劳动、社会劳动、生产劳动、非生产劳动、体力劳动、脑力劳动、劳动生产率、劳动价值论、价值规律、价格、货币、商品流通、货币流通、货币流通规律、虚拟经济、实体经济等；分工、协作、生产、分配、交换、消费、积累、投资、成本、社会再生产、劳动时间节约等。上述这些范畴，不管是继承的还是在继承基础上创新的，对于分析揭示当代中国经济建设、经济发展、改革开放的规律都仍然是适用的，所以在中国特色社会主义政治经济学中可以直接沿用。

另一类是对揭示资本主义经济关系的范畴的借鉴，主要包括：属于资本主义经济特有、反映资本主义经济本质的范畴，如生产资料资本主义所有制、资本主义占有规律、资本主义基本矛盾、资本主义基本经济制度、资本主义分配制度、剩余价值规律、资本主义经济危机等。这些范畴只有分析资本主义经济时或将社会主义经济制度与资本主义经济制度进行比较时才可以应用。有的虽然是揭示资本主义经济规律的，但如果抛开资本主义经济生产关系的特殊规定性，对于分析社会主义经济也是适应的，所以中国特色社会主义政治经济学也可以借鉴，经过改造创新后加以应用。这些范畴如：资本、固定资本、流动资本、虚拟资本、现实资本、劳动力商品、必要劳动、剩余劳动、劳动过程和价值增殖过程、工资、简单再生产和扩大再生产、资本有机构成、资本积累、产业资本及其循环与周转、社会总资本的再生产和流通、利润、利润率和平均利润、价值转形、生产价格、超额利润、商业资本与商业利润、银行资本和银行利润、地租、级差地租、绝对地租、垄断价格、土地价格和土地资本化、经济周期等。

还有一类是社会主义经济特有的范畴。马克思、恩格斯按照人类社会发展的一般规律，对未来社会进行预测，创新了一些范畴，主要是：资本主义和共产主义之间的过渡时期、共产主义第一阶段、共产主义高级阶段、生产资料公有制、生产力高度发展、有计划分配社会劳动、各尽所能按劳分配、各尽所能按需分配，每个人自由而全面发展、以合乎自然发展规律的方式改造和利用自然、从必然王国向自由王国飞跃等。马克思、恩格斯对未来社会的预测，是建立在对资本主义基本矛盾剖析的基础上，对于我国现在所处的社会主义初级阶段的情况没有也不可能做出有针对性的分析，所以当我们把这些范畴用于中国特色社会主义政治经济学时，还要注意区分马克思、恩格斯预测的共产主义社会和我国正处于社会主义初级阶段的联系和差异。要从我国社会主义初级阶段的实际出发，赋予这些范畴确切的含义。

在马克思、恩格斯之后，列宁领导的苏联确立了社会主义经济制度，开展了社会主义经济建设，尽管其后在这种制度下曾经形成了为实践证明是存在诸多弊端的计划经济模式，列宁开创的苏联社会主义经济制度，在20世纪80年代末90年代初也遇到了挫折，但他们对于社会主义经济理论的探索和形成的一些经济范畴，对当代中国特色社会主义政治经济学的发展依然是有用的，如国家所有制、集体所有制、社会主义基本经济规律、计划管理等。

借鉴西方经济学的范畴主要有两类：

一类是有关市场经济知识的范畴。最常见的如：资源配置，供给、需求，投资需求、消费需求、出口需求，投资行为、消费行为，边际产量、边际收益、机会成本、边际生产率，市场机制、市场效率、市场的不确定性、市场失灵、外部性、低碳经济、循环经济、可持续发展，甚至微观经济、宏观经济，第一次产业、第二次产业、第三次产业等。这些都是西方经济学中最常用而马克思创立的政治经济学中却没有用到或很少用到的范畴，这些范畴反映的是市场经济中的一些基本的经济现象和经济现象之间的联系，具有很强的知识性，对这些范畴，在中国特色社会主义政治经济学中不仅不排斥，相反要恰当使用。这对于丰富中国特色社会主义政治经济学的范畴是有益的。

另一类是有关经济分析方法范畴的借鉴。例如国内生产总值、国民生产总值，三次产业，社会总供给、社会总需求等。

随着经济全球化的发展和中国融入世界的广度深度加大，中国特色社会主义政治经济学与世界各国经济学的交流和相互借鉴将成为一种常态，这就要求我们在借鉴中坚持实事求是，取其精华，去其糟粕，为我所用，对整个国外经济学的态度是这样，对其范畴、方法也应该是这样。

在继承马克思主义政治经济学范畴、借鉴西方经济学范畴基础上，中国特色社会主义政治经济学还有若干独创性的范畴。恩格斯讲过："一门科学提出的每一种新见解都包含这门科学的术语的革命。"① 中国特色社会主义政治经济学除了继承马克思主义政治经济学和借鉴别国经济学的一些范畴之外，还创新产生了一系列新范畴。

这些范畴一类是关于中国国情和社会发展规律的总体范畴。包括半殖民地半封建社会、新民主主义社会、社会主义过渡时期、生产资料社会主义改造、社会主义初级阶段等。这些范畴基本反映了当代中国经济的历史渊源、发展脉络和所处的发展阶段，具有鲜明的中国特色，其中最重要的是社会主义初级阶段范畴。

另一类是关于中国经济制度经济运行和经济发展的范畴。这些范畴又可以具体分类：一是社会主义经济制度范畴，二是社会主义经济运行范畴，三是社会主义经济发展范畴，四是开放型经济范畴。

社会主义经济制度范畴包括：公有制为主、多种所有制经济共同发展的社会主义初级阶段基本经济制度，公有制的实现形式，社会主义混合所有制，国有经济战略性调整，国有经济主导作用，国有资产管理制度，社会主义产权制度；社会主义初级阶段分配制度，按劳分配为主、多种分配形式并存，生产要素按贡献分配；农村土地所有制，农村土地产权制度，农村土地"三权分治"，农村合作经济等。

社会主义经济运行范畴包括：社会主义商品生产和商品交换、社会主义市场经济、计划与市场相结合、计划调节、市场调节、有计划的商品经济、社会主义经济体制改革、现代市场体系、生产秩序、市场准入制度、农村基本经营制度、土地承包经营权流转、新型农业经营体系、社会主义政府职能、社会主义宏观调控等。

社会主义经济发展范畴包括：以人民为中心，共同富裕，改善民生，最大限度满足人民日益增长的物质文化需要，创新、协调、绿色、开放、共享发展理念，科学发展观，可持续发展战略，小康社会，创新驱动经济发展，国家创新体系，转变经济增长方式，转变经济发展方式，经济结构调整，工业化、信息化、新型城镇化、农业现代化四化协调，新型工业化道路，城乡发展一体化等。

关于开放型经济范畴包括：对外经济开放、开放型经济体制、开放型经济体系、经济特区、中国自由贸易区、"走出去"战略、"一带一路"倡议、和平发展、互利共赢、构建人类命运共同体等。

这些范畴体现着中国特色，是构建中国特色社会主义政治经济学的特有范畴，体现中国特色社会主义政治经济学的理论创新。

---

① 《马克思恩格斯文集》第 5 卷，人民出版社 2009 年版，第 32 页。

党的十八大以来，在继承和发展马克思主义政治经济学范畴，借鉴国外经济学范畴，认真总结时代和实践发展经验的基础上，创新提出了若干新的经济范畴。在此基础上，党的十九大将其进一步凝练，形成广泛共识，如中国特色社会主义新时代、习近平新时代中国特色社会主义思想、习近平新时代中国特色社会主义经济思想、"两个一百年"奋斗目标、"五位一体"总体布局、"四个全面"战略布局、以人民为中心、经济发展新理念、国家治理能力治理体系现代化、经济发展新常态、供给侧结构性改革、发展新理念、社会主义现代化经济体系等。在这些范畴中，以人民为中心和经济发展新理念具有核心地位。以这些核心范畴为基础形成的系统经济学说，是对中国特色社会主义经济建设和治国理政实践经验的高度抽象和凝练，不仅具有鲜明的中国特色，而且反映人类经济发展的基本要求和共同规律，是当代中国马克思主义政治经济学和21世纪马克思主义政治经济学的最新成果。

经济发展新理念范畴的提出反映了21世纪经济发展的本质要求，为揭示经济发展客观规律奠定了基础。

经济发展是有规律的，首先表现为各个国家各个发展阶段的特殊规律，从深层次在这些特殊规律中包含着一般规律。揭示、认识、把握、遵循这些特殊规律和一般规律需要以经济范畴为基础。创新、协调、绿色、开放、共享新发展理念是在把握国内国际两个大局，充分考虑新常态下经济社会发展的趋势和要求提出的，反映了21世纪中国经济发展的本质要求，同时也为揭示21世纪世界经济发展的基本趋势和本质要求奠定了基础，是揭示人类经济发展趋势的基本范畴。以新发展理念为基础，我国先后形成了转变发展方式、调整经济结构、在适当扩大总需求的同时着力加强供给侧结构性改革思路，找到了面对新世纪新挑战，解决发展动力，实现平衡发展、人与自然和谐发展的内外联动和社会公平正义等问题的新路子。在这样的意义上，创新、协调、绿色、开放、共享新发展理念的理论价值和历史意义远超出一国和某一个特定历史时期，而对于今后相当长时期内中国和全球经济发展都具有指导意义。

三、中国特色社会主义政治经济学的主线和结构

一门科学，一门学科，要有它的主线。对于中国特色社会主义政治经济学的主线，理论界曾进行了长期讨论。早在20世纪70年代末，谷书堂教授主持13所高校学者编写《政治经济学（社会主义部分）》（简称北方本）时，提出了以人们在社会主义条件下的物质利益关系作为贯穿全书的一条主线。这是十分富有

启发的探索。①

本书认为，中国特色社会主义政治经济学，一以贯之的主线可以概括为：发展经济，满足人民需要。如果社会主义能把经济发展好了，能够满足人民需要了，那么就为社会主义政治、经济、文化、社会、环境"五位一体"建设奠定了坚实的基础，社会主义经济制度就会是十分优越的社会经济制度。

把这样的主线贯穿于中国特色社会主义政治经济学，体现社会主义本质和生产目的要求，有利于我们对为什么要建立和完善社会主义基本经济制度、分配制度，怎么样建立和完善社会主义基本经济制度、分配制度，为什么要以经济建设为中心，如何以经济建设为中心，为什么要经济改革，怎样深化经济体制改革，为什么要发展，怎样发展等所有重大经济问题的认识和分析。

关于中国特色社会主义政治经济学的体系结构，理论界讨论比较多。我们的目标是构建中国特色社会主义政治经济学的理论体系和话语体系，但由于中国特色社会主义是一个正在发展中的制度，目前还不够成熟，所以要构建完善、成熟的体系结构是困难的，但这不排除可以以问题为导向，开展专题性研究。在研究的基础上构建与当前中国特色社会主义成熟程度相适应的体系结构，不仅是必要的也是可能的。

中国特色社会主义政治经济学研究的是社会主义经济制度确立后，如何进一步发展和完善社会主义经济制度，发展生产力，发展经济，以满足人民需要的经济过程；构建的是以社会主义经济建设为中心，通过改革、发展，完善社会主义经济制度、社会主义市场经济体制，发展生产力、满足人民需要的理论体系。这个理论体系以社会主义经济制度的确立为前提。其包括：

一是发展阶段和经济制度。包括社会主义初级阶段理论，社会主义初级阶段主要矛盾、主要任务；社会主义初级阶段基本经济制度，分配制度；广义的制度实际上还包括社会主义市场经济体制，经济体制的建立、改革、发展和完善。二是经济运行，经济是怎么样正常运行的。包括微观经济、中观经济，也包括宏观经济。微观经济是指企业、家庭和个人；宏观经济就是把国民经济作为一个整体看的经济，总供给总需求平衡和失衡、就业、物价、财政政策、货币政策等都是宏观经济问题，政府宏观管理宏观调控也是宏观层面问题。中观经济主要指经济结构、区域经济和地方经济。三是经济发展。发展问题是一个很重要的问题，涉及内容很多，应该是中国特色社会主义政治经济学的重头戏。在总结我国实践经验和汲取世界别国经验的基础上，我国先后提出科学发展观，以人为本，全面协

---

① 谷书堂、宋则行主编：《政治经济学（社会主义部分）》，陕西人民出版社1979年版。

调可持续发展，提出创新、协调、绿色、开放、共享五大发展理念。这些关于发展的新理念新思想新战略，不仅为我国改革开放和现代化建设提供了理论指导，也为世界经济理论贡献了中国智慧。四是开放经济和经济全球化、全球治理。

马克思开始创立马克思主义政治经济学时，曾经有过宏伟的研究和写作计划，在1859年发表的《〈政治经济学批判〉序言》中他说："我考察资产阶级经济制度是按照以下的顺序：资本、土地所有制、雇佣劳动；国家、对外贸易、世界市场。"① 由于种种原因，马克思没能完全完成他的计划，而只是于1857年7月~1858年6月写了约50个印张的手稿，即《资本论》的第一草稿；1861~1863年写了约200个印张的手稿，即《资本论》的第二稿；1963年8月~1865年底完成了《资本论》的第一个详细琢磨的稿本；并于1867年将《资本论》第1卷公开出版，而《资本论》第2卷、第3卷则是在马克思逝世后，由恩格斯整理校订分别于1885年、1894年出版的。②

现在看来，马克思至少有两种遗憾：一是未曾亲见社会主义制度从科学理论变成现实；二是研究计划中的国家、国际贸易和世界市场没有来得及给予充分的阐释。中国特色社会主义政治经济学应该把马克思的未竟计划付诸行动，高举马克思主义政治经济学的旗帜，开创21世纪马克思主义政治经济学新境界。

第三节　学好用好政治经济学

一、认真地学习政治经济学经典著作

马克思主义经典著作蕴含和集中体现着马克思主义的基本原理，是中国特色社会主义理论体系的本源和基础。只有认真学习马克思主义经典著作，系统掌握马克思主义基本原理，才能完整准确地理解中国特色社会主义理论体系，才能创造性地运用马克思主义立场观点方法去分析和解决我们面临的实际问题，不断把中国特色社会主义事业推向前进。③《资本论》等作为最重要的马克思主义政治经济学经典著作，经受了时间和实践的检验，显示出它的生命力。原原本本地学

---

① 《马克思恩格斯文集》第2卷，人民出版社2009年版，第588页。
② 中央编译局：《〈马克思恩格斯文集〉题注集萃》，载于《马克思主义与现实》2010年第4期。
③ 习近平：《领导干部要重视学习马克思主义经典著作》，中国网，http://www.china.com.cn，2011年5月14日。

习这些政治经济学经典著作，无论是对学习掌握马克思主义政治经济学基本原理，还是对指导我国的改革开放和现代化建设实践都有重要的现实意义。

《资本论》等政治经济学经典著作博大精深，要全部读完、读懂并准确理解，并非易事，非下苦功不可。但这样的苦功会使人终身受益，必要，值得。有人为了省时省力，喜欢读经典著作解说、导读、或一些通俗读物，这对于初学政治经济学的人们而言，当然不是不可以，从一定意义上说，这有利于深入学习和理解马克思主义经典原著，但必须明确，解说、导读或通俗读物类的作品毕竟是经过作者理解加工了的二手经典著作，或多或少都包括了作者自己的见解，体现了作者的水平，要全面准确理解马克思主义政治经济学经典著作，深入理解马克思主义政治经济学的思想精髓，不能停留于此，还必须专心致志、原原本本地读原著，努力掌握贯穿《资本论》等著作中的马克思主义基本立场观点和方法，学懂学通马克思主义政治经济学基本原理。

二、以开放的态度学习政治经济学

所谓开放的态度，最重要的是要面向世界，善于吸收人类文明的优秀成果。马克思主义政治经济学没有穷尽真理，而是为我们开辟了通向真理的道路。它是马克思等经典作家智慧的结晶，但同时又是马克思等汲取人类探索真理的丰富思想成果特别是资产阶级古典政治经济学成果的结晶。今天以开放的态度学习政治经济学，一个重要的问题是要以客观的态度对待世界各国特别是西方发达国家的经济学。

世界各国特别是西方发达国家的经济学对现代化社会大生产和市场经济运行的许多分析及其得出的理论，包含合理的成分，对经济运行分析的一些方法，许多是自然科学方法在经济学中的应用，所以借鉴和吸取这些科学的成分和方法为我所用，对我国发展社会主义市场经济，完善社会主义市场经济体制，丰富和发展中国经济学理论是有益的。更何况，我们要摆脱后发的被动局面，赶上乃至超过西方发达国家，不学习西方先进的东西也是不可以的。

但必须明确，西方发达国家的经济学以资本主义私有制为前提，它的理论前提和一些基本假定并不符合我国国情，所以不可能成为指导我国经济建设实践的根本理论。我国目前对西方发达国家经济学的学习引进，既有不够的问题，表现在对多种学派的理论全面介绍特别是分析不够，导致不能够有效地批判吸收；也有盲目崇拜、照抄照搬的问题，表现在对西方发达国家的经济学囫囵吞枣，并未弄懂西方某种理论的针对性、假定前提而片面传播和应用，甚至以追求一些词句、套用一些数学模型为时髦。对这两类问题，必须客观地分析，予以纠正。基本的态度是，对西方发达国家的经济学一是要学，要学懂、学通，二是"外国的经验可以借鉴，但是绝对不能照搬。"①

三、以发展的态度学习政治经济学

科学的本性是与时俱进，在实践中不断丰富和发展自身。恩格斯指出："我们的理论是发展的理论，而不是必须背得烂熟并机械地加以重复的教条。"② 列宁说："我们决不把马克思的理论看做某种一成不变的和神圣不可侵犯的东西；恰恰相反，我们深信：它只是给一种科学奠定了基础，社会主义者如果不愿落后于实际生活，就应当在各方面把这门科学向前推进。"③

马克思创立的政治经济学是一个多世纪前在当时的历史条件下的产物。实践发展了，时代前进了，就要求我们既要把经典作家的论断放到当时的历史环境中来认识，同时又要紧密结合今天的实践，对马克思当时阐释的理论加深领会，防止生搬硬套，防止断章取义，防止片面理解，努力做到：分清哪些是必须长期坚持的马克思主义政治经济学基本原理；哪些是需要结合新的实际加以丰富发展的理论判断；哪些是必须破除对马克思政治经济学的教条式的理解；哪些是必须澄清的附加在马克思政治经济学名下的错误观点。

即使对当代中国化的马克思主义政治经济学即中国特色社会主义经济理论，也要以发展的态度加以学习。因为中国的改革开放在不断深化，现代化实践在不断发展，面临的国际环境在不断变化，中国特色社会主义经济理论必须在跟进这些实践的发展变化中才能不断丰富和完善，并在指导实践中显示出强大的生命力。

以发展的态度学习政治经济学，既要反对把政治经济学中揭示的必须长期坚持的马克思主义基本原理当作过时的观点，否定政治经济学的当代价值和指导意义；又要反对把政治经济学当成教条，机械地照抄照搬。科学的态度应该是：在坚持和继承中发展，在创新发展中坚持。

---

① 《邓小平文选》第3卷，人民出版社1993年版，第140页。
② 《马克思恩格斯文集》第10卷，人民出版社2009年版，第562页。
③ 《列宁专题文集（论马克思主义）》，人民出版社2009年版，第96页。

四、坚持理论联系实际的学风，在实践应用上下功夫

学习政治经济学的目的在于应用。马克思主义政治经济学之所以能够保持旺盛的生命力，归根结底在于它能够适应实践发展的需要，指导实践的发展。所以，无论是学习政治经济学中的基本理论、基本观点和基本方法，还是丰富和发展马克思主义经济学的理论，都要从我国实际出发，与我国的实践相结合，并在结合的实践中创新和发展。

我国正在进行的改革开放和现代化建设事业，是史无前例的伟大实践，伟大的实践一方面需要科学的理论作指导，另一方面又会检验已有的理论，推动理论的发展和创新。马克思主义政治经济学无疑可以为我国的现代化建设实践提供指导，同时也需要而且能够在实践应用中得到检验和发展。

实践发展永无止境，对马克思创立政治经济学的学习、继承和创新永无止境。在中国特色社会主义建设实践中，学习继承和创新政治经济学的基本理论、基本观点、基本方法，不仅会使马克思创立的政治经济学永葆生机和魅力，而且马克思主义基本原理与当代中国实际相结合的产物中国化马克思主义政治经济学也一定会不断发展和完善，成为实现建设现代化强国目标的理论指南。

【思考题】

1. 中国特色社会主义政治经济学的任务和对象是什么？
2. 试述中国特色社会主义的方法论和研究方法。
3. 中国特色社会主义政治经济学的来源有哪些？
4. 如何学好用好政治经济学？

第一篇　经济制度与经济改革

第一章

社会主义制度的建立与社会主义初级阶段

我国社会主义制度是马克思主义基本原理与中国实际相结合的产物,是不断发展和完善的制度。从新民主主义革命时期社会主义奋斗目标的确立,到新民主主义革命胜利新中国成立后,经由新民主主义社会到社会主义社会的转变时期,社会主义经济制度的确立,再到改革开放中国特色社会主义制度的创立,经历了长期探索过程,至今仍处于并将长期处于社会主义初级阶段。总结我国社会主义发展历程,探索社会主义的本质和社会主义初级阶段的主要矛盾、根本任务,是中国特色社会主义政治经济学的逻辑起点和重要任务。

第一节 社会主义制度的建立

一、马克思、恩格斯关于社会主义制度必然性的思想

我国社会主义制度是在马克思主义指导下建立的。马克思、恩格斯创立了唯物史观和剩余价值学说,从而使科学社会主义代替了空想社会主义。

唯物史观揭示了人类历史发展的客观规律,即生产关系一定要适应生产力状况、上层建筑一定要适应经济基础的规律。马克思指出:"社会的物质生产力发展到一定阶段,便同它们一直在其中运动的现存生产关系或财产关系(这只是生产关系的法律用语)发生矛盾。于是这些关系便由生产力的发展形式变成生产力的桎梏。那时社会革命的时代就到来了。随着经济基础的变更,全部庞大的上层

建筑也或慢或快地发生变革。"① 正是在这一客观规律的支配下，社会发展呈现为一种自然历史过程，表现为不同社会形态的依次更替。同时他还指出，"在资产阶级社会的胎胞里发展的生产力，同时又创造着解决这种对抗的物质条件"②。因此，历史地产生的资本主义社会必然要历史地走向灭亡，为消除了阶级对抗的社会主义社会所代替。

运用唯物史观分析资本主义社会的经济运动，马克思和恩格斯发现了资本主义社会的剩余价值规律。剩余价值规律揭示，在资本主义生产中，工人与资本家的关系是一种雇佣劳动关系。资本家与工人交换的不是劳动而是劳动力；劳动力也是商品，具有价值和使用价值；劳动力创造的价值大于其本身的价值。这个大于的部分构成剩余价值。资本家拥有的资本是"死劳动"，它的生命靠不断吸取剩余价值来维持和发展。剩余价值规律是资本主义生产的绝对规律。正是在这一规律的支配下，资本主义生产方式的内在矛盾、工人阶级与资本家阶级的矛盾才不可避免地走向激烈的对抗。

唯物史观和剩余价值学说是马克思主义的两个伟大发现。因为这两个伟大发现，资本主义必然为社会主义所代替便不再仅仅是一种猜想，而是现实生产力与生产关系、无产阶级与资产阶级矛盾运动的必然结果。正是以唯物史观和剩余价值学说为依据，科学社会主义理论深刻揭示了社会主义代替资本主义的历史必然性及其道路，从而成为人类最伟大的理论成果和最宝贵的精神财富。

二、我国社会主义经济制度的确立

在科学社会主义理论的指引下，社会主义作为一种现实的运动在世界范围内开展起来。经过艰苦卓绝的探索，一批国家先后在20世纪初、中期建立了社会主义经济制度，走上了社会主义道路。

我国社会主义经济制度的确立经历了两次重大选择。第一次选择是在新民主主义革命时期，中国共产党领导中国人民，把马克思主义基本原理与当时中国实际相结合，选择并确定了社会主义的奋斗方向和目标。

旧中国是一个经济十分落后的国家。生产力水平低下，机器生产的现代化工业在国民经济中只占10%左右，其余90%左右是落后的、分散的个体农业经济和手工业经济。重要的工业、交通、批发商业、对外贸易和银行等国民经济命脉

---

① 《马克思恩格斯文集》第2卷，人民出版社2009年版，第591~592页。
② 《马克思恩格斯文集》第2卷，人民出版社2009年版，第597页。

掌握在官僚资本家和帝国主义者手里，土地掌握在封建地主手中。帝国主义入侵并与封建主义、官僚资本主义勾结在一起，对广大人民进行残酷的剥削和压迫，使中国社会陷于半殖民地半封建社会，严重地束缚了生产力的发展，加剧并激化了各种矛盾。

伟大的革命先行者孙中山先生1911年领导的辛亥革命，推翻了清王朝，结束了两千多年的封建帝制。但是，中国社会的半殖民地半封建性质并没有改变。无论是当时的国民党，还是其他资产阶级和小资产阶级政治派别，都没有也不可能找到国家和民族的出路。

十月革命一声炮响，给中国送来了马克思主义。1921年中国共产党一经成立，就把实现共产主义作为党的最高理想和最终目标，义无反顾肩负起实现中华民族伟大复兴的历史使命，团结带领人民进行了艰苦卓绝的斗争，推翻了压在中国人民头上的帝国主义、封建主义、官僚资本主义"三座大山"。1949年中华人民共和国成立，实现了中国从几千年封建专制政治向人民民主的伟大飞跃。

新中国的成立，使人民成为国家、社会和自己命运的主人，实现了中国从几千年封建专制制度向人民民主制度的伟大跨越，实现了中国高度统一和各民族空前团结，彻底结束了旧中国半殖民地半封建社会的历史，彻底结束了旧中国一盘散沙的局面，彻底废除了列强强加给中国的不平等条约和帝国主义在中国的一切特权。中国人民从此站起来了，中华民族发展进步，从此开启了新的历史纪元。中国革命的胜利是第二次世界大战以后最重大的政治事件，对国际局势和世界人民斗争的发展具有深刻而久远的影响。

第二次选择在20世纪50年代，中国共产党领导全国人民把马克思主义基本原理与当时中国实际相结合，确立了社会主义经济制度。从1949年10月中华人民共和国成立到1956年，新中国创造性地实现由新民主主义到社会主义的转变，使占世界人口1/4的东方大国进入社会主义社会，实现了中国历史上最广泛、最深刻的社会变革。在此期间，建立了独立的、比较完整的工业体系和国民经济体系，积累了在中国这样一个社会生产力水平十分落后的东方大国进行社会主义建设的重要经验。

新中国成立后的头三年，在胜利完成繁重的社会改革任务和进行伟大的抗美援朝、保家卫国战争的同时，迅速恢复了在旧中国遭到严重破坏的国民经济，全国工农业生产1952年底已经达到历史的最高水平。1952年开始，我国开始实施过渡时期的总路线：要在一个相当长的时期内，逐步实现国家的社会主义工业化，并逐步实现国家对农业、手工业和资本主义工商业的社会主义改造。对资本主义工商业，创造了委托加工、计划订货、统购包销、委托经销代销、公私合营、全行业公私合营等一系列从低级到高级的国家资本主义的过渡形式,最后实现了马克思和列宁曾经设想的对资产阶级的和平赎买。对个体农业,遵循自愿互利、典型示范和国家帮助的原则,创造了从临时互助组和常年互助组,发展到半社会主义性质的初级农业生产合作社,再发展到社会主义性质的高级农业生产合作社的过渡形式。对个体手工业的改造,也采取了类似的方法。在改造过程中,国家资本主义经济和合作经济表现了明显的优越性。到1956年,全国绝大部分地区基本上完成了对生产资料私有制的社会主义改造。

社会主义改造的基本完成,使我国社会经济结构发生了根本变化,社会主义经济成分已占绝对优势,社会主义公有制已成为我国社会的经济基础。但在这项工作中也存在缺点和偏差。在1955年夏季以后,农业合作化以及对手工业和个体商业的改造要求过急,工作过粗,政策改变过快,形式也过于简单划一,以致在长时期遗留了一些问题。1956年在资本主义工商业改造基本完成以后,对于一部分原工商业者的使用和处理也不是很适当。但总体来说,在一个几亿人口的大国中能比较顺利地实现如此复杂、困难和深刻的社会变革,促进了工农业和整个国民经济的发展,这的确是伟大的历史性胜利。

在过渡时期,我国实施第一个五年计划,开始大规模的经济建设,依靠我们自己的努力,加上苏联和其他友好国家的支援,取得了重大的成就。一批为国家工业化所必需而过去又非常薄弱的基础工业建立了起来。从1953年到1956年,全国工业总产值平均每年递增19.6%,农业总产值平均每年递增4.8%。经济发展比较快,经济效果比较好,重要经济部门之间的比例比较协调。市场繁荣,物价稳定,人民生活显著改善。

1956年4月,毛泽东发表《论十大关系》,初步总结了我国社会主义建设的经验,提出了探索适合我国国情的社会主义建设道路的任务。1956年9月党的第八次全国代表大会召开。大会指出:社会主义制度在我国已经基本建立起来;国内的主要矛盾已经不再是工人阶级和资产阶级的矛盾,而是人民对经济文化迅速发展的需要同当前经济文化不能满足人民需要的状况之间的矛盾;全国人民的主要任务是集中力量发展社会生产力,实现国家工业化,逐步满足人民日益增长的物质和文化需要;虽然还有阶级斗争,还要加强人民民主专政,但根本任务已经是在新的生产关系下保护和发展生产力。

社会主义制度在中国的确立,是历史上最伟大的社会变革,是一次划时代的历史巨变,为当代中国的一切进步奠定了根本的政治前提和制度基础,具有深远的意义。

三、中国特色社会主义制度的创立和发展

社会主义经济制度确立之后，怎样建设社会主义，怎样发展社会主义，理论上没有既定的答案可供遵循，实践中也没有现成的经验可供借鉴。科学社会主义理论揭示了人类社会发展的一般规律和社会主义取代资本主义的历史必然性，但并没有也不可能为某个国家具体规划社会主义建设和发展的道路。实践中的社会主义究竟将走什么样的道路，完全应该从实际情况出发，根据具体国情和历史条件来决定。

在几十年的探索中，我国历经千辛万苦，付出各种代价，在确立社会主义制度的基础上，开创和发展了中国特色社会主义，从根本上改变了中国人民和中华民族的前途命运。

在以毛泽东为核心的党的第一代中央领导集体带领全党全国各族人民取得的独创性理论成果和巨大成就的基础上，以邓小平为核心的党的第二代中央领导集体带领全党全国各族人民深刻总结我国社会主义建设正反两方面的经验，借鉴世界社会主义历史经验，做出把党和国家工作中心转移到经济建设上来、实行改革开放的历史性决策，明确提出走自己的路、建设中国特色社会主义，科学回答了建设中国特色社会主义的一系列基本问题，成功开创了中国特色社会主义。

以江泽民同志为核心的党的第三代中央领导集体带领全党全国各族人民坚持党的基本理论、基本路线，在国内外形势十分复杂、世界社会主义出现严重曲折的严峻考验面前捍卫了中国特色社会主义，依据新的实践确立了党的基本纲领、基本经验，确立了社会主义市场经济体制的改革目标和基本框架，确立了社会主义初级阶段的基本经济制度和分配制度，开创了全面改革开放新局面，推进了党的建设新的伟大工程，成功把中国特色社会主义推向21世纪。

新世纪、新阶段，以胡锦涛为总书记的党中央抓住重要战略机遇期，在全面建设小康社会进程中推进实践创新、理论创新、制度创新，强调坚持以人为本、全面协调可持续发展，提出构建社会主义和谐社会、加快生态文明建设，形成中国特色社会主义事业总体布局，着力保障和改善民生，促进社会公平正义，推动建设和谐世界，推进党的执政能力建设和先进性建设，成功地在新的历史起点上坚持和发展了中国特色社会主义。

党的十八大以来，以习近平同志为核心的党中央以巨大的政治勇气和强烈的责任担当，提出了一系列新理念新思想新战略，出台了一系列重大方针政策，推出了一系列重大举措，推进了一系列重大工作，解决了许多长期想解决而没有解

决的难题，办成了许多过去想办而没有办成的大事，推动了党和国家事业发生历史性变革。这些历史性变革，对党和国家事业发展具有重大而深远的影响。

经过长期努力，中国特色社会主义进入了新时代，这是我国发展新的历史方位。中国特色社会主义进入新时代，意味着近代以来久经磨难的中华民族迎来了从站起来、富起来到强起来的伟大飞跃，迎来了实现中华民族伟大复兴的光明前景；意味着科学社会主义在 21 世纪的中国焕发出强大生机活力，在世界上高高举起了中国特色社会主义伟大旗帜；意味着中国特色社会主义道路、理论、制度、文化不断发展，拓展了发展中国家走向现代化的途径，给世界上那些既希望加快发展又希望保持自身独立性的国家和民族提供了全新选择，为解决人类问题贡献了中国智慧和中国方案。这个新时代，是承前启后、继往开来、在新的历史条件下继续夺取中国特色社会主义伟大胜利的时代，是决胜全面建成小康社会、进而全面建设社会主义现代化强国的时代，是全国各族人民团结奋斗、不断创造美好生活、逐步实现全体人民共同富裕的时代，是全体中华儿女勠力同心、奋力实现中华民族伟大复兴的中国梦的时代，是我国日益走近世界舞台中央、不断为人类作出更大贡献的时代。[①] 新时代提出新课题，这就是必须从理论和实践结合上系统回答新时代坚持和发展什么样的中国特色社会主义、怎样坚持和发展中国特色社会主义。围绕这个重大时代课题，中国共产党以全新的视野深化对共产党执政规律、社会主义建设规律、人类社会发展规律的认识，进行艰辛理论探索，取得了重大理论创新成果，形成了习近平新时代中国特色社会主义思想，其中以创新、协调、绿色、开放、共享新发展理念为主要内容的习近平新时代中国特色社会主义思想是其重要的组成部分。在习近平新时代中国特色社会主义经济思想的指导下，我们坚持加强中国共产党对经济工作的集中统一领导，保证经济沿着正确方向发展；坚持以人民为中心的发展思想，统筹推进"五位一体"总体布局和协调推进"四个全面"战略布局；坚持适应把握引领经济发展新常态，立足大局，把握规律；坚持使市场在资源配置中起决定性作用，更好发挥政府作用，坚决扫除经济发展的体制机制障碍；坚持适应我国经济发展主要矛盾变化完善宏观调控，相机抉择，把推进供给侧结构性改革作为经济工作的主线；坚持问题导向部署经济发展新战略，对我国经济社会发展变革产生深远影响；坚持正确工作策略和方法，稳中求进，保持战略定力、坚持底线思维，一步一个脚印向前迈进。[②] 习近平新时代中国特色社会主义经济思想不仅具有鲜明的中国特色、中国风格、

---

① 习近平：《决胜全面建成小康社会 夺取新时代中国特色社会主义伟大胜利——在中国共产党第十九次全国代表大会上的报告（2017 年 10 月 18 日）》，人民出版社 2017 年版。

② 新华社：《中央经济工作会议在北京举行》，载于《人民日报》2017 年 12 月 21 日。

中国气派，而且蕴含着现代经济学的一般原理，不仅是中国经济学的宝贵财富，也为世界经济学的发展贡献了中国智慧和力量。

总之，在以毛泽东同志为核心的党的第一代中央领导集体带领全党全国各族人民探索的基础上，在改革开放40多年一以贯之的接力探索中，我们坚定不移高举中国特色社会主义伟大旗帜，坚持中国特色社会主义道路、中国特色社会主义理论体系、中国特色社会主义制度、中国特色社会主义文化，并且将几者统一于中国特色社会主义伟大实践，因此取得了建设社会主义、发展社会主义的新胜利，形成了我国建设社会主义的最鲜明特色。

中国特色社会主义，既坚持了科学社会主义基本原则，又根据时代条件赋予其鲜明的中国特色，以全新的视野深化了对社会主义建设规律、人类社会发展规律的认识，从理论和实践结合上系统地回答了在中国这样人口多、底子薄的东方大国建设什么样的社会主义、怎样建设社会主义这个根本问题，使我们国家快速发展起来，使我国人民生活水平快速提高起来。实践充分证明，中国特色社会主义是改革开放以来我国全部理论和实践的主题，是当代中国发展进步的根本方向，只有中国特色社会主义才能更好地发展中国。

发展中国特色社会主义是一项长期的、艰巨的历史任务，一定要毫不动摇坚持、与时俱进发展中国特色社会主义，不断丰富中国特色社会主义的实践特色、理论特色、民族特色、时代特色。

四、社会主义的本质

几十年社会主义实践探索，使我们认识到，社会主义是发展的变化的制度，各国国情不同，同一国家发展阶段不同，社会主义都会呈现出不同的特征，但社会主义的本质要求是始终必须坚持的。

马克思、恩格斯在对资本主义基本矛盾进行深刻剖析的基础上，发现了剩余价值学说和唯物史观，揭示了资本主义的特殊运动规律和人类社会发展的一般规律，提出了科学社会主义的一系列基本原则，创立了科学社会主义学说。这些原则包括：生产力高度发展、生产资料为全社会占有、按劳分配、按比例分配社会劳动时间和有计划发展、实现每个人自由而全面发展、合乎自然规律地改造和利用自然、大力发展先进文化、坚持无产阶级政党领导等。马克思、恩格斯提出的这些原则，为建设社会主义的实践提供了根本的理论指导。

但"马克思的整个世界观不是教义，而是方法。它提供的不是现成的教条，而是进一步研究的出发点和供这种研究使用的方法。"① 究竟什么是社会主义，社会主义的本质是什么，需要在长期的实践中探索并逐步深化认识。

社会主义制度建立后长达几十年的探索，有成功的经验，也有沉痛的教训。始于1978年的改革开放在认真汲取社会主义发展经验教训的基础上，把马克思主义基本原理与当代中国实际相结合，创新形成了中国特色社会主义，并使中国特色社会主义成为改革开放以来党的全部理论与实践的主题，得到了蓬勃发展，使马克思、恩格斯创立的科学社会主义学说在中国的大地上焕发了时代的生机和活力。

改革开放首先要回答的问题是什么是社会主义，社会主义的本质是什么，怎么建设社会主义。对此，经过40年的探索，认识发生了几次飞跃，产生了当代中国马克思主义的回答。这首先集中反映在邓小平同志的讲话中，邓小平说："社会主义的本质是解放生产力，发展生产力，消灭剥削，消除两极分化，最终达到共同富裕。"② 党的十五大报告对邓小平关于社会主义本质的理论做了高度评价，同时指出："我们建设有中国特色社会主义的各项事业，我们进行的一切工作，既要着眼于人民现实的物质文化需要，同时又要着眼于促进人民素质的提高，也就是要努力促进人的全面发展。这是马克思主义关于建设社会主义新社会的本质要求。我们要在发展社会主义社会物质文明和精神文明的基础上，不断推进人的全面发展。"③ 进入21世纪以后，我国社会主义实践发展到一个新阶段。党的十六届三中全会提出要"坚持以人为本，树立全面、协调、可持续的发展观，促进经济社会和人的全面发展"，"社会和谐是中国特色社会主义的本质属性，是国家富强、民族振兴、人民幸福的重要保证"。④

党的十八大以来，以习近平为代表的中国共产党人从实际出发，结合历史经验教训，运用马克思主义原理，对社会主义本质理论进行了新的丰富和发展。2013年习近平在新进中央委员和候补委员研讨班上，系统阐述了社会主义发展史。2014年6月，在中共中央政治局第十六次集体学习时他进一步指出，"中国特色社会主义不是别的主义，而是科学社会主义，它的最本质的特征就是坚持中国共产党的领导"。⑤ 此后，习近平提出"中国特色社会主义最本质的特征是中

---

① 《马克思恩格斯文集》第10卷，人民出版社2009年版，第691页。
② 《邓小平文选》第3卷，人民出版社1993年版，第373页。
③ 《江泽民文选》第3卷，人民出版社2006年版，第294、295页。
④ 《中共中央关于构建社会主义和谐社会若干重大问题的决定》，人民出版社2006年版，第1页。
⑤ 《习近平在中共中央政治局第十六次集体学习时的讲话》，载于《人民日报》2014年7月1日。

国共产党领导"①的论断,反映了新时期共产党人对什么是社会主义的认识达到了新的高度,是社会主义本质理论的最新创新与发展。

实践在发展,理论的创新无止境。随着社会主义实践的发展,对社会主义本质的认识还会进一步深化,这是理论创新的一项重要任务。

第二节　社会主义初级阶段及其根本任务

一、社会主义初级阶段的内涵和客观依据

对于社会主义的发展是否需要分为不同的发展阶段,经历了长期理论和实践的探索过程。

马克思、恩格斯曾经认为,发达的资本主义社会进入到共产主义阶段需要经历过渡时期、共产主义的第一阶段或低级阶段,以及高级阶段。② 而对于经济文化相对落后的国家进入共产主义需要经历哪些阶段,马克思和恩格斯没有做出具体回答。

列宁在十月革命成功后,基于经济文化相对落后的国家由资本主义向共产主义过渡的实践经验,论述了共产主义和社会主义的本质联系和经济上成熟程度的差别,提出了社会主义国家在向共产主义社会前进的过程中,会经历"初级形式的社会主义""不完全的共产主义"等阶段。同时他指出,"把社会主义看成一种僵死的、凝固的、一成不变的东西的这种观念,是非常荒谬的",社会主义一定会使人类社会的生产力蓬勃发展,但生产力将以什么速度向前发展,最终实现共产主义,"这都是我们所不知道而且也不可能会知道的。"因为现在还没有可供解决这些问题的材料。③

我国在经历几十年的社会主义建设实践之后,通过对已有经验的总结,提出了社会主义初级阶段这一范畴,并依据我国的国情,确认我国正处于并将长期处于社会主义初级阶段。

我们讲的社会主义初级阶段,不是泛指任何国家进入社会主义都要经历的起

---

① 习近平:《决胜全面建成小康社会　夺取新时代中国特色社会主义伟大胜利——在中国共产党第十九次全国代表大会上的报告（2017年10月18日）》,人民出版社2017年版。
② 《马克思恩格斯文集》第3卷,人民出版社2009年版,第435、445页。
③ 《列宁专题文集（论社会主义）》,人民出版社2009年版,第35～39页。

始阶段,而是特指在我国生产力水平发展不充分不平衡、商品经济不够发达条件下建设社会主义必然要经历的阶段。我国正处于社会主义初级阶段包括两层含义:第一,就我国的社会性质来看,它已经是社会主义社会,因此,我们必须坚持而不能离开社会主义。第二,就我国社会主义社会成熟程度来看,它还处在社会主义初级阶段,仍然没有从根本上摆脱发展不平衡不充分的状态,我们必须认清这一点,绝不能超越这个阶段。社会主义初级阶段的这两层含义是相辅相成的。社会主义是基本前提,初级阶段是发展程度。要在明确我国是社会主义这一性质的基础上认识"初级阶段"的历史方位,也只有确立了"初级阶段"的历史方位,才能更自觉地坚持中国特色社会主义的性质。

我国社会主义社会在发展过程中,之所以必须经历这样一个特定历史阶段是有客观必然性的。

第一,从我国进入社会主义的历史前提和生产力发展水平来看,中国社会主义的发展必然要经历一个很长的历史阶段。我国是从半殖民地半封建社会经过新民主主义革命直接进入社会主义社会的,生产力发展水平远远落后于发达的资本主义国家。这主要表现在:我国还是一个后发的农业国,生产的商品化程度和社会化程度都比较低,农业人口占较大比重;不论是人均占有的资源还是人均国民生产总值,都远远落后于发达国家的水平。社会主义制度确立之后,我国经历了几十年的发展,生产力水平有了很大提高,人民生活水平有了很大改善,但与发达国家相比仍然有较大差距,更加上我国地域辽阔,由于各地区历史和区位等原因,我国生产力水平和人民生活水平在不同地域差距较大,生产力发展水平不平衡、多层次,这是我国面临的突出国情和特点,这决定了我国处于社会主义初级阶段。

第二,从生产关系角度来看,建立在落后生产基础上的社会主义经济制度是不成熟、不完善的,虽然经过几十年社会主义改革和建设,我国逐渐建立并完善了以公有制为基础、多种所有制共同发展的经济制度和以按劳分配为主、多种分配方式并存的分配制度,这使得我国能够在保证人民共同富裕的基础上增强经济活力和效率,加快生产力的发展。但是经济体制仍然还不够完善,社会主义市场经济也还不够发达。这就需要全面深化改革,在保证公有制主导地位的基础上加强对公有制实现形式的探索,并进一步引导非公有制经济的发展;完善按劳分配制度,提高初次分配在收入分配中的比例,允许非劳动要素参与分配,保护合法非劳动收入等,使生产关系与我国当前的生产力相适应。

第三,从上层建筑来看,社会主义制度确立之后,从制度和法律上保障了人民当家作主的地位。但从实际实践过程来看,我国的政治体制还不够完善,社会主义民主和法治仍然需要进一步建设;在具体工作过程中,封建思想、官僚主义和腐败问题不时出现。这些情况说明我国社会的上层建筑还有很多需要改革的地方,社会主义的民主和法制也需要进一步完善和健全,而这一任务将是长期而艰巨的。

社会主义初级阶段理论的提出有着重大的理论和实践意义。

第一,为科学社会主义理论的丰富和发展做出了贡献。社会主义初级阶段理论明确了我国所处社会主义阶段的特殊性,为我国建设社会主义提供了理论前提。这一理论的提出,使得我国在制定路线、方针和政策时有了可靠的理论依据,成为制定基本路线和国家发展战略的根本出发点。

第二,为社会主义建设伟大事业提供了科学的理论指导。在社会主义建设的实践探索中,我们曾出现过失误,重要原因之一就是没有正确认识到我国正处于社会主义初级阶段,并根据这样的基本国情制定方针政策。改革开放以来我们之所以能够取得社会主义建设的伟大成绩,最重要的就是因为从我国正处于社会主义初级阶段这一最大的实际出发,纠正了过去超越实际的一些做法和政策,制定了符合我国国情的国家发展战略。实践证明,社会主义初级阶段理论是指导我国社会主义建设的强大理论武器。

二、社会主义初级阶段的长期性

社会主义初级阶段是一个相当长的历史阶段。这是由以下因素决定的。

首先,是由我国特殊的国情决定的。当我国进入社会主义社会的时候,生产力水平不仅与社会主义发达阶段的要求相距甚远,而且远远落后于发达资本主义国家。在这样的起点上建设社会主义现代化国家,需要很长的历史阶段。

其次,是由我国面临的历史任务决定的。社会主义初级阶段的历史任务:一是逐步摆脱不发达状态,实现社会主义现代化,建设社会主义现代化强国;二是由农业人口占很大比重,主要依靠手工劳动的农业国,逐步转变为包括现代农业和现代服务业的工业化国家;三是由不发达的市场经济,逐步转变为市场化程度较高的现代社会主义市场经济;四是由中等人均收入水平的国家,逐步转变为全体人民比较富裕高收入国家;五是由地区经济文化不平衡,通过发展,逐步缩小历史差距;六是通过改革和探索,建立起充满活力的社会主义市场经济体制、社会主义民主政治体制和其他方面体制;七是广大人民牢固树立建设有中国特色社会主义共同理想,自强不息、锐意进取、艰苦奋斗、勤俭建国,在建设物质文明的同时努力建设精神文明;八是逐步缩小同世界先进水平的差距,在社会主义基础上实现中华民族伟大复兴。这种历史任务没有"几代""十几代"甚至"几十代人"的努力是不可能的,这决定了社会主义初级阶段是一个长期的过程。

最后,社会主义初级阶段长期性也是完善社会主义制度的要求。从社会经济制度变革的艰巨性来看,任何一个新的社会经济制度的确立都是要经过曲折、反复的斗争,都有一个从不成熟到比较成熟的过程。社会主义经济制度的建立和完善也不例外。在社会主义经济制度不断完善的过程中,充满着各种矛盾和斗争。在这种情况下,要建立一个强大的社会主义国家,不经过一个相当长的历史阶段将是不可能的。

综上可见,社会主义初级阶段是一个相当长的历史过程。在这个过程中,我国是世界上最大的发展中国家的地位没有根本改变,但由于经济、文化、社会等发展状况的量变积累导致部分质变,社会主要矛盾也将发生新的变化,这将使我国社会主义初级阶段演进呈现出阶段性特征,目前我国已进入中国特色社会主义新时代。

三、社会主义初级阶段的主要矛盾及其转化

任何社会都是在矛盾运动中发展的,社会主义社会也不例外。生产力与生产关系、经济基础与上层建筑的矛盾是社会的基本矛盾。在社会主义社会,随着社会主义生产关系的确立,这种基本矛盾已经没有了对抗的性质,而以社会主要矛盾的形态表现出来。社会主要矛盾,是指在社会诸多矛盾中起主要支配作用的矛盾,它集中反映出社会在一定时期内生产力和生产关系这一基本矛盾的要求,它的存在和发展,制约和影响着社会其他矛盾。揭示社会主要矛盾,反映基本矛盾运动规律的要求,是正确认识和把握社会发展趋势和规律,制定社会发展战略目标和根本任务的重要前提。

1956年,我国生产资料的社会主义改造任务完成以后,确立了社会主义基本经济制度,进入了社会主义建设时期。关于这个时期的社会主要矛盾,党的八大曾明确指出:"我们国内的主要矛盾,已经是人民对于建立先进工业国的要求同落后的农业国的现实之间的矛盾,已经是人民对于经济文化迅速发展的需要同当前经济文化不能满足人民需要的状况之间的矛盾。"[1] 1978年12月,党的十一届三中全会认真总结了历史的经验教训,做出了把工作重点转移到社会主义现代化建设上来的战略决策。党的十一届六中全会进一步确认了八大对社会主义主要

---

[1] 《建国以来重要文献选编》第9册,中央文献出版社1994年版,第341页。

矛盾的正确认识。党的十三大再次明确指出："我们在现阶段所面临的主要矛盾，是人民日益增长的物质文化需要同落后的社会生产之间的矛盾。阶级斗争在一定范围内还会长期存在，但已经不是主要矛盾。"① 党的多次会议关于我国社会主要矛盾的判断和结论是符合当时我国实际情况的。

从做出"我们在现阶段所面临的主要矛盾，是人民日益增长的物质文化需要同落后的社会生产之间的矛盾"的判断到党的十八大，我国经历了社会主义建设和改革开放几十年的时间。这期间，我国经济社会有了长足发展，稳定解决了近14亿人口的温饱问题，总体上实现了小康，2020年将全面建成小康社会，人民美好生活需要日益广泛，不仅对物质文化生活提出了更高要求，而且对民主、法治、公平、正义、安全、环境等更高层次的要求日益增长。同时，我国社会生产力水平总体上显著提高，社会生产能力在很多方面进入世界前列，更加突出的问题是发展不平衡不充分，这已经成为满足人民日益增长的美好生活需要的主要制约因素。在这样的背景下，中国特色社会主义进入新时代，我国社会主要矛盾已经转化为人民日益增长的美好生活需要和不平衡不充分的发展之间的矛盾。②

人民日益增长的美好生活需要和不平衡不充分的发展之间的社会主要矛盾，包括两个重要的方面：

一方面，我国生产力水平和由生产力水平决定的经济社会发展已经达到新的高度和水平，但发展不平衡不充分的问题还相当突出。经过多年的奋斗，我国经济实力、科技实力、国防实力、综合国力、国际影响力和人民获得感显著提升，实现了中华民族从站起来、富起来到强起来的历史性飞跃。以经济发展为例，据国家统计局发布的数据显示，2013～2016年，我国经济年均增长率为7.2%，明显高于同期世界经济增长2.5%的平均水平。据世界银行测算，2013～2016年，中国对世界经济增长的贡献率年平均为31.6%，超过美国、欧元区和日本贡献率的总和，是世界经济增长的第一引擎。2010年我国成为世界第二大经济体以来，国内生产总值稳居世界第二位，据国际货币基金组织数据计算，2016年，我国GDP为11.2万亿美元，占世界总量的14.9%，比2012年提高3.4个百分点。2012～2015年，我国主要工农业产品产量稳居世界第一位；出境旅游人数年均增长12%，2015年达1.2亿人次，是全球最大的出境游市场；出境旅游支出2015年达2922亿美元，居世界首位。世界经济论坛《2015～2016年全球竞争力报告》显示，2015年，我国的国际竞争力在140个国家和地区中排名第28位，比

---

① 《中国共产党第十三次全国人民代表大会文件汇编》，人民出版社1987年版，第10页。
② 习近平：《决胜全面建成小康社会 夺取新时代中国特色社会主义伟大胜利——在中国共产党第十九次全国代表大会上的报告（2017年10月18日）》，人民出版社2017年版。

2012年提高1位,在发展中国家名列前茅。2016年,我国货物进出口总额占世界的比重从2012年的10.4%提高到11.5%。2015年,我国对外直接投资首次跃居世界第2位,创历史新高。① 对于这样的生产力水平和由生产力水平决定的经济社会发展水平,再以"落后的生产"概括已经不能反映客观的事实。但是无论是从经济发展还是从社会发展的角度看,我国发展不平衡不充分的问题还比较突出。生产力发展多层次,城乡结构、产业结构、地区结构、供需结构、分配结构、产品结构不协调;生产方式需要转变,供给侧结构性改革需要深化,国民经济的总体质量和效益需要进一步提高,后发潜力需要进一步发挥。

另一方面,由生产力发展和经济社会发展决定的人们的生产关系和上层建筑领域也发生了新变革,人民日益增长的需要不仅在质和量上都上了新层次,而且在内涵上大大扩展,从物质文化的需要扩展到民主、法治、公平、正义、安全、环境等更高层次和更宽领域。对于人民需要的这样的新变化,再以"物质文化需要"概括也不能反映客观的事实。从这样的客观现实出发,对社会主要矛盾做出新的理论概括,反映了经济社会发展的客观实际和广大人民群众对美好生活的新要求。

人民日益增长的美好生活需要和不平衡不充分的发展之间的矛盾的论断,具有重大理论意义和实践意义。第一,作为习近平新时代中国特色社会主义思想的重要组成部分,实现了马克思主义关于社会矛盾的基本原理与新时代中国实际相结合的新飞跃。第二,突出人民日益增长的美好生活多层次、多内涵需要,强化了以人民为中心的发展思想。第三,确认矛盾的一方从"落后的生产"转化为"不平衡不充分的发展",不仅使理论更加符合实际,而且强化了创新、协调、绿色、开放、共享的新发展理念。第四,为构建中国特色社会主义政治经济学理论体系话语体系提供了创新的范畴和理论。第五,为在全面建成小康社会基础上,分两步走在21世纪中叶建成社会主义现代化强国,提供了坚实的理论基础和行动指南。

我国社会主要矛盾的转化,是关系全局的历史性变化,对新时代改革开放和现代化建设必然提出许多新要求。要牢牢把握社会主义初级阶段这个基本国情,牢牢立足社会主义初级阶段这个最大实际,在继续推动经济社会健康持续发展的基础上,着力解决好发展不平衡不充分问题,大力提升发展质量和效益,更好满足人民在经济、政治、文化、社会、生态等方面日益增长的需要,更好推动人的全面发展、社会全面进步。为把我国建设成为富强民主文明和谐美丽的社会主义

---

① 国家统计局:《十八大以来我国经济指标稳居世界前列》,载于《光明日报》2017年6月23日。

现代化强国而奋斗。

四、社会主义初级阶段的战略目标

改革开放以来，我国曾对社会主义初级阶段现代化建设做出战略安排，提出"三步走"战略目标，基本的要求是：第一步，实现温饱；第二步，达到小康；第三步，基本实现现代化。经过奋斗，解决人民温饱问题、人民生活总体上达到小康水平这两个目标已提前实现。在这个基础上，我们党进一步提出，到中国共产党建党一百年时建成经济更加发展、民主更加健全、科教更加进步、文化更加繁荣、社会更加和谐、人民生活更加殷实的小康社会，然后再奋斗三十年，到新中国成立一百年时，基本实现现代化，把我国建成社会主义现代化国家。

综合分析国际国内形势和我国发展条件，2017年召开的党的十九大对实现这样的战略目标做出了进一步的安排。

2017~2020年，是全面建成小康社会决胜期。要按照全面建成小康社会各项要求，紧扣我国社会主要矛盾变化，统筹推进经济建设、政治建设、文化建设、社会建设、生态文明建设，坚定实施科教兴国战略、人才强国战略、创新驱动发展战略、乡村振兴战略、区域协调发展战略、可持续发展战略、军民融合发展战略，突出抓重点、补短板、强弱项，特别是要坚决打好防范化解重大风险、精准脱贫、污染防治的攻坚战，使全面建成小康社会得到人民认可、经得起历史检验。

从党的十九大到二十大，是"两个一百年"奋斗目标的历史交汇期。我们既要全面建成小康社会、实现第一个百年奋斗目标，又要乘势而上开启全面建设社会主义现代化国家新征程，向第二个百年奋斗目标进军。

从2020年到21世纪中叶分两个阶段来安排。第一个阶段，2020~2035年，在全面建成小康社会的基础上，再奋斗十五年，基本实现社会主义现代化。到那时，我国经济实力、科技实力将大幅跃升，跻身创新型国家前列；人民平等参与、平等发展权利得到充分保障，法治国家、法治政府、法治社会基本建成，各方面制度更加完善，国家治理体系和治理能力现代化基本实现；社会文明程度达到新的高度，国家文化软实力显著增强，中华文化影响更加广泛深入；人民生活更为宽裕，中等收入群体比例明显提高，城乡区域发展差距和居民生活水平差距显著缩小，基本公共服务均等化基本实现，全体人民共同富裕迈出坚实步伐；现代社会治理格局基本形成，社会充满活力又和谐有序；生态环境根本好转，美丽中国目标基本实现。

第二个阶段，从2035年到21世纪中叶，在基本实现现代化的基础上，再奋斗十五年，把我国建成富强民主文明和谐美丽的社会主义现代化强国。到那时，我国物质文明、政治文明、精神文明、社会文明、生态文明将全面提升，实现国家治理体系和治理能力现代化，成为综合国力和国际影响力领先的国家，全体人民共同富裕基本实现，我国人民将享有更加幸福安康的生活，中华民族将以更加昂扬的姿态屹立于世界民族之林。①

五、社会主义初级阶段的根本任务

要实现社会主义初级阶段的战略目标，就要大力发展生产力。

社会主义的根本任务是发展生产力。对此，马克思主义经典作家曾明确地做过论述。早在《共产党宣言》中，马克思和恩格斯就指出：无产阶级取得政权并把全部资本集中到自己的手里后，就要"尽可能快地增加生产力的总量"。② 列宁在俄国十月革命胜利后论述苏维埃政权任务时更明确指出："在任何社会主义革命中，当无产阶级夺取政权的任务解决以后，随着剥夺剥夺者及镇压他们反抗的任务大体上和基本上解决，必然要把创造高于资本主义的社会结构的根本任务提到首要地位，这个根本任务就是：提高劳动生产率。"③ 在我国生产资料的社会主义改造基本完成以后，毛泽东也指出，我们的根本任务已经由解放生产力变为在新的生产关系下面保护和发展生产力。邓小平在设计中国特色社会主义宏伟蓝图时，多次精辟指出："社会主义阶段的最根本任务就是发展生产力。"④

中国特色社会主义进入新时代，发展生产力仍然具有特殊的意义。这是因为：第一，只有大力发展生产力，才能不断巩固和完善社会主义制度。第二，只有大力发展生产力，才能不断满足人民群众不断增长的美好生活需要。第三，只有大力发展生产力，才能建成社会主义现代化强国。第四，只有大力发展生产力，才能维护国家主权和独立。总之，我国解决所有问题的关键是靠生产力的发展。是否有利于发展社会主义社会的生产力，是否有利于增强社会主义国家的综合国力，是否有利于提高人民生活水平，是我国考虑一切问题的出发点和落脚点。

---

① 习近平：《决胜全面建成小康社会 夺取新时代中国特色社会主义伟大胜利——在中国共产党第十九次全国代表大会上的报告（2017年10月18日）》，人民出版社2017年版。
② 《马克思恩格斯选集》第1卷，人民出版社1972年版，第272页。
③ 《列宁全集》第34卷，人民出版社1985年版，第168页。
④ 《邓小平文选》第3卷，人民出版社1993年版，第63页。

大力发展生产力，要做到：

第一，充分调动有利于生产力发展的一切要素。人是生产力中最具能动性的要素。要调动一切积极因素，使为发展生产力做贡献的所有劳动者都要充分发挥他们的聪明才干，努力形成全体人民各尽其能、各得其所而又和谐相处的局面，为发展生产力做贡献。要尊重和保护一切有利于生产力发展的劳动，一切为我国社会主义现代化建设做出贡献的劳动，都应该得到承认和尊重。海内外各类投资者在我国建设中的创业活动都应该受到鼓励。一切合法的劳动收入和合法的非劳动收入，都应该得到保护。要放手让一切劳动、知识、技术、管理和资本的活力竞相迸发，让一切促进生产力发展、创造社会财富的源泉充分涌流。

第二，大力发展科学技术。科学技术是第一生产力，而且是先进生产力的集中体现和主要标志，要加快生产力发展，必须加快科学技术的发展。要始终把发挥我国社会主义制度的优越性同掌握运用和发展先进的科学技术结合起来，大力推动科技进步和创新，不断用先进科技改造和提高国民经济，努力实现我国生产力发展的跨越。当前，以信息科学、信息技术为主要标志的世界科技革命正在形成新的高潮，科技进步越来越成为经济发展的决定因素，科学技术实力成为衡量国家综合国力强弱的重要标志。世界范围内国与国之间的竞争，核心是科技的竞争。面对发达国家在经济和科技上占优势的压力，我们必须充分认识加快科技发展的重要性和紧迫性，并采取得力措施加快科技的发展。实施科教兴国战略是加快科技发展的重大举措。要坚持教育为本，把科技教育摆在经济、社会发展的重要位置，增强国家的科技实力及向现实生产力转化的能力，提高全民族的科技文化素质，把经济建设转移到依靠科技进步和提高劳动者素质的轨道上来。

第三，全面深化改革。改革开放是发展生产力、解决社会主要矛盾的强大动力，要加快生产力发展，必须深化改革、扩大开放。我国社会主义制度的建立和不断完善，为我国社会生产力的解放和发展开辟了广阔的道路。但实践证明，即使一种优越的社会制度，也需要随着生产力的发展而不断发展。进行改革开放，调整和改革社会主义生产关系中不适应生产力发展要求的部分，调整和改革社会主义上层建筑中不适应经济基础的部分，其目的就是为了进一步解放和发展生产力。改革开放以来，我们大胆探索，勇于实践，不断推进经济体制改革、政治体制改革和其他方面的改革，极大地解放和发展了我国社会生产力，推动我国经济发展和社会进步发生了巨大变化。但是，改革尚未完成，为了大力发展生产力，必须坚持不懈地全面深化改革，扩大开放。

第四，实施高质量发展。要推动经济发展质量变革、效率变革、动力变革，提高全要素生产率；要转变发展理念、明确政策定位和提高企业活力，加快供给侧结构性改革。

第三节　社会主义初级阶段基本经济规律

一、人民的中心地位及其实现途径

人民群众是历史的主体，是历史的创造者；人民群众是社会物质财富和精神财富的创造者，也是社会变革的决定性力量。只有人民才是创造世界历史的决定性力量。

坚持人民的中心地位是马克思主义历史唯物主义的基本观点。第一，人民群众是历史的主体，是历史的创造者。第二，人民群众是社会物质财富的创造者。第三，人民群众是社会精神财富的创造者。第四，人民群众是社会变革的决定性力量。人民群众的主体地位在何种社会形态下都是客观存在的，但人民群众在整个社会中的真正主人地位和中心地位，只有在社会主义社会才能得到根本确认和保证。

党的十八大以来，习近平提出以人民为中心的思想，指出"人民是创造历史的动力，我们共产党人任何时候都不要忘记这个历史唯物主义的最基本道理。"[①]以人民为中心，体现了人民是推动历史发展的根本力量的唯物史观。坚持以人民为中心就要把增进人民福祉、促进人的全面发展作为整个工作的出发点和落脚点。坚持以人民为中心就要逐步体现实现共同富裕这一中国特色社会主义的根本原则和本质特征。切实把实现好、维护好、发展好最广大人民根本利益作为发展的目的，把人民对美好生活的向往作为奋斗目标。必须坚持改革开放，解放生产，发展生产力，努力解决人民群众的生活困难，坚定不移地走共同富裕的道路。

发展是实现以人民为中心的根本途径。发展是一个不断变化的过程，从"发展是硬道理""发展是执政兴国第一要务"，到"全面、协调、可持续发展"，再到"创新、协调、绿色、开放、共享发展"，发展理念的每一次变化，都意味着我们党对发展本质认识和把握的新飞跃。新发展理念，深刻揭示了实现更高质量、更有效率、更加公平、更可持续发展的必由之路，是关系我国发展全局的一

[①]《习近平总书记系列重要讲话读本》，学习出版社、人民出版社2016年版，第92页。

次深刻变革。以人民为中心的发展思想，要体现在经济社会发展的各环节。

二、社会主义初级阶段基本经济规律的内涵及要求

任何一个社会经济形态都存在着与其相适应的经济规律体系，在经济规律体系中有一占主导地位起主导作用的规律，这一规律可称为基本经济规律。社会主义社会的基本经济规律是：发展经济，不断满足人民日益增长的对美好生活的需要。这一基本经济规律的本质要求：一是社会主义的根本目的是满足人民日益增长的美好的需要；二是实现社会主义根本目的的途径是发展经济。

满足人民日益增长的对美好生活的需要，是中国特色社会主义社会经济的本质规定性，其内涵包括以下四个方面：一是满足需要的对象是广大人民群众而不是少数人，这是中国特色社会主义生产的本质决定的。二是人民美好生活的需要不仅是物质需要，也包括文化和生态需要。具体说来，这里的需要大体是生存需要、享乐需要和发展需要。这是历史唯物主义的基本观点。三是人民美好生活需要不仅包括当前的需要，也包括长远发展的需要。四是人民需要不仅包括个人的需要，也包括集体的公共需要。人民是一个由个体组成的整体，满足需要无疑要满足个人的需要，同时也要满足公共需要，例如教育、卫生、社会保障、国防、外交、政府管理、资源环境保护、法制建设、公共设施建设等。在社会主义初级阶段，当经济发展水平和由此决定的供给能力不能完全满足需要时，就要特别注意处理好个人需要和公共需要的关系，既不能不顾公共需要一味强调个人需要，也不能不顾个人需要一味强调公共需要。

实现社会主义根本目的的手段就是发展经济。首先，经济发展是政治文化社会发展的基础，这是由生产和需要的内在矛盾决定的。自有人类社会以来，便没有一天停止过生产。人类要生存，就必须从事物质资料的生产，就必须发展经济。这是最简单也是最基本的历史事实。任何社会，生产物质资料、发展经济总是手段，满足需要才是目的。生产和需要的矛盾是推动社会经济发展的基本前提。恩格斯指出："马克思发现了人类历史的发展规律，即历来为繁芜丛杂的意识形态所掩盖的一个简单事实：人们首先必须吃、喝、住、穿，然后才能从事政治、科学、艺术、宗教等等；所以，直接的物质资料的生产，从而一个民族或一个时代的一定的经济发展阶段，便构成基础，人们的国家设施、法的观点、艺术以至宗教观念，就是从这个基础上发展起来的，因而，也必须由这个基础来解

释，而不是像过去那样做得相反。"① 这是唯物史观的最基本观点。从生产与需要的关系来看，生产和需要始终是互为前提的。需要推动生产的发展进而推动着经济发展，生产的发展使需要得到满足，并且又使新的需要产生，如此不断反复，推动一个社会的经济发展，从而推动人类社会不断前进。因此，经济发展是一切发展的基础。

其次，发展是硬道理，是解决一切难题的根本出路。改革开放以来，我国经济建设取得了举世瞩目的成就，一跃成为第二世界经济大国，人民生活水平有了很大提高。但是，我国仍然处于社会主义初级阶段的基本国情没有变，解放和发展生产力这个中国特色社会主义的根本任务没有变，经济发展作为党和国家的中心工作也没有变，发展依然是解决一切问题的根本出路。当代中国保持经济稳增长，创造更丰富的社会物质财富，使国家的整体实力不断增强，使人民群众的生活水平不断提高，这是建设中国特色社会主义的应有之义。建设中国特色社会主义，首先要发展，中国特色社会主义建设的实现程度，在很大程度上取决于社会生产力的发展水平，取决于社会经济发展的协调性。必须用发展的办法解决前进中的问题，大力发展社会生产力，不断为中国特色社会主义创造厚实的物质基础。中国特色社会主义经济建设中面临的许多矛盾和问题，关键是要靠发展来解决。只有实现科学发展，我们才能更好地促进经济社会协调发展，才能形成更完善的分配关系和社会保障体系，才能满足人民群众多方面的需求。这也是人民群众对发展前景充满信心的重要保证。中国特色社会主义基本经济规律体现了社会主义经济发展的根本目的和本质要求，是决定社会主义初级阶段经济发展的根本规律。

三、遵循基本经济规律

经济社会发展规律是不以人的意志为转移的。作为社会主义初级阶段基本经济规律，它的存在和发展贯穿于整个社会主义初级阶段的始终，并在社会生产、分配、交换、消费的各个方面和全过程中起决定性作用。以社会生产为基础的一切社会经济活动都应该遵循社会的基本经济规律。只有这样，才能更好地解决我国社会存在的主要矛盾，才能更好地实现人民群众在社会主义社会的中心地位。

人们虽然不能改变规律，但却可以利用规律。在把握中国特色社会主义基本经济规律的基础上，人们可以更好地认识和遵循基本经济规律，推动中国特色社

---

① 《马克思恩格斯文集》第3卷，人民出版社2009年版，第601页。

会主义建设事业的健康发展。

遵循中国特色社会主义基本经济规律的要求，实现人民群众对美好生活的需要，要推进供给侧结构性改革。这就需要政府在推进供给侧改革方面把控好政策的方向和力度，做到产业政策目标要精准。对于传统产业来说，结构性过剩是这些产业最主要的问题。改革的首要目标就是化解过剩产能，并将这些资本引导向新兴产业，做好资本的有效配置。在引导传统产业改革的过程中，既要致力于解决国内传统供给过多产生的过剩问题，转变供给结构，提升有效供给能力，也要关注国际市场对我国传统产业可能产生的需求。

搞好供给侧结构性改革也要重视科技创新的作用。从长期来看，实行创新驱动发展才是我国经济发展的未来。"互联网+""智能+"行动的开展、教育投入和研发投入提高等行动都将给我国经济发展注入新的活力。通过对这些产业和生产要素的投入，将会有效提高我国的创新水平，并改善各生产要素在我国经济增长过程中的贡献率结构，促使我国经济增长更多地依靠劳动力素质和全要素生产率水平提高。

总之，我们现阶段的一切经济工作都要遵循基本经济规律的要求，把发展经济、满足人民美好生活需要贯穿于改革发展的全过程。

【思考题】

1. 为什么说社会主义制度是符合中国国情的选择？
2. 如何认识社会主义初级阶段的内涵及其客观必然性？
3. 怎样理解中国特色社会主义主要矛盾及其变化？
4. 简述中国特色社会主义社会基本经济规律。

第二章

中国特色社会主义基本经济制度和分配制度

在社会主义经济制度和社会主义初级阶段确立的基础上，经过探索，我国进一步形成了中国特色社会主义基本经济制度和分配制度，为其后的一切发展奠定了坚实的制度基础和理论基础。

第一节 中国特色社会主义基本经济制度

一、社会主义初级阶段基本经济制度的实践和理论基础

以所有制关系为基础的生产关系总和构成社会的经济基础，也即经济制度。从确立社会主义经济制度到改革开放之前，我国实行的基本是单一的公有制，其间虽有多次的调整和改革，但没有实质性的突破。实践证明，这样单一的公有制结构并不符合我国生产力发展的要求。处于社会主义初级阶段的我国究竟应该实行怎样的基本经济制度，一直是困扰着我们的重大课题。

改革开放以后，在实践经验总结和理论探讨的基础上，我国确定了公有制为主体、多种所有制经济共同发展的基本经济制度，这是实践和理论的重大突破和创新。

社会主义初级阶段的基本经济制度，不仅具有坚实的实践基础，而且具有坚实的理论基础。

按照马克思、恩格斯的设想，社会主义制度取代资本主义制度与此前的社会更替有着本质的不同。在社会主义经济制度出现以前，封建主义社会取代奴隶社会、资本主义社会取代封建主义社会，社会制度的更替都是以生产资料私有制为

基础的社会经济制度的变迁，其表现形式只是由一种新的生产资料私有制形式取代旧的生产资料私有制形式。而社会主义经济制度则不同，社会主义经济制度要求必须实行生产资料公有制，在生产资料公有制条件下，劳动者共同占有生产资料、共同劳动、共同占有劳动成果，在此基础上实现国家、集体、劳动者根本利益的一致性。

这些理论对于社会主义实践无疑具有重大指导意义。但是，经过社会主义经济制度确立之后的二十多年探索，我们发现，我国已经建立了的社会主义制度，还是建立在生产力水平不发达的基础上，处于社会主义的初级阶段。由于生产力的发展水平仍然较为落后，社会化大生产程度低、商品经济不发达，所以，我们的社会主义还是处于初级阶段的社会主义。从我国的生产关系的状况看，尽管我国在进行社会主义改造后便建立起了社会主义生产资料公有制，从根本上保障了社会主义社会的性质与发展方向，但单一公有制结构并不适应大力发展生产力的要求，反而由于脱离了生产力发展状况，在一定程度上限制了生产力水平的提高。我国总体发展水平较为落后，且生产力发展多层次、不平衡的状况，对发展多种所有制经济提出了要求。为了进一步解放、发展生产力，进而实现共同富裕，在生产关系的建设方面，我国必须在相当长的一段时期内允许并鼓励、支持非公有制经济的发展。建立这样的以公有制为主体的生产资料所有制结构是我国国情决定的，是在坚持马克思主义基本原理的基础上，对马克思主义所有制理论的创新和发展。

二、中国特色社会主义基本经济制度的本质要求

公有制为主体、多种所有制经济共同发展的基本经济制度，有本质的要求：

首先，必须坚持以公有制为主体。坚持公有制为主体，是坚持我国社会主义制度的根本保证，是实现共同富裕的根本条件。以公有制为主体，主要体现在两个方面：第一，公有制经济资产在社会总资产的量上占优势；第二，国有经济控制国民经济命脉，对经济发展起主导作用，这一主导作用主要体现在其对国民经济的控制力、影响力上，尤其是在关系国家安全、国民经济命脉的重要行业和关键领域中，国有经济必须发挥出其主导力量。以公有制为主体，既要体现出公有制经济在量上的优势，同时也要注重公有制经济质的提高。

其次，必须坚持多种所有制经济共同发展。坚持多种所有制经济共同发展是我国社会主义初级阶段基本经济制度的重要特征。多种所有制经济共同发展，有助于调动人们的生产积极性、促进劳动就业、提高生产效率、推动创新，从而更好地解放、发展生产力。

三、社会主义初级阶段基本经济制度的实现形式

经过长期探索,我们不仅确立并坚持社会主义初级阶段基本经济制度不动摇,而且初步探索到了基本经济制度的实现形式。国有资本、集体资本、非公有资本等交叉持股、相互融合的混合所有制经济,是基本经济制度的重要实现形式。

混合所有制经济是指由不同的所有制成分以资本为纽带结合而形成的经济形态。我国发展混合所有制经济的必要性,是由以下因素决定的:一是国有企业改革发展需要适合公有制同市场经济相结合的形式和途径;二是混合所有制经济可以将公有制为主体、多种所有制经济共同发展的基本经济制度在实际经济运行中落到实处;三是作为一种经济形式,混合所有制经济反映了生产力发展水平的多层次性和所有制形式的多样性,体现了生产高度社会化发展对不同所有制经济形式之间合作和共同发展的客观要求。

混合所有制经济以股份制作为组织和运营形态。在股份制经济组织内部,国有资本、集体资本、非公有资本组合在一起,形成了利益共同体,这些不同的产权主体共同投资、共同经营、共负盈亏、共担风险。混合所有制企业的具体形式有:股份制企业、中外合资企业、股份合作制企业等。

由于不同经济成分所占的比重不同,混合所有制经济大体有两种形态:一类是公有资本为主体的混合所有制经济形态。在这类混合所有制经济中,国有资本或集体资本占主导地位,同时吸收非公有资本入股。这样的混合所有制经济属于公有制经济的范畴。另一类是国有资本和集体资本占有一定比重,但不是主导力量的混合所有制经济形态。这样的混合所有制经济不属于公有制经济的范畴,但其中的国有资本和集体资本还属于公有制成分。在社会主义初级阶段,国有资本、集体资本、非公有资本等交叉持股、相互融合,国有资本和集体资本在其中占主体位置,这决定了混合所有制经济的公有制经济属性。

第二节 公有制主体地位和国有经济主导作用

一、社会主义公有制

社会主义公有制是在社会主义制度中劳动者共同占有生产资料和劳动产品的

所有制形式，是社会主义生产关系的主要基础。从理论上说，社会主义公有制是作为资本主义私有制的对立物产生的，是一种全新的所有制关系，其基本特征如下：第一，劳动者共同占有生产资料，排除了任何个人通过垄断生产资料进而控制生产过程的可能性，因而社会主义公有制条件下的劳动过程是社会性的、以劳动者为主体的，劳动者之间是相互平等、互助互利的新型合作关系。第二，在劳动者共同占有生产资料基础上的生产和再生产，根本目的是为了满足人民日益增长的美好生活需要。生产资料不再是剥削手段。第三，劳动者共同占有生产资料，排除了任何个人凭借对生产资料的垄断攫取劳动产品的可能性，劳动者共同享有劳动产品，消除了剥削的基础和条件，为按劳分配、共同富裕奠定了根本基础。

我国公有制长期采取全民所有制和劳动者集体所有制两种主要形式，改革开放以来，也采取公有制为主体和主导的混合所有制形式。

全民所有制是全体人民共同占有生产资料的所有制形式，在我国全体人民的代表是国家，所以全民所有制也称国家所有制。《中华人民共和国宪法》总纲第七条规定："国有经济，即社会主义全民所有制经济，是国民经济中的主导力量。国家保障国有经济的巩固和发展。"[1] 按照《中华人民共和国宪法》和《中华人民共和国物权法》的规定，国家所有制涵盖的范围，包括：矿藏、水流、海域；城市土地以及依照法律规定属于国有的农村和城市郊区的土地；森林、山岭、草原、荒地、滩涂等自然资源；无线电频谱资源；国防资产；依照法律规定属于国有的铁路、公路、电力设施、电信设施和油气管道等基础设施等。

《中华人民共和国物权法》第四十五条规定："法律规定属于国家所有的财产，属于国家所有即全民所有。"国家作为全体人民的代表，在全民所有制范围内对生产资料拥有实际所有权。

为什么全民所有制在现实中表现为国家所有制的形式呢？因为：第一，从全民所有制经济形成的历史过程来看，新中国成立后，我国的全民所有制主要是国家代表全体人民没收旧中国帝国主义和封建主义官僚资本和其后国家投资形成的，全民所有制表现为国家所有制具有历史必然性。第二，从新中国成立后的国家性质和职能看，只有国家才能成为全民所有制的代表。第三，这是由处于全民所有制关系中的劳动者作为生产资料所有者的二重身份决定的。在全民所有制中，一方面，生产资料归社会成员整体所有，每个社会成员都具有所有权，每个个人的所有权构成一个整体的所有权，因此，每个人都是所有者；另一方面，整

---

[1] 《中华人民共和国宪法》，中国民主法治出版社2018年版，第8页。

体所有的生产资料不能分割或量化给任何个人，单个个人的所有权只有和其他一切社会成员的所有权相结合才能发挥作用。这种劳动者的二重身份决定了要求存在一个超越所有社会成员并能够在实践中代表全体社会成员的共同利益和根本利益的实体行使整体所有权。在国家仍然存在的历史条件下，只有无产阶级政党及其领导的国家才能克服历史上其他任何形式国家的局限性，代表全民实现对生产资料的占有。

社会主义国家所有制是人类历史上一种全新的所有制，与以往其他所有制相比，在适应社会化大生产和生产力发展水平方面，具有特殊的优势：首先，社会主义国家所有制适应了社会化大生产的客观要求，克服了资本主义私有制对生产力发展高度社会化的束缚，有条件运用更加社会化的生产组织形式和管理形式，提高资源的配置效率，促进生产力的发展。其次，社会主义国家所有制实现了劳动者与生产资料的直接结合，实现了对个人劳动产品的支配，为消除剥削实现共同富裕奠定了制度基础。最后，社会主义国家所有制使劳动者成为生产过程的主人，生产过程的直接目的是为了满足人民美好生活需要，从而有利于激发劳动者的生产积极性，更好地发挥劳动者的主观能动性。

国家所有制在不同社会制度下都存在，但在不同的社会制度中，国家所有制有本质区别。我国社会主义国家所有制与资本主义的国家所有制有着本质的不同。第一，从性质上看，资本主义国家所有制是资产阶级国家占有生产资料的所有制形式；社会主义国家所有制的所有制基础是社会主义全民所有制，社会主义国家是全民的代表，体现了全体人民根本利益的一致性。第二，从职能上看，资本主义国家所有制主要集中在私人企业不愿意经营的部门，弥补市场失灵；社会主义国家所有制不单纯是为了弥补市场失灵，而是作为社会主义制度的重要经济基础，为满足人民美好生活需要提供物质产品和精神产品，涵盖的范围要比资本主义国家所有制广泛。

社会主义劳动群众集体所有制是一部分劳动者共同占有一定范围内的生产资料和劳动产品的社会主义公有制形式。在集体所有制中，劳动者联合起来筹集资金，自主经营、自负盈亏，经营方式灵活，适应性强，能够动员较多的劳动力和社会资金，创造更多的物质财富。

集体所有制内部经济关系的性质、特征与社会主义国家所有制没有本质差别，但集体所有制又有自身的特殊性，主要是：集体所有制的生产资料公有化范围较小，并且受到国家所有制经济一定程度的影响；各个集体经济组织在占有的生产资料的数量、质量上存在着差别，从而各个集体经济组织在劳动产品的占有和个人分配上也存在着差别。承认并且允许这种差别的存在，是集体经济发展内在的要求。

社会主义集体所有制是社会主义公有制的重要组成部分，它广泛存在于农业、工业、商业和服务业领域，在我国国民经济中发挥着重要作用。在我国，城镇的集体所有制经济的来源主要有两个：一是国家在过渡时期对小商贩和个体手工业的社会主义改造组合而成的；二是伴随着新中国的经济建设逐步发展起来的。集体经济是社会主义生产关系的重要组成部分，关系广大农村和城市的发展，关系共同富裕的实现，必须给予高度重视。

改革开放以来，集体所有制经济取得长足的发展，在推动城镇化，满足人民多样的物质文化需要，缓解就业压力等方面发挥了巨大作用，但无论从发展规模，还是从发展水平看，都与经济和社会发展的要求还有差距。当前我国农村和城市具有发展集体经济的现实要求，也具备发展集体经济的基础条件，应该积极引导，采取多种形式，扶持集体经济更好更快发展。

在农村，一要加强领导，选优配强村级领导班子，发挥他们的工作积极性，带头发展村集体经济；二要强化村集体经济管理机制创新，规范财务管理，加强民主监督和审计监督，确保村集体资产的保值增值，不断提高村级集体经济经营管理水平；三要充分利用农村得天独厚的自然资源，如集体荒山、荒土、矿产等，因地制宜地制定各村经济发展规划，引进符合本村实际的发展项目，选准符合农村实际的经济发展路子；四要加大财政支农力度，利用各项扶贫资金和贴息贷款等方式，积极扶持村集体经济发展，推动集体所有的非农建设用地使用权以入股、联营、兴办合作社等形式发展集体经济，合理流转农村土地，使土地资源优化配置。在城市，要在发挥城市社区服务功能的同时加大发展社区集体经济力度，如开展物业管理、社区综合服务、停车场管理、旅游经营与管理、农贸市场经营与管理、医疗服务、休闲娱乐、全民健身、特色文化等，以这些项目带动集体经济的发展，既可以引领群众增收致富，也可以壮大社会主义经济。

二、社会主义公有制主体地位及其实现

积我国几十年经济建设经验，建设中国特色社会主义必须毫不动摇巩固和发展公有制经济，坚持公有制主体地位，发挥国有经济的主导作用，不断增强国有经济的活力、控制力、影响力。

毫不动摇地坚持公有制主体地位，从根本上说，是由生产力发展要求决定的，从社会主义初级阶段的具体国情来看，是由社会主义的本质属性所要求的。第一，坚持社会主义公有制主体地位是解放和发展生产力的根本要求。第二，坚

持社会主义公有制主体地位是坚持社会主义制度的要求。第三，坚持以公有制为主体是消灭剥削、消除两极分化，实现共同富裕的根本保障。第四，坚持社会主义公有制主体地位是我国经济体制改革的性质决定的。自1978年开始的经济体制改革是在党和政府的领导下有计划、有步骤、有秩序地进行的，是社会主义制度的自我完善和发展。改革要坚持社会主义方向，因此必须坚持社会主义公有制主体地位。第五，坚持社会主义公有制主体地位是构建社会主义和谐社会的经济基础，也是社会主义政治制度的基础。

社会主义公有制的实现形式可以而且应当多样化，一切反映社会化生产规律的经营方式和组织形式都可以采用。改革开放以来，我国已经探索出多种社会主义公有制的实现形式，如承包制、租赁制、混合所有制、机构法人所有制、委托经营制等，今后还要进一步探索，不断创新更加合乎生产力发展要求的实现形式。

三、国有经济的主导作用及其实现

国有经济是公有制主体地位最主要的实现形式，是中国特色社会主义经济制度的主要经济基础，是国民经济的支柱。从社会主义经济制度确立到改革开放以前，我国国有经济掌握国民经济命脉，在数量上占绝对优势地位，为社会主义经济建设和国家实力的增强做出了历史性的贡献。但由于传统体制的束缚，国有经济潜力没有充分发挥出来。改革开放以来，国有企业经历了从放权让利、扩大经营自主权、承包经营制、股份制改革、建立现代企业制度，到国有资产管理体制改革，其目的都是为了增强国有经济的控制力、竞争力和影响力，保持国有经济在国民经济中的主导地位，发挥国有经济在国民经济中的主导作用。

国有经济在国民经济中的主导作用，主要体现在其控制力、竞争力和影响力上。国有经济对国民经济的控制力主要在于是否能够掌握关系国民经济命脉的重要行业和关键领域，是否能够推动科技创新，是否能够通过实践国家产业政策引导产业结构升级转型，是否能够体现实现共同富裕的社会发展目标。国有经济作为公有制的主要实现形式，只有保持对国民经济的控制力，才能在确保经济发展的同时保证我国的社会主义性质，坚持走中国特色社会主义道路。

随着多种所有制经济的共同发展，国有经济在国民经济总量中的比重呈现明显下降趋势，但国有资产包括国有的资源、固定资产、流动资产，依然占优势，国有经济依然控制国民经济的命脉，国有经济的主导地位并没有因此改变。《宪法》规定，国家保障国有经济的巩固和发展。在经济改革和经济发展中，依法保障国有经济的巩固和发展,继续坚持国有经济的主导地位是一项重要任务,具有重要意义。

国有经济主导作用的实现,要有体制机制和一系列措施作为保证。要深化经济体制改革,深化国企改革,做强做优做大国有企业,探索国有经济实现的有效形式,不断壮大国有资本。

第三节 非公有制经济及其发展

一、非公有制经济

我国正处于社会主义初级阶段,一切有利于生产力发展的所有制形式都应该用来为社会主义服务,非公有制经济是重要的经济形式。

在现阶段,我国非公有制经济的形式主要包括个体所有制经济、私营经济、外资经济,以及混合所有制经济中的非公有制经济成分。《中华人民共和国宪法》总纲第十一条指出:"在法律规定范围内的个体经济、私营经济等非公有制经济,是社会主义市场经济的重要组成部分。"[①]

个体经济是指劳动者个人占有生产资料并从事生产经营活动和支配劳动产品的一种经济形式。这种经济形式在人类社会发展的各个历史阶段上,一方面始终保持着独立的经济形式;另一方面始终没有取得过统治地位,而是一种依附于一定社会、一定时期中占非主导地位的经济形式,并且受主导经济的影响和制约,其本身并不具有社会性质的属性。就我国现阶段的个体经济而言,它在所有制结构中是作为有利于我国所有制结构的整体优化,有利于我国生产力发展的积极因素而存在的,已经成为我国社会主义市场经济的重要组成部分。

个体经济具有以下特点:(1)工具简单,以手工劳动为主。(2)分散、多样和灵活。(3)经营规模小,创业所需资金少。(4)管理成本低或几乎不需要管理成本。

个体经济的作用是:(1)活跃市场,方便人民生活。(2)开拓就业渠道,缓解了就业压力。(3)发展第三产业,促进了产业结构的合理化。(4)缴纳税收,增加国家财政收入。

[①] 《中华人民共和国宪法》,中国民主法治出版社2018年版,第9页。

私营经济是指企业资产属于私人所有，存在着雇佣关系的经济成分。在我国现阶段私营经济的存在有其必然性，这是因为，现阶段我们允许、鼓励个体经济存在和发展，而个体经济发展到一定程度就可能成为私有经济。同时现阶段公有制还无法把一切生产要素组织起来，而私营经济则能以较快的速度把资金、技术、劳动力结合起来，形成生产力，适应社会需要，起到促进生产、活跃市场、扩大劳动就业、更好地满足人民群众生活需要和为国家积累资金的积极作用。私营经济是公有制经济的必要的、有益的补充。但私营经济存在雇佣关系，所以国家要在制定有关私营经济的政策和法律，保护其合法权利和利益的同时，加强对它们的引导和管理。

我国现阶段的私营经济发展呈如下趋势：（1）规模不断扩大，实力迅速增强。（2）区域布局趋向优化。（3）公司制成为私营企业的主要组织形式。（4）出现一批科技型龙头企业，科技含量迅速提高。（5）国际化经营趋势明显，外向型企业迅速增加。

私营经济具有以下作用：（1）国民经济重要的新增长点。我国私营经济经过多年的曲折历程和艰苦创业，已成长为国民经济中一支迅速成长着的重要力量，成了国民经济新的增长点，促进了国民经济持续稳定健康地发展。（2）满足人民群众多方面的需要。私营经济企业生产了大量物质产品和服务产品，满足了人民群众多方面的需要。（3）增加大量社会资本，为国家提供大量税金。（4）在竞争中促进国有企业等公有制企业的改革和社会主义市场经济的发展。

外资经济是指根据中国有关涉外经济的法律法规，以合资、合作或独资的形式在大陆境内开办企业而形成的经济形式。其企业形式包括中外合资经营企业、中外合作经营企业和外资企业三种，简称"三资企业"。在这类企业中，国有和集体所有的部分属于公有制经济成分。即使是外商独资的企业，也要受到我国法律和经济政策的制约和影响。发展"三资企业"，对于弥补我国建设资金不足，引进国外先进技术和设备，学习国外科学的管理经验，培训技术和管理人才，扩大出口，增加外汇收入，以及安排劳动就业和改善人民生活等方面，都有着积极的作用。

外资经济具有以下特点：（1）外方控股多。外商投资者十分看重股权情况，因为他们必须考虑技术保密和技术领先带来的收益等问题，所以都倾向于采用独资和控股的股权结构。（2）技术水平较高。（3）投资规模不断扩大。随着中国市场的进一步开放和市场竞争的加剧，为了形成规模经济，近年来建立的外商投资企业的规模不断扩大。

外资经济具有以下作用。（1）引进先进技术，促进产业和产品结构升级换代。（2）引进先进的企业管理经验，推进我国企业制度创新。（3）促进社会主义市场经济体制的完善。（4）促进对外贸易的发展。外商投资企业和国际市场有着天然联系，凭借这种联系及较强的产品竞争力，外商投资企业已成为中国对外经济贸易中的一支重要力量，对国内其他企业产品出口的带动，对中国经济面向国内国际两个市场发挥了积极作用。

二、非公有制经济与公有制经济的相互关系

客观认识非公有制经济与公有制经济的相互关系，无论在理论上还是实践上都具有重要意义。

非公有制经济与公有制经济将长期并存、共同发展。生产力决定生产关系，生产关系一定要适合生产力的发展，这是人类社会发展的普遍规律。经过几十年的改革发展，我国生产力发展水平有了很大的提高。但是，从整体看，生产力发展不平衡不充分的状态没有从根本上改变，我国仍处于社会主义初级阶段的基本国情没有变。与这样的基本国情相适应，实行公有制为主体、多种所有制经济共同发展的基本经济制度不是权宜之计，而是社会主义初级阶段的一项长期任务。所以，个体经济、私营经济和外资经济等非公有制经济将与作为主体的公有制经济一起长期并存、共同发展。

在长期并存、共同发展中，非公有制经济与公有制经济之间会形成一定的相互关系。一是两者运行于同一个市场体系中；二是两者各自发挥优势，互相取长补短、相得益彰、相辅相成；三是两者都遵守国家法律，在国家的管理和宏观调控下，根据统一的市场规则竞争合作共赢。这些关系不是有你无我的对抗关系，而是一种"互补、竞争和联合协作的新型关系"。

三、鼓励、支持和引导非公有制经济的发展

公有制为主体、多种所有制经济共同发展的基本经济制度，是由我国社会主义初级阶段的基本国情决定的。个体、私营、外资等多种非公有制经济，与公有制经济一样，都是社会主义市场经济的重要组成部分。必须毫不动摇地巩固和发展公有制经济，毫不动摇地鼓励、支持、引导非公有制经济的发展。

鼓励、支持和引导非公有制经济的发展，需要做好以下工作：一是为非公有制经济的发展营造良好的制度环境。要取消对非公有制经济的一些不合理规定，同时制定非公有制经济进入特许经营领域的具体方法。二是鼓励非公有制经济参

与国有企业改革,鼓励发展非公有资本控股的混合所有制企业,帮助有条件的私营企业建立现代企业制度。三是落实有利于创业创新的经济政策,通过创业创新推动非公有制经济的发展。四是处理好公有制经济与非公有制经济的关系,平等保护物权,将两者统一于社会主义现代化建设的进程之中。五是引导非公有制企业经营者讲正气、走正道,聚精会神办企业、遵纪守法搞经营,在共享发展中提高企业竞争能力,创造更多社会财富。

第四节 中国特色社会主义的分配制度

一、按劳分配与按生产要素分配

(一)按劳分配是社会主义社会收入分配的基本原则

1875年,马克思在《哥达纲领批判》中提出,在共产主义社会的第一阶段即社会主义社会,要实行按劳分配的原则。他把未来社会的全部劳动所得即社会总产品的分配划分为三个部分:(1)为了满足社会再生产需要而进行的必要扣除。这其中包括用来补偿消耗的生产资料部分,用来扩大再生产的追加部分,用来应付突发事故、自然灾害等的后备基金或者保险基金。(2)满足社会公共需求进行的必要扣除。该部分包括同生产没有直接关系的一般性管理费用,用以满足共同需要的部分,例如学校、公共卫生服务、保健设施等。(3)上述必要扣除之后进行的个人消费品的分配。在第一阶段,由于还需要保留旧式分工,个人还不可能得到自由全面的发展,劳动依旧是一种谋生的手段。因此,社会产品在做了各项扣除之后,在个人消费品的分配上依旧需要实行等量劳动交换的原则。"这里通行的是商品等价物的交换中通行的同一原则,即一种形式的一定量劳动同另一种形式的同量劳动相交换。"[①] 马克思所说的共产主义社会第一阶段的分配原则即是按劳分配。

按劳分配的基本要求包括:第一,凡是有劳动能力的人,都必须参加劳动。这是获取消费品的前提条件。第二,按劳分配的物质对象不包括全部的社会产品,只是指其中的个人消费品。第三,社会以劳动作为分配个人消费品的尺度。

[①] 《马克思恩格斯文集》第3卷,人民出版社2009年版,第434页。

按劳分配所依据的劳动本质上是符合社会需要的、被社会所承认的劳动。

按照马克思的设想，在共产主义的第一阶段即社会主义社会阶段，对个人消费品实行按劳分配的原则，其根源在于公有制经济在所有制结构中占据主体地位，支配着国家的经济命脉。在社会主义市场经济条件下，劳动虽然失去私人性质，但是由于公有制占据基础地位，各种经济活动的主体在市场活动中难免会存在商品货币关系。所以，劳动还不具备直接的社会属性，只有被社会承认的劳动才代表劳动者对社会真正的贡献，这才是按劳分配的真实依据。按劳分配并不等同于平均分配，必须反对分配上的平均主义，同时要承认不同劳动者在劳动强度和劳动能力上的差别，并且在劳动报酬中能够体现这种差别，应当允许广大劳动者在共同富裕的路上有先有后、有快有慢。

坚持按劳分配具有重要的意义：一是有利于把每个劳动者的劳动和报酬直接联系起来，从而使每个劳动者从物质利益上关心自己的劳动成果，这有利于促进社会生产力的发展；同时，实行按劳分配，实现了劳动平等和报酬平等，有利于实现社会分配的公平与公正，从而可以调动劳动者的积极性。二是有利于巩固公有制的主体地位。坚持社会主义初级阶段公有制的主体地位，在分配领域必然需要坚持按劳分配的主体地位。如果否定或者削弱了按劳分配的主体地位，就必然会损害公有制经济在国民经济中的基础地位。三是有利于实现社会主义共同富裕目标。社会主义的目标是要实现全体公民的共同富裕，共同富裕的实现必须以公有制的基础地位作为前提，以按劳分配为保障。因此，一方面要随着公有制经济和社会生产力的发展，逐步提高按劳分配的绝对收入水平；另一方面要有限度地控制非劳动收入的增长，防止其积累增长冲击按劳分配的基础地位。从上述意义上说，实行按劳分配是人类历史上分配制度的一场深刻革命。

（二）按生产要素分配

生产要素是指人类进行物质资料生产必需的各种经济资源和条件，包括人的要素即劳动者和物的要素即生产资料。劳动者是特殊的生产要素，它的使用价值即劳动是价值的源泉，可以创造价值而且可以创造比它自身价值大的价值。因此不能将其与物的生产要素不加区分地等同。物的生产要素即生产资料，最传统的有资本、土地，随着经济社会的发展，科学技术、信息、管理等也都成为不可或缺的生产要素。

按生产要素分配本质是按劳动要素以外的生产要素所有权的分配。它的基本要求是：按照投入的生产要素的多少分配社会财富。按生产要素分配是生产资料所有制在分配领域的实现，在市场经济条件下，是通过商品生产和商品交换实现的在多种社会制度中通行的分配方式。

按生产要素分配的主要形式有：一是按资本要素分配。按资本要素分配是指资本所有者凭借其投入的资本获得利润的分配方式。这种类型的收入称为经营性资本收入。二是按知识、科学、技术要素分配。知识、科学、技术被劳动者所掌握并应用于生产中，成为复杂劳动，对创造价值具有多倍于简单劳动的作用，所以在分配中应该获得更多的报酬，例如专利收益、技术入股的利润分红等。三是按照管理要素分配。生产经营活动中组织协调和指挥运筹等管理活动，是一种复杂劳动，对生产活动的营运绩效有重大影响，企业经营管理者的年薪、津贴等直接参与经营收入的分配，有利于调动管理者的积极性。四是按土地和其他自然资源分配。土地和其他自然资源是生产活动不可或缺的投入因素，同时具有稀缺性，所以按照他们的所有权进行分配，有利于调动其所有者的积极性。五是按信息要素分配。在知识经济时代，信息是一种非常重要的生产要素。在市场竞争中，谁拥有足够的信息，谁就能够掌握生产经营的主动权，占据行业的优势。因此，信息要素的所有者可以根据掌握的信息对生产经营活动的贡献率取得回报。

生产要素不是一成不变的，按照生产要素分配的具体形式也不是一成不变的，它们会随着经济发展和时代变迁而不断变化。按生产要素分配是市场经济下通行的一种分配方式，在市场经济条件下，按要素分配要通过市场实现，所以价格、供求、竞争等市场机制都会对要素分配造成影响。

在不同的社会制度下，按生产要素分配体现的生产关系是不同的。在资本主义制度下，除了劳动以外的生产要素都转化为资本参与分配，所以按生产要素分配就是按资本所有权分配，简称按资分配。按资分配是资本主义社会的最本质分配形式，体现的是资本主义的生产关系。雇佣工人付出劳动后得到工资，形式上看似乎提供了劳动得到了报酬，但实际上，工人得到的工资只是其必要劳动创造的价值，其剩余劳动创造的价值被其他生产要素所有者占有了。在社会主义市场经济条件下，按劳分配是社会的主体分配形式，在实行按劳分配的同时，实行按生产要素分配。这样的分配形式由社会主义基本经济制度决定并受国家的宏观调控和管理，体现的是社会主义市场经济条件下国家、企业和劳动者的利益关系。

二、社会主义初级阶段分配制度确立的依据及本质要求

社会主义初级阶段要实行按劳分配为主体、多种分配形式并存的分配制度，这是几十年探索得出的结论。实行这样的分配制度有客观必然性：

首先，是由我国基本国情决定的。我国处在社会主义初级阶段，这是最大的

国情。与马克思设想的共产主义的第一阶段即社会主义阶段相比,我国所处的社会主义初级阶段无论是生产力的发达程度还是生产关系的完善程度都有差异。经过对几十年社会主义建设实践的总结和理论探索,在我国社会主义初级阶段,个人收入分配既不能实行单一的按劳分配,也不能实行完全的按生产要素分配,而必须要实行按劳分配为主体、多种分配方式并存的分配制度,把按劳分配和生产要素参与分配结合起来。

其次,公有制为主体、多种所有制经济共同发展的基本经济制度决定了必须坚持按劳分配为主体、多种分配方式并存的分配制度。分配方式是由生产方式决定的。社会主义初级阶段实行公有制为主体、多种所有制经济共同发展的基本经济制度,公有制为主体要求实行按劳分配为主体的分配形式,多种所有制经济共同发展要求实行多种分配方式。由此决定了社会主义初级阶段的分配制度也必然是按劳分配为主体、多种分配方式并存的分配制度。

再次,社会主义市场经济的发展,要求实行按劳分配为主体、多种分配方式并存的分配制度。社会主义初级阶段的经济是社会主义市场经济,在社会主义市场经济条件下,需要发展劳动、资本、技术、信息等要素市场,以发挥市场对资源配置的决定性作用。由于在商品生产过程中,劳动创造价值,而且随着科学技术的迅速发展,掌握了科学技术、拥有知识的劳动者创造价值的作用和创造的价值越来越大,这就要求实行按劳分配为主体;同时,由于资本、技术、信息等要素是商品生产不可缺少的重要条件,这就要允许各种要素参与收入分配,把按劳分配与按生产要素分配结合起来。根据这样的分配制度,在社会主义初级阶段,除了按劳分配和个体劳动所得之外,国家和企业发行债券筹集资金,会出现凭债权获得利息;股份经济的产生和发展,会出现凭股权取得股息和红利;某些企业经营者的收入中,包括部分风险补偿;私营企业雇佣一定数量的劳动力,会给企业主带来部分非劳动收入;还有其他属于个人的资本、技术、信息等生产要素也参与分配。由此构成了社会主义初级阶段十分丰富的分配内容。

最后,社会主义初级阶段实行按劳分配为主体、多种分配方式并存的分配制度,归根结底是由生产力的发展状况决定的。社会主义初级阶段生产力发展的不平衡不充分的状况是分配方式呈现多样性的最深层次原因。实行按劳分配为主体、多种分配方式并存的分配制度,适合社会主义初级阶段的生产力发展水平,有利于调动社会广大成员的积极性,把分散的人力物力财力和技术动员起来进行现代化建设,实现社会资源的充分利用和合理配置。①

---

① 逄锦聚、洪银兴、林岗、刘伟主编:《政治经济学》(第五版),高等教育出版社2013年版。

社会主义初级阶段分配制度的基本要求是，首先是坚持按劳分配为主体。按劳分配为主体具有两层含义：公有制经济中，劳动者按劳分配收入在个人收入总额中占据主体地位；在整个经济社会的分配方式中，按劳分配为主体，决定着社会主义初级阶段分配的基本性质。社会主义的本质是在发展生产力基础上实现共同富裕，按劳分配是实现共同富裕的重要保证。没有按劳分配为主体，社会分配很可能发生两极分化，而如果出现两极分化，则违背了社会主义的本质要求，违背了人民群众对共同富裕的追求，改革就不能算成功。其次是坚持多种分配方式并存。多种分配方式并存是由社会主义初级阶段存在多种所有制形式决定的，允许多种所有制主体凭借其对各种生产要素的所有权参与分配，有利于调动各种积极性，以便让创造财富的各种积极性竞相迸发，形成社会主义现代化建设的滚滚洪流。最后是把按劳分配为主体、多种分配方式并存有机结合起来，既讲求效率，又讲求公平。

三、社会主义初级阶段的收入分配差距及调节

在社会主义初级阶段，由于要素禀赋、个人能力的差异和体制转型等原因，收入差距是客观存在的。要区分两类不同的收入差距：一类是合理、合法又适度的收入差距，另一类是不合理、不合法也不适度的收入差距。所谓合理、合法又适度的收入差距，是指在法律允许社会又能够承受的范围内，按照投入生产要素的多少及其作用大小而分配社会财富，使各种生产要素的报酬与各自在社会财富的创造中所发挥的作用相对应而形成的收入差距。相反，即为不合理、不合法、不适度的收入差距。合理、合法且适度的收入差距，有利于调动各方面积极性，有利于促进经济社会和谐发展和人民生活改善；不合理、不合法、不适度的收入差距产生的后果则相反。

改革开放以来，我国收入分配制度不断完善，与我国国情和发展阶段相适应的收入分配制度基本建立，计划经济体制下收入分配中存在的平均主义问题得到了有效解决。但在一定时期收入分配领域又出现了一些亟待解决的问题，其中比较突出的是收入差距不断拉大。这种趋势近年来虽有所遏制，但依然需要引起高度重视，采取措施加以解决。

收入差距扩大的趋势主要表现在两个方面：一是居民收入差距扩大——包括城乡居民内部的收入差距、城乡居民之间的收入差距以及全国居民总体收入差距。从城乡居民内部的收入差距看，到2015年，我国城乡居民内部收入的基尼

系数分别达到了 0.28 和 0.31。① 从城乡之间的差距看，如果不考虑人口因素，仅从城乡居民的收入角度看，1978 年我国城镇居民的可支配收入与农村居民的纯收入之比为 2.57∶1，2007～2009 年城乡差距达到最大为 3.33∶1，此后，虽然有所下降但仍然处于较大范围。二是在全部人口中中等收入群体的比重过小，整个收入分配格局呈"金字塔"型。按照国家发改委社会发展研究所课题组 2012 年的研究，2010 年我国中等收入群体在人口中的比重仅为 21.25%，低收入群体比重为 72.26%，"金字塔"型收入分配格局非常明显。

收入分配差距过大会给经济社会发展带来负面影响。第一，高收入阶层边际消费倾向低，中低收入阶层的边际消费倾向高。收入差距过大意味着收入分配过度向高收入阶层倾斜，从而造成全社会整体的消费倾向低，导致全社会消费不足、内需不足。第二，收入分配差距过大，中低收入阶层的收入水平过低，容易带来这个群体人力资本积累不足，而要实现中等收入向高收入国家的跨越，经济增长方式需要从依靠要素投入转向依靠科技创新和技术进步，科技创新和技术进步的核心动力来源于人力资本的积累。第三，收入差距过大，容易导致社会不稳定，从而影响经济社会持续、稳定、健康增长。

要采取综合措施缩小收入分配差距：

第一，坚持按劳分配原则，完善按要素分配的体制机制，促进收入分配更合理、更有序。

第二，鼓励勤劳守法致富，扩大中等收入群体，增加低收入者收入，调节过高收入，取缔非法收入。

第三，坚持在经济增长的同时实现居民收入同步增长，在劳动生产率提高的同时实现劳动报酬同步提高。

第四，履行好政府再分配调节职能，加快推进基本公共服务均等化，缩小收入分配差距。

第五，拓宽居民劳动收入和财产性收入渠道。对此在有关章节还要进行较为详细的论述。

---

① 基尼系数是 1943 年美国经济学家阿尔伯特·赫希曼根据洛伦兹曲线所定义的判断收入分配公平程度的指标。其具体含义是指，在全部居民收入中，用于进行不平均分配的那部分收入所占的比例。基尼系数最大为"1"，最小等于"0"。前者表示居民之间的收入分配绝对不平均，即 100% 的收入被一个单位的人全部占有了；而后者则表示居民之间的收入分配绝对平均，即人与人之间收入完全平等，没有任何差异。但这两种情况只是在理论上的绝对化形式，在实际生活中一般不会出现。因此，基尼系数的实际数值只能介于 0~1 之间，基尼系数越小收入分配越平均，基尼系数越大收入分配越不平均。国际上通常把 0.4 作为贫富差距的警戒线，大于这一数值容易出现社会动荡。

【思考题】

1. 如何理解社会主义初级阶段坚持公有制主体地位?
2. 如何理解混合所有制的实质及其组织形式?
3. 在中国特色社会主义条件下公有制经济和非公有制经济的关系是什么?
4. 如何正确理解按劳分配与按生产要素分配的关系?

第三章

社会主义市场经济及其体制

社会主义基本经济制度确立后，实行什么样的经济运行方式和经济体制，是关系社会主义经济发展前景的重大课题。对此，我国经历了长期的探索，最终确立了社会主义市场经济的经济体制改革方向，开启了发展社会主义市场经济，建立和完善社会主义市场经济体制的新征程。这既是改革开放实践发展的结果，也是在几十年社会主义经济建设实践经验总结基础上的重大理论创新。在社会主义条件下发展市场经济，是中国人民的伟大创举，开辟了中国特色社会主义发展的新境界，为世界经济和经济学的发展贡献了中国智慧。

第一节　社会主义市场经济

一、市场经济

（一）什么是市场经济

市场经济是市场在资源配置中起决定作用的经济。市场经济是在商品经济基础上发展起来的，当商品经济发展到一定阶段，市场机制成为资源配置的决定性机制时，商品经济就是市场经济。

市场经济的含义有两个基本的规定性。

第一，市场经济是一种以商品生产和商品交换为基础的资源配置方式。所谓资源配置，是指将包括物质资源和人力资源在内的经济资源按比例地分配在各种产品和劳务的生产上，以满足人们各种不同的需要。资源配置一般有两种方式：

一种是市场方式,即按照市场的供求变动引起价格的变动而自动地配置资源;另一种是计划方式,即按照预订的计划,由政府来配置资源。在现代社会中,只依赖单一的、纯粹的市场方式或只依赖单一的、纯粹的计划方式,一般来说是不存在的,而往往都是以某种方式为主,兼用另一种方式。如果某一社会经济中的资源配置方式是以计划方式为主,计划在资源配置中起决定作用,就是计划经济;如果以市场作为资源配置的主要方式,市场在资源配置中起决定作用,就是市场经济。

通常,资源配置一般要达到两个目标:一是通过资源配置而形成的社会供给的比例与社会需求的比例相适应,避免供给与需求的脱节,也就是资源配置的合理性;二是要讲求经济效率,节约资源,作到人尽其才、物尽其用、地尽其力,也就是资源利用的充分性。达到上述两个目标,就说明资源配置是优化的。

第二,市场经济是发达的商品经济。市场经济,是同商品经济密切联系在一起的经济范畴。市场经济以商品经济的充分发展为前提,是在产品、劳动力和物质生产要素逐步商品化的基础上形成、发展起来的,从这个意义上看市场经济就是发达的商品经济。

在社会化大生产条件下,市场经济作为一种资源配置方式,是现代社会人类文明发展的成果,并成为现代经济运行的普遍方式。市场经济是一个由千千万万的厂商和个人自主参与交易的形式,在市场经济中有一只"看不见的手"发挥着重要作用,这只"看不见的手"就是价值规律。

价值规律的基本要求是,商品的价值量是由社会必要劳动时间决定的,以此为基础,商品进行等价交换。价值规律是市场经济的基本规律,它利用价格变动与供求和竞争的关系调节着社会的生产结构和消费结构,对市场经济的发展具有极大的推动作用。在市场竞争条件下,由于价值规律的作用,市场主体要想获得生存和发展,就必须不断地采用最新技术代替旧技术和改进经营管理;否则,就有可能在竞争中被淘汰。在这里,市场经济所具有的强大的激励作用,会使生产者和管理者更好地发挥其积极性和创造性。同时,市场经济也具有灵敏的信息传递作用和资源优化配置功能。供求变动和价格涨落的信息都会促使生产要素流动,从而促进生产资源实现优化配置,最终达到社会整体效益提高的目的。

但是,市场需求总是千变万化。当投资者购置设备、雇佣工人、引进技术建造新的生产线而形成新的生产能力时,原来在市场上出现高利润的需求也可能因满足需要而发生改变。在这种情况下,投资者的生产能力就会成为过剩能力,从而造成社会性的浪费。因此,市场经济天然地存在着宏观比例失调即发生生产与需求不协调的可能性,这就需要政府宏观调控这只"有形的手",来引导市场的发展并弥补它的缺陷，共同推动社会经济的发展。

(二) 市场经济的发展历程

市场经济从形成至今，在其发展过程中依次经历了三个阶段，即：原始市场经济阶段、自由市场经济阶段和现代市场经济阶段。

原始市场经济，是建立在手工生产力基础上，在自然经济中产生，并作为自然经济补充形式的一种市场经济。在原始社会末期、奴隶社会和封建社会，自给自足的自然经济是社会经济的主导力量，在这些社会形态中占统治地位，商品生产商品交换处于萌芽或初步发展阶段，市场经济居于从属地位，市场在整个社会的资源配置中只起到辅助性的作用。那时的社会生产力极其落后，人们用简单的手工工具所生产的劳动产品，主要是为满足自己及家庭生活需要而不是用来交换。因此，存在于这些社会中的市场经济，基本上是规模狭小的、不发达的原始市场经济。

自由市场经济，是指建立在机器生产力水平基础上，以生产资料分散在单个厂商手里为前提的市场经济形式。封建社会末期，原始市场经济发展到它的成熟时期。在价值规律的作用下，原始市场经济条件下的商品生产经营者产生了两极分化，出现了规模较大的、同原始市场经济经运营方式不同的新的市场经济形式。特别是，随着社会生产力水平的提高，商品生产和商品交换迅速发展，自然经济逐渐趋于瓦解。在这种情况下，市场经济要求取代自然经济而成为占统治地位的经济形式，并采取了一种新的形态、即自由市场经济。因此，自由市场经济是整个社会经济空前大发展的历史阶段，也是市场经济逐渐发育和完善的重要阶段，其典型形式是资本主义自由竞争时期的市场经济。

现代市场经济，是指建立在现代生产力水平以及现代科学技术基础之上，以生产资料的高度集团化、社会化、国际化为特征的市场经济。现代市场经济是市场经济发展的一个高级阶段，它以信息化、技术化、知识化、自动化为特征的生产力作为基础，其显著特征是生产的社会化程度较高，并采取国家宏观调控。因此，现代市场经济是继自由市场经济之后的又一个市场经济的新阶段，是目前世界发达国家普遍存在的一种市场经济。

(三) 发达国家市场经济的几种模式

市场经济一经产生，便成为具有效率和活力的经济运行载体。迄今为止，全世界大多数国家都发展市场经济。

在市场经济的长期发展中，由于各国具体国情不同，在西方发达国家曾经形成了几种不同的市场经济模式：美国的自由市场经济模式、德国的社会市场经济模式和日本的政府主导型市场经济模式。

美国的自由市场经济模式，强调市场经济的自由发展。其特点是：积累的决策权主要在私人公司，它们可以自由地、最大限度地追求短期利润目标；国有经济的比重较低，政府对经济的管理表现为间接管理，主要通过调解市场参数来间接引导企业的经营活动。这一模式起源于英国，在美国达到巅峰。美国是发达的现代市场经济国家，生产、流通、分配、消费等经济环节以市场调节为主，政府干预居次要地位，资源配置主要通过市场分散进行。

德国的社会市场经济模式，是在批判资本主义过时的经济模式基础上产生的，号称计划经济与自由市场经济之外的"第三条道路"。其特点是：认为市场的灵魂是竞争，但竞争不能采取自由的形式而要公平竞争；坚持社会的整体性原则，注重社会保障和社会福利；强调国家对经济的宏观管理，但干预和引导的倾向点在于维护社会平衡。德国是西方建立社会福利保障制度最早的国家，也是社会市场经济模式的典型国家，在主张市场有序竞争的同时主要强调社会责任，主张高税收高福利。

日本的政府主导型市场经济模式，是在第二次世界大战后，日本恢复经济实行赶超战略过程中形成的。其特点是：强调政府干预的力度和作用的范围，主张依靠国家计划和市场机制共同协调经济。在这一过程中，日本政府在经济发展过程中的多个方面起到了重要的作用，不仅为经济增长和发展决定方向，同时也有选择地进行干预，保证有高的投资效率，保证大投资适当分配到能导致增长的部门。日本模式曾经是赶超型国家取得成功的经济模式，其重要特点是利用后发优势，加强政府干预，统制金融，引进技术，出口导向，贸易立国，创新与竞争意识、合作与团队精神、个人主义与集体主义相互结合，企业集团占有重要地位等。

总的来说，西方国家的三种市场经济模式各有千秋。美国的自由市场经济模式强调自由、平等、竞争和创新，与最低限度的政府干预相结合，强调市场的作用；德国的社会市场经济模式强调社会和大众福利，促进劳资合作，实行广泛的社会保障；日本的政府主导型市场经济模式则强调政府在发展市场经济中的作用，尊重集体主义与合作等。

（四）市场经济的一般要求

市场经济作为一种经济形式，共性的一般要求是：

1. 资源配置市场化。社会经济资源是有限的，而社会对资源的需求却是无限的。资源配置就是如何把有限的资源配置到社会需要的部门、地域和企业中去。市场经济区别于计划经济的根本之处在于，不是以计划或行政命令为主来配置资源，而是使市场成为整个社会经济联系的纽带，成为资源配置的主要方式。在经济运行中，社会各种资源都直接或间接地进入市场，由市场供求形成价格，进而引导资源在各个部门和企业之间自由流动，使社会资源得到合理配置。

2. 经济主体自主化。经济行为主体，如个人、企业和政府的经济行为，均受市场竞争法则制约和相关法律保障，应赋予其相应的权、责、利，使其成为具有明确收益与风险意识的不同利益主体。

3. 经济运行竞争化。从市场经济的理念上，普遍强调竞争的有效性和公平性。为达到公平竞争的目的，政府从法律上创造出适宜的外部环境，为企业提供平等竞争的机会。只有把各市场利益主体的活动都纳入法律的框架内，才能维护市场竞争的有序性和正常运行。

4. 实行必要的、有效的宏观调控。在自由竞争市场经济时期，国家的经济职能主要是保护经济发展的秩序，不直接干预经济运行。但在现代市场经济条件下，国家对经济的干预和调控便成为经常的、稳定的体制要求，政府能够运用经济规划、经济手段、法律手段以及必要的行政手段，对经济实行干预和调控。其目的一方面是为经济的正常运转提供保证条件；另一方面则是弥补和纠正市场的缺陷。

5. 经济关系的国际化。现代市场经济是一种开放经济，它使各国经济本着互惠互利、扬长避短的原则进入经济全球化大潮。经济活动的国际化，不仅表现在国际进出口贸易、资金流动、技术转让和无形贸易的发展等方面，还表现为对协调国际利益的各种规则与惯例的普遍认同和参与。

市场经济的这些一般要求是市场经济本身固有且客观存在的，只要发展市场经济，这些要求就会自动地发生作用。人们可以认识它、因势利导利用它，但不可取消它否定它。

二、中国特色社会主义经济是社会主义市场经济

（一）马克思、恩格斯关于未来社会经济形式的设想

社会主义制度建立以后，选择什么样的经济运行方式和经济体制是一个重大的理论和实践问题。在相当长时期内，人们曾经都把市场经济视为资本主义特有的经济形式，强调市场经济只能与私有财产制度相联系，认为市场经济与社会主

义是根本对立的,从而否定市场经济在社会主义制度下存在与发展的可能性,后果是不好的,教训是深刻的。

按照马克思和恩格斯对未来社会的预测,在共产主义社会(其第一阶段是社会主义社会),生产力高度发达,全社会占有和使用生产资料,实行普遍的生产资料公有制,人们用公共的生产资料进行劳动,并且自觉地把每个人劳动力当作社会劳动力来使用,社会将有计划地组织全社会的生产和经济活动,不再需要商品货币插手其间。马克思指出:"在一个集体的、以生产资料公有为基础的社会中,生产者不交换自己的产品;用在产品上的劳动,在这里也不表现为这些产品的价值,不表现为这些产品所具有的某种物的属性,因为这时,同资本主义社会相反,个人的劳动不再经过迂回曲折的道路,而是直接作为总劳动的组成部分存在着。"① 恩格斯也曾说:"一旦社会占有了生产资料,商品生产就将被消除,而产品对生产者的统治也将随之消除。"② 在社会主义经济制度建立的初期,在缺乏社会主义经济建设实践经验的情况下,依据经典作家的论述,同时也学习借鉴最早建立社会主义制度国家的做法,在一段时间里我国实行了计划经济。计划经济形式和管理体制,虽然在特定的条件下(例如国民经济从战争创伤中恢复、集中力量进行重大项目建设等)也发挥过积极作用,但随着经济的发展,其管得太死、统得过多、分配中的平均主义等弊端日益显现,严重束缚企业和劳动者的积极性,影响社会主义制度优越性的发挥。挫折和教训使我们逐步认识到,对于马克思主义创始人对未来社会的预测,不应该拘泥于个别结论,而应该注重把握他们进行这种预测的世界观和方法论。

马克思、恩格斯运用唯物史观,致力于研究人类社会特别是资本主义社会,深刻揭示了人类社会发展的一般规律和资本主义社会发展的特殊规律,对共产主义社会做出了科学展望。马克思、恩格斯的世界观和方法论是科学的,又为什么在未来社会是否存在市场经济问题上与后来的实践发生偏差呢?根本的原因在于,实践中的社会主义与马克思、恩格斯预测的社会主义在产生前提条件上发生了重大变化。在20世纪初中期,当资本主义国家发展不平衡、帝国主义国家瓜分世界出现严重矛盾,而俄国、中国等一些国家内部生产力与生产关系的矛盾、经济基础与上层建筑之间的矛盾和阶级矛盾达到无法再继续下去的时候,无产阶级领导的革命首先不是在发达资本主义国家,而是在这些经济文化相对落后的国家爆发并取得了成功,建立了社会主义制度。当社会主义制度不是在高度发达的

---

① 《马克思恩格斯文集》第3卷,人民出版社2009年版,第433~434页。
② 《马克思恩格斯文集》第3卷,人民出版社2009年版,第564页。

资本主义国家建立，而是在经济文化相对落后的国家成为现实的时候，社会主义的具体情况就不再与经典作家预测的完全相吻合，这是现实中的社会主义市场经济存在和发展的最深层次的原因。

今天，站到实践的角度重温马克思主义创始人关于未来社会的预测，我们发现，当年马克思、恩格斯做出这些预测的同时也保持了十分的严谨和审慎，他们希望留给后人的不是具体的个别结论，而是历史的逻辑和科学的方法。这从他们的许多忠告中可以看得十分清楚。恩格斯说："无论如何，共产主义社会中的人们自己会决定，是否应当为此采取某种措施，在什么时候，用什么办法，以及究竟是什么样的措施。我不认为自己有向他们提出这方面的建议和劝导的使命。那些人无论如何也会和我们一样聪明。"① 他还说："所谓'社会主义社会'不是一种一成不变的东西，而应当和任何其他社会制度一样，把它看成是经常变化的改革的社会。"②

马克思主义创始人没有终结真理，丰富和发展马克思主义历史地落在马克思主义后继者的身上。中国共产党人和中国人民关于社会主义市场经济理论的创新，在丰富和发展马克思主义的进程中做出了自己的贡献。

（二）我国对社会主义市场经济的探索

任何一个国家都需要根据自己实际的国情来选择适合自身经济发展的道路和模式。对于社会主义经济是否是市场经济，社会主义制度下是否要大力发展市场经济，以及是否要建立社会主义市场经济体制这些问题，我国是在经过长期探索后才得出的结论。

从新中国成立到1978年前的几十年里，我国对社会主义经济建设道路进行了艰苦的探索，其间虽然在理论上也有发展商品生产商品交换的主张，在实践上也采取过发展商品生产商品交换的措施，但总体上实行的是计划经济。从1978年改革开放以来，我国从社会主义初级阶段的实际出发，认真总结国内外改革和发展的经验教训，逐步提出和丰富了社会主义市场经济理论，确认了我国的经济是社会主义市场经济。1979年，邓小平在总结实践经验和理论界探索成果的基础上，从社会主义现实出发指出："说市场经济只存在于资本主义社会，只有资本主义的市场经济，这肯定是不正确的。社会主义为什么不可以搞市场经济？这个不能说是资本主义。我们是计划经济为主，也结合市场经济，但这是社会主义

---

① 《马克思恩格斯文集》第10卷，人民出版社2009年版，第455~456页。
② 《马克思恩格斯文集》第10卷，人民出版社2009年版，第588页。

的市场经济。"① 1992 年春，邓小平在南方谈话中进一步指出："计划多一点还是市场多一点，不是社会主义与资本主义的本质区别。计划经济不等于社会主义，资本主义也有计划；市场经济不等于资本主义，社会主义也有市场。计划和市场都是经济手段。"② 邓小平这些关于社会主义市场经济的思想，从根本上打破了把社会主义与市场经济对立起来的思想束缚，为形成社会主义市场经济理论奠定了坚实基础，对中国经济改革产生了极大的推动作用。此后，理论界各种丰富和发展社会主义市场经济理论的观点陆续涌现，并逐步成为全国的共识。

1992 年 10 月，党的十四大报告正式确立"我国经济体制改革的目标是建立社会主义市场经济体制"，从而使社会主义经济理论上实现了一次重大突破；1997 年，党的十五大提出"使市场在国家宏观调控下对资源配置起基础性作用"；2002 年，党的十六大提出"在更大程度上发挥市场在资源配置中的基础性作用"；2007 年，党的十七大提出"从制度上更好发挥市场在资源配置中的基础性作用"；2012 年，党的十八大提出"更大程度更广范围发挥市场在资源配置中的基础性作用"；2013 年，党的十八届三中全会根据实践发展和理论认识的深化，把市场在资源配置中的"基础性作用"修改为"决定性作用"；2017 年，党的十九大提出建设现代化经济体系必须"坚持社会主义市场经济改革方向""加快完善社会主义市场经济体制"，这反映了中国对市场经济的认识达到了新的高度，对于全面深化改革和推进未来中国的发展具有重大作用。

社会主义市场经济既体现了市场经济的普遍原则，又体现了社会主义制度的基本特征，使社会主义制度的优越性和市场经济的长处都得到了更好发挥。在发展社会主义市场经济的过程中，中国共产党人在不断回答当代中国一系列重大问题的过程中形成了一系列独创性成果，赋予了马克思主义政治经济学新的时代内涵和实践要求。特别是党的十八大以来，中国特色社会主义进入新时代，围绕新时代坚持和发展什么样的中国特色社会主义、怎样坚持和发展中国特色社会主义这个重大时代课题，中国共产党在实践中形成了以新发展理念为主要内容的习近平新时代中国特色社会主义经济思想，是中国特色社会主义政治经济学的最新成果，必须长期坚持、不断丰富发展。

（三）中国特色社会主义经济是市场经济的根本原因

我国经济是社会主义市场经济，最根本的原因是：

---

① 《邓小平文选》第 2 卷，人民出版社 1994 年版，第 236 页。
② 《邓小平文选》第 3 卷，人民出版社 1993 年版，第 373 页。

第一,实践发展的要求。人类社会几千年发展的实践证明,市场经济具有发展经济的活力和内在动力,是资源配置的有效形式。我国几十年社会主义实践证明,排斥市场经济、实行完全的计划经济,不利于社会主义制度优越性的发挥,相反在很大程度上束缚了企业和劳动者积极性的发挥。改革开放以来,我国在坚持社会主义制度的同时,大力发展商品生产商品交换,极大地促进了经济发展和人民生活水平的提高,增强了综合国力。

第二,由国情所决定。我国人口多,生产力发展不平衡不充分,将长期处于社会主义初级阶段,这是最大的国情。在这样的国情下,公有制为主体、多种经济形式并存,各个经济主体具有各自的经济利益追求,劳动还是谋生的手段。由此决定社会劳动产品还需要通过商品交换的形式进行交换,商品生产商品交换还普遍的存在,市场经济的存在具有广泛的基础。

第三,社会主义基本经济规律使然。发展经济、不断满足人民对美好生活需要的基本经济规律的作用结果,要求一切经济形式、经济手段都要为实现发展经济和满足人民美好生活需要开辟道路。发展经济是前提,满足需要是目的;经济不发展,满足需要就是空话。市场经济可以有效地配置资源,通过追求效益的内在动力和竞争的外在压力促进经济效率的提高,所以发展市场经济是社会主义制度内在的要求。

社会主义制度下发展市场经济,是对资本主义市场经济的扬弃。它既体现了市场经济的普遍原则,又体现了社会主义制度的根本要求,使社会主义制度的优越性和市场经济的长处结合起来。社会主义市场经济是中国这个世界上最大的发展中国家探索形成的一种新型经济,它具有超越资本主义市场经济的新优势。因此,明确我国的经济是社会主义市场经济,这是我国的重大理论创新,是马克思主义中国化的一个重大成果,也是中国特色社会主义道路探索中的一个伟大创举。

三、社会主义市场经济的基本要求

社会主义市场经济,是社会主义制度下市场在资源配置中起决定性作用的经济。社会主义市场经济的基本要求是:

1. 在坚持社会主义基本经济制度基础上发展市场经济。公有制为主体、多种所有制经济共同发展是社会主义基本经济制度。发展社会主义市场经济,必须发挥市场在资源配置中的决定作用,同时又必须坚定不移发展公有制经济,坚定不移鼓励、支持和引导非公有制经济有更大更健康的发展。

2. 以共同富裕为目标。实现全体人民共同富裕,是社会主义的本质要求,也是社会主义市场经济的内在要求。在发展社会主义市场经济进程中,必须坚持社会主义本质要求不动摇。

3. 坚持共产党的领导。坚持中国共产党的领导,是中国特色社会主义最本质的特征。在社会主义条件下发展市场经济,是中国共产党人的伟大创举。社会主义市场经济与一般市场经济的重要区别,就在于市场机制与社会主义制度的优越性相结合。在当代中国,只有中国共产党能够按照最有利于生产发展和共同富裕的原则,协调各方面的利益,正确处理现阶段出现的种种矛盾,有效地组织和领导全国各族人民共同进行现代化建设。

4. 社会主义市场经济发展的方向服务于社会主义发展的根本目标。社会主义生产的根本目的是发展生产力,满足人民日益增长的美好生活需要,促进每个人全面的发展。社会主义市场经济的发展要服从于服务于社会主义发展的大目标,为人民生活的提高服务,为社会主义制度的巩固和发展服务。

四、社会主义市场经济与基本经济制度的结合

迄今为止,几乎所有西方发达市场经济都是建立在生产资料的私有制基础上的。我国的社会主义市场经济,从一开始就是建立在以公有制为主体、多种所有制经济共同发展的所有制关系之上。这一突出特点使我国社会主义市场经济体制打破了市场经济和社会主义相互对立的传统观念,为人们深入认识市场经济和社会主义的关系提供了新的理论思考。当前,我国正处于社会主义初级阶段,社会主义市场经济与公有制为主体、多种所有制经济共同发展的社会主义基本经济制度相结合,其中一个重要问题就是,生产资料公有制与社会主义市场经济能否相容?回答是肯定的,市场经济能够与公有制很好地结合在一起,共同推进社会主义市场经济更快更好地发展。

首先,市场经济作为一种资源配置方式,不具有姓"资"姓"社"的性质,它既可以与生产资料私有制相结合,也可以与生产资料公有制相结合。从历史上看,市场经济与资本主义相结合,最初以资本主义市场经济的形式存在于世上,但它并不是资本主义的专利,而是人类共有的一种文明成果,既可以为资本主义服务,也可以为社会主义服务,关键要看市场经济同哪一种社会制度相结合。我国发展社会主义市场经济,就是要让市场经济同社会主义制度相结合,既发挥市场经济配置资源的优越性,又发挥社会主义基本经济制度的优越性,使二者共同服务于社会主义经济发展的根本目的。

其次，就市场经济的一些本质要求而言，在生产资料公有制条件下都可以实现；而公有制经济的本质要求，也可以通过发展市场经济得到满足。例如，市场经济发展需要自主经营、自负盈亏的经济主体，公有制的本质是劳动者共同占有生产资料并凭借这种占有获得经济利益，而如何实现这种本质，则完全可以根据生产力和社会化生产发展的要求选择必要的所有制实现形式和企业形式。建立现代企业制度是发展社会化大生产和市场经济的必然要求，是我国国有企业改革的方向，股份制已成为我国现代企业制度的重要组织形式。通过股份制改革，我国公有制特别是国有企业已经找到了与市场经济相结合的形式和途径。显然，这些适应社会化生产的经营方式和企业组织形式，既可以在私有制条件下被采用，也可以在公有制条件下被采用。此外，混合经济作为现代市场经济的一种有效产权组织形式，也是公有制经济的一种有效实现形式。它能够充分利用公有制经济和非公有经济两种产权形式、计划与市场两种经济调节方式各自的长处，获得多种产权形式协同配合的正效应。因此，当前阶段混合所有制经济的发展，会为社会主义市场经济体制和企业的有效治理结构奠定坚实的所有制基础。

最后，公有制为主体、多种所有制经济共同发展的基本经济制度，是中国特色社会主义制度的重要支柱，也是社会主义市场经济体制的根基。我国建立社会主义市场经济体制的改革实践证明，不坚持公有制为主体，市场经济体制的改革就会偏离方向；不搞所有制形式的多元化、公有制实现形式的多元化，社会主义市场经济体制就难以真正建立和完善，企业也难以真正转换机制和建立现代企业制度。因此，全面深化改革和完善社会主义市场经济体制，必须毫不动摇地"坚持公有制主体地位"，毫不动摇地"鼓励、支持、引导非公有制经济发展"。这有利于市场经济与社会主义基本经济制度的有机结合。

综上所述，社会主义市场经济应该而且能够与社会主义基本经济制度实现内在的统一。这样，一方面可以充分利用市场机制的优点，使经济活动遵循价值规律的要求，适应供求关系的变化；通过价格杠杆和竞争机制的功能，把资源配置到效益较好的环节中，并给企业以压力和动力，实现优胜劣汰；运用市场对各种经济信号反应比较灵敏的优点，促进生产和需求的及时协调。另一方面可以发挥社会主义制度的优势，克服市场经济的盲目性、自发性和滞后性等弱点和消极方面，实现社会成员的共同富裕。我国建立社会主义市场经济体制的改革实践充分证明，社会主义市场经济体制具有强大的生命力和内在活力，对推动我国经济社会发展具有不可替代的巨大作用。这是已被我国改革以来的实践所证明了的，并且还将继续被实践所证明。

第二节 社会主义市场经济体制

一、社会主义市场经济体制的基本框架

社会主义市场经济的发展,要求建立和完善社会主义市场经济体制。我国社会主义市场经济体制的基本框架,包括以下方面:

一是自主经营的市场主体。坚持公有制为主体、多种所有制经济共同发展的基本经济制度,进一步转换国有企业经营机制,建立适应市场经济要求,产权清晰、权责明确、政企分开、管理科学的现代企业制度。

二是完善的市场机制和全国统一开放的市场体系。完善要素市场,充分发挥价格、供求、竞争等市场机制的调节作用,实现城乡市场紧密结合,国内市场与国际市场相互衔接,促进资源的优化配置。

三是转变政府管理经济的职能,建立以间接手段为主的完善的宏观调控体系,保证国民经济的健康运行。

四是建立以按劳分配为主体、多种分配方式并存的个人收入分配制度,坚持走共同富裕道路。

五是建立多层次的社会保障制度,为城乡居民提供同我国国情相适应的社会保障,促进经济发展和保持社会稳定。

以上几方面内容是相互联系的有机整体,共同构成我国社会主义市场经济体制的基本框架。当然,这一框架的建立和完善涉及经济、政治、文化、社会和生态文明建设各个领域和各个方面,因而是一项长期、复杂、艰巨的系统工程。

经过几十年的改革,我国社会主义市场经济体制基本建立,但是也必须看到,已经形成的社会主义市场经济体制还不完善,生产力发展仍面临诸多体制性障碍,全面深化改革,完善社会主义市场经济体制的任务依然艰巨。

当前,中国特色社会主义进入新时代,必须全面深化改革,最大限度调动一切积极因素,以更大决心冲破思想观念的束缚、突破利益固化的藩篱,推动社会主义市场经济体制的完善和发展。要以习近平新时代中国特色社会主义思想为指导,坚持新发展理念,按照高质量发展的要求,坚持以供给侧结构性改革为主线,大力推进改革开放,创新和完善宏观调控,推动质量变革、效率变革、动力变革,引导和稳定预期,加强和改善民生,促进经济社会持续健康发展。

进一步完善和发展社会主义市场经济体制，要紧紧围绕使市场在资源配置中起决定性作用和更好发挥政府作用，着力做到以下几点。

一要坚持和完善基本经济制度。完善产权保护制度，积极发展混合所有制经济，推动国有企业完善现代企业制度，支持非公有制经济健康发展。

二要加快完善现代市场体系。加快形成企业自主经营、公平竞争，消费者自由选择、自主消费，商品和要素自由流动、平等交换的现代市场体系，着力清除市场壁垒，提高资源配置效率和公平性。建立公平开放透明的市场规则，完善主要由市场决定价格的机制，建立城乡统一的建设用地市场，完善金融市场体系。

三要完善宏观调控体系。主要任务是保持经济总量平衡，促进重大经济结构协调和生产力布局优化，减缓经济周期波动影响，防范区域性、系统性风险，稳定市场预期，实现经济持续健康发展。健全以国家发展战略和规划为导向、以财政政策和货币政策为主要手段的宏观调控体系，推进宏观调控目标制定和政策手段运用机制化，加强财政政策、货币政策与产业、价格等政策手段协调配合，提高相机抉择水平，增强宏观调控前瞻性、针对性、协同性。形成参与国际宏观经济政策协调的机制，推动国际经济治理结构完善。深化投资体制改革，确立企业投资主体地位，全面正确履行政府职能。

四要完善开放型经济体系。适应经济全球化新形势，推动对内对外开放相互促进、"引进来"和"走出去"更好结合，促进国际国内要素有序自由流动、资源高效配置、市场深度融合，加快培育参与和引领国际经济合作竞争新优势，以开放促改革。放宽投资准入，加快自由贸易区建设。

五要加快转变经济发展方式，加快建设创新型国家，推动经济更有效率、更加公平、更可持续发展。

完善社会主义市场经济体制必须处理好经济体制与其他体制的关系，注重经济基础与上层建筑的系统性、整体性、协同性，加快发展社会主义市场经济、民主政治、先进文化、和谐社会、生态文明，让发展成果更多更公平地惠及全体人民。

二、社会主义市场经济中的市场机制

市场机制，也称市场运行机制或市场调节机制，是指在市场竞争过程中通过供求变化导致价格波动，通过价格波动反过来调节供求关系的机制。发展社会主义市场经济，必须充分发挥市场机制的功能，使其在资源配置中起决定性作用。市场决定资源配置是市场经济的一般规律，市场经济本质上就是市场决定资源配置的经济。发展社会主义市场经济就要尊重并发挥市场机制的作用，让市场机制成为资源配置的决定性机制。

市场机制包括价格机制、供求机制和竞争机制。价格是价值的实现形式，是市场的"晴雨表"。价格水平的变化，引导生产者和消费者行为的变动。价格水平上升，既会增加供给，又会抑制需求；价格水平下降，则会增加需求，同时减少供给。这样，价格是把供求双方联系起来的利益纽带，成为引导资源流动的指示器，因此价格机制是最主要的市场机制。供求机制是与价格机制紧密联系、共同发挥作用的一个重要机制。商品的价格不仅要反映价值，而且还要反映供求关系。供过于求的商品价格会低于价值，供小于求的商品价格会高于价值，由此促使商品生产者努力适应市场需求的变化，引导生产要素的合理流向，提高资源配置效率。价格影响供求，供求影响价格，要以生产者的相互竞争为条件；价格影响需求，也要以消费者的相互竞争为条件。竞争是商品在买方与卖方之间围绕商品价格和质量进行较量，竞争可以促进商品生产者改进技术并进行技术创新，是市场活力和动力的源泉。

综上，市场机制就是在供求、价格、竞争之间的相互依存和相互制约中发挥了配置资源的功能，并由此对社会经济的运行发挥调节作用。作为社会主义市场经济运行的基本机制，市场机制不仅调节流通，而且调节社会再生产的全过程；不仅调节国有经济，而且调节非国有经济，它的作用覆盖全社会。市场机制在资源配置方面具有对信息利用的节约、高效，引导资源全面流动和再配置，自动平衡供求，能够自动实现资源配置的优化等功能。

但是，市场机制并不是万能的，如任由市场机制自发事后调节有可能造成资源的浪费，市场机制无法解决外部不经济等问题。因此，在社会主义市场经济中发挥市场机制在资源配置中决定作用的同时，必须更好发挥政府的作用。

三、社会主义市场经济中的市场体系

完善的市场经济体系是市场经济有效配置资源的条件，发挥市场机制在资源配置中的决定性作用，要求培育和发展完善的市场体系。健全的市场体系是指市场经济中由相对独立又相互联系的各类市场构成的有机统一体，既包括由消费品市场和生产资料市场构成的商品市场体系，也包括由资本市场、劳动力市场、房地产市场和技术信息市场等在内的比较完备的要素市场体系。

从现阶段我国社会主义市场经济的实际出发，培育统一开放、竞争有序的现代市场体系，是完善社会主义市场经济体制的要求。

首先，市场体系要具有统一性。在完善的市场体系中，各种不同功能、不同层次的市场之间具有密切的内在联系，它们相互影响、相互制约、相互促进，形成一个有机整体；其中，各种市场不再是单独地、孤立地发挥作用，而是作为统一的有机整体存在和发挥作用。因此，市场体系的统一性首先要求形成一个全社会统一的大市场，在全社会的范围内实现资源的自由流动，而不受地域和部门的局限，这样才能充分发挥市场在资源配置中的决定性作用，实现资源的合理配置和有效利用。特别是在社会化大生产通过分工协作关系把整个社会经济连接为一个统一的整体的情况下，必然要求市场体系的统一性，要求形成统一的国内市场。

其次，市场体系具有开放性。市场经济必然是开放型经济，只有成为一个开放式的系统，才能不断与外界进行物质、信息和能量的交换，才能使社会主义市场经济不断发展壮大。改革开放40多年来，改革与开放相互促进、良性互动，深化经济体制改革必须进一步加大对内对外开放力度，提高开放型经济水平。为此我国将实行更加积极主动的开放战略，完善互利共赢、多元平衡、安全高效的开放型经济体系，促进沿海内陆沿边开放优势互补，形成引领国际经济合作和竞争的开放区域，培育带动区域发展的开放高地。特别是，通过扩大对外开放，各类市场要素能够获得更大的流通空间和资源配置方式的选择空间，不仅有利于我们更好地统筹国内国际两个大局，而且能够为经济体制改革获得更多外部动力，促使市场环境乃至全社会思想观念更加适应市场经济发展需要，破除有碍市场经济发展的思想桎梏与现实阻力，加快完善社会主义市场经济体制。

再次，市场体系具有竞争性。市场经济是竞争性的经济，是经济主体围绕利益关系、以获取利润最大化为目标进行竞争的经济，而经济主体间的竞争主要是在市场上进行的。价值规律所包含的商品生产者的平等权利是市场竞争的基础。由于社会分工，商品生产者之间的利益是相互独立的，是市场把彼此分隔开来的商品生产者联系在一起。在市场上，商品生产者的平等权益，只能通过等价交换的规律来实现。因此，市场经济的竞争性就表现在经济主体在市场上的竞争。可以说，竞争既是实现优胜劣汰的工具，也是推动社会进步的强大杠杆。只有通过经济主体间的竞争，才能使价值和平均利润得以形成和实现，从而才能最终实现资源的优化配置和促进社会生产力的发展。

最后，市场体系要有序。市场上的竞争必须公正和平等，必须按照一定的规范有序进行。没有规范有序的竞争，不可能是公开、公正和平等的竞争，只能是一片混乱的无序状态；而在无序状态下，市场经济就无法运行，市场机制不能正常地发挥调节作用，就可能产生欺行霸市、强买强卖、以次充好、以假冒真、哄抬物价甚至垄断市场等扰乱市场、坑害消费者的现象。因此，要实现市场体系有序性的内在要求，就必须加强法制建设，健全市场运行方面的法规，使市场体系的运行纳入法制轨道，保障经济体系运行的规范化、制度化、秩序化。

改革开放以来，中国的市场体系已经有了很大发展，但还不够完善。要形成统一开放、竞争有序的市场体系，还需要经历一个过程。目前市场发展中存在的主要问题是：市场体系不健全、各类市场发育程度参差不齐、有些要素市场严重滞后、市场竞争机制不健全、市场运行的法规制度建设滞后等。能否形成一个健全的完善的市场体系，事关中国社会主义市场经济体制能否最终建立，因此必须加快社会主义市场体系的培育和发展。这里，完善的市场体系不仅包括市场体系本身的完备，还包括市场体系功能的健全。

根据构建社会主义市场经济体制的要求，培育和完善中国市场体系要从以下方面入手：一是培育市场主体。市场主体是参与市场活动的当事者，有无真正的市场主体决定市场能否发育；市场主体的发育状况，决定市场发育的程度。培育市场主体，首先要转变政府职能，加快国有企业改革，促进多种所有制企业发展，鼓励个人以市场主体身份从事市场活动。二是培育要素市场。在继续发展和完善商品市场的同时，应重点培育和发展包括资本、劳动力、土地、技术、房地产、信息和产权等在内的生产要素市场。三是发展市场中介组织和机构。例如，发展会计师事务所、审计师事务所、律师事务所、公证和仲裁机构、计量和质量检验认证机构、信息咨询机构、资产和信息评估机构等，共同推动市场经济体制不断完善和发展。

四、社会主义市场经济中的市场秩序

市场秩序是指市场在运行中所表现出来的有序性，它是与市场有关的各种社会经济制度和规则相互作用的综合结果。

良好的市场秩序和市场规则是市场机制发生作用的前提和保证。只有具备公平、公正的市场秩序，才能形成统一开放、竞争有序的现代市场体系，市场才能合理、优化地配置资源。社会主义市场经济是效率经济、法制经济，要保证市场经济的资源配置效率，必须建立和完善市场秩序和市场规则。维护公平竞争的市场秩序，是完善和发展社会主义市场经济体制不可或缺的重要环节。

最基本的市场秩序是公平竞争，因为市场机制的作用是通过竞争实现的，价格机制、供求机制都离不开竞争机制。公平竞争的市场秩序，能使市场主体的利益得到保障，使其具有安全感，形成比较稳定的经济预期，从而市场本身也才能持续地运行和健康良好地发展。相反,如果没有公平竞争的市场秩序,不但经济主体应有的利益得不到保障,正常的市场交换也得不到维护,而且市场的正常行为也会由于秩序紊乱而陷入崩溃,以致阻碍、破坏整个国民经济的正常运行。

市场秩序一般具有两重规定性,即市场内在的客观规定性和这些市场内在规定性的法律表现或实现形式。我们通常所说的市场秩序,就是指市场运行的内在规定性的法律形式。市场秩序首先体现的是市场内在的规定性。市场经济一方面表现为分工生产,另一方面表现为平等交换和公平竞争;平等交换和公平竞争在市场运行中的实现,必然形成一系列的特定规则和规范,从而表现为市场秩序。市场运行的内在秩序一旦形成,就必然不同程度地上升为法律形式,使市场运行的内在要求或秩序法制化,并转换为市场运行的法律规范。所以市场秩序的形成和维护,一方面要靠市场主体自觉、自律,另一方面要靠法治。从这样的意义上说,社会主义市场经济本质上是法治经济。使市场在资源配置中起决定性作用和更好发挥政府作用,必须以保护产权、维护契约、统一市场、平等交换、公平竞争、有效监管为基本导向,完善社会主义市场经济法律制度。国家维护和保障市场秩序的规章制度主要包括以下方面:一是市场进入退出秩序,即进入市场的经济主体必须具备一定的经济条件,才具有进入的资格;同时,退出市场也必须有一定的规则。二是市场竞争秩序,是指国家依法确立的维护各市场主体之间平等交换、公平竞争的规则,主要包括各市场主体机会均等地从市场上选购生产投入品,在平等竞争中由市场形成商品价格、公平税负,机会均等地进出市场,禁止不正当竞争,防止和限制垄断市场的行为发生,不能用倾销等办法打击竞争对手等。三是市场交易秩序,即各市场主体在市场上进行交易活动所必需遵守的行为准则与规范,它要求交易行为以诚信为本,买卖自由、买卖公平,不能强买强卖,不许用欺诈手段进行交易,严禁以假冒伪劣商品扰乱市场等。四是市场裁判秩序,是指市场主体之间发生纠纷时进行裁判的准则和规范,主要包括司法、行政管理、社会仲裁和调节机构等多种组织和多种形式。其中,各种形式的裁判规则都同时包括对当事人责任的认定、赔偿和惩罚规则,必须体现公平原则,对买卖双方一视同仁,不偏袒任何一方。

除此之外,为了保证市场能够有秩序、按规则地顺畅运行,还必须加强对市场进行规范化地管理。这就需要有一支高素质的管理者队伍和健全的管理机构,坚持对市场的统一领导,加强市场管理,加强社会信用建设,建立和健全社会信用体系,发挥市场中介组织在服务、沟通、公证、监督等方面的作用,并发挥社会舆论对市场的监督作用,共同维护统一市场的正常秩序和运行规则,从而使社会主义市场经济得以高效有序地运行。

五、社会主义市场经济中的道德

发展社会主义市场经济,完善社会主义市场经济体制,不仅要加强法治建设,完善市场体系,建立良好的市场秩序,充分发挥市场在资源配置中的决定作用和更好发挥政府作用,而且要加强社会主义道德建设。"要坚持依法治国和以德治国相结合,把法治建设和道德建设紧密结合起来,把他律和自律紧密结合起来,做到法治和德治相辅相成、相互促进。"①

一方面,市场经济是信用经济,以契约精神、诚实守信原则为基石。缺乏道德规范的市场经济必然导致无序竞争、风险放大,交易成本增加、市场机制效率下降。另一方面,在市场经济条件下,资本追逐利润、个人追求利益,容易导致拜金主义、极端利己主义等道德失范现象,从而侵蚀全社会长远发展的道德基础。因此,完善和发展市场经济的同时,必须加强与现代市场经济相适应的道德建设,这是促进社会主义市场经济健康发展的重要前提。

从实践看,市场有效运行的重要保证,一方面是法律,另一方面是道德,两者缺一不可、相得益彰。如果说法律是一种外在性规范,道德则是一种已被内部化的规范;法律着重于抑制人的非理性,而道德更多倾向于激发人的理性;法律依靠强制性命令而运作,道德则依靠内心服从而运作;法律的实施存在着被抗拒的可能,而道德则会被主动遵循;法律预期目标的实现以高额监督成本和执行成本为代价,而道德对秩序和效率的贡献基本是无代价的。总的来说,法制是一种外在的、强制性的规范,道德则是一种内在的、偏重于自律性的规范;而道德的这种内在的自律功能,在一定程度上要比法律的外在强制力效果更佳。特别是随着当代社会交往的日益频繁,道德作为社会成员必须共同遵守的行为规范,越来越显示其法律无法代替的重要功能。如果在市场经济追逐利益的过程中,仅仅依靠法制强制而缺乏道德约束,就很可能会陷入见利忘义、损人利己、尔虞我诈的道德沦陷之中,最终将导致整个社会主义市场经济秩序混乱,无法正常运行。但是相对于法律而言,道德的作用还是比较有限的;因为利益是道德的基础,道德功能的发挥受制于一定的利益界限,如果这种利益界限被突破,道德将无法克服市场失灵的局限。

中华优秀传统文化蕴含着优秀的中华传统美德和中华人文精神。在发展社会主义市场经济、完善社会主义市场经济体制中,要坚持创造性转化和创新性发

---

① 《习近平谈治国理政》,外文出版社2014年版,第146页。

展，使中华民族最基本的文化基因与当代文化相适应、与现代社会相协调，大力弘扬讲仁爱、重民本、守诚信、崇正义、尚和合、求大同等核心思想理念，大力弘扬自强不息、敬业乐群、扶危济困、孝老爱亲等中华传统美德，大力弘扬有利于促进社会和谐、鼓励人们向上向善的思想文化内容。

同时，要大力倡导社会主义核心价值观建设，将发展社会主义市场经济与弘扬社会主义精神文明紧密结合在一起。既要注重经济行为和价值导向的有机统一，也要注重经济效益和社会效益的有机统一，实现社会主义条件下市场经济和道德建设的良性互动和共同发展。

第三节　社会主义市场经济的理论贡献和世界意义

一、社会主义市场经济的理论贡献

社会主义市场经济理论是中国特色社会主义理论体系的重要组成部分，是对马克思、恩格斯创立的马克思主义的创新和发展。不仅为中国经济体制改革确立了方向、提供了理论指导，引导中国改革发展取得了成功，而且也为世界社会主义运动和多国发展提供了重要启示和借鉴。提出建立社会主义市场经济体制的改革目标，是我国在建设中国特色社会主义进程中的重大理论和实践创新，解决了世界上其他社会主义国家长期没有解决的一个重要问题。因此，社会主义市场经济理论不仅属于中国，也为世界文明大厦添砖加瓦；不仅具有鲜明的中国特色，也具有重要的世界意义。

科学理论的价值在于，来源于实践又指导实践前进并取得成功。社会主义市场经济理论是在中国的改革建设实践中产生的，反过来又指导改革建设实践沿着正确的方向前进。中国经济改革和发展取得举世瞩目的成就，原因固然有很多，但社会主义市场经济理论的作用功不可没，它为改革确定了方向、为发展注入了活力；而且，社会主义市场经济体制的确立，也为现代化建设提供了重要保证。

首先，社会主义市场经济理论确定并有效引领了中国经济改革的正确方向。改革的方向决定改革的成败、前途和命运，而改革方向的确立取决于科学理论的指导及其与社会实践的有机结合。经过长期的探索，社会主义市场经济理论被确认为中国经济改革的指导理论。在这一理论指导下，中国经济改革的方向被确定为发展社会主义市场经济，建立和完善社会主义市场经济体制。这一方向在全面深化改革中一以贯之地得到坚持。党的十八大以后，习近平强调："坚持社会主义市场经济改革方向，不仅是经济体制改革的基本遵循，也是全面深化改革的重要依托。要使各方面体制改革朝着这一方向协同前进，同时也使各方面自身相关环节更好适应社会主义市场经济发展提出的新要求。"① 党的十九大报告中更是明确指出，"实现中华民族伟大复兴的中国梦"，必须"坚持社会主义市场经济改革方向，推动经济持续健康发展"。② 毫无疑问，社会主义市场经济方向的确定和坚持，既保证了中国经济改革的社会主义性质，又保证了中国经济改革能够吸取别国发展市场经济的成功经验，这是中国改革开放40多年来既不走改旗易帜的邪路，又不走僵化保守的老路的秘诀和宝贵经验之一。

其次，社会主义市场经济理论抓住了中国改革的核心问题，并为解决这一核心问题提供了基本思路。由社会主义市场经济的内在要求决定，经济体制改革的核心问题是处理好政府和市场的关系，使市场在资源配置中起决定性作用和更好发挥政府作用。市场决定资源配置是市场经济的一般规律，健全社会主义市场经济体制必须遵循这条规律，而要更好发挥和能够更好发挥政府的作用则很大程度上体现出社会主义制度的优势。政府和市场的关系是世界各国发展现代市场经济必须处理的重大难题。忽视或否定市场在资源配置中的决定作用是万万不可的，但完全忽视或否定政府的作用也是万万不可的。西方一些发达国家应对已经发生的金融危机、债务危机，不是不想更好发挥政府作用，只是由于受到制度的限制，政党和政治组织相互掣肘，政府往往做不了应该做而又想做的事情。社会主义市场经济条件下，国家可以集中财力人力办大事，制度优势往往可以发挥到极致。当然在处理市场与政府关系的过程中，对于中国而言，还要着力解决市场体系不完善、政府干预过多和监管不到位的问题，这也是更好适应社会主义市场经济发展要求必须做好的工作之一。

再次，社会主义市场经济理论为中国经济注入了活力和动力。市场经济讲求效率，讲求竞争，讲求尊重市场主体的法人地位和经济利益。在社会主义市场经济理论指导下，中国紧紧围绕使市场在资源配置中起决定性作用深化经济体制改革，坚持和完善基本经济制度，加快完善现代市场体系、宏观调控体系、开放型经济体系，加快转变经济发展方式，加快建设创新型国家，让一切劳动、知识、技术、管理、资本的活力竞相迸发，让一切创造社会财富的源泉充分涌流，推动经济更有效率、更加公平、更可持续发展。

---

① 中共中央宣传部：《习近平总书记系列重要讲话读本》，学习出版社、人民出版社2016年版，第72页。
② 《中国共产党第十九次全国代表大会文件汇编》，人民出版社2017年版，第24页。

最后，社会主义市场经济为中国经济社会的全面协调可持续发展提出了要求，并提供了思路。社会主义市场经济要求效益，要求发展，要求公平正义，要求以人民为本。适应社会主义市场经济的要求，中国立足于长期处于社会主义初级阶段的最大实际，坚持发展是硬道理，以经济建设为中心，以促进社会公平正义、增进人民福祉为出发点和落脚点，进一步解放思想、解放和发展社会生产力、解放和增强社会活力，发挥经济体制改革牵引作用，推动生产关系同生产力、上层建筑同经济基础相适应，深化政治、文化、社会、生态文明全面改革，坚决破除各方面体制机制弊端，加快发展社会主义市场经济、民主政治、先进文化、和谐社会、生态文明，让发展成果更多更公平地惠及全体人民，努力开拓中国特色社会主义事业更加广阔的前景。

正是实现了社会主义市场经济理论的创新和突破，正是有了在社会主义市场经济理论指导下以经济体制改革为重点的全面深化改革，中国的社会主义现代化建设才在短短几十年的时间里发生了历史性的变化，取得了骄人的成就。

二、社会主义市场经济的世界意义

社会主义市场经济理论的创立，不仅为中国的改革发展提供了理论指导，而且也为世界社会主义运动的发展提供了重要借鉴，对世界一些国家特别是发展中国家的改革发展具有重要启示。

首先，社会主义市场经济理论的创立，在如何对待马克思主义的态度上具有重要的启示。马克思主义是发展的开放的学说，其生命力在于根据时代和实践的发展而发展。正如恩格斯所指出的："马克思的整个世界观不是教义，而是方法。它提供的不是现成的教条，而是进一步研究的出发点和供这种研究使用的方法。"[①] 这就要求人们以发展的观点对待马克思主义，既要反对否定马克思主义基本原理的态度，又要反对教条主义的态度。在市场经济问题上，既要认真学习运用马克思、恩格斯所揭示的市场经济和社会化大生产的一般规律，又不拘泥于马克思、恩格斯关于未来社会不需要商品货币等具有严格前提条件的个别观点，而是要从实际出发，根据变化了的情况不断丰富和发展马克思主义。

其次，社会主义市场经济理论的创立，在如何实现马克思主义基本原理与本国实际相结合上具有重要的启示。马克思主义是科学的世界观和方法论，为无产阶级改革和社会主义建设提供理论指南，但马克思主义在各国的具体运用必须与

---

① 《马克思恩格斯文集》第10卷，人民出版社2009年版，第691页。

各国实际相结合。对此,早在1872年《共产党宣言》德文版序言中,马克思、恩格斯就指出:"这些原理的实际运用,正如《宣言》中所说的,随时随地都要以当时的历史条件为转移。"① 社会主义市场经济理论的创立,是马克思主义基本原理与中国当代实践相结合的产物,是马克思主义中国化的成果。对待马克思主义的实际运用,一定要从本国本民族的实际出发,与本国本民族的实际相结合。

再次,社会主义市场经济理论的创立,对于后发国家如何在现代条件下通过发展市场经济而加快自己的发展具有重要的启示。市场经济是人类文明的成果,它不只是属于哪一个国家,哪一种社会制度,而是在多种社会制度下都存在发展的社会经济形式。在现代世界,几乎没有什么地方可以不接受市场经济的洗礼。中国理论认识的创新是思想解放的结果,又极大地促进了思想的进一步解放。在此基础上,中国所采取的一系列大力发展市场经济的措施,都极大地促进了生产力的发展、综合国力的提高和人民生活的改善。中国可以做到的事情,许多发展中国家、新兴经济体应该也可以做得到。

最后,社会主义市场经济理论的创立,即使对于西方一些发达国家也具有重要的启示。当今世界,现代科技特别是互联网、信息技术迅猛发展,经济全球化不断扩大,世界变成了地球村。2008年世界金融危机后,各国正抓紧调整各自发展战略,推动变革创新,转变经济发展方式,调整经济结构,开拓新的发展空间。同时,世界经济仍处于深度调整期,低增长、低通胀、低需求同高失业、高债务、高泡沫等风险交织,主要经济体走势和政策取向继续分化,经济环境的不确定性依然突出,能源安全、粮食安全、气候变化等非传统安全和全球性挑战不断增多,人类面临许多共同重大挑战,越来越成为命运共同体。在社会主义市场经济条件下,中国为应对全球范围挑战采取了一系列措施,为世界和平发展、合作共赢做出了应有的贡献。中国这些举措,符合国际惯例,对人类发展有益,与别国可以相互沟通、交流和学习。

社会主义市场经济理论属于中国,也属于世界。中国作为世界上人口最多的发展中大国,能为世界文明大厦添砖加瓦、做出贡献,是人民的幸事,也是国家的幸事。当今世界,中国同世界的互动越来越紧密,机遇共享、命运与共的关系日益凸显。今后,中国也将以更加开放的胸襟、更加包容的心态和更加宽广的视角融入世界经济发展与改革的洪流,中国人民也将在与世界人民的相互学习与借鉴中为推动人类文明进步做出应有的贡献。

---

① 《马克思恩格斯文集》第2卷,人民出版社2009年版,第5页。

【思考题】

1. 为什么我国社会主义经济是社会主义市场经济?
2. 简述我国对社会主义市场经济的探索历程。
3. 分析社会主义市场经济体制的基本框架。
4. 阐述社会主义市场经济理论的基本贡献。

第四章

改革和社会主义经济制度的发展完善

社会主义经济制度的建立并不是一劳永逸的,需要在实践中不断发展和完善。经过长期实践探索,我们找到了发展和完善社会主义制度的根本途径,即改革。改革是决定当代中国命运的关键抉择,也是实现中华民族伟大复兴的关键抉择。过去几十年社会主义制度的发展和完善靠改革,未来中国特色社会主义制度的发展和完善也还是靠改革。

第一节 社会主义是不断发展的制度

一、社会主义在实践中探索和发展

社会主义作为学说、作为制度、作为现实的运动,自诞生以来,就是在实践中不断探索、不断发展、不断完善的。在探索和发展的征程中,充满着艰辛和曲折。

从世界范围看,社会主义已经有将近500年的发展历史。它的最初形态是空想社会主义。空想社会主义产生于16世纪初期,到19世纪上半叶达到顶峰。这300多年正是欧洲从封建主义生产方式向资本主义生产方式转变的时期。空想社会主义的发展经历了三个阶段,即16~17世纪的早期空想社会主义、18世纪的空想平均共产主义、19世纪初期批判的空想社会主义。[1] 19世纪初期以圣西门、傅立叶、欧文为代表的空想社会主义是科学社会主义的直接思想来源。

以三大空想社会主义者为代表的空想社会主义学说,在理论上致力于社会制

---

[1] 本书编书组:《马克思主义基本原理概论》,高等教育出版社2015年版,第237页。

度的分析。他们对资本主义旧制度的辛辣批判,包含着许多击中要害的见解;对社会主义新制度的描绘,闪烁着诸多天才的火花。空想社会主义是早期无产阶级意识和利益的先声,反映了早期无产阶级迫切要求改造现存社会、建立理想的新社会的愿望。但空想社会主义并不是科学的思想体系,它既没能阐明资本主义制度的本质,又没能发现资本主义发展的规律,也没能找到能够成为新社会的创造者的社会力量。这种时代的局限性说明,空想社会主义作为不成熟的理论,"是同不成熟的资本主义生产状况、不成熟的阶级状况相适应的。解决社会问题的办法还隐藏在不发达的经济关系中,所以只能从头脑中产生出来"[①]。空想社会主义最终在实践中失败了,但是空想社会主义家们的经验教训和观点主张却被继承了下来,为科学社会主义的诞生奠定了基础。马克思、恩格斯正是在批判地吸收空想社会主义的思想成果的基础上,创立了科学社会主义。

19世纪40年代,伴随着资本主义进入机器大工业阶段,特别是无产阶级登上历史舞台,空想社会主义自身的缺陷越来越明显,在新的历史背景下,无产阶级的解放运动需要新的科学的理论作指导,社会主义从空想到科学成为时代发展的要求。马克思、恩格斯创立科学社会主义,是建立在一定的理论和实践基础上的。从理论来源来看,德国的古典哲学、英国的古典政治经济学、英法两国的空想社会主义为科学社会主义的产生提供了重要的理论来源;从现实实践来看,资本主义生产关系的进一步发展和工人运动的不断高涨,是科学社会主义诞生的现实基础。尤其是19世纪30~40年代的法国里昂纺织工人起义、英国"人民宪章"运动、德国西里西亚纺织工人起义等运动,对工人阶级进行政治组织、成立自己的阶级政党提出了迫切的需求。

1848年2月,马克思和恩格斯合著的《共产党宣言》发表。《共产党宣言》论证了资本主义灭亡和社会主义胜利的历史必然性,阐明了无产阶级夺取政权进而利用政权改造社会的思想,阐述了未来共产主义社会的根本特征和建设无产阶级政党的根本指导思想和原则。在《共产党宣言》发表的同时,欧洲爆发了一系列规模浩大的资产阶级革命,其中以法国的"二月革命"和"六月起义"影响最大,马克思和恩格斯在此期间也积极参加了德国的革命,并创办了《莱茵报》。虽然革命最终失败了,但是为之后的工人运动提供了经验,新的工人运动重新酝酿,终于在1871年爆发了巴黎人民武装起义,建立了世界上第一个工人政权——巴黎公社。虽然巴黎公社存在的时间并不长,但是有着重要的历史意义:它是无产阶级专政的第一次伟大尝试,有着历史性的先导作用;它丰富了马克思

[①] 《马克思恩格斯选集》第3卷,人民出版社2012年版,第645页。

主义关于无产阶级革命和无产阶级专政的学说；巴黎公社的经验和教训，成为国际社会主义运动的宝贵财富。

19世纪末20世纪初，资本主义在世界范围内由自由竞争阶段进入国家垄断阶段，即列宁所说的帝国主义阶段。帝国主义国家之间矛盾的激化导致第一次世界大战的爆发。战争严重地恶化了俄国国民生活状况，沙皇政府实行更为严苛的独裁统治，加紧对国内工人群众的剥削和压迫，在这种情况下，俄国的反战情绪和反战运动都空前高涨，革命的基本条件已经具备。正是在此背景下，布尔什维克政党提出了深入人心的口号，在运动中取得了工人群众的信任，在经过"二月革命"之后，1917年11月6日，在列宁的推动和指导下，武装起义开始，并以摧枯拉朽之势迅速在全国范围内取得了胜利。十月革命将马克思关于无产阶级革命的理论变为现实，开启了无产阶级革命的新时代，它沉重地打击了帝国主义的统治，鼓舞了其他资本主义国家的革命运动，也进一步促进了马克思列宁主义的传播，推动了一大批无产阶级政党的建立。

十月革命之后，列宁领导布尔什维克党和俄国人民开始建设世界上第一个社会主义国家。在革命刚胜利之后，初生的苏维埃政权面临着严重的国内外危机。为了把有限的财力物力集中起来以保证战争的需要，苏维埃政权提出了"一切为了前线，一切为了胜利"的原则，陆续推出了一系列包括全部工业实行国有化、剥夺剥夺者、实行余粮收集制、禁止粮食买卖、限制市场和私人贸易等非常措施，这些措施因为带有军事共产主义的性质，因而被称为"战时共产主义"政策。此后根据变化了的情况，列宁对战时共产主义政策及时进行了调整，提出了一系列新的经济政策，主要包括：用粮食税制取代余粮收集制；允许私人自由贸易，恢复商品货币关系；允许私人小工业企业发展；采取租让制、租赁制、合作制、代购代销制等国家资本主义形式；改革管理体制等。"新经济政策"实施取得了明显成效，国民经济得到恢复和发展、人民生活水平也随之得到了提高。"新经济政策"的实施，不仅是苏联经济政策的重大转折，使苏维埃俄国很快摆脱了经济、政治危机，而且也是布尔什维克党对于如何建设社会主义认识的深化：从直接向共产主义过渡转变为间接、迂回的方式。

列宁去世后，斯大林领导苏联党和人民继承了列宁开创的社会主义事业，巩固了才建立不久的社会主义制度，并在实践中形成了后人所说的"苏联模式"。在特定条件下，"苏联模式"曾经取得了显著的成效，在不长的时间内极大地改变了苏联的社会状况和人民生活面貌，使苏联在政治、经济、文化、社会等各个方面都取得了巨大的成就。但是，随着经济社会的发展，"苏联模式"的弊端也逐渐凸显，主要表现在：所有制结构过于单一导致了经济缺乏活力；自上而下高度指令性的计划经济排斥了市场的作用；片面追求重工业的发展而忽视了基础生活资料产业的发展等。这些弊端最后发展到极端，再加上其他原因，结果走向了反面。20世纪80年代末90年代初苏联解体、东欧剧变，使社会主义受到严重挫折，标志着"苏联模式"终结。

苏联在建设社会主义过程中的经验和教训，为我国社会主义的建立发展和完善提供了借鉴。我国社会主义制度的确立，有我们自己的创造，也有从苏联学习和借鉴的经验。在其后进行的社会主义建设探索过程中，我们积累了许多宝贵的经验，也经历了曲折甚至遭受过严重的挫折，但总体而言，在社会主义建设方面取得了多方面的巨大成就。

1978年，党的十一届三中全会的召开，开辟了改革开放和社会主义现代化建设的新时期。改革首先在农村得到了突破，安徽省凤阳县小岗村的家庭联产承包责任制作为典型范例得到肯定，推动了农村改革实践的广泛开展。同时，农村改革的突破也有力地促进了城市改革以及各个领域的改革。自此，改革如滚滚洪流，涤荡一切不合理的经济体制和上层建筑。此外，改革理论也随着改革实践的深化不断推进，特别是经济改革的理论，从探讨社会主义要发展商品生产交换，到社会主义经济是有计划的商品经济，再到社会主义市场经济改革目标的确立，步步深入，有力地推动了改革的不断深化，使改革取得了一个又一个的成功。

需要说明的是，对我国社会主义探索取得的经验和教训要客观评价，不能用改革开放后的历史时期否定改革开放前的历史时期，也不能用改革开放前的历史时期否定改革开放后的历史时期。我国社会主义建设中取得的独创性理论成果和巨大成就，为新的历史时期开创中国特色社会主义提供了宝贵经验、理论准备、物质基础。

进入新的历史阶段，我国社会主义事业依然在改革中继续前进。2012年，党的十八大胜利召开，确立了全面建成小康社会和"两个一百年"的宏伟目标。2013年，党的十八届三中全会召开，明确了进一步全面深化改革的指导思想、总体思路以及目标任务和基本要求，并对全面深化改革做出了重大部署。2017年，党的十九大提出了新时代坚持和发展中国特色社会主义的基本方略，确定了决胜全面建成小康社会、开启全面建设社会主义现代化国家新征程的目标，对新时代推进中国特色社会主义伟大事业和党的建设新的伟大工程做出了全面部署，开辟了中国特色社会主义发展的新境界。从此，中国的改革踏上了新的征程。

二、社会主义在发展中不断成长壮大

道路是曲折的，前途是光明的，社会主义建立以来的实践证明，虽然历经磨难和曲折，但社会主义在曲折发展中不断成长壮大。

正如新生事物诞生伊始总是弱小的一样，社会主义力量一开始也是弱小的。世界上曾经有过封建主义、资本主义一统天下的格局，当第一个社会主义国家产生时，反动势力必然试图将其扼杀在摇篮中，但结果却出其预料，不仅第一个社会主义国家生存了下来，而且其在相当一段时间内发展得很快，特别是在第二次世界大战结束以后，社会主义力量不断壮大，成为一种世界性的制度和体系。在欧、亚两洲，出现了南斯拉夫、波兰、罗马尼亚、捷克斯洛伐克、匈牙利、保加利亚、阿尔巴尼亚、民主德国、越南、朝鲜、蒙古国、中国这12个人民民主国家，特别是新中国的诞生，对世界格局产生了重大影响。社会主义从一国发展到多国，极大地改变了世界政治力量的对比，形成了抗衡帝国主义的强大力量，鼓舞着其他国家反帝反殖民的民族解放运动，加速了帝国主义殖民体系的瓦解，动摇了资本主义的世界统治。虽然20世纪80年代以后，由于种种原因，世界社会主义运动遇到了重大挫折，但以中国为典型的社会主义国家，认真汲取社会主义进程中发生挫折的严重教训，坚持改革开放，坚持中国特色社会主义道路，最终取得了举世瞩目的成就。中国的实践证明：社会主义制度依然是有生机活力的社会制度，社会主义的前途依然是光明的。

新中国成立之初，工业整体处于手工业状况，产品稀缺，农业以一家一户的小农经济为主，耕作水平低，整个国民经济都近乎处于瘫痪状态。我国的社会主义建设就是在这样贫弱的基础上一步步发展并壮大起来的。从1949年到现在，我国社会主义建设不仅在政治、经济、文化、国防、科技、教育等各个领域取得了令世人瞩目的成就，而且也逐步在实践中探索出了一条适合自身国情的中国特色社会主义道路。中国特色社会主义道路的开拓，不仅为我们建设社会主义找到了正确的方向，也为壮大社会主义事业提供了坚实的基础。中国特色社会主义的繁荣发展，创造出了令世人惊叹的"中国奇迹"，谱写了社会主义发展的辉煌篇章，彰显了社会主义制度的独特创造力和强大生命力。从全球范围来看，世界上1/5的人口坚持社会主义道路，极大地鼓舞和坚定了人们对社会主义的信心。这些成就的取得，是在建设社会主义事业中不断总结经验、深化改革、实事求是的结果。

三、改革是社会主义发展的强大动力

任何事物都是在矛盾运动中不断向前发展变化的。恩格斯说："所谓'社会主义社会'不是一种一成不变的东西，而应当和任何其他社会制度一样，把它看成是经常变化和改革的社会。"①

社会主义为什么会发展，发展的动力来自哪里？马克思、恩格斯、列宁都认为：人类社会发展的动力在于生产力与生产关系、经济基础与上层建筑的矛盾运动，并强调生产力是最根本的、最强大的动力。毛泽东继承马克思、恩格斯、列宁的基本观点，进一步论证了社会主义社会生产力与生产关系、经济基础与上层建筑之间的矛盾是社会主义社会的基本矛盾。他指出，在社会主义社会中，基本矛盾仍然是生产力与生产关系之间的矛盾。毛泽东关于社会主义社会基本矛盾的学说，是对马列主义社会发展动力学说的进一步发展，在理论上做出了创造性的贡献。

社会矛盾解决的途径有两种主要的方式：一是革命，二是改革。革命是解决社会基本矛盾的重要方式之一，"是历史的火车头"②，是"社会进步和政治进步的强大推动力"③。社会革命根源于社会基本矛盾的尖锐化。生产力的发展和旧的生产关系、经济基础的发展和旧的上层建筑之间出现对抗性矛盾冲突，是社会革命爆发的根本原因。社会的物质生产力发展到一定阶段，便同它们一直在其中运动的现存生产关系发生矛盾。于是这些关系便由生产力的发展形式变成生产力的桎梏。那时，社会革命的时代就到来了。随着经济基础的变更，全部庞大的上层建筑也或慢或快地发生变革。社会革命是在一定的形势和条件下发生的。它的爆发既要具备一定的客观条件，如经济条件和政治条件，又要具备一定的主观条件，如革命阶级的觉悟程度、组织程度和群众的发动程度等。从历史的发展进程看，革命一般都是推动阶级社会发展和社会形态更替的重要动力。我国和其他一些社会主义国家革命的成功都证明了这样的观点。

改革是同一种社会形态发展过程中的量变，是推动社会发展的又一重要动力。一旦新的社会制度确立，其发展和完善就要靠改革。社会基本矛盾运动的结果，不仅表现为通过革命实现一种新的社会制度取代旧的社会制度，而且表现为通过改革实现社会制度的自我调整和完善。在一定社会形态的量变过程中，当社会基本矛盾发展到一定程度但又尚未激化到引起社会革命的程度时，就需要依靠改革的途径或手段，来改变与生产力不相适应的生产关系和与经济基础不相适应的上层建筑。改革所涉及的领域是多方面的，包括经济改革、政治改革、文化改革、社会改革、生态体制改革等。如果说，革命适用于从根本上解决已存的社会基本制度问题，把生产力从已不能容纳它的旧的生产关系中解放出来，那么，改

---

① 《马克思恩格斯选集》第4卷，人民出版社2012年版，第601页。
② 《马克思恩格斯选集》第1卷，人民出版社2012年版，第527页。
③ 《马克思恩格斯选集》第1卷，人民出版社2012年版，第595页。

革则是在不根本改变社会基本制度的前提下，对生产关系和上层建筑的某些方面和环节进行变革，从而促进生产力发展和社会进步。

邓小平总结了社会主义社会实践的历史经验和教训，并提出：在社会主义社会，解决社会基本矛盾不再需要通过阶级斗争，而是通过改革来发展社会生产力。邓小平把生产力的发展与改革紧紧地联系在一起，从理论上解决了生产力的发展与改革之间的关系，从而为改革动力论奠定了理论基础。

我国于1978年开始了史无前例的改革。经过40多年的改革，我们不断破除束缚经济社会发展的旧观念和旧体制，建立起社会主义市场经济体制，推动了我国经济和社会的全面进步和人的全面发展，使中国特色社会主义事业充满了生机和活力。当前，我国已进入全面深化改革的新时期。只有通过进一步全面深化改革，才能更好地解决我国发展面临的一系列突出矛盾和问题，不断推进中国特色社会主义制度自我完善和发展。

始于1978年的当代中国的改革，不是偶然的，而是有深刻原因的。首先，我国社会主义建设的历史经验和"文化大革命"结束后的严峻局面，迫使我们必须改革。中国是从半殖民地半封建社会经过新民主主义革命走向社会主义的，人口多、生产力发展水平不高是基本国情，又加上种种历史原因，在社会主义探索过程中，走了一些弯路，形成了缺乏生机和活力的经济体制。"文化大革命"结束后，所呈现的严峻局势是：在科学技术水平方面，我国要落后西方发达国家整整20年甚至更长。在人民生活水平特别是农民生活水平的改善方面，长期以来没有得到很好的改善和提高。面对这样一种特殊的历史和严峻的社会局面，出路就是通过改革大力发展社会生产力，大幅度提高人民生活水平，迅速改变落后的面貌。

其次，加快社会主义现代化建设必须进行改革。社会主义改造基本完成以后，由于在相当程度上照搬了苏联社会主义建设的理论和经验，结果形成了过分单一的所有制结构和僵化的经济体制，严重束缚了生产力的发展。为了从根本上改变束缚生产力发展的经济体制以适应社会主义现代化建设要求，就必须进行改革。

最后，改革是社会主义社会基本矛盾运动的必然结果。社会主义社会的基本矛盾仍然是生产力和生产关系、经济基础和上层建筑之间的矛盾。生产力的发展必然要求生产关系和上层建筑做相应的变化，以适应生产力发展的性质和水平，从而推动整个社会的进步和发展。社会主义社会就是变革的社会，不变革的社会主义是没有希望的。几十年实践已经证明，改革是决定中国命运的关键一招，也是实现"两个一百年"奋斗目标、实现中华民族伟大复兴的关键一招。

第二节 改革的性质、方向和根本目的

一、改革是社会主义的自我完善

社会主义改革就其性质来说，不是否定和抛弃已经建立起来的社会主义基本制度，而是社会主义制度的自我完善和发展；不是一个阶级推翻另一个阶级意义上的革命，也不是原有经济体制细枝末节的修补，而是对经济体制的根本性变革。这种改革是在中国共产党的领导下，在社会主义制度基本范围内的改革。改革的内容是通过对具体制度（即体制）的改革和对基本制度的调整，以完善社会主义基本制度，推进国家治理能力和治理体系现代化。

把握改革的性质，对改革和发展社会主义极为重要。一方面，可以在坚持社会主义根本制度的前提下坚定改革的决心，使我们能放开手脚，大胆地进行改革；另一方面，可以使我们在改革中坚持正确的方向，坚定不移地坚持社会主义制度不动摇。

正确认识并坚持改革的性质要求：首先，改革要坚持社会主义基本制度，否则就称不上是"自我完善"。其次，改革要果断地抛弃束缚生产力发展的体制，以解放和发展生产力为目标，大刀阔斧地进行革新和改进。再次，社会主义事业是在中国共产党的引领下逐步建立并取得一系列成就的，所以社会主义的改革要坚持中国共产党的领导，紧紧依靠人民群众，上下一心，同心同力，为完善社会主义制度贡献力量。

回顾我国改革开放以来的历程，我们既没有走封闭僵化的老路，也没有走改旗易帜的邪路，而是创造性地在社会主义条件下发展市场经济，创造性地开辟了中国特色社会主义道路，这是我们准确把握中国社会基本国情和历史阶段、总结国内国际正反两方面经验，坚持改革性质所做出的正确决策。社会主义改革的伟大实践经历了艰辛和曲折，取得了弥足珍贵的经验，是我们在新的历史时期继续不断发展和完善中国特色社会主义，推进改革开放、全面建成小康社会，实现"两个一百年"奋斗目标和中华民族伟大复兴的中国梦的宝贵财富。

在改革进程中，会遇到这样或那样的困难，发生这样或那样的争论，这些都是不可避免的正常现象。改革是一个长期的历史过程，是需要全国人民共同为之奋斗的伟大事业，需要付出艰辛和努力。在改革开放的伟大实践中，中国共产党

领导中国人民已经创造了无数辉煌，只要继续坚定不移地走中国特色社会主义道路，继续坚定不移地深化改革，中国特色社会主义必将创造出新的辉煌。

二、改革的根本目的和方向

改革的目的是要从根本上革除束缚我国生产力发展和社会发展的经济体制、政治体制和文化、科技、社会、生态等各种具体制度，以适应社会主义现代化的需要。改革开放的目的就是要解放和发展社会生产力，实现国家现代化，让中国人民富裕起来，实现中华民族的伟大复兴；就是要推动我国社会主义制度的自我完善和发展，赋予社会主义新的生机活力，建设和发展中国特色社会主义。对此，习近平总书记精准地概括道："我们推进改革的根本目的，是要让国家变得更加富强、让社会变得更加公平正义、让人民生活得更加美好。"①

由这样的目的所决定，改革的基本任务是建立并完善具有中国特色的、充满生机和活力的社会主义市场经济体制、政治体制、文化体制、社会体制、生态文明体制，促进社会生产力的发展和人民生活水平的提高。改革的目的和社会主义的根本任务具有一致性，就是发展社会生产力，就是要使社会财富越来越多地涌现出来，不断地满足人民日益增长的美好生活需要。社会主义要消灭贫穷，不能把贫穷当作社会主义。必须下定决心，以最大的毅力，集中力量进行改革并以改革促进经济建设，建设富强民主文明和谐美丽的社会主义现代化强国，这是历史的必然和人民的愿望。应该把是否有利于发展社会生产力，是否有利于增强社会主义国家的综合实力，是否有利于人民生活水平的提高作为检验一切改革得失成败的最主要标准。

由改革的目的、任务所决定，全面深化改革的总目标是完善和发展中国特色社会主义制度、推进国家治理体系和治理能力现代化。其中，完善和发展中国特色社会主义制度规定了改革的根本方向，这个方向就是中国特色社会主义道路，而不是其他什么道路；推进国家治理体系和治理能力现代化规定了在根本方向指引下完善和发展中国特色社会主义制度的鲜明指向，这个指向，就是要通过改革，使中国共产党领导下的管理国家的制度体系（包括经济、政治、文化、社会、生态文明和党的建设等各领域体制机制、法律法规安排）和运用国家制度管理社会各方面事务的能力，适应时代和实践发展的要求，适应人民的要求。

经济改革是所有领域改革的重点，建设社会主义市场经济，是经济改革的方

---

① 《国家主席习近平发表二〇一四年新年贺词》，载于《人民日报》2014年1月1日。

向。坚持建立和完善社会主义市场经济的改革方向，是我国改革进程中重大理论和实践创新，解决了世界上其他社会主义国家长期没有解决的一个重大问题。对于社会主义市场经济的若干规定性，在前文曾系统地论述，这里需要进一步指出的是，社会主义市场经济中的社会主义，是绝对不可忽视的。习近平总书记指出，中国特色社会主义是社会主义而不是其他什么主义，科学社会主义基本原则不能丢，丢了就不是社会主义。[①] 历史和现实都告诉我们，只有社会主义才能救中国，只有中国特色社会主义才能发展中国，这是历史的结论、人民的选择。我们在改革中注重借鉴人类一切文明成果，但不会照抄照搬任何国家的发展模式。如果改革偏离或者背叛了科学社会主义原则，背离了中国特色社会主义道路，那么所有的改革都将失去意义。

在坚持社会主义市场经济的改革方向问题上，存在两种值得注意的观点：一种是只讲市场经济不讲社会主义制度基础；另一种是只讲社会主义而不讲市场经济。前者忽视或者放弃了社会主义，虽然可能在某一阶段经济得到发展、社会财富增多，但财富会集中到少数人手中，大多数人日益增长的美好生活需要不能很好地得到满足。后者只讲社会主义而不讲发展市场经济，很可能使经济发展失去效率，改革走回头路，也不可能达到改革的根本目的。要实现改革的根本目的，就一定要全面准确地理解把握和坚持改革开放的正确方向，既不僵化保守，也不改旗易帜，而是坚定不移地发展社会主义市场经济，完善社会主义市场经济体制，走中国特色社会主义改革道路。

坚持改革的社会主义市场经济方向有三大要求：一是坚持发展和完善社会主义基本经济制度，保证社会主义市场经济的根基不动摇。二是坚持尊重社会主义市场经济中的各种客观规律，按照经济规律办事。三是建立完善和维护社会主义市场经济秩序和市场规则，坚持公平公正。四是推进国家治理体系和治理能力现代化，实施科学的宏观管理和调控。五是以经济体制改革为核心，全面深化政治、文化、社会、生态建设各个领域的配套改革。

坚持社会主义市场经济的改革方向，不仅是经济体制改革的基本遵循，也是全面深化改革的重要依托，要使各方面体制改革朝着这一方向协同推进，同时也使各方面自身相关环节更好适应社会主义市场经济发展提出的新要求。

经济建设仍然是我国的中心工作。坚持以经济建设为中心不动摇，就要坚持以经济体制改革为重点不动摇。由于经济体制改革对其他方面改革具有重要影响

---

① 《习近平在新进中央委员会的委员、候补委员学习贯彻党的十八大精神研讨班开班式上发表重要讲话强调——毫不动摇坚持和发展中国特色社会主义　在实践中不断有所发现有所创造有所前进》，载于《人民日报》2013年1月6日。

和传导作用,经济体制改革的进度决定着其他方面改革的进度,具有牵一发而动全身的作用。因此,在全面深化改革中,要坚持以经济体制改革为主轴,努力在主要领域和关键环节改革上取得新突破,以此牵引和带动其他领域改革,使各方面改革协同推进、形成合力。①

三、经济体制改革的核心问题

处理好政府和市场的关系,是我国经济体制改革的核心问题。在这个问题上,随着对改革发展实践经验的不断总结,我们的认识也不断深化,先后提出"使市场在国家宏观调控下对资源配置起基础性作用""在更大程度上发挥市场在资源配置中的基础性作用""从制度上更好发挥市场在资源配置中的基础性作用""更大程度更广范围发挥市场在资源配置中的基础性作用"。党的十八届三中全会在总结已有实践和理论进展的基础上,进一步提出充分发挥市场在资源配置中的决定性作用,更好发挥政府的作用。这一论断反映了我们对中国特色社会主义建设规律认识的一个新突破,标志着以社会主义市场经济为方向的改革进入了新阶段。

经过40多年的改革,我国已经建立了社会主义市场经济体制的基本架构,在处理政府与市场关系方面积累了成功经验,体现为以下几个方面的结合。

一是社会主义公有制与市场经济相结合。实现公有制与市场经济的融合是坚持社会主义市场经济改革方向的必由之路。公有制与市场经济实现融合,关键是使企业特别是国有企业成为市场的主体。经过多年深化改革,国有资产监管体制已经实现了公共管理职能和出资人职能的分离,国有企业成为市场中独立的法人实体;全国90%以上的国有企业完成了公司制、股份制改革;公司治理结构改革深入推进,股东会、董事会、经理层和监事会等机构不断完善,党的领导得到加强;劳动、人事、分配等制度改革逐步深化,经理人市场化选聘机制开始运行,全员劳动合同制、全员竞争上岗和岗位工资为主的基本工资制度普遍建立。可以说,国有企业经营机制已基本得到转换,市场竞争能力不断提高,总体上与市场经济实现了融合。

二是释放市场活力与集中力量办大事的政治优势相结合。改革开放以来,我们坚持和完善以公有制为主体、多种所有制经济共同发展的基本经济制度,促进各种经济成分在市场上展开平等竞争,市场活力得到有效释放。同时,我们坚持

---

① 《习近平总书记系列重要讲话读本》,学习出版社、人民出版社2016年版,第711~712页。

公有制的主体地位和国有经济的主导作用,使我们党和政府拥有了强大的集中决策、组织动员和统筹协调能力,形成了中国特色社会主义所独有的最大限度整合社会资源、集中力量办大事的体制机制优势。市场活力充分释放与集中力量办大事的制度优势相结合,是中国经济取得巨大历史性成就的重要制度原因。

三是市场激活微观经济与政府稳定宏观经济相结合。在社会主义市场经济体制中,我们把放开搞活企业作为改革的抓手,让企业成为独立的市场主体,在明晰产权的基础上,根据供求规律和竞争规律进行自主决策,谋求最大利益。政府不再直接干预企业,而是着力保持宏观经济的稳定,将经济快速增长、实现充分就业、物价稳定、产业结构优化、实现国际收支平衡作为宏观调控的目标,同时创新宏观调控方式,建立起了需求管理与供给管理相结合、全面调控与精准调控相结合、区间调控与相机调控相结合的宏观调控框架,为宏观经济平稳运行和社会供求在总量、结构上保持平衡提供了有力的制度保证。

四是市场提供产业变迁动力与政府引领产业变迁方向相结合。为实现国民经济各个产业部门的比例更加协调和推动产业升级换代,我们强化了市场在产业变迁中的优胜劣汰和激发创新作用;依靠市场力量推动产业结构调整和发展动力转换,为经济运行提质增效提供了强大动力。同时,政府凭借信息掌握充分、资源动员能力强大的独特优势,可以通过产业政策确定产业结构调整的重点和产业变迁的方向,例如,促进产业兼并重组,优化产业组织结构;降低企业运营成本,提高企业供给能力;扶持战略性新兴产业和现代服务业,优化产业结构;减少无效和低端供给,扩大有效和中高端供给,增强供给结构对需求变化的适应性和灵活性等。

五是市场激励自由竞争与政府加强监管优化服务相结合。市场竞争可以优化生产,增强产品的多样性和异质性,最大限度地满足人民日益增长的物质文化需要,但如果竞争是无序的,则会抵消效率,不利于资源配置效率的提升。我国在使市场在资源配置中起决定性作用的同时,充分发挥政府的市场监管职能,依法对市场主体进行监督和管理,形成了统一开放、竞争有序的现代市场体系。与此同时,政府还着力提供公共产品和服务,加强公共设施建设,建立社会保障制度,努力促进就业,大力发展教育、科技、文化、卫生、体育等公共事业,为公众参与社会经济、政治、文化活动提供保障和创造条件,为维护公平正义,实现共享发展提供强大保证。

六是市场提高效率与政府保障公平相结合。在社会主义市场经济条件下,效率主要是通过收入分配形成的动力激发出来的。市场调节初次分配,适当拉开收入差距,有利于激发不同生产要素所有者参与市场竞争的积极性和主动性,实现资源的合理配置，提高整个经济运行的效率。公平则主要是通过政府的再分配功能实现的。充分发挥政府的再分配调节功能，保护合法收入，调节过高收入，取缔非法收入，理顺分配关系，使发展成果更多、更公平惠及全体人民，使全体人民在学有所教、劳有所得、病有所医、老有所养、住有所居上持续取得新进展，维护公平正义，逐步实现共同富裕。

在新的历史条件下，我们也要清醒地认识到，我国政府与市场的关系还没有完全理顺，政府既存在越位也存在缺位，市场在资源配置中的决定性作用还没有充分发挥。我们必须不断完善政府与市场的关系，推动社会主义市场经济体制更加成熟、更加定型，包括：给市场主体提供更大的活动空间；建立公平开放透明的市场体系；优化政府组织机构；健全宏观调控体系等。

第三节 改革的方法论

一、改革需要科学的方法论

方法论是关于方法的理论。改革开放是一个极其复杂的系统工程，不仅要求要坚持正确的方向和目的，而且也要求坚持正确的方法论和方法。

方法决定前进的道路是否顺畅，决定我们是否能顺利实现目标和愿望。如果方法错误或者不当，改革开放的进程就会受阻，严重时还可能出现曲折甚至颠覆性错误，引发灾难性的后果。只有掌握并运用正确的方法论和方法，才能以更大的政治勇气和政治智慧推进改革的进程，才能以更有力的措施和办法解决改革进程中所遇到的艰难险阻。世界上曾经实行社会主义制度的国家几乎都曾经进行过改革，但有的走向了反面，放弃了社会主义制度；有的继续走着僵化的老路，经济困难，国力衰竭。原因固然很多，但改革没有科学的方法论指导是重要原因之一。

辩证唯物主义和历史唯物主义是指导改革的根本方法论。在改革中要自觉地坚持和运用辩证唯物主义和历史唯物主义的方法论，增强辩证思维、战略思维能力，努力提高解决我国改革发展基本问题的本领；要系统、具体、历史地分析中国社会运动及其发展规律，在改革过程中不断把握规律、积极运用规律，推动改革不断深化。历史和现实都表明，只有坚持辩证唯物主义和历史唯物主义，才能把改革不断引向深入并取得成功。

在改革中坚持辩证唯物主义和历史唯物主义方法论，就要认真学习掌握世界统一于物质、物质决定意识的原理，坚持从客观实际出发，不断推动改革的深化。当代中国最大的客观实际，就是我国仍处于并将长期处于社会主义初级阶段，这是我们认识当前、规划未来、推进改革的客观基点，不能脱离这个基点。我们既要看到社会主义初级阶段基本国情没有变，也要看到我国经济社会发展每个阶段呈现出来的新特点。改革开放以来，我国社会生产力、综合国力、人民生活水平实现了历史性跨越，我国基本国情的内涵不断发生变化，我们面临的国际国内风险、面临的难题也发生了重要变化。要准确把握、主动适应这些变化，推动改革的不断深入。

在改革中坚持辩证唯物主义和历史唯物主义方法论，就要学习掌握事物矛盾运动的基本原理，不断强化问题意识，积极化解改革进程中遇到的矛盾。问题是事物矛盾的表现形式，要增强问题意识、坚持问题导向，承认矛盾的普遍性、客观性，要善于把认识和化解矛盾作为深化改革的突破口。面对改革中出现的复杂形势和繁重任务要有全局观，对各种矛盾做到心中有数，同时又要优先解决主要矛盾和矛盾的主要方面，以此带动其他矛盾的解决。另外，在改革中，既要讲两点论，又要讲重点论，努力避免没有主次，不加区别，眉毛胡子一把抓。

在改革中坚持辩证唯物主义和历史唯物主义方法论，就要学习掌握唯物辩证法的根本方法，不断增强辩证思维能力，提高处理复杂局面、复杂问题的本领。我国社会各种利益关系十分复杂，这就要求要善于处理局部和全局、当前和长远、重点和非重点的关系，在权衡利弊中趋利避害，做出最为有利的战略抉择。同时，在推动全面深化改革时，要突出改革的系统性、整体性、协同性，使改革成果更多更公平惠及全体人民。

在改革中坚持辩证唯物主义和历史唯物主义方法论，就要掌握唯物辩证法的根本方法，坚持实践第一的观点，不断推进实践基础上的理论创新。要靠实践出真知，理论必须同实践相统一。必须高度重视理论的作用，对经过反复实践和比较得出的正确理论，要坚定不移支持。要根据时代变化和实践发展，不断深化认识，不断总结经验，不断实现理论创新和实践创新的良性互动，在这种统一和互动中发展中国特色改革理论。

在改革中坚持辩证唯物主义和历史唯物主义方法论，就要学习和掌握社会基本矛盾分析法，深入理解全面深化改革的重要性和紧迫性。只有把生产力和生产关系的矛盾运动同经济基础和上层建筑的矛盾运动结合起来观察，把社会基本矛盾作为一个整体来观察，才能全面把握整个社会的基本面貌和发展方向。坚持和发展中国特色社会主义，必须不断适应社会生产力发展、调整生产关系，不断适应经济基础发展、完善上层建筑。我们提出进行全面深化改革，就是要适应我国社会基本矛盾运动的变化来推进社会发展。社会基本矛盾总是在不断发展的，所以调整生产关系、完善上层建筑需要相应地不断进行下去。改革开放只有进行时，没有完成时，这是历史唯物主义态度。

在改革中坚持辩证唯物主义和历史唯物主义方法论，就要学习和掌握人民群众是历史创造者的观点，紧紧依靠人民推进改革。人民是历史的创造者。要坚持把实现好、维护好、发展好最广大人民的根本利益作为推进改革的出发点和落脚点，让发展成果更多更公平惠及全体人民，唯有如此改革才能大有作为。要处理好尊重客观规律和发挥主观能动性的关系。要坚持一切从实际出发，按照客观规律办事，一张蓝图抓到底，抓好打基础利长远的工作。同时，要鼓励地方、基层、群众大胆探索、先行先试，勇于推进理论和实践创新，不断深化对改革规律的认识。

在几十年的改革中，我们坚持辩证唯物主义和历史唯物主义的方法论，创造了一系列具有中国特色的方法，这些方法丰富和发展了马克思主义的方法论，是马克思主义科学方法论的最新成果。

二、摸着石头过河与顶层设计

摸着石头过河与顶层设计是我们在改革过程中总结出的两种相互联系的方法，前者注重尊重人民群众在改革过程中的探索创新精神，后者注重"自上而下"的整体规划和设计、注重从宏观层面进行战略把握。摸着石头过河和顶层设计是辩证统一的，是在改革方法论上的重大创新，推进局部的阶段性改革要在加强顶层设计的前提下进行，加强顶层设计要在推进局部的阶段性改革的基础上来谋划。

摸着石头过河，是对脚踏实地、尊重实践、从实践中探索规律，努力做到实事求是的一种形象说法，也是推进改革健康有序发展的一种重要方法。这个方法，不仅在改革之初行之有效，而且在整个改革进程中都是行之有效的。我们实行改革开放，发展社会主义市场经济，是前无古人的事情，只能通过实践、认识、再实践、再认识的反复过程，只有这样，才能逐步取得规律性认识。实践中，对必须取得突破但一时还不那么有把握的改革，采取试点探索、投石问路的方法，先行试点，鼓励创造，鼓励探索，取得经验后再推开。我国的改革开放就是这样走过来的，就是从农村到城市、从沿海到内地、从局部到整体不断深化的过程。这种渐进式改革，避免了因情况不明、举措不当而引起的社会动荡。

摸着石头过河,是富有中国特色、符合中国国情的改革方法,也是符合马克思主义认识论和实践论的方法。对必须取得突破但一时还不那么有把握的改革,有必要采取试点探索、投石问路的方法,看得很明朗了再推广开。我国的家庭联产承包责任制的改革、沿海经济特区的改革,都是摸着石头过河的成功案例。一些人认为,摸着石头过河的方法只适用于改革初期,改革开放发展到今天,已经过时了。但实际上,尽管我们已经积累了一些改革经验,也从中认识和把握了一些规律,但是实践在不断发展变化,而且我国各地情况差异较大,新情况、新问题层出不穷,制定统一政策的难度增加。在这种情况下,直接从基层一线的探索中得到改革经验的方法不仅没有过时,反而更加重要。中国是一个大国,绝不能在根本问题上出现严重的失误,一旦出现就难以挽回。因此,许多时候要采取试点探索、投石问路的方法,取得了经验,形成了共识,才能进一步上升为更为普遍的经验推广开来。

当然,摸着石头过河作为一种自下而上的、零碎的改革策略,缺乏合理的改革利益与风险分担机制、缺乏系统设计性和科学规划性。中国的经济社会已经发展到一个新阶段,经济发展中出现的结构性问题已经发展成为系统性问题,必须有针对性地对经济、政治和社会体制进行全面系统化的改革,而全面推进经济、政治和社会体制改革还需要总体规划,顶层设计就是在中央层面对改革全局做出的总体规划,提出了改革的整体思路和框架。党的十八届三中全会通过的《中共中央关于全面深化改革若干重大问题的决定》明确提出要"坚持正确处理改革发展稳定关系,胆子要大、步子要稳,加强顶层设计和摸着石头过河相结合,整体推进和重点突破相结合,提高改革决策的科学性,广泛凝聚共识,形成改革合力。"其中,发展战略的设计对一国整个经济发展方式的形成至关重要,如果发展战略的制定不符合本国的具体国情,就会造成发展过程中不必要的弯路和损失。

在新的历史时期,基于对经济、政治、文化、社会、生态文明和党的建设各个领域改革关系的科学把握,习近平指出,改革开放是一个系统工程,必须坚持全面改革,加强顶层设计和整体谋划,更加注重改革的系统性、整体性、协同性,在各项改革协同配合中推进。也就是说,只有以经济体制改革为重点,协同推进经济体制、政治体制、文化体制、社会体制、生态文明体制和党的建设制度改革,才能形成与中国特色社会主义五位一体总体布局相适应的更加成熟、更加定型的制度体系,才能实现中国特色社会主义制度的完善和发展。

所谓顶层设计,就是对经济体制、政治体制、文化体制、社会体制、生态文明体制做出统筹设计,加强对各项改革关联性的研判,努力做到全局和局部相配套、治本和治标相结合、渐进和突破相促进。加强顶层设计,就是要坚持从全局出发看问题。全面深化改革不是某个领域某个方面的单项改革，必须坚持从全局出发看问题。从全局出发看问题，首先要看提出的重大改革举措是否符合全局需要，是否有利于长远发展，不能只看到本地区、本单位的局部利益，更不能受到这些利益的羁绊和束缚；其次要坚持以人民利益为重，把握大势、着眼大事，使做出的改革决策符合最广大人民的根本利益和社会主义事业发展要求。

强调在全面深化改革中顶层设计的重要性，并不能否认摸着石头过河的必要性。顶层设计固然重要，但还需要落实。同时顶层设计也不是一劳永逸的，它需要实践的检验和不断完善发展。顶层设计是在摸着石头过河取得经验的基础上进行的，否则就是闭门造车，不可能得出科学的顶层设计；摸着石头过河是在顶层设计的指引下进行的，否则就难以有效推动全局发展。摸着石头过河与顶层设计的关系是辩证统一的，在对改革系统性、整体性、协同性的要求日益提高的今天，如果不及时把经实践检验行之有效、适宜推广的做法上升到制度层面，转化为普遍遵循的政策和法律，如果不及时明确提出改革总体方案、路线图、时间表，就可能造成改革的盲目和混乱，使改革的目标无从实现。把顶层设计与摸着石头过河有机统一起来，将"自上而下"和"自下而上"的改革相统一，形成顶层决策和实践探索之间的良性互动，是全面深化改革必须坚持的重要方法。

三、重点突破与全面深化改革

辩证唯物主义告诉我们，整体和部分是辩证统一的。整体居于主导地位，统率着部分；部分会影响整体，关键部分的功能及其变化甚至对整体的功能起决定作用。这就要求我们既要树立全局观念、立足整体，又要重视部分的作用，搞好局部、掌握系统优化的方法。辩证唯物主义这一基本原理用于改革，就是既要全面深化也要重点突破。

全面深化改革，就是要把握改革全局、系统推进。重点突破，就是要选好改革的关键领域和关键环节首先取得成功。全面深化改革并不是不分重点、全面用力的改革，而是有重点、有步骤的改革，必须在最为紧迫、最为关键的领域首先取得突破，然后以点带面，逐步推向其他领域，实现改革的全面推进。随着改革的不断深化，各领域各环节的关联性和互动性明显增强，如果不把握全局、整体推进，不仅全面改革无法深化，重点改革也很难推进。所以处理好重点突破和全面深化改革的关系，对于不断把改革向纵深推进，具有重要意义。

经过几十年改革，我国进入改革的攻坚期。各种深层次矛盾交织在一起，"剩下的都是难啃的硬骨头"，这就更需要重点突破与全面深化改革。从改革全局来看，重点领域关系到改革大局，是改革的重中之重；关键环节关系到改革成效，是改革的有力支点。以重点领域和关键环节为突破口，可以对全面改革起到牵引和推动作用。全面深化改革必须加强对各项改革关联性的研判，注重改革的系统性、整体性、协同性，努力做到全局和局部相配套、治本和治标相结合、渐进和突破相衔接，实现全面深化和重点突破相统一，才能形成推进改革的强大合力。

整体推进，才能统筹协调，把握改革大局；重点突破，才能以点带面，激发改革动力。党的十八大以来，强调破除思想观念和体制机制弊端，构建系统完备、科学规范、运行有效的制度体系，大大拓展了改革的广度和深度。可以说，整体推进与重点突破相结合，是中国改革的一条重要经验，必须长期坚持。随着改革不断深入，各个领域各个环节改革的关联性和互动性明显增强，每一项改革都会对其他改革产生重要影响，每一项改革又都需要其他改革协同配合。不整体推进，很多单项改革很难完成。在全面建成小康社会的关键阶段，中国改革的整体性特征，决定了我们的各项决策部署，必须更加注重改革措施的相互促进、良性互动、协同配合。

重点突破与全面深化是辩证统一的。我国的改革是涉及经济、政治、文化、社会、生态和党的建设各领域的全面改革。如果不注重各项改革措施的协调配合，就会造成改革的"短板"，使改革效果大打折扣，甚至成为继续深化改革的阻碍。因此，全面深化改革必须更加注重各项改革的相互配合、相互促进、良性互动，注重改革措施整体效果，防止畸轻畸重、单兵突进、顾此失彼。但整体推进并不意味着没有重点，也不是平均用力、齐头并进，而是要注重抓主要矛盾和矛盾的主要方面，注重抓重要领域和关键环节。如果不能看到这一点，不分重点地推进改革，不分眉毛胡子地一把抓，就会使投入和产出严重不匹配，既浪费资源，又贻误时机，同样会阻碍社会生产力的解放和发展、阻碍社会活力的解放和增强。重要领域"牵一发而动全身"，关系到改革大局，是改革的重中之重；关键环节"一子落而满盘活"，关系到改革成效，是改革的有力支点。以这些重要领域和关键环节为突破口，可以对全面改革起到牵引和推动作用。

四、尊重群众首创精神

人民是历史的创造者，群众是真正的英雄，人民群众是推动改革的主体。尊重群众的首创精神，集中群众的无穷智慧，充分发挥人民在创造历史中的伟大作用，是我国在唯物史观指导下改革开放取得巨大成就的重要经验，也是我国改革的动力之源和推进改革的重要方法。

改革的实践表明：改革开放在认识和实践上的每一次突破和发展，改革开放中每一个新生事物的产生和发展，改革开放每一个方面经验的创造和积累，无不来自亿万人民的实践和智慧。改革开放以来许多领域改革的创举，并非自上而下设计的结果，而是基层群众在实践中的创造。农村改革从安徽凤阳的"大包干"开始，企业改革从福建企业要求松绑开始，市场调节从集贸市场开始，多种经济成分从个体私营经济开始，对外开放从"三来一补"开始，人民群众的首创精神是推动改革的原动力。

在当前全面深化改革的进程中，尊重人民群众的首创精神，更具有十分重要的意义。

首先，尊重人民群众的首创精神是我国建设社会主义事业的理论要求和实践旨归。在改革过程中要充分发挥人民群众的首创精神，是发展中国特色社会主义理论体系的实践基础和源泉。人民群众是实践的主体，也是推动社会历史发展的主体。尊重人民群众的首创精神，就是对人民群众作为实践主体的承认。尊重人民群众的意愿、智慧和创造，也就是从人民利益出发，尊重社会发展规律。人民群众是生产关系的主体，是推动生产力发展和变革的力量，尊重人民群众在生产过程中的创造，将其融入马克思主义经济理论中，是重要的理论创新途径。理论来源于实践，反过来可以指导实践，尊重群众的首创精神就体现了理论和实践的融合。

其次，尊重人民群众的首创精神是全面深化改革的重要动力。改革是中国特色社会主义市场经济制度的自我完善，其最终目标是实现最广大人民群众的根本利益。因而，只有从人民群众最迫切的要求出发所进行的改革才是符合社会历史发展要求的，才是以人为本的科学发展。全面深化改革就是要通过生产关系的变革来推动先进生产力的发展。人民群众是生产关系的主体，因而改革生产关系就要通过制度设计激发人民群众的创造力，从而发挥生产关系推动生产力发展的历史进步作用。从改革的根本目的来看，我们的所有改革都是为了人民。改革的成果要惠及人民，必须确立人民群众在改革中的主人翁地位，最大限度地发挥人民群众的积极性、主动性和创造性。基层群众蕴藏着极大的改革动力和创新智慧，他们渴望通过改革改善生产生活条件，过上幸福美好的生活；社会生活中存在的突出问题，人民群众看得最清楚、感受最深，他们期盼通过改革消除社会生活中的种种弊端。

最后，尊重人民群众的首创精神，首先要尊重劳动、知识、人才和创造，要营造一个良好的社会环境来调动人民群众创造的积极性，要通过制度创新激发人民群众的首创精神。人的自由全面发展是社会主义社会和共产主义社会所追求的最终目标,从贯彻党的群众路线来看,党领导和带领人民群众推进改革开放,必须切实贯彻"一切为了群众,一切依靠群众;从群众中来,到群众中去"的群众路线。群众利益是我们进行改革总体规划和顶层设计的出发点;群众的实践创造是改革总体部署的重要根据;群众的评价是改革得失成败的重要标准。尊重人民群众的首创精神就要求我们要尊重劳动、知识和人才。劳动是价值创造的主体,知识是使得生产过程效率更高的途径,人才则是两者的结合,只有人才得到了尊重,劳动和知识才能发挥出促进生产力发展的作用,创造力才能得到激发。尊重人民群众的首创精神还要求我们要营造一个良好的社会环境,只有首先解决了人民群众最基本的生活需要,解决了吃穿住行,给人才一个可以安定的环境,劳动和知识的结合进而创造生产力才成为可能。另外,我们也要认识到,不是所有经济、政治和社会环境稳定的社会中的人民群众都天然具备创造力,在提倡人民群众的首创精神的同时,还应该通过相应的制度设计激发人民群众的创造力,保障在实践中使创新源源不断地涌现。

尊重基层和群众的首创精神,还要善于动员群众、引导群众、教育群众。当前,我国经济社会发展中还存在不少矛盾和问题,随着改革的深化,特别是利益关系的调整,有些矛盾和问题可能更加突出。要树立底线思维,进一步做好攻坚克难、艰苦奋斗的思想准备和工作准备,教育引导群众正确对待改革所带来的利益调整,正确处理局部利益与全局利益、个人利益与集体利益、眼前利益与长远利益的关系。

总之,人民群众是实践和认识的主体,是物质财富和精神财富的创造者,是社会发展的决定性力量,也是创造世界历史的真正动力。建设中国特色社会主义的实践是广大人民群众自己的实践。群众在实践中创造的经验,反映了事物发展的客观规律,代表了社会进步的方向,对思想认识、社会生活和实际工作有深刻的示范作用。改革开放40多年来,我们对社会主义实践和认识的每一次突破和进展,无不来自群众的创造和推动。同时,人民群众的实践又是检验我们的路线、方针、政策正确与否的标准。因此,在实践中尊重人民群众的直接经验、尊重人民的首创精神,是我们进行社会主义改革的必然要求。

五、改革永远在路上

实践发展永无止境,解放思想永无止境,改革开放永无止境。应对各种挑战,要求改革不停顿、不止步,永远前行在路上。

改革只有进行时，没有完成时。当前，我国经济发展已经进入新的发展阶段，经济发展长期向好的基本面没有变，但也面临着各种新情况新挑战。因此，仍要牢牢把握全面深化改革的重点，增强全局观念和责任意识，处理好市场和政府的关系，统筹谋划、协调推进各项改革事业。我国已经进入经济发展新常态，经济增长速度逐渐放缓，需要对经济发展方式做出战略性调整。以增加资源和要素投入的经济发展方式难以为继，以依靠增加投资的经济发展方式也难以持续，过去出口导向的经济发展模式由于金融危机导致出口需求下降而面临转型。同时，曾经具有优势的劳动密集型制造业也由于东南亚国家低廉劳动力竞争而逐渐失去竞争优势。因此，能否实现经济发展方式向创新驱动、消费驱动和服务驱动转变是未来改革的方向，而要完成这种转变就需要在坚持基本经济制度基础上，需求侧与供给侧同时发力。

改革需要勇气和智慧。经过改革开放40多年的发展，改革已经进入了攻坚期和深水区，必然会触及更深层次的矛盾和重大利益调整。越是在这样的形势下，越应该进一步解放思想，越需要勇气和智慧。一方面，要敢于涉险滩，敢于向积存多年的顽瘴痼疾开刀，做到胆子要大，敢于担当，敢啃"硬骨头"；另一方面，步子要稳，方向要准，尤其是不能犯颠覆性错误。在经济制度的改革方面，要坚持和完善公有制为主体、多种所有制并存的基本经济制度。在改革的核心领域，要正确处理好政府和市场的关系，推进国家治理体系和治理能力现代化。在新的经济形势下，要推进供给侧与需求侧协同发力的结构性改革。

改革永远在路上，我们既要勇于冲破思想观念的障碍，又要勇于突破利益固化的藩篱。要以改革为统领，开拓创新，狠抓落实，推动经济爬坡过坎、实现转型升级，解决发展中不平衡不协调不可持续等问题。要在经济体制、生态文明体制、民主法治领域、文化体制、司法和社会体制、党的建设制度和纪律检查体制等重要领域实现重点突破，取得实实在在的改革成果，为经济社会发展增添新的正能量。我们推动改革、完善制度，目的是更好地实现人民群众的根本利益。"人民有所呼、改革有所应"，以此为指针，我们要深入推进简政放权、非公经济发展、就业创业机制、教育公平和医疗卫生等方面的惠民改革，不断释放"改革红利"，让每一位社会成员都分享到改革成果；我们要根据实际研究提出更具体、更管用的改革措施，使改革更加接地气惠民生，让人民群众有更多获得感。

总之，只有坚持把改革、创新贯穿于各个领域和各个环节，坚持锲而不舍地前进，处理好改革发展稳定的关系，正确推进改革、准确推进改革、有序推进改革、协调推进改革，才能最大限度地凝聚改革正能量，让一切创造社会财富的源泉充分涌流，让广大人民群众共享改革发展成果，改革的宏伟蓝图和人民群众的美好梦想也才最终会实现。

【思考题】

1. 试论我国改革的基本经验。
2. 改革的基本方法论有哪些？
3. 经济体制改革的方向是什么？

第二篇 居民与企业

第五章

中国经济中的居民

在社会主义市场经济体制中,居民、企业和农户等是重要的微观主体。微观主体的行为是否合理,运行绩效如何,对经济社会的发展具有重要的影响。充满活力且富有效率的微观主体是经济社会进步的基础。本篇将依次分析这些微观经济主体的经济行为。本章首先介绍作为微观经济主体的居民。

第一节 作为经济主体的居民

一、居民在经济社会发展中地位作用的一般分析

人类社会大约自一万年以前开始,生产方式发生的第一次重大的转变,使人类的生产活动由采集和狩猎为主,逐渐转向以农耕为主。生产方式的转变极大地提高了生产效率、产出水平和剩余产品的数量,使人口数量迅速增加,劳动分工不断深化,出现了承担新的经济、社会和文化功能的阶层,由此在地球上形成了形式多样、丰富多彩的文明形态。生产方式的转变使人类的生活方式由四处游荡、居无定所转为以定居生活为主。剩余产品的出现促进了私有观念的产生。随着生活方式的转变与私有观念的出现,个人与个人以血缘和婚姻为基础建立的家庭承担起重要的经济和社会功能。这些功能随着经济社会的发展而发展,虽然在各类不同的社会经济制度下,其表现形式和重要程度有所不同,但作为重要的微观主体,对生产、消费、储蓄和投资等经济行为的决策一直发挥着不可替代的作用。

个人、家庭和农户可以统称为居民。在市场经济条件下,居民是做出各项微

观经济决策的基本单位，这些经济决策通过供求机制，影响和决定着各种生产要素与商品和服务的价格，由此形成的相对价格体系反映了生产要素的稀缺程度与居民作为消费者对商品和服务的偏好程度，从而为资源的有效配置提供重要的信息，这是市场经济有效运行的基础和前提。

现代市场经济运行分为不同的层面，既包括宏观层面的国民经济运行与国际经济活动，也包括中观层面，即部门、产业和区域的经济活动，还包括微观层面的经济活动。居民作为微观主体，所从事的经济活动的基本内容是，作为消费者和生产要素的供给者与其他微观主体通过市场联系在一起，根据具体的经济制度安排并在国家宏观调控的影响之下，自主进行生产、投资和消费决策，在生产活动中通过提供劳动、土地和资本等生产要素获取收入；通过消费获得维持生活与满足个人和家庭各种需求的商品和服务；将未消费的收入投资于各种资产，形成储蓄和其他各类具体的居民财产。

市场经济要求市场机制在资源配置过程中发挥决定性作用，因此资源配置方式不同于自然经济、简单商品经济以及计划经济等其他经济形式。这要求包括居民在内的市场经济微观主体应具备以下条件：

第一，微观主体拥有占有、使用、支配和处置各种生产要素与商品或劳务的权利。这是市场主体必须具备的一般性的前提条件。因为市场经济要通过市场交易和供求机制形成各类生产要素和商品劳务的价格，以此作为调节资源配置的工具。反映要素稀缺程度与居民消费偏好程度的价格体系的形成，需要微观主体首先具备使用、支配和处置各项要素和商品的权利。没有这些权利，居民或企业无产品可供交换，也就不可能形成真正的价格体系。因此，微观经济主体的财产权是其从事微观经济活动，也是现代市场经济运行的前提。

第二，微观主体拥有从事各项经济活动的自主权。市场微观主体根据自身利益，依据自己的判断，从事各项经济活动。在市场经济条件下，为了实现经济效率的不断提高，微观经济主体必须具备一定的经济自由，积极探索和充分利用可能存在的经济机会，通过创新过程实现产品、技术、市场和组织的扩张和进步。如果对微观主体的经济自主权予以不合理的限制，就有可能使生产效率和技术进步失去重要的微观基础。

第三，微观主体必须兼具权利和责任，既可获得利益又要承担风险。居民与企业具有自主支配和处置所占有的财产的权利，将自己所拥有或支配的生产要素或各类财产投入到生产和交换过程，有权利获得相应的收益，同时也要为自己所从事的经济活动承担相应的责任以及由此带来的风险。自由支配和处置所占有财产的权利，并由此获得相应的收益，为居民和企业等微观主体积极主动地从事各种市场经济活动提供了有力的激励机制,而承担相应的责任和风险则形成了必要的约束机制。只有激励与约束并存,才能真正激发微观主体的活力,使之遵循市场规律,有序地从事经济活动,并在追寻自身利益的同时,实现促进社会总体利益的目的。

二、马克思对资本主义制度下劳动者个人的地位和作用的论述

居民是经济社会基本的组成单位,承担着重要的社会功能和经济功能,但是在不同的制度和体制下,其具体实现形式有所不同。

马克思曾对资本主义制度下劳动者个人的地位和作用进行了详尽的论述,主要体现为对劳动价值论的创新和发展。他认为商品的价值来自对劳动这种特殊商品的消费,劳动的使用价值本身具有成为价值源泉的独特属性。使用劳动力这一特殊的商品来创造价值,需要具备两个条件。第一,"自由"的劳动权利是实现这种价值创造的前提。"劳动力被它自己的所有者即有劳动力的人当作商品出售或出卖,才能作为商品出现在市场上","劳动力占有者要把劳动力当作商品出卖,他就必须能够支配它,从而必须是自己的劳动能力、自己人身的自由所有者。"[①] 第二,劳动者不占有生产资料。由于不占有生产资料,劳动力占有者无法出卖自己的劳动所生产的商品,只能将劳动力本身当作商品出卖。这意味着货币转化为资本,必须在商品市场上找到自由的工人,即一方面工人是自由人,能够把自己的劳动力当作自己的商品来支配;另一方面,他又没有别的商品可以出卖,自由得一无所有,没有任何利用自己的劳动力所必需的生产资料。

劳动者与生产资料的分离,不是一切历史时期都存在的社会关系,这是以往历史发展的结果,是许多次经济变革的产物,是一系列陈旧的社会生产形态灭亡的产物。只有当生产资料和生活资料的占有者在市场上找到出卖自己劳动力的自由工人的时候,资本才产生,并且由此使人类历史发生了翻天覆地的变化。

劳动力的价值取决于生产和再生产这种独特物品所需要的必要劳动时间。生产劳动力所必要的劳动时间,或者说,劳动力的价值,就是维持劳动力占有者所必要的生活资料的价值。这种需要取决于气候等自然条件,也取决于文化水平,本身是历史的产物。和其他商品不同,劳动力的价值规定包含着一个历史的和道德的要素,也包括维持家庭的生活资料的价值,还包括教育和训练的费用。劳动力的价值可以归结为一定量的生活资料的价值。

---

① 《马克思恩格斯文集》第 5 卷,人民出版社 2005 年版,第 195 页。

劳动的价值在进入流通之前就已确定，因为在劳动力的生产上已经耗费了一定量的社会劳动，但它的使用价值只是在以后商品的生产中才可以实现。劳动力的消费过程，同时就是商品和剩余价值的生产过程。劳动力的买和卖是在流通领域或商品交换领域进行的，这一过程遵循了自由和平等的原则，但是在生产领域，原来的货币所有者作为资本家昂首前行，劳动力所有者作为他的工人只能尾随于后。

总之，在资本主义社会，劳动创造了价值，但作为劳动力所有者的雇佣工人所创造的剩余价值却被资本家所占有。

三、居民在我国社会主义市场经济中的地位和作用

在我国，社会主义制度的建立，使人民当家做主，劳动者个人和家庭在经济社会发展中的地位和作用得以确立。1978年以后，随着改革的深化，经济体制逐步由计划经济向社会主义市场经济转变，居民作为微观经济主体的地位和作用逐步得到进一步保障和强化，成为经济社会发展重要的动力源泉。

在我国社会主义市场经济条件下，随着劳动力市场、收入分配、劳动用工等制度方面的改革不断深化，各项法规制度不断完善，宏观经济调控能力、水平不断提高，我国居民在就业、消费和投资等方面有了更大的自主权，逐步成为真正意义上的社会主义市场经济微观主体。居民作为微观经济主体，既是消费者又是劳动力和资金等生产要素的所有者、供给者。居民作为消费者，从效用最大化目标出发并在收入预算约束条件下，自主决定消费和储蓄的比例，决定对不同消费品的支出比例。作为生产要素的所有者、供给者，居民从收入最大化的目标出发，对所拥有的生产要素进行配置。

我国社会主义市场经济条件下居民主体地位的确立，经历了不断探索的过程。这种探索首先开始于农村家庭联产承包责任制的改革。邓小平认为，废除人民公社，实行家庭联产承包为主的责任制是中国社会主义农业改革和发展的两个飞跃。党的十一届三中全会明确了社员自留地、家庭副业和集市贸易是社会主义经济的必要补充部分，任何人不得乱加干涉；另外，由于认识到权力过于集中是我国经济管理体制的严重缺点，因此鼓励将更多的经营管理自主权下放给企业，强调要充分发挥包括个人在内的各部门的主动性、积极性、创造性。

1982年以后，我国农村恢复自留地、家庭副业、集体副业和集市贸易，逐步实行各种形式联产计酬的生产责任制。无论在农村还是在城市，劳动者个体经

济在国家规定的范围内和工商行政管理下适当发展，成为公有制经济的必要的、有益的补充。人们充分认识到，只有多种经济形式的合理配置和发展，才能繁荣城乡经济，方便人民生活。党中央明确要求经济工作要兼顾国家、集体、个人三者利益，而且更具一般性的，根据社会主义民主的原则，应当建立人与人之间的平等关系和个人与社会之间的正确关系，国家和社会要保障公民正当的自由和权利，公民则要履行对国家和社会应尽的义务。

1987年，党的十三大进一步确认个人具有投资并由此获得财产性收入的权利。在深化农村改革的同时，以家庭经营为主的多种形式的联产承包责任制得到了巩固和完善。农户不仅拥有生产决策的权利，而且具有投资的权利。国家鼓励农民增加农业投入，加强农田水利基本建设，防治水旱灾害，改善农业的基础条件。在所有制方面，在公有制为主体的前提下，继续发展多种所有制经济。改革中出现的股份制形式，包括国家控股和部门、地区、企业间参股以及个人入股，被认为是社会主义企业财产的一种组织方式。一些小型全民所有制企业的产权，被有偿转让给集体或个人。

实践证明，私营经济一定程度的发展，有利于促进生产，活跃市场，扩大就业，更好地满足人民多方面的生活需求，这是公有制经济必要的和有益的补充。在收入分配方面，实行以按劳分配为主体的多种分配方式和正确的分配政策。除了按劳分配这种主要方式和个体劳动所得以外，居民还可以获得利息、分红、风险补偿收入以及其他的非劳动收入。只要这些收入是合法的，就得到允许。

1992年，党的十四大明确提出经济体制改革的目标是建立社会主义市场经济。家庭联产承包责任制的作用得到进一步肯定，通过这种形式，农民获得对土地的经营自主权。由于政府基本取消农产品的统购派购，放开大部分农产品价格，农村经济向着专业化、商品化、社会化迅速发展。农产品价格和农村流通体制的改革不断深化，市场在农村经济中的调节作用得以加强。在企业改革方面，国有小型企业有些出租或出售给集体或个人经营。在深化分配制度和社会保障制度改革方面，注重统筹兼顾国家、集体、个人三者利益，调动这三方面的积极性。

1997年，党的十五大明确提出应当坚持和完善社会主义市场经济体制，使市场在国家宏观调控下对资源配置起基础性作用。这一时期注重充分发挥市场机制的作用，加快国民经济市场化进程，继续发展各类市场，着重发展资本、劳动力、技术等生产要素市场，完善生产要素价格形成机制。非公有制经济成为我国社会主义市场经济的重要组成部分。个体、私营等非公有制经济继续受到鼓励和引导，以使其健康发展。这对满足人们多样化的需要，增加就业，促进国民经济的发展发挥了重要作用。

2002年，党的十六大坚持社会主义市场经济的改革方向，使市场在国家宏观调控下对资源配置起基础性作用。这一时期，个体、私营等各种形式的非公有制经济成为社会主义市场经济的重要组成部分，对充分调动社会各方面的积极性、加快生产力发展发挥重要作用。深化分配制度改革，确立了劳动、资本、技术和管理等生产要素按贡献参与分配的原则，完善了以按劳分配为主体、多种分配方式并存的分配制度。同时，就业被认为是民生之本，全社会就业观念发生了转变，出现了灵活多样的就业形式，自谋职业和自主创业受到鼓励。劳动用工管理得以加强，劳动者的合法权益受到更好的保护。国内民间资本的市场准入领域得以拓宽，在投融资、税收、土地使用和对外贸易等方面采取措施，实现公平竞争，并依法加强监督和管理，由此促进非公有制经济健康发展，并且完善了保护私人财产的法律制度。

2007年，党的十七大强调深化对社会主义市场经济规律的认识，从制度上更好发挥市场在资源配置中的基础性作用。在深化收入分配制度改革方面，逐步提高居民收入在国民收入分配中的比重，提高劳动报酬在初次分配中的比重。在就业方面，在加强政府引导的同时，要完善市场就业机制，扩大就业规模，改善就业结构，建立统一规范的人力资源市场，形成城乡劳动者平等就业的制度。此外，还要创造条件让更多群众拥有财产性收入。

2012年，党的十八大在劳动就业方面坚持劳动者自主就业、市场调节就业、政府促进就业和鼓励创业的方针。这一时期实施就业优先战略和更加积极的就业政策，进一步完善了劳动法规，健全了劳动标准体系和劳动关系协调机制，加强劳动保障监察和争议调解仲裁，努力构建更为和谐的劳动关系。通过深化收入分配制度改革，力争使发展成果由人民共享，实现居民收入增长和经济发展同步、劳动报酬增长和劳动生产率提高同步，提高居民收入在国民收入分配中的比重，提高劳动报酬在初次分配中的比重，并且通过多种渠道增加居民财产性收入。

2017年，党的十九大明确指出增进民生福祉是发展的根本目的，要坚持就业优先战略和积极就业政策，实现更高质量和更充分就业，并且坚持在经济增长的同时实现居民收入同步增长、在劳动生产率提高的同时实现劳动报酬同步提高；破除妨碍劳动力、人才社会性流动的体制机制弊端，使人人都有通过辛勤劳动实现自身发展的机会；要拓宽居民劳动收入和财产性收入渠道，履行好政府再分配调节职能，缩小居民收入差距。

第二节 居民的收入及其提高

一、居民的收入及其来源

居民收入是居民从各种来源所取得的现期收入的总和,分为纯收入和毛收入。纯收入就是指除去成本和费用后的收入,而毛收入是指不除去费用的收入。过去较长时间里,我国统计用的是城镇居民人均可支配收入和农村居民人均纯收入指标。城镇居民人均可支配收入是指反映居民家庭全部现金收入能用于安排家庭日常生活的那部分收入。它是家庭总收入扣除缴纳的所得税、个人交纳的社会保障费以及调查户的记账补贴后的收入。农村居民人均纯收入是指农村居民家庭全年总收入中,扣除从事生产和非生产经营费用支出、缴纳税款和上交承包集体任务金额以后剩余的,可直接用于进行生产性、非生产性建设投资、生活消费和积蓄的那一部分收入。从党的十八大开始,居民收入水平成为衡量全面建成小康社会的重要指标。2012年,我国明确提出居民收入倍增目标,即到2020年,实现国内生产总值和城乡居民人均收入比2010年翻一番。

居民收入是居民从事消费、储蓄和投资等经济活动的前提和基础。居民收入主要有以下来源和途径:工资性收入、经营性收入、财产性收入和转移性收入。在社会主义市场经济条件,收入分配以按劳分配为主,多种分配方式并存,大多数居民的主要收入来自个人提供的劳动报酬所得,是劳动价值在社会经济中的体现。由于所有制结构和收入分配方式的多元化,居民的收入除了劳动报酬以外,还有其他收入来源。具体而言,居民收入的主要形式包括:一是劳动收入,包括工资、奖金和其他劳动报酬;二是福利性收入,包括政府或企事业单位提供的多种补贴、救济金和其他福利性收入;三是利息收入,即因持有债券、银行存款、理财产品以及其他形式贷出的货币获得的收入;四是投资收入,包括股票或股权投资的股息、红利和股票价格上涨获得的资本利得;五是租金收入,即向他人出租自有的土地、房屋或其他实物资产获得的收入;六是经营收入,即经营个体或私营经济企业获得的收入和利润;七是其他收入,如社会保障收入、保险公司赔款、馈赠、遗产继承以及偶然性收入。居民收入按照国家有关规定扣除各种形式的税金和非税费用后,余额部分就构成了居民的可支配收入。居民可支配收入部分用于个人消费,剩余部分在国民经济核算中被定义为储蓄,可以用于不同形式的投资,并积累成为居民所持有各类资产。

在统计中居民收入被分为工资性收入、经营性收入、财产性收入和转移性收入,其中工资性收入是居民收入的主要来源。2017年,我国居民人均可支配收入为25974元,扣除价格因素,实际增长7.3%,超过同期GDP增速。2016年居民可支配收入23821元,首先工资性收入比例最高,达到56.48%,这与我国以按劳分配为主体的分配制度是一致的。其次转移性收入的比例为17.88%,包括居民通过社会保障体系获得的养老金、报销的医疗费用、政府的救济金以及其他转移性收入。转移性收入属于收入再分配的范畴,是对初次收入分配的调节与补充,有助于缩小居民收入差距,并为居民提供基本的生活保障。再次是经营性收入,比例为17.71%。这既包括个人和家庭通过经营个体或私营企业获得的收入,也包括农户从事农业生产获得的收入。最后财产性收入占居民收入的比例较低,仅为7.93%,表明我国居民通过投资和持有各类资产获得的租金、利息、分红等财产收入相对较少(见图5-1)。

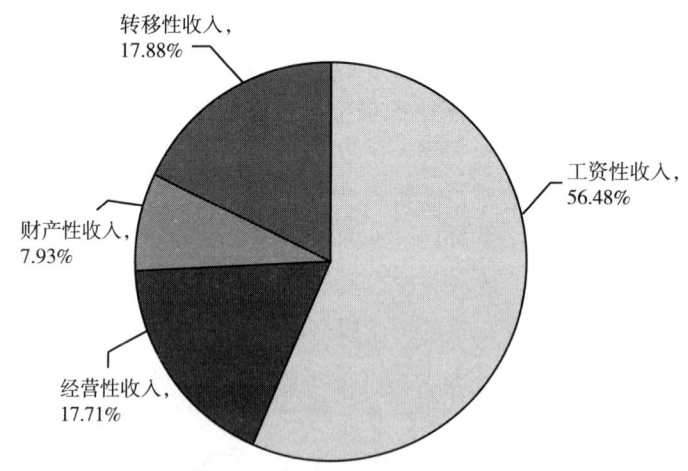

图5-1 我国2016年全国居民平均可支配收入构成

资料来源:《中国统计年鉴2017》。

分城乡来看。过去1/4世纪以来,城镇居民可支配收入明显增加,收入结构也发生了明显的变化。城镇居民通过提供劳动获得的工资性收入始终是最主要的收入来源,但是呈现明显的下降趋势。根据《中国统计年鉴》(历年)的数据可知,2016年工资性收入占比仍超过了60%,但与1990年相比,所占比例下降了约14个百分点。这清楚地表明了我国居民收入来源的多样化。2010~2016年城镇居民转移性收入的比例也呈现下降趋势，这与我国社会福利体系在城乡之间更为公平的分配有关。同时，城镇居民的经营性收入和财产性收入比例大幅提高，表明越来越多的民众通过自己经营或持有财产，分享了经济发展与社会进步的成果。

我国农村居民纯收入的结构与城镇居民有着显著的差异，这是因为农村实行家庭联产承包责任制，几乎所有农户均经营面积不等的土地，由此获得的净收入归为经营性收入。农村居民的经营性收入占比虽然一直很高，但是下降趋势非常明显，与 2000 年相比，2016 年经营性收入占比下降了 33 个百分点。与之相应的是工资性收入和转移性收入的占比大幅增加。由于农村劳动者从事非农生产比例的增加以及农民工工资水平的上涨，工资性收入占比持续增加，目前在农村居民收入中所占的比例已与经营性收入大致相同。另外，由于政府采取了取消农业税、增加各类农业生产补贴、健全农村社会保障体系的措施，转移性收入占比也有明显增加。但是农村居民的财产性收入占比仍处于极低的水平，也远低于城镇居民。加快农村金融市场与其他资产市场的培育、建设和完善，既有助于提高农村居民的财产性收入，也是农村经济发展的必然要求（见表 5-1）。

表 5-1　　　　　　　　我国农村居民人均纯收入的构成

项目	2000 年		2010 年		2016 年	
	数额（元）	比例（%）	数额（元）	比例（%）	数额（元）	比例（%）
可支配收入	3146	100	8119	100	12363	100
工资性收入	702	22.3	2431	29.9	5022	40.6
经营净收入	2251	71.6	4937	60.8	4741	38.4
财产性收入	45	1.4	202	2.5	272	2.2
转移性收入	148	4.7	549	6.8	2328	18.8

资料来源：2000 年数据来自《中国统计年鉴2001》，2010 年数据来自《中国统计年鉴2011》，2016 年数据来自《中国统计年鉴2017》。各项收入按当年价格计算。

二、居民的收入水平

改革开放以来，我国居民收入持续快速增长。2016 年人均 GDP 达到 53980 元，1978~2016 年期间，人均 GDP 实际年均增速达到 8.6%（见图 5-2）。人均收入的快速增长，使我国在 1997~1999 年间由低收入国家跃升至中低收入国家，于 2010 年进一步跃升为中高收入国家，目前正在向高收入经济体稳步迈进。

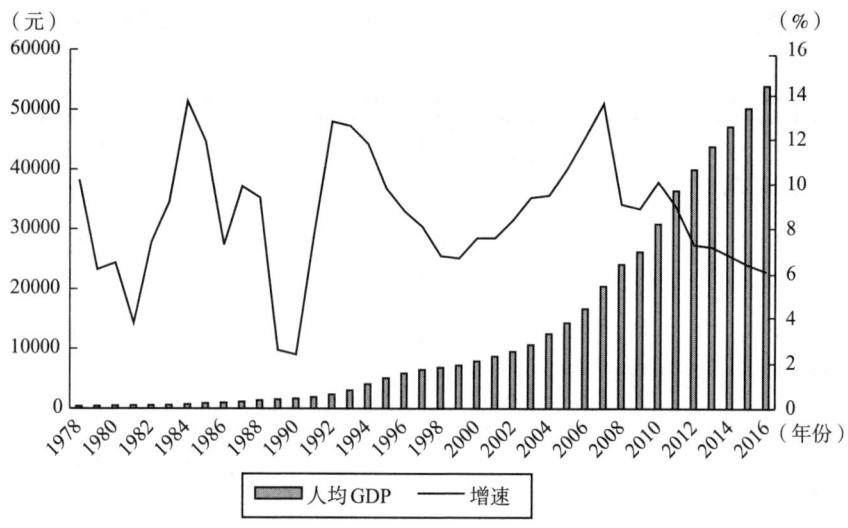

图 5-2　1978~2016 年我国人均 GDP 及其增速

注：人均 GDP（左轴）按当年价格计算；人均 GDP 增长速度（右轴），以上年为 100。
资料来源：《中国统计年鉴 2017》。

分城乡来看我国居民收入的变化。自 1978 年以来，城乡居民收入均保持了较快的增长速度，并且随着宏观经济的周期波动而变动。1979~2015 年，城镇居民人均可支配收入年均增长 7.46%，农村居民人均纯收入年均增长 7.73%。在改革开放初期，城乡之间已经有较大的收入差距，城镇居民人均可支配收入为农村居民人均纯收入的 2.53 倍。由于经济改革率先在农村实行，城乡收入差距在改革初期得以缩小，1983 年降至 1.82 倍。随着经济改革推进到城市地区，城镇居民收入增速开始超过农村居民，使城乡居民收入差距不断扩大，这一趋势一直延续到 2009 年，两者之比达到了历史最高的 3.33。随着二元经济的转型与剩余劳动数量的减少，农民工工资水平不断提高，农产品价格不断上涨，政府对农村地区扶持力度增加，使城乡收入之比呈现了历史性的逆转，2015 年降至 2.73，接近改革初期的水平（见图 5-3）。随着城镇化水平和城乡一体化程度的进一步提高，城乡居民收入之间的差距将会进一步缩小，直至达到相对平等的状态。

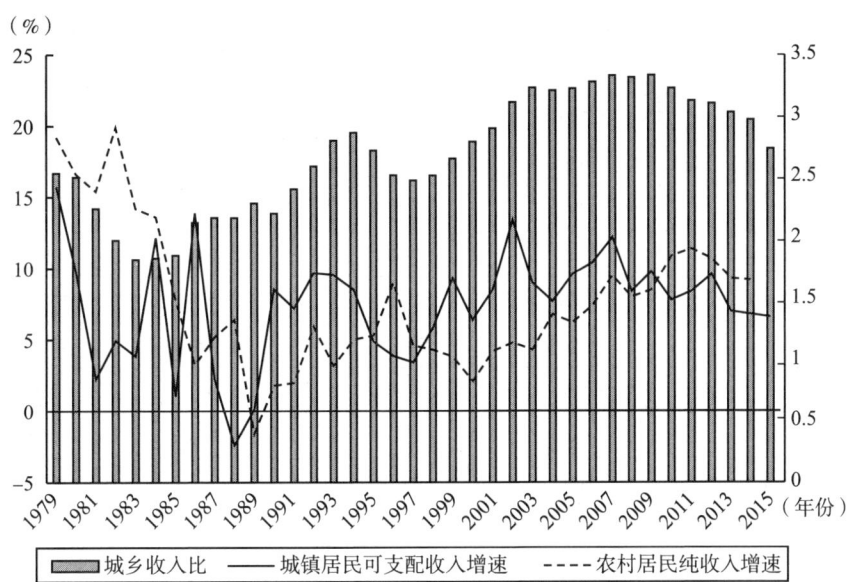

图 5-3 我国城镇居民可支配收入与农村居民纯收入增速与对比

注：以 1978 年价格为 100 计算；城乡收入比为城镇居民可支配收入与农村居民纯收入之比，按当年价格计算。

资料来源：1979~2008 年数据来自《新中国六十年统计资料汇编》，2009~2015 年数据来自《中国统计年鉴 2016》。

在过去的 1/4 世纪中，我国是世界上居民收入水平增速最快的主要经济体之一。如表 5-2 所示，1990 年，我国人均国民收入仅相当于世界平均水平的不足 1/10，2015 年这一比例提高到 3/4。与其他发展中大国相比，中国收入的增长速度明显更快。1990 年中国和印度的收入水平接近，印度甚至还略高于中国，但是中国仅相当于巴西的 12%，至 2015 年中国人均收入已经是印度的 4.9 倍，并且达到巴西收入水平的近 80%。居民收入水平的快速提高也显著缩小了中国与发达国家的差距。1990 年，中国人均国民收入仅相当于高收入国家的 1/50，2015 年这一比例提高到近 1/5。另一方面，我们也必须看到，我国居民收入水平与发达国家仍有明显的差距，继续保持较快的增长速度，才有可能在有限的时间内赶上发达国家的收入水平。

表 5-2　　　　　　　　我国人均国民收入的国际比较　　　　　　　　单位：美元

国家或地区	1990 年	2000 年	2010 年	2015 年
世界	4190	5442	9382	10437
高收入国家	16046	21955	34985	41366

续表

国家或地区	1990 年	2000 年	2010 年	2015 年
中等收入国家	728	1127	3335	4866
中国	330	930	4300	7820
印度	390	460	1290	1590
巴西	2720	3880	9810	9850
法国	20700	25150	43800	40580
德国	21330	26170	44780	45790
日本	27560	34980	41980	36680
英国	17160	27230	40470	43340
美国	24150	36070	48950	54960

资料来源：《国际统计年鉴 2016》，按当年美元价格计算。

三、提高居民收入水平

（一）增加工资性收入

从我国收入分配制度的要求看，普通劳动者依靠劳动而得的工资收入应该是大部分居民的主要收入来源。

工资是指企业或者其他用人单位依据法律规定或行业规定或与员工之间的约定，以货币形式对员工劳动所支付的报酬。劳动贡献是工资收入的决定因素，衡量劳动贡献有多种方式。例如，在计时工资中，劳动时间越长工资越多，因此劳动时间是决定工资收入的基础因素；而在计件工资中，在单位时间内完成的产品数越多工资收入也越高，这与实际产出相挂钩，体现了劳动生产率在决定工资收入中的重要地位。

从宏观角度看，近年来我国工资收入一直呈现不断增长的态势，根据国家统计局数据，2000 年城镇单位就业人员年平均工资为 9333 元，到 2014 年达到 56360 元。2000 年我国城镇居民人均年工资收入 4480.50 元，到 2012 年增长至 17335.62 元，年均增速平均每年达 20% 以上，考虑并剔除通货膨胀因素，每年增速也达 10% 以上。从时间维度来看，我国工资性收入的增长主要在于劳动生产率的大幅提高。这可从两方面来理解，一方面，劳动生产率是单位劳动投入所创造的经济产出，提高劳动生产率意味着单位劳动投入创造出更多的经济产出，从而使为劳动者分配更多报酬成为可能。另一方面，劳动生产率的提高创造出更高的产出,更高的产出意味着更高的企业收入,企业即劳动力的需求方在劳动力能带来更多的收入时,将会扩张其生产规模,从而带来了更多的劳动需求。劳动需求的增加意味着失业率的下降,失业率的下降会进一步提高实际平均工资率。因此,总的来说,劳动生产率的提高在工资收入增长中起主导作用。所以,要增加居民工资性收入,归根结底要靠经济增长和劳动生产率提高。

与广大低收入劳动者密切相关的是最低工资。中国最低工资的确定要能够反映企业、劳动者和政府三方利益。最低工资水平的制定要考虑当地的劳动力市场状况和失业率水平。社会福利水平的提高有助于提高劳动者的谈判地位和最低工资水平的上升。提高最低工资,会激发劳动者的工作积极性,所以企业利润扩大、外商投资和私营经济的发展可以与最低工资水平的提高同时实现。我国各地的最低工资虽然能够随劳动生产率和平均工资水平上涨,但幅度较小。[①] 因此,还需要进一步完善最低工资制定的科学性、变化的及时性,让低收入劳动者能更好地获得经济增长的成果。

从宏观上看,劳动收入总额在国民收入中的占比能反映出劳动者从发展中实现共享的程度。2005 年以后我国出现劳动收入份额下降的现象,其中很重要的原因是工资增长不足,不能随经济增长和劳动生产率的提高而增长。根据国家统计局 2000~2010 年资金流量表数据,劳动报酬在初次分配中的比重由 53.3% 下降到 47.8%。从影响因素看,技术水平、要素市场、对外开放、制度结构以及经济发展阶段是普遍关注的着眼点。要提高劳动收入份额,需要在完善要素市场机制、消除垄断、引导技术发展方向、提高劳动者谈判地位等方面做出努力,并要判断其对劳动收入份额的真实效果。

(二) 提高经营性收入

居民经营性收入是我国居民收入构成的重要组成部分,也是提高居民市场化收入水平的关键增长点。一般意义上讲,经营性收入是居民以家庭或者个人为生产经营单位进行生产、筹划和管理而获得的收入,包括家庭或个人以个体经济或者私营经济的形式从事的工商业活动收入等。它是生产资料归个人所有,劳动者个人劳动和经营所得归其个人所有的一种收入形式。

在居民收入的各类收入构成中,经营性收入受市场的影响比较直接。并且由于我国经济发展中城乡"二元结构"的出现,导致经营性收入在城镇和农村居民

---

① 宁光杰:《中国最低工资标准制度和调整依据的实证分析》,载于《中国人口科学》2011 年第 1 期。

收入构成中的意义有较大差异。

城镇家庭经营性收入主要来源于个体经济和私营企业。个体经济直接为居民个人或家庭增加经营性收入，而私营企业是通过企业创造的收入直接增加了私营企业主个人及其家庭的经营性收入，同时也间接增加了雇佣劳动者的工资性收入。随着非公有制经济的快速发展和国家政策的扶持，城镇个体私营经济从业人员队伍不断壮大，经营性收入快速增加，为我国居民收入的增加和收入分配制度的改革做出巨大贡献，其在增加居民收入中的作用也越来越大。而增加经营性收入的关键在于创新及企业家精神。首先，经营性收入是企业经营活动中获得的收入。对于企业来讲获得更多收入可以从开源与节流两个角度考虑，开源即企业要不断地进行创新，通过创新开发新的产品、开拓新的市场等来抢占更大的市场份额。节流即从控制企业成本的角度来考虑，通过创新开发新的生产工艺、寻找新的可替代低成本原材料等来实现。其次，与创新相关联的另一个重要概念就是企业家精神，在企业的研发创新活动中，企业家即企业管理者在创新决策上起到驱动的作用。熊彼特关于企业家是从事"创造性破坏"的创新者的观点，凸显了企业家精神的实质和特征。一个企业最大的隐患，就是创新精神的消亡。作为企业家精神的重要特征，创新精神及冒险精神在企业创新活动中起着重要的驱动作用。所以，要鼓励个体私营经济发展，鼓励创新和创业，尊重企业家精神，使企业经营者能获得合理的收入。

而相对于城镇家庭经营性收入，农村经营性收入则存在较大的差异，根据《中国统计年鉴》中对农村居民的经营性收入这一统计指标的解释，农村居民经营性收入是指农村住户以家庭为生产经营单位进行生产筹划和管理而获得的收入。目前来看，我国农村地区的经济发展主要以第一产业为主，第二、第三产业发展相对较弱，因而农村居民的家庭收入主要依靠传统农业获得。由于农业活动具有先天的产业弱质性，传统农业在国民生产总值中的比重在逐渐下降，从农业中获得的收入相对有限，继而出现了大量的农村剩余劳动力，这部分剩余劳动力需要在非农经济中寻找就业或自主创业。此外，通过发展新型农业即科技型农业或观光农业等增加收入，也是一条可行道路。

（三）扩大财产性收入

财产性收入是指家庭拥有的动产（如银行存款和有价证券等）、不动产（如房屋、车辆、土地和收藏品等）所获得的收入。财产性收入来源于居民所拥有的财产，是对财产的占有和支配而获得的收入。在社会主义条件下，劳动者是财产等生产资料的主人，劳动者不仅应获得劳动报酬，还应获得其占有的财产等生产要素形成的收入。例如通过职工持股、利润分享等制度设计，让生产资料全民所有得到更好体现，让劳动者在获得工资收入的同时，也能作为生产资料的所有者分享利润的一部分，获得财产性收入。居民应该拥有财产和财产性收入，这样才能获得因财富增长而增长的收入，实现共享发展。这是收入增长的重要保障，也是社会主义的本质所决定的。

  长期以来，我国居民财产性收入明显偏低，城镇居民财产性收入占比在10%左右，而农村居民财产性收入占比仅为2%。财产性收入偏低也是我国居民收入难以提高的一大症结所在。从影响财产性收入的基本因素看，财产的存量是财产性收入的基础，而居民拥有财产存量的多少是由经济发展水平、体制等诸多因素共同决定的，因此应通过加速经济发展、深化改革提高居民的收入来增加居民的财产存量，奠定财产性收入增加的基础。

  要增加居民财产性收入，首先要逐步提高劳动报酬在初次分配中的比重和居民收入在国民收入分配中的比重。只有居民收入达到超过日常生活支出的水平，才具有将收入转化为财产的可能性。

  同时随着社会经济不断发展，特别是在社会主义市场经济逐步完善的情况下，居民的收入与财富得到迅速增长，如何让这些财富转化为财产性收入，使广大居民成为生产过程的投资者，这对增加居民收入发挥着重要的作用。从将居民财产转换为财产性收入的途径看，投资环境及投资者意识的建立是增加财产性收入的重要基础。

  从投资环境来看，要建立和完善资本市场，塑造良好的投资环境。资本市场在增加我国居民财产性收入中占有重要地位。从当前我国居民财产性收入的现状来看，人均财产性收入较低，财富存量较少。而资本市场投资带来的利息、股利和红利是我国居民财产性收入的重要源泉之一，但是资本市场规模狭小、发展不稳定和区域市场发展不平衡等又是制约财产性收入的重要因素。保证财产性收入的公平性需要健全的资本市场。财产性收入的分配也存在公平性问题，提高财产性收入分配公平度的基本途径在于努力消除我国资本市场不完善造成的信息不对称，增加资本市场的透明度，降低市场不完善所发生的交易成本。目前我国资本市场取得了快速发展，但是仍有待进一步深化改革，中小投资者权益保护机制需要完善，股票市场有待进一步加强监管，外汇和债券等市场需要大力发展，农村金融市场也急需建立。金融理财产品虽然种类繁多，但是由于多数产品进入门槛较高以及普通居民认知有限等因素，出现了目前投资渠道较为狭窄的局面，因此需要加强金融理财产品创新力度，拓宽居民投资渠道。因此，积极发展并规范资本市场，扩大资本市场规模，拓展投资渠道，是最终提高居民财产性收入的基本保证。塑造良好的投资环境是增加居民财产性收入的重要途径。

从投资者意识来看，增加居民财产性收入，需要普及居民投资风险意识教育、提高居民理财水平。目前我国城乡居民投资意识普遍较低，投资经验也相当匮乏。因此，政府可以和大型金融机构展开合作，加强对群众进行理财培训教育、举办公益性理财知识讲座，或通过居委会及业主委员会为居民讲授各种理财产品的金融知识和投资案例及技巧等，引导群众逐步从储蓄保值向投资生财观念转变，逐渐营造出全社会重视理财的大环境。

最后，改革、健全相关制度，创造财产性收入的实现条件。从财产性收入的构成来看，房产和土地是其中重要的组成部分，因此需要明晰农村土地产权、探索土地流转形式、加快土地流转进程，完善保护农民住房权益。依法保障农民对承包土地占用、使用、收益等权利。鼓励有条件的地方推进农村集体经济组织产权制度改革。此外，健全的社会保障制度能够促进低收入阶层财产的积累和投资风险承受能力的提高，因此需要进一步完善我国社会保障制度。

要创造条件让更多群众拥有财产性收入，核心是通过改革收入分配制度、完善金融制度等来提高低收入群体的收入，优化收入结构，逐步缩小收入分配差距。但现实中一些农民在土地被征用时不能得到合理补偿，影响了其收入提高；住房改革、房价上涨使一部分人受益，也拉大了收入差距。财产和财产性收入的分配状况直接影响了居民总收入的不平等，不利于广大人民群众分享中国改革开放的成果。如何提高低收入群体尤其是农村家庭的财产性收入，对于缓解财产性收入差距进而缩小收入差距意义重大。低收入居民由于缺乏必要的社会保障，风险抵御能力差，不能参与资本市场以获得较高的财产和财产性收入（这反映了再分配对初次分配的影响）。另外，金融制度约束使其无法获得贷款，限制其购房和进行房产投资，因而很难增加财产和财产性收入。因此要提高低收入群体的财产性收入，保证财产性收入的公平分配，使改革成果惠及更广泛的群众，实现共享发展。

（四）发挥转移性收入的作用

转移性收入一般是指居民无须付出对应的劳动或实物而在国民收入的二次分配中所获得的货物、服务、资金或资产所有权等，是国家出于社会保障目的或为缩小贫富差距而产生的政策性收入。转移性收入在居民收入中的占比主要取决于当地财政状况。转移性收入在城镇居民及农村居民间的差距比较大，在城镇居民收入构成中，转移性收入占比达20%左右，占比较高，农村居民转移性收入占比与城镇居民转移性收入占比相差达10%以上。因此，在转移性收入上，政府应该向农村居民有所倾斜，增加农村居民转移性收入比重，缩小城乡居民收入差距，增加农村居民收入。要充分发挥转移性收入的作用，实现精准扶贫。

第三节 居民的消费

一、居民的消费水平

居民有了收入后，其中的相当部分用于消费。从微观角度说，居民消费是指在一定时期内居民对商品和劳务的全部消费支出，它是居民各种经济活动最终指向的目标，决定着消费品的市场需求，从而也是总需求的重要组成部分。居民消费除了直接对商品和服务的消费之外，还包括劳动者所在单位以实物形式提供的商品和服务，家庭生产并自己消费的商品和服务，金融机构提供的金融服务，保险公司提供的保险服务等。

居民的消费活动取决于个人或家庭收入、商品相对价格与绝对价格、利率水平、收入分配状况、社会习俗，以及消费动机等诸多因素。

第一，个人或家庭的可支配收入是决定消费水平和消费结构的主要因素。一般而言，居民消费是随着可支配收入的增减而增减的，但是消费增长的速度要慢于收入水平的增长。居民消费与可支配收入之间的比例被称为消费倾向。边际消费倾向是新增收入中用于消费的比例，总体来讲，随着居民收入的增加，边际消费倾向有递减的趋势。对于不同的具体商品，消费既有可能随着收入的增加而增加，也有可能随着收入的增加而减少，前者被称为正常商品，后者被称为低档商品。

第二，商品和劳务价格。可以区分相对价格与绝对价格对居民消费的影响。当某种商品相对价格下跌时，其与其他商品相比变得更加便宜，居民会增加对这种商品的消费数量，对这种商品的需求相应增加，这被称为替代效应。该商品价格下跌时，如果以这种商品作为衡量标准，居民的实际收入会相应增加，这也会影响居民对该商品的消费和需求，这被称为收入效应。如果是正常商品，替代效应与收入效应的作用方向相同，则该商品价格下跌时，居民会增加这种商品的消费。如果是低档商品，替代效应与收入效应的作用方向相反，该商品价格下跌时，如果替代效应的影响超过了收入效应，居民会增加对该商品的消费，否则，居民会减少对该商品的消费。绝对价格即价格水平对居民的消费也会产生一定的影响。绝对价格水平提高,居民持有货币的实际购买力下降,这被称为实际余额效应。这使得消费者倾向于减少消费。如果预期绝对价格水平上涨,即预期未来会出现通货膨胀,则当前商品的价格低于未来商品的价格,消费者一般会增加即期的消费。

第三,利率。利率是居民将收入不用于消费而是用于储蓄和投资所获得的回报,因此可以视为消费的机会成本。利率水平越高,即期消费的成本越高,居民会由此减少消费,增加储蓄。另外,利率的变化也会产生收入效应,即通过影响居民的利息收入从而影响居民的消费,这会使居民在利率提高时增加消费。利率对居民消费的影响受上述两种机制的共同作用。从实际情况来看,利率对居民消费的影响不大。

第四,收入分配的比例。由于存在着边际消费倾向递减的现象,收入水平越低,消费占收入的比例越高,收入水平越高,则这一比例越低。因此,平均来看,收入分配差距越大,平均消费倾向越小,收入分配差距越小,平均消费倾向越高。缩小收入分配差距,使居民收入水平更加平等,有助于提高居民消费水平,从而使我国总需求的结构更加协调。

第五,社会文化习俗。按照不同的文化传统和风俗习惯,居民对不同的商品有着不同的偏好,比如有些文化更加崇尚节俭,而另外一些文化则重视消费和享乐;中国北方人喜食面食,而南方人喜食大米。另外,消费行为作为一种社会现象,部分人群的消费行为会影响社会风尚,引起其他人的模仿,这被称为"示范效应"。

第六,消费动机。消费动机可归纳为三类:一是为了满足自身及其家庭的基本生活需要,这形成了对吃、穿、用、住等基本消费品的需求;二是为了满足自身及其家庭发展的需要,如对健身、教育和培训的需求,这些消费兼具人力资本投资的性质;三是为了满足自身及其家庭享受的需要,如旅游及其他娱乐活动。

与居民收入水平一样,我国居民消费水平自1978年以来保持了较高的增长速度。2016年居民消费支出达到29.27万亿,扣除价格上涨,是1978年的26.19倍。另外,居民消费在总需求中的占比呈持续下降的趋势,2005年以后降至40%以下,目前仅为39.21%左右,与1978年相比,下降了近10个百分点(见图5-4)。居民消费比重过低,使得经济增长主要依靠投资和出口带动,长此以往必然会影响宏观经济的稳定性,因此,有必要采取多种措施,促进居民消费的增长。

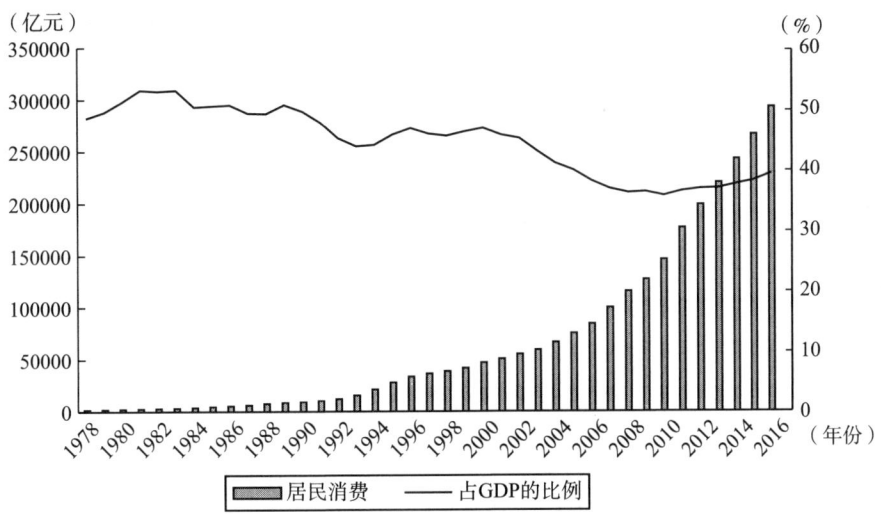

图 5-4 1978~2016 年我国居民消费水平与比例

注：居民消费单位为亿元，按当年价格计算，左侧坐标；比例为居民消费占 GDP 的百分比，右侧坐标。
资料来源：《中国统计年鉴 2017》。

二、居民的消费结构

居民的消费结构是指居民各项消费支出占总支出的比重。按照满足的不同消费需求，在统计中一般将消费支出分为食品烟酒、衣着、居住、生活用品及服务、交通通信、教育文化娱乐、医疗保健、其他用品及服务八大类。在经济发展的过程中，居民的消费结构会随着收入水平的提高而发生相应的变化。居民用于食品的消费支出在总的消费支出中所占的比例，被称为恩格尔系数。① 一般而言，收入水平越高，恩格尔系数越小，这一统计规律被称为恩格尔定律。消费结构的变化是促进产业结构升级的主要动力之一。

2016 年我国居民消费支出的结构如图 5-5 所示。食品烟酒支出占比仍然最高，达到 30.1%。其次是居住支出，占比为 21.9%。这两项占全部支出的比重超过了一半。交通通信支出占比为 13.7%；教育文化娱乐支出占比为 11.2%；医疗保健支出为 7.6%。随着我国居民收入水平的不断提高，满足这些发展和享

---

① 恩格尔系数是根据恩格尔定律而得出的比例数。19 世纪中期，德国统计学家和经济学家恩格尔对比利时不同收入的家庭的消费情况进行了调查，研究了收入增加对消费需求支出构成的影响，提出了带有规律性的原理，这被命名为恩格尔定律。其主要内容是指一个家庭或个人收入越少，用于购买生存性的食物的支出在家庭或个人收入中所占的比重就越大。一个国家越穷，每个国民的平均支出中用来购买食物的费用所占比例就越大。

乐需求的消费支出将进一步增加。生活用品及服务和其他用品及服务的支出比重相对较小，分别为6.1%和2.4%。

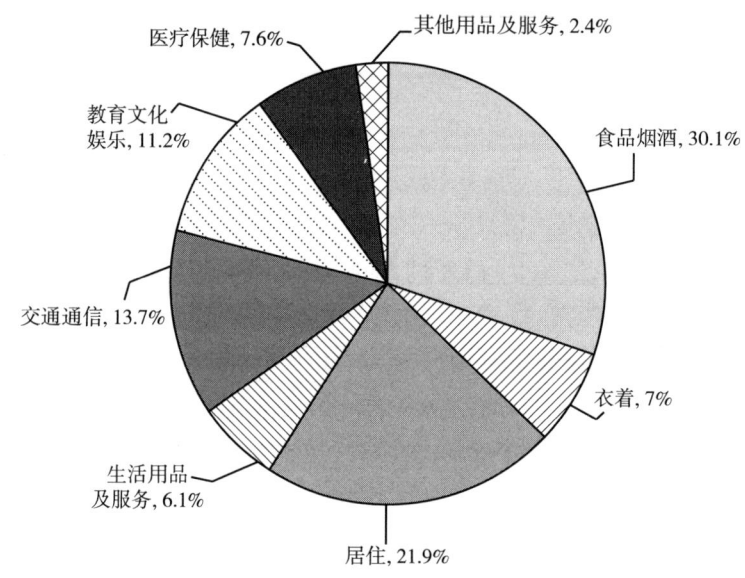

图5-5　2016年我国居民消费的结构

资料来源：《中国统计年鉴2017》。

长期以来随着收入水平的提高，我国城乡居民的恩格尔系数呈明显的下降趋势，且城镇居民恩格尔系数显著低于农村居民，这与城乡居民之间有明显的收入差距相一致。根据国家统计局的数据，1978年，城乡居民的恩格尔系数分别为57.5%和67.7%，这意味着城乡居民不得不将近60%和超过2/3的收入用于食品的支出，生活水平明显处于仅能维持生计的水平。2017年，这一系数分别下降至28.6%和31.2%，均有明显下降。

主要发达国家居民消费支出的结构见表5-3。这些发达国家的居民用于食品烟酒的支出比例，即恩格尔系数明显低于我国的水平，仅为我国居民的1/3至1/2的水平。发达国家用于衣着的支出比例也低于我国居民。居住是这些发达国家消费支出的主要项目，比重一般在30%左右，明显高于我国居民。这些国家用于交通通信和教育文化娱乐的比例相对较高。用于医疗保健的支出比例，美国与其他国家有很大差异，这可能是由于不同的社会医疗保障制度导致的。

表 5-3　　　　　　　主要发达国家消费支出结构　　　　　　单位: %

国家	法国	德国	日本	英国	美国
年份	2012	2012	2010	2013	2012
食品烟酒	16.90	14.95	16.24	12.75	8.91
衣着	4.18	4.90	3.26	6.01	3.40
居住	31.35	30.5	29.26	30.2	22.91
医疗保健	3.86	5.19	4.47	1.56	20.9
交通通信	16.59	16.35	14.06	16.59	12.61
教育文化娱乐	15.93	15.88	19.12	21.96	17.81
其他	11.19	12.23	13.58	10.91	13.45

资料来源：《国际统计年鉴 2015》。

三、提高居民消费水平，改善居民消费结构

如前所述，当前我国居民消费的特征是，在保持了持续较快增长的同时，在总需求中所占的比例呈长期下降趋势，这危害了我国宏观经济的稳定性，使经济增长过于依赖投资和出口，总需求结构具有不协调性、不可持续性。为了改善宏观经济运行的质量和经济增长的效果，应当采取必要的措施，提高居民消费水平及其在总需求中的比例。满足人民群众各方面的消费需求，这是社会主义生产的根本目的。

为了提高居民消费水平，首先应当增加居民收入。应在经济总量保持持续较快增长的同时，提高居民收入在国民收入中的比例。消除市场垄断因素，加强企业竞争和对资本市场的规制，引导企业通过工资和红利等形式，将更多的收入和利润分配给居民。政府应当提高行政效率，降低运行成本，减少政府收入在国民收入中的比例，提高政府支出中用于民生项目的比例。

其次，应该改善收入分配状况。在居民收入水平既定的情况下，收入分配差距越大，往往居民消费的数量越低。因此，应当完善国民收入初次分配和再分配制度，对居民收入分配差距进行积极、有效的调节，缩小收入差距，以提高消费倾向，增加居民消费占居民收入的比例。

最后，政府应完善社会保障体系，提高社会保障水平，降低居民出于谨慎性动机所进行的储蓄，增加现期消费。目前我国居民储蓄率较高，部分原因在于社会保障体系尚不健全，保障水平较低，居民出于未来养老、医疗和教育等方面支

出的考虑，减少当期消费，增加储蓄。更为健全的社会保障体系有助于居民消除这方面的顾虑，增加消费支出。

消费结构是引导产业结构升级的重要动力。从我国居民消费结构来看，满足基本生活需要的支出仍占较大的比重，这在一定程度上不利于我国产业结构的调整和升级。为了改善居民消费结构，应当保持居民收入水平持续较快的增长。除此之外，首先，政府要提供必要的软硬件基础设施，为消费结构升级提供良好的外部环境。道路交通和网络设施的建设，为降低运输成本、转变消费方式和消费结构提供了有力的支持。

其次，政府应当鼓励企业进行创新，为创新型产品提供切实有效的保护，尤其是对知识产权进行保护，打击"山寨"行为的泛滥，使实现创新的企业在一定时期和一定范围内获得超额利润，从而为创新活动提供充分的激励。

最后，政府应当加强市场监管，引导和制定行业标准和产品规范，淘汰劣质产品，提高产品的质量，保障产品的安全性，这也有助于促进居民消费结构升级。

第四节 居民的储蓄与投资

一、居民的储蓄、投资和资产

储蓄是居民当期收入中未消费的部分。在收入既定的情况下，储蓄和消费是同时决定的。居民将其储蓄投资于金融资产、实物资产与人力资本，形成居民持有的各类资产，因此，储蓄是流量，由此积累而成的资产则是存量。储蓄投资会为居民带来相应的收益，但同时也要承受资产价格波动的风险。

居民将储蓄运用于不同的资产形式，由此形成居民的投资。居民可以以直接或间接的方式从事投资活动。直接投资是指通过直接购买生产资料，以获取相应的利润。间接投资是指通过购买各种有价证券，以获得相应的利息和股息等收入。

居民投资的形式主要包括金融投资、实物投资和人力资本投资三种类型。金融投资包括现金、存款、债权、债券、股票、保险产品、理财产品及其他有价证券和权属证明的增加量。实物投资包括居民持有的住房和生产资料等实物资产的增加量。另外，居民还可以通过教育和培训等形式，对自身及家庭成员的人力资本进行投资。

居民投资来自储蓄,即居民未用于消费的可支配收入。投资形成的各类资产可以获得相应的回报,这构成了居民的财产性收入。在我国以按劳分配为主、多种分配方式并存的分配制度下,财产性收入是劳动报酬或工资性收入的重要补充。各种资产市场的开放和完善与居民积极从事各项投资活动,有利于提高资金运转和资源配置的效率,也有利于居民分享经济增长和社会发展的成果。

图5-6是2010~2016年我国几种代表性的金融资产的变化情况。截至2016年,我国金融机构中的个人存款为60.35万亿元,股票市场的流通市值为39.34万亿元,保险公司运用的资金总额为13.39万亿元。储蓄存款仍是居民进行金融投资的主要方式,但投资于股票和保险的资金比例在迅速增加。根据国家统计局的数据与2006年相比,2016年个人存款增加了2.7倍,而股票市值和保险公司运用的资金分别增加了35.8倍和6.5倍。这表明我国居民的投资方式和投资渠道越来越多样化。

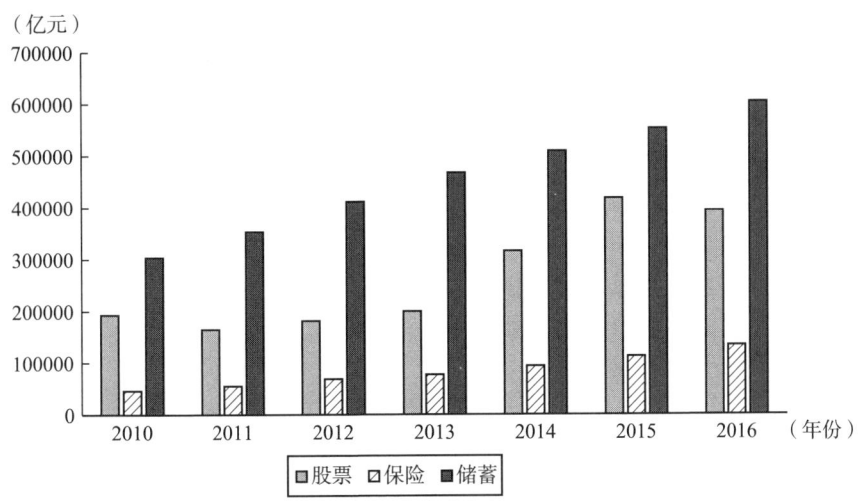

图5-6 2010~2016年我国金融资产的变化

注:股票为股票流通市值,储蓄为个人存款,保险为保险资金运用余额。
资料来源:《中国统计年鉴2017》。

二、居民的投资决策

居民根据不同资产的风险收益特征与自身对风险的偏好,将储蓄配置于不同的资产形式,这也被称为资产选择。资产的收益率可以以内含报酬率来衡量。内含报酬率是指，能够使该项资产未来收益的现值之和与该项资产的当前价格相等的贴现率。资产的收益率可以分为名义收益率和实际收益率，前者未考虑通货膨胀的因素，而后者要考虑通货膨胀对资产收益的影响。

资产的流动性也是影响居民资产选择的重要因素。资产的灵活性是指将某一资产转换为可以用于交易的货币时的方便程度。这一转换越便捷，所需付出的成本越低，则该资产的流动性越高。居民持有的现金本身就是可以用于交易的货币，因而流动性最强。居民的银行储蓄流动性也较强。随着网上银行和手机银行等电子支付手段的普及，居民的银行储蓄可以越来越便捷地用作支付手段，因而被列为准货币。居民持有的债券、股票、保险和理财产品等金融资产，流动性相对较差；住房和实物资产的流动性则更差。

除上述因素以外，政府政策也会影响居民的资产选择。例如政府的税收政策。政府可以对不同的资产收益规定不同的税率，从而影响居民投资该资产获得的实际收益，进而影响居民对该资产的投资选择。政府也可以对不同的资产征收不同的资产税和流转税，从而影响资产的持有成本和交易成本，这也会影响居民的资产选择。政府影响居民资产选择的另外一种重要的途径是对利率的调节。政府调节利率时，会对无风险或低风险资产的收益率产生直接的影响，如银行储蓄和政府债券等，从而改变各种资产的相对收益，使居民改变自己的资产组合，调整资产结构，进而对不同资产的价格产生影响。

【思考题】

1. 试述我国经济中居民的地位。
2. 如何做到居民的理性消费和投资？
3. 如何进一步提高居民收入水平？

第六章

中国经济中的企业

企业是国民经济的细胞,是社会主义市场经济中重要的微观经济主体。企业制度和企业经营状况,关系国民经济的发展速度和质量。

第一节 企业目标与企业制度

一、企业的性质

企业是社会经济活动的主体,是商品和劳务的生产经营单位,是构成社会经济秩序和从事社会生产与交换活动的基本经济组织,是宏观经济活动的微观基础。在现代市场经济条件下,市场主体的经济活动都是在市场机制作用和政府干预下进行的,其既要符合市场规律的要求,也要适应政府调控的目标。市场主体的组织形式和行为方式合理与否,反映着市场秩序是否规范,决定着市场调节和政府干预是否有效。所以,深入研究和认识企业的性质、组织形式、行为目标以及行为方式,对健全市场体系、规范市场秩序、加强市场监管、完善市场经济体制具有十分作用的意义。

企业的性质是指企业作为经济组织所具有的根本属性与本质特征。对企业的性质,有不同解释。西方新古典经济学将企业看作"经济人",认为"经济人"的本性是趋利避害,"经济人"具有无限理性,"经济人"的目标是追求利润最大化。马克思主义政治经济学将企业的起源归因于生产力与生产关系矛盾运动的客观规律,认为企业具有两重属性:既是劳动者与生产资料相结合的组织形式,又是一定生产关系的具体实现形式。因此,企业是生产力与生产关系有机结合的产物，既是生产力的载体，也是生产关系的体现。①

二、企业的目标

企业的目标是指企业为自己设定的在未来一定时间内所要追求和达到的预期状态，是企业经营理念的集中体现。企业目标的形成受企业的所有制性质、所处行业领域特征、外部市场发展状况以及社会经济条件等多方面因素的影响，其中所有制性质是决定性因素。在我国，企业的经营目标有经济目标与社会目标两大类。

企业的经济目标是企业基于对经济效益的追求而设定的目标，主要有利润最大化、市场份额最大化等（其中利润目标是主要目标）。为保证自身的生存与可持续发展，企业必然要追求和实现经济效益的最大化。企业追求和实现经济效益最大化的主要途径是：改进技术、提高经营管理水平、增强创新能力、扩大经营规模、增强竞争实力等。

企业的社会目标是企业为承担必要的社会责任而设定的目标。企业的社会责任包括企业对员工的责任、对消费者的责任、对所在地区的责任、对政府的责任等。企业员工是企业实现利润目标的决定性要素，是企业生存与发展的最重要人力资源条件。企业对员工承担责任，就是要保证员工获得与其劳动付出相一致的劳动报酬，确保员工合理的物质和精神需求的满足，保证员工自身发展需求的实现，如提供医疗、失业、养老保险，以及提供所需的技术培训与进修机会等。消费者是上帝，企业提供的消费品必须符合消费者的需要，企业必须承担对消费者的责任。企业在生产、销售产品和提供服务时，不能以利润作为单一目标，而是要对其产品和服务的质量、安全、实用等负有责任，应当树立正确的道德观，杜绝狭隘的功利主义，以合理的价格为消费者提供产品与服务。企业对所在经营地区的责任体现为企业的生产与经营活动对地区经济和社会的发展发挥积极推动作用，当企业的经营活动对所在地区的环境和社区生活造成负面影响时，要积极采取措施消除影响，包括：对空气、土壤、水污染的治理；对自然景观、人文景观、地下河以及地上自然资源的保护等。企业对政府的责任主要表现为守法经营，积极履行纳税义务等。

---

① 何自力、张俊山、刘凤义：《高级政治经济学——马克思主义经济学的发展与创新探索》，经济管理出版社2010年版，第81页。

三、企业制度的演变与现代企业制度

企业制度是关于企业的组织架构、治理结构、经营管理等制度规范的总称。企业制度是在特定的政治经济环境与历史条件下形成的，经历了由单一业主制、合伙制、股份制向现代企业制度不断演变的过程。

单一业主制企业是企业制度的初级和简单形态。在单一业主制的企业制度内，企业主是企业唯一的出资者。企业主既是企业的所有者，又是企业的经营者，拥有决策权并对决策负责。单一业主制责权利完全统一，对经营者有强有力的激励和约束作用，因而是比较有效率的经济组织，对推动生产力发展具有积极的作用。但是，单一业主制也具有投资规模小，规模经济效益不高，应对风险能力差，融资能力低下，限制企业的成长与长期发展等缺陷。

合伙制企业是指有两个或两个以上的所有者共同经营的企业组织。从单一业主制发展到合伙制体现了生产社会化程度的提高和企业制度的进步。合伙制企业的资金来源有所扩大，有助于企业扩大经营范围与经营规模。合伙制企业的所有权与经营决策权归企业主，合伙人依据出资比例分担对企业债务的责任，具有分散企业经营风险的优点。但是，合伙制企业的出资人仍要面对企业的长期发展与扩大经营中存在的融资难、不稳定等问题。

股份制是企业制度的高级形态。股份制有利于克服单一业主制企业和合伙制企业资金来源单一、规模小、融资难度大等问题，具有资金积聚规模大、经营风险分散化、成长和发展速度快等优点。股份制企业所有者不再承担经营职能，企业所有权与控制权相分离。股份制企业的法人治理结构是"两权分离"情况下维护股东权益和保障利益相关者权益的基本制度安排。

经历了长期演变，企业制度逐渐演变为以公司制为主要形式的现代企业制度。

产权与产权制度是现代企业制度的核心内容和基础性制度安排，构建和完善现代企业制度，必须着力加强产权制度建设。在社会经济活动中，人们会围绕生产资料及其他各种财产形态的占有形成各种经济关系，其中以生产资料占有为核心形成的经济关系是最重要的经济关系，居支配地位的生产资料所有制的性质决定着社会经济制度的性质。生产资料所有权即产权，是生产资料所有制在法律制度上的体现，它包括人们围绕生产资料及其他财产形态所形成的所有权、占有权、支配权、使用权、收益权和处置权。产权制度是划分、界定、实施、保护和调节产权，确认和处理产权主体责权利关系的规则基础，其功能是巩固和规范市场主体的财产关系,约束市场行为,维护市场秩序,保证市场经济正常运行。

产权制度的根本要求是在产权关系上做到"归属清晰、权责明确、保护严格、流转顺畅"。归属清晰就是各类产权的最终所有者得以准确界定并被相关的法律程序所认定;权责明确就是产权在各种形式如租赁、售卖、转让、合并等运营或流动中各相关主体权利到位,责任落实;保护严格就是产权归属一经准确界定并依法明确认定,就具有了排他性,并受到法律的严格保护,其他任何主体不可随意侵犯;流转顺畅就是产权主体有动力并有权利按照自己的意愿配置其产权,包括使用的方向、数量、权利的让渡等。

在市场经济条件下,市场主体只有拥有产权,才能获得经济利益。为了获取更多的经济利益,市场主体会尽可能地谋求拥有更多的产权,因而追求产权成为各类市场主体积极参与市场竞争、努力创新、创造性地开展生产经营活动的强大动力。产权制度一经确立,就成为一切积极主动和富有创造性的经济行为发生的基础,成为经营行为得以有效约束和经营责任得以有效维护的基础,也成为市场机制提高资源配置效率的基础。

现代企业制度实行法人治理结构,一般分为:以股东大会为最高权力机构,下设董事会、监事会对企业经营决策与权力监督负责,经理层及其他下属部门负责具体决议的执行与企业日常经营活动(见图6-1)。

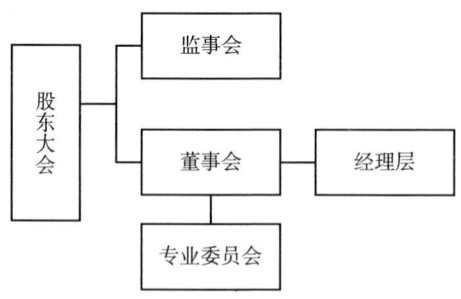

图6-1 现代企业制度的结构

股东大会由公司的全体股东组成,是公司的最高权力机构。股东大会是公司的全体股东作为公司的出资人用以维护自己的利益、行使自己的权利的方式。我国《公司法》规定的股东大会主要职权包括:决定公司的经营方针和投资计划,选举和更换董事并决定其报酬事项、审议批准董事会与监事会的报告、公司的年度财务预算与决算方案、公司的利润分配方案与弥补亏损方案,对公司增加或者减少注册资本、发行债券、合并、分离、解散和清算等事项做出决议,修改公司章程等。股东大会是法定的最高权力机构,旨在形成对董事会决策行为的监督与制约,提高企业经营效率,降低企业经营风险,保障广大股东权益。

董事会由股东大会任命的全体董事组建而成,对股东大会负责,是公司制企业中的决策机构。为了更好发挥决策职能,公司董事会一般设多个专业委员会,负责专业事项的讨论与商议,为董事会的决策提供更具专业性、科学性的建议,对提高董事会的决策效率具有重要作用。专业委员会一般包括审计委员会、战略投资委员会、提名委员会、薪酬与考核委员会等。在现代公司制企业的治理结构中,董事会主要履行决策职能,其向企业其他下级部门传达股东大会的决议与思想,同时还对经理层人员的行为形成监督与约束,为企业的日常经营与重大事项决策的方向性提供保障。董事会是现代公司制企业治理结构的核心机构,董事会职能能否有效发挥对企业的生存和发展具有至关重要的作用。

监事会是现代公司制企业内部的常设机构,其监事主要由股东选举产生。此外,我国《公司法》还规定监事成员必须包括由职工代表大会形式选举产生的职工代表。其中,董事以及公司内部高级管理人员不得兼任监事,以保证监事会行使职能的独立性、公正性。

经理层是公司日常经营与管理活动的组织者、执行者。经理层的设置,体现了现代企业制度将决策权与具体业务执行功能相分离的原则,以便提高公司的业务执行效率。经理的选聘及报酬事项由董事会决定,经理对董事会负责。董事会授权经理行使其职能并执行董事会的决议。根据我国《公司法》的规定,经理的职权主要包括:主持公司的生产经营管理工作,组织实施董事会决议、公司年度经营计划和投资方案以及提请聘任公司副经理、财务负责人等。经理直接接受董事会的管辖,从聘任到具体业务安排均由董事会负责,可以说,经理是连接董事会和企业下级部门及职工的渠道,是董事会掌握企业经营状况的直接途径。因此,经理的选拔与聘任要求必须十分严格:要从业务水平、品行人格、心理素质等多个方面进行综合考量,以便为提高企业经营效率、降低企业经营风险提供保障。

第二节 公有制企业

公有制企业是社会主义市场经济的基石。巩固和发展公有制企业,是坚持和发展中国特色社会主义的重要保证。公有制企业包括国有企业和集体企业。

一、国有企业

(一) 国有企业的含义

在我国,国有企业也称全民所有制企业,是指由政府代表全体人民投资建立的生产经营单位。国有企业包括由中央政府和地方政府投资和控制的企业。国有企业兼具营利性法人和公益性法人的特点,其营利性体现为追求国有资产的保值增值,其公益性体现为实现国家宏观调控目标、提供公共服务、保障和改善民生等。国有企业是以国家所有制为基础建立的企业组织。国家所有制是社会主义全民所有制的重要实现形式。在国家所有制条件下,劳动者与归全民所有的生产资料结合在一起。国家所有制体现了全体人民根本利益的一致性。

在社会主义市场经济中,国有企业具有双重属性:作为生产资料全民所有制的载体,国有企业属于全民所有,是推进国家现代化、保障全体人民共同利益的重要力量,是社会主义事业发展的重要物质基础和政治基础;作为企业法人组织,国有企业是独立的商品生产者,具有自身的物质利益,必须适应社会主义市场经济的规律,在市场竞争中发展壮大,以便实现国有资本保值增值。

(二) 国有企业的地位

1. 国有企业是社会主义制度的经济基础。国有企业主要集中于能源、交通、通信、金融、基础设施和支柱产业等关系国民经济命脉的重要行业和关键领域,代表先进生产力的发展水平。国有企业的存在为社会主义经济制度的确立奠定了坚实基础,使人民生活水平的提高有了强大的物质保证。

2. 国有企业是国家引导、推动、调控国民经济和社会发展的基本力量。发展和壮大国有企业,有利于实现宏观经济稳定运行,有利于实现产业升级换代,有利于提供公共产品和服务,有利于引导集体经济和非公有制经济健康发展,有利于个人利益与社会利益的平衡,有利于消除两极分化、实现共同富裕。

3. 国有企业是增强综合国力、提升国家竞争力的重要保障。在经济全球化的背景下,强大的国家竞争力是一国在激烈的国际竞争中立于不败之地的根本保证。国有企业具有经营规模大、技术创新能力强、管理水平高、社会责任感强的突出优势,有助于国家实施创新驱动发展战略,有助于保持国家对关键行业和领域的控制力,有利于集中优势资源推动技术重大突破,有利于国家统筹国内和国际两个市场,切实保障国家经济安全和国家竞争力的提高。

习近平总书记曾指出，国有企业是中国特色社会主义的重要物质基础和政治基础，是中国共产党执政兴国的重要支柱和依靠力量。新中国成立以来，国有企业的发展取得了巨大成就，为我国经济社会发展、科技进步、国防建设、民生改善做出了历史性贡献。

（三）国有企业改革的基本原则

在计划经济体制下，国有企业的活力和潜力没有得到充分发挥，所以必须改革。

从1978年开始，我国国有企业改革经历了扩大企业经营自主权、企业制度创新和结构调整、以国有资产管理体制改革推动国有企业改革等阶段，取得了进展。目前国有企业实现的增加值约占全国GDP的1/5，上缴税金约占全国财政收入的1/4。国有企业特别是中央企业，在关系国家安全和国民经济命脉的重要行业和关键领域占据重要地位。我国的基础设施建设、能源资源保障、国防军工和很多战略性产业，都主要集中在国有企业。国有企业大多是行业排头兵，影响范围广、产业链条长，对经济社会发展具有重要的带动作用。深化国有企业改革，不仅关系国有企业自身发展，也关系供给侧结构性改革的顺利推进，关系整个经济社会发展全局，关系党的执政基础。

深化国有企业改革需要坚持以下原则：

第一，坚持和完善基本经济制度。深化国有企业改革的根本要求是坚持和完善基本经济制度。必须毫不动摇巩固和发展公有制经济，毫不动摇鼓励、支持、引导非公有制经济发展，要坚持公有制主体地位，发挥国有经济主导作用，积极促进国有资本、集体资本、非公有资本等交叉持股、相互融合，推动各种所有制资本取长补短、相互促进、共同发展。

第二，坚持社会主义市场经济改革方向。国有企业改革要遵循市场经济规律和企业发展规律，坚持政企分开、政资分开、所有权与经营权分离，坚持权利、义务、责任相统一，坚持激励机制和约束机制相结合，促使国有企业真正成为依法自主经营、自担风险、自我约束、自我发展的独立市场主体。社会主义市场经济条件下的国有企业，要成为自觉履行社会责任的表率。

第三，坚持增强活力和强化监管相结合。增强活力是搞好国有企业的本质要求，加强监管是搞好国有企业的重要保障，要切实做到两者的有机统一。继续推进简政放权，依法落实企业法人财产权和经营自主权，进一步激发企业活力、创造力和市场竞争力。进一步完善国有企业监管制度，切实防止国有资产流失，确保国有资产保值增值。

第四,坚持党对国有企业的领导。坚持国有企业改革的社会主义方向必须加强党的领导。加强党对国有企业的领导,就是要从制度上确保国有企业不变质,使国有企业真正成为保障全体人民共同利益的重要力量,成为党和国家事业发展的牢固物质基础和政治基础。加强党对国有企业的领导,就是要充分发挥企业党组织政治核心作用,加强企业领导班子建设,创新基层党建工作,深入开展党风廉政建设,坚持全心全意依靠工人阶级,维护职工合法权益,为国有企业改革发展提供坚强有力的政治保证、组织保证和人才保障,有力推动国有企业沿着正确的政治方向改革和发展。

(四) 分类推进国有企业改革

对国有企业进行功能界定与分类,有助于根据不同类型国有企业的特点,有针对性地推进各项改革,推动国有企业与市场经济深入融合,更好地坚持和完善基本经济制度;有利于进一步厘清不同企业在经济社会发展中的功能作用,明确不同企业的发展方向和战略目标,优化产权结构和运行模式,形成差异化的发展路径;有利于明确国有企业的战略定位和发展目标,优化国有资本布局,放大国有资本功能;有利于转变国有资本监管方式,增强国资监管的科学性、针对性和有效性。

根据国有资本的战略定位和发展目标,结合不同国有企业在经济社会发展中的作用、现状和发展需要,国有企业可分为竞争型商业类、战略型商业类、公益类三种类型。

1. 竞争型商业类国有企业。竞争型商业类国有企业是主业处于充分竞争行业和领域的商业类国有企业。该类企业原则上都要实行公司制股份制改革,积极引入其他国有资本或各类非国有资本实现股权多元化,国有资本可以绝对控股、相对控股,也可以参股,着力推进整体上市。对竞争型商业类国有企业应重点考核经营业绩指标、国有资产保值增值和市场竞争力,提升企业价值创造能力和核心竞争力。另外,还应要求企业在追求经济效益最大化的同时兼顾社会效益。

竞争型商业类国有企业实行公司制股份制改革,决策机制的运行要保证多方利益主体的利益实现;董事会的成员构成上,独立董事占大量且其发言权、专业性和独立性必须得到保证。同时,要加强监督约束机制建设。根据《企业法》规定,企业监事会对企业最高权力机构股东大会负责,监督经理人行为、董事会决策以及企业经营状况,同时也要为其他股东的权益提供保障。

竞争型商业类国有企业治理结构的监督约束机制要以对企业经营业绩与资本运营情况的监管为目标,严格监督经理人行为与董事会决策,保证企业合理高效运营以及股东权益不受损害,从而实现市场经济下国有经济的活力、竞争力与控制力。在考核与评价方面,应重点考核经营业绩指标、国有资产保值增值和市场竞争能力,确保决策所应达成的战略目标得以实现,企业的经济效益最大化与社会责任的实现得到有机统一。

2. 战略型商业类国有企业。战略型商业类国有企业是指主业处于关系国家安全、国民经济命脉的重要行业和关键领域,主要承担重大专项任务的商业类国有企业。由于其所处行业的特殊性,该类国有企业要以保障国家安全和国民经济运行为目标,重点发展前瞻性战略型产业,实现经济效益、社会效益与安全效益的有机统一。

战略型商业类国有企业对国家安全、国民经济命脉或区域经济社会发展具有举足轻重的地位和特殊的重要作用,要保持国有资本控股地位,积极推进股权多元化改革。实行国有全资的企业,要积极引入其他国有资本,实现股权多元化;实行国有控股的企业,要支持非国有资本参股。对处于自然垄断行业的企业,要实行以政企分开、政资分开、特许经营、政府监管为主要内容的改革,根据不同行业特点实行网运分开,加强政府规制和分类依法监管,规范营利模式,放开竞争性业务。

战略型商业类国有企业鲜明的行业特点与战略地位意味着在决策机构董事会的成员构成上,应更多地配备了解行业领域特点、精通市场化运营规律或具有丰富市场经验的专家学者与从业人士,以便从市场供需现状与变化规律、行业特殊性质与专业技术特色、特定项目的金融营运模式、行业相关法制法规等诸多方面为决策的科学性提供保障。

要在考核经营业绩指标和国有资产保值增值情况的同时,加强对服务国家战略、保障国家安全和国民经济运行、发展前瞻性战略性产业以及完成特殊任务情况的考核;企业薪酬分配综合考虑市场化因素和社会因素,根据承担的特殊责任使命完成情况,合理确定薪酬水平。

3. 公益类国有企业。公益类国有企业以保障民生、服务社会、提供公共产品和服务为主要目标。该类企业必要的产品或服务价格由政府调控,但是要引入市场机制,根据政府要求和社会发展需要,提高公共服务效率和能力。

公益类国有企业大多采用国有独资企业或国有资本绝对控股企业的形式。具备条件的可以推行投资主体多元化,也可以通过购买服务、特许经营、委托代理等方式,鼓励非国有企业参与经营。

公益类国有企业是独资公司,在治理结构中不存在股东大会这一机构,但是公司可以设董事会,董事会由外部董事和职工董事构成,外部董事由政府相关部门任命和管理,董事长由各级政府任命和管理,职工董事经全体职工选举推荐,总经理由各级政府任命和管理,经理层副职领导由董事会聘任和管理,但需向政府相关部门备案;政府相关部门向公司派驻监事会或者任命、管理监事长和监事。

公益类国有企业的监管目标是公共服务政策目标达成的有效性和效率性,实现社会效益最大化。因此,不能将片面追求利润最大化作为对企业的监管目标,而是应当以社会效益的最大化作为对企业决策与日常经营的监督约束的目标标准。对公益类国有企业,要进一步突出主业,严格限定主业范围,加强主业管理,优化公共服务业务资源配置,增强持续经营能力。要加强对产品和服务质量、价格水平、运营成本、安全生产、信息披露等方面的监管,引入社会评价,以推动企业提高公共服务的质量和水平。

公益类国有企业以更好提供公共产品和公共服务为导向,重点考核在合理成本条件下公益性业务的完成情况。要加强成本费用考核,适当降低对企业的利润指标考核权重,公益性业务完成情况和保障能力的考核指标应成为主体。对提供公共产品和公共服务造成的政策性亏损,应在客观评价的基础上给予补偿,保证企业可持续发展。

(五) 公司制股份制改革

深化公司制股份制改革是目前国有企业改革的首要任务。建立现代企业制度是国有企业改革的核心任务。现阶段改革的重点是加大集团层面公司制改革力度。通过引入其他国有资本、集体资本、民营资本、外资等参与国有企业股份制改革,实现股权多元化。对国有全资公司,可以积极引入其他国有资本。实现股权多元化有利于产生资本聚集效应,有利于不同投资者在技术、管理、资源、文化等方面取长补短、优势互补,有利于形成有效制衡、运转协调的公司治理结构。

国有企业改制上市是推动国有企业改革的重要途径。公司上市可以实现直接融资,引入外部资本市场压力,推动企业内部经营机制转换,有利于形成有效的公司治理结构,增加公司知名度和品牌效应,开拓市场、吸引人才,提高经营管理水平。

要探索国有资本转化为优先股和国家特殊管理股制度。实行优先股和国家特殊管理股制度,可以放大国有资本功能,为在特定领域内保持国有资本的带动力、影响力、控制力提供制度保障。

(六) 健全公司法人治理结构

公司治理主体要各司其职,依法依规履行董事会的决策权、监事会的监事权、经理层的经营管理和执行权,充分发挥党组织的政治核心作用。

要依法将董事会、经理层的诸项职权落到实处。要维护董事会依法行使重大决策、选人用人、薪酬分配等权利,保障经理层经营自主权。应加强制衡约束,董事会成员要有职工董事,外部董事应占多数,要从国有企业现职领导人员、民营企业及外资企业高管等多渠道选聘外部董事,实行董事会一人一票表决制度。要加强考核追责,注重考核的针对性、有效性。董事在履职过程中要强化责任意识、合法合规意识和风险意识,要对董事会的决议承担责任。

坚持党管干部原则与公司治理中各层选人用人权相结合,根据不同企业类别和层级,实行不同的选人用人方式。分类管理就是根据不同企业类别和不同岗位特点,分类选拔、分类考评、分类培养和分类监管;分层管理就是以产权关系为纽带,按照现代企业制度要求,形成层级权限明确、权力运行规范、治理结构健全、权责对等到位的管理体制。要不拘一格培养和选拔人才,外部引进与内部培养相结合;要推行职业经理人制度,合理增进市场化选聘比例;要建立退出机制,推进国有企业领导人能上能下制度建设,实行企业经理层成员任期制和契约化管理。

推进国有企业薪酬分配机制改革,构建更加科学合理、完善有序的收入分配体系。新型薪酬分配体制要处理好三个关系:一是激励与约束的关系;二是效率与公平的关系;三是企业一般规律与国有企业特点的关系。要建立健全国有企业工资决定和正常增长机制,职工工资决定和正常增长要与劳动力市场基本适应,反映劳动力市场供求关系;要与企业经济效益和劳动生产率挂钩,确保企业用工总量、工资水平与企业效益、竞争力相适应;要推进全员绩效考核,以业绩为导向,科学评价不同岗位员工的贡献,多劳多得,少劳少得;要合理拉开收入分配差距;要通过基本年薪、绩效年薪和任期激励收入来合理确定国有企业领导的薪酬结构和水平,可以探索完善任期激励、股权激励、超额利润分享等中长期激励机制。

(七) 完善国有资产管理体制

以管资本为主推进国有资产监管机构职能转变,是完善国有资产管理体制的基本原则。以管资本为主加强国有资产监管,就是要切实转变政府职能,推动政企分开、政府公共职能与国有资产出资人职能分开;科学界定国有资产出资人监管边界，推进所有权和经营权分离，不干预企业经营自主权。国有企业作为独立市场主体，享有经营自主权，对直接出资企业依法履行出资人职责。具体做法是：

1. 国有资产监管机构要准确把握依法履行出资人职责的定位，科学界定国有资产出资人监管的边界，建立监管权力清单和责任清单，实现以管企业为主向管资本为主的转变。

2. 以管资本为主改革国有资本授权经营体制。改组组建国有资本投资、运营公司，探索有效的运营模式，通过开展投资融资、产业培育、资本整合，推动产业集聚和转型升级，优化国有资本布局结构；通过股权运作、价值管理、有序进退，促进国有资本合理流动，实现保值增值。科学界定国有资本所有权和经营权的边界，国有资产监管机构依法对国有资本投资、运营公司和其他直接监管的企业履行出资人职责，并授权国有资本投资、运营公司对授权范围内的国有资本履行出资人职责。国有资本投资、运营公司作为国有资本市场化运作的专业平台，依法自主开展国有资本运作，对所出资企业行使股东职责，按照责权对应原则切实承担起国有资产保值增值责任。开展政府直接授权国有资本投资、运营公司履行出资人职责的试点。

3. 以管资本为主推动国有资本合理流动优化配置。坚持以市场为导向、以企业为主体，有进有退、有所为有所不为，优化国有资本布局结构，增强国有经济整体功能和效率。紧紧围绕服务国家战略，落实国家产业政策和重点产业布局调整总体要求，优化国有资本重点投资方向和领域，推动国有资本向关系国家安全、国民经济命脉和国计民生的重要行业和关键领域、重点基础设施集中，向前瞻性战略性产业集中，向具有核心竞争力的优势企业集中。发挥国有资本投资、运营公司的作用，清理退出一批、重组整合一批、创新发展一批国有企业。建立健全优胜劣汰市场化退出机制，充分发挥失业救济和再就业培训等的作用，解决好职工安置问题，切实保障退出企业依法实现关闭或破产，加快处置低效无效资产，淘汰落后产能。支持企业依法合规通过证券交易、产权交易等资本市场，以市场公允价格处置企业资产，实现国有资本形态转换，变现的国有资本用于更需要的领域和行业。推动国有企业加快管理创新、商业模式创新，合理限定法人层级，有效压缩管理层级。发挥国有企业在实施创新驱动发展战略和制造强国战略中的骨干和表率作用，强化企业在技术创新中的主体地位，重视培养科研人才和高技能人才。支持国有企业开展国际化经营，鼓励国有企业之间以及与其他所有制企业以资本为纽带，强强联合、优势互补，加快培育一批具有世界一流水平的跨国公司。

4. 以管资本为主推进经营性国有资产集中统一监管。稳步将党政机关、事业单位所属企业的国有资本纳入经营性国有资产集中统一监管体系，具备条件的进入国有资本投资、运营公司。建立覆盖全部国有企业、分级管理的国有资本经营预算管理制度，提高国有资本收益上缴公共财政比例，划转部分国有资本充实社会保障基金。

二、集体企业

集体企业是集体所有制企业的简称，是本企业劳动群众自愿组合、自筹资金，企业财产及其积累归属本企业劳动群众所有，企业内部实行共同劳动、按劳分配、民主管理的具有独立企业法人资格的社会主义经济实体。我国集体企业分为城镇集体企业和乡村集体企业。

（一）集体企业的性质

集体企业是我国公有制经济中集体所有制经济的实现形式。集体所有制经济是生产资料归一部分劳动者共同所有的一种公有制经济，实现了劳动者在生产资料占有关系上的平等。人们在生产资料占有关系上的平等只局限于一个集体的经济内部，而不能扩展到全社会，这是集体所有制经济同全民所有制经济相区别的显著特征。集体所有制经济适应了我国城镇及农村劳动力多、就业需求量大及市场需求多样化的基本国情，适应我国社会主义初级阶段的生产力发展水平。集体经济作为一种经济形态，不仅在我国社会主义初级阶段长期存在，而且它的发展对在社会主义市场经济下保持公有制的主体地位、发挥公有制经济在国民经济中的指导作用具有现实的意义。劳动群众集体所有制的实现形式多样，集体企业是集体经济的实现方式之一。

（二）集体企业的特点

集体企业中除了少数大集体企业外，一般来讲，规模都比较小，拥有的固定资产价值较低，职工人数也较少。

集体企业的建设时间较短，投资回收较快。兴建集体企业主要采取集资办厂或企业与地方自筹资金的方式，这就克服了资金短缺的困难。所创办的企业通常技术难度不高，这也便于集体办厂。而且集体企业生产轻工业产品较多，所以生产周期较短，投资回收较快。

集体企业实行独立经济核算、自负盈亏，企业经营好坏与职工自身利益紧密地联系在一起。它必须根据市场变化，灵活经营并主动为用户服务，以争取用户的信任，打开销售渠道。

(三) 集体企业的作用

作为我国公有制经济的重要组成部分，集体企业在发展以公有制为主体的多种经济成分中，可以壮大公有制的实力和巩固公有制的主体地位，并便于对个体、私营企业坚持社会主义方向进行引导，是社会主义物质文明和精神文明建设的一个重要阵地。

城镇集体企业侧重于生产轻工产品服务于消费市场，乡村集体企业侧重于当地一些自然资源小规模开发和农副产品加工。这些都便于在产业结构、产品结构、不同服务领域形成各种类型企业分工合作的格局。

集体企业上缴的税金是国家财政收入的一个重要来源，在不少地方已成为财政的重要支柱，而乡村集体企业还为增加农业投入、兴办农村社会事业提供了资金，从而减轻了农民负担。

集体企业可以扩大城乡就业。集体企业的自身特点使得它对劳动力的需求形成了自己的优势。它不仅容量大，而且层次多、范围宽。城镇集体企业可以安置城市中的大批剩余劳动力，而乡村集体企业则可以吸收农村中的大量剩余劳动力。

第三节 非公有制企业

一、非公有制企业的含义

非公有制企业是指除公有制企业以外的其他所有制经济成分的企业。在我国现阶段，非公有制企业包括个体企业、私营企业、外资企业、中外合资外资控股企业等。非公有制企业是社会主义市场经济的重要组成部分。发展非公有制企业是健全和完善社会主义市场经济体制的重要途径。

二、个体、私营企业

(一) 个体企业

个体企业是由业主个人出资兴办、自己直接经营的企业。除依法缴纳税款外，业主个人享有企业的全部经营所得，同时对企业的债务负有完全责任。个体企业一般规模较小、内部管理机构简单。在我国社会主义市场经济体制下，个体企业形式数量大，但由于规模较小，发展能力有限，其在整个经济中不占有支配地位。个体企业通常存在于零售商业、"自由职业"、个体农业等领域，由零售商店、注册医师、注册律师、注册会计师、家庭农场等组成。个体企业经营者与所有者合二为一，经营方式灵活、决策迅速，但多数个体企业本身财力有限，难以做大做强。

（二）私营企业

私营企业是指由自然人投资设立或由自然人控股，以雇佣劳动为基础的营利性经济组织。我国的私营企业分为私营有限责任公司、私营股份有限公司、私营合伙企业和私营独资企业。

现阶段私营企业的职工既是雇佣劳动者，又是国家的主人。社会主义条件下的私营企业职工和公有制企业职工一样都是工人阶级的组成部分，他们也是国家的主人、社会的主人，不仅享有党和国家赋予的权利，还肩负着建设社会主义国家的重任。

私营企业能够弥补国有经济和集体经济之不足，有利于满足国家建设和人民生活多层次、多方面的需要；可以把社会上闲置的资金、技术和劳动力充分有效地运用起来，变成现实的生产力，促进生产的发展，增加社会财富；能够开发和利用地方资源优势，发展对外贸易；为农村地区的生产从劳动密集型向技术密集型转化提供了一条重要的途径，对农业生产及其技术发展起到了推动作用，促进了专业化基础上手工业、工业、建筑业、服务业等的全面发展，进而促进了农村地区产业结构和社会结构的变化；可以生产大量物质产品和服务产品，从而满足人民群众多方面的需要；可以扩大就业，减轻国家安排就业的负担和压力。改革开放以来，我国私营经济增长速度快，已成长为国民经济中的重要力量。

三、外资企业

外资企业是外商投资企业的简称，是指依照中华人民共和国法律的规定，在中国境内设立的，由中国投资者和外国投资者共同投资或者仅由外国投资者投资的企业。其中，中国投资者包括中国的企业或者其他经济组织，外国投资者包括外国的企业和其他经济组织或者个人。我国的外资企业分为中外合资经营企业、中外合作经营企业和外商独资企业。

改革开放以来，我国积极吸收和引进国外的资金、技术和先进管理经验，取得了显著成效。外资企业的兴建，对推动我国国民经济的发展发挥了积极作用。

外资企业能够带来先进技术，有助于提升我国技术水平，增强我国企业自主技术创新能力；有助于引进国外投资方的管理制度和管理方式，对提高企业管理水平可以起到立竿见影的效果；能够带来经营经验，可以加速中国企业的国际化进程；能够促进外贸事业的发展，促进外贸的迅速扩大和发展；有利于增加就业，在一定程度上缓解我国的就业压力问题。

第四节　混合所有制企业

一、混合所有制企业的含义和性质

混合所有制企业是指由不同所有制经济联合或由不同出资者投资而形成的企业形式。国有资本、集体资本、非公有资本等交叉持股、相互融合的混合所有制经济，是基本经济制度的重要实现形式，有利于国有资本放大功能、保值增值、提高竞争力。

自改革开放以来，我国已逐渐建立起以公有制为主体、多种所有制经济共同发展的基本经济制度。无论从宏观层面还是微观层面看，混合所有制都是公有制经济与非公有制经济相融合的产物，不能脱离公有制经济或非公有制经济而独立存在。对于微观层面的混合所有制企业的性质，应当根据其所包含的经济成分的性质及其所占比重来进行具体分析。在以公有制性质的经济成分占主导地位的混合所有制企业内，以公有制为基础的生产关系成为居主导地位的生产关系，这样的混合所有制经济属于公有制经济的范畴；而在国有资本与集体资本非主导力量的混合所有制企业内，非公有制经济成分占据主体地位，该类混合所有制企业不属于公有制经济范畴。①

在宏观层面上，在社会主义初级阶段，我国实行以公有制为主体、多种所有制经济共同发展的基本经济制度，以国有经济、集体经济为代表的公有制经济成分占据主导地位，公有制经济与非公有制经济相融合，形成混合所有制经济，基

---

① 何自力：《发展混合所有制经济是新形势下坚持公有制主体地位的重要途径》，载于《求是》2014年第18期。

本经济制度下公有制经济成分的主导地位决定了混合所有制经济的公有性质。①

在国有经济分布较为集中的有关国民经济命脉的重要行业与关键领域中，国有经济控股的混合所有制企业保证了公有制的主体地位，同时非公有制经济的参与也可以在一定程度上突破行业壁垒，得以进入一些国有企业相对垄断的行业并在其中取得一定的发展空间，充分体现了基本经济制度的性质。而在一般竞争性领域，混合所有制的发展一方面为国有企业注入了活力，使其可以通过较少量的国有资本带动大量的非国有资本，在"量"上通过控股放大了国有资本的支配范围，还在"质"上通过重组等方式使原先发展不足、效益不高的企业提高了竞争力，巩固和发展了国有经济，保证了公有制经济的主体地位；另一方面，集体企业、民营企业等在与国有企业的融合过程中，也可以借助国有企业的资源优势将企业做大做强，扩大其原有产业规模，促进企业的发展。我国公有制经济与非公有制经济各有优势，发展混合所有制可以在保证公有制主体地位的同时，实现公有制经济与非公有制经济相互融合、取长补短、共同进步，既有助于各种所有制经济相互合作、共同发展，还能够较好地适应社会化大生产的要求，提高资源配置效率。混合所有制的发展巩固了公有制的主体地位，同时促进并引导了其他多种所有制的发展，充分体现出了我国社会主义基本经济制度性质与特征。

二、混合所有制企业的形成

我国对混合所有制经济的探索经历了不断深化不断完善的过程。改革开放以来，随着对国有企业改革的探索，终于在理论与实践两方面逐渐开辟出一条发展混合所有制的道路。

1992年以前，我国的非公有制经济已经得到了一定的恢复与发展。党的十四大确立了建设社会主义市场经济的改革目标，提出"不同经济成分还可以自愿实行多种形式的联合经营"，这为混合所有制经济概念的提出与混合所有制经济的发展奠定了基础。该时期对不同经济成分"联合经营"的研究与规划突破了我国传统所有制理论的限制，为跨所有制的联营、并购、重组破除了思想禁锢。1997年党的十五大指出，"公有制经济不仅包括国有经济和集体经济，还包括混合所有制经济中的国有成分和集体成分"；1999年党的十五届四中全会提出"积极探索公有制的多种有效实现形式，大力发展股份制和混合所有制经济，重要企业由国家控股"；党的十六大会议报告再次提出"除极少数必须由国家独资经营

---

① 何自力：《混合所有制经济：性质、目的与根本方向》，载于《人民论坛》2014年第9期。

的企业外，积极推行股份制，发展混合所有制经济"，并指出要"实行投资主体多元化"。这一时期我国对混合所有制经济概念有了初步的明确界定，并将其视为深化国有企业改革的重要方式以及公有制经济的有效实现形式之一。2003年，党的十六届三中全会进一步指出，要适应经济市场化不断发展的趋势，"大力发展国有资本、集体资本和非公有资本等参股的混合所有制经济，实现投资主体多元化，使股份制成为公有制的主要实现形式"。① 这一定义使混合所有制的发展与国有企业的改革有了更明确的方向，为进一步深化改革奠定了基础。

习近平总书记在关于《中共中央关于全面深化改革若干重大问题的决定》的说明中指出，"要积极发展混合所有制经济，强调国有资本、集体资本、非公有资本等交叉持股、相互融合的混合所有制经济，是基本经济制度的重要实现形式"，并强调了混合所有制经济在我国社会主义市场经济体制下的重要地位与作用，从而为推动国有企业改革进一步深化，为基本经济制度的实现进一步指明了方向。

党的十八届三中全会后，我国在探索如何发展混合所有制经济、如何进行国有企业改革方面不断深入。在实践方面，2014年7月15日，国务院国资委宣布将中粮集团、中国建材、国家开发投资公司等6家央企纳入试点企业，开展"四项改革"试点工作，其中中国医药集团总公司、中国建筑材料集团公司开展发展混合所有制经济试点。而在一些处于非充分竞争领域的央企中，也采取了放开部分竞争类经营环节的方法实行混合所有制改革，中石化提出对中石化油品销售业务引入社会和民营资本参股，实现混合所有制经营；国家电网则向社会资本开放分布式电源并网工程、电动汽车充换电设施市场。

三、混合所有制企业的作用

首先，混合所有制是新形势下坚持公有制主体地位，增强国有经济活力、控制力、影响力的一个有效途径和必然选择，对国有经济发展有重要作用。表现为：

1. 发展混合所有制有利于增强国有经济使国民经济稳定的能力。基础性行业由于其建设及维护投资大、回收期长、对人民日常生活与国民经济稳定运行影响大的特点，对行业中企业的规模、资金、可持续发展能力要求高，因此，在这些行业中以国有企业为主发展混合所有制对放大国有资本功能、提高经营效率具

---

① 2003年党的十六届三中全会通过的《中共中央关于完善社会主义市场经济体制若干问题的决定》。

有重要意义，有助于实现国有经济控制力，维持国民经济稳定运行。

2. 发展混合所有制有利于增强国有经济促进市场公平竞争的能力。在竞争市场中，公平有序的市场秩序是实现建设市场经济体制的一大重要因素。而当某一产业发展过快时，众多生产者进行竞争，很容易出现盲目、非理性、片面追求规模的扩张性生产，长此以往，不仅会对生产所用资源、环境造成伤害，也会使该产业的发展受阻，而这种恶性竞争持续的结果就是产品价格持续走低，同时企业的经营困难也会影响到其生产产品的质量，最终对消费者利益和经济社会的发展造成损害。而国有企业通过发展混合所有制，吸收民营企业入股，可以在行业中通过兼并、重组等方式使不同所有制资本相互融合、取长补短、共同发展，在一定程度上避免过多竞争主体在市场中进行无序与恶性竞争。

3. 发展混合所有制有利于增强国有经济提高国家竞争力的能力。发展了混合所有制的国有企业既拥有了更为雄厚的资金实力，又建立起了科学的经营管理机制，在这两方面的支撑下，企业得以迅速发展，提高竞争力。国有企业竞争力的普遍提高、国有经济控制力的实现最终将带来国家竞争力的提高。

4. 发展混合所有制有利于增强国有经济保证国家安全的能力。国有商业银行是我国金融体系中的主导力量，针对行业特点和银行自身的发展状况与特征进行混合所有制改革有助于增强其对保障金融市场安全稳定的控制力，从而实现以较少量的国有资本带动、引导、控制大量的社会资本，增强国有资本对金融市场的控制力，在经济发展过程中能够更好地遵循宏观调控，有效引导金融市场的发展方向，实现国有经济控制力。

其次，发展混合所有制对民营经济发展同样具有重要作用。

1. 发展混合所有制企业有利于扩大民营经济的经营范围，使民营资本进入一些基础性、战略保障性等非充分竞争性市场中进行经营。在石油、电力、基础设施建设等行业中，由于行业在自然垄断、战略地位等方面的特殊性，以往是由央企控制从生产开发到销售的一系列生产服务环节，民营资本缺乏进入途径。目前在混合所有制改革的政策指导下，产业链中一些带有竞争性质的环节被放开，允许民营资本进入经营。这样就使得一些民营企业得以扩大其经营范围，在更多领域中发挥自己在流通性、竞争性等方面的优势，促成更进一步的发展。

2. 发展混合所有制企业有利于扩大民营企业的经营规模，提高民营资本经营效率。2015年底印发的《关于国有企业功能界定与分类的指导意见》指出，对于处于不同行业领域的国有企业，要根据分类情况进行股份制改革，可绝对控股、相对控股或参股，支持非国有资本参股。这表明混合所有制可以在一定程度上给予民营企业规模上的提高，尤其在竞争性领域中，国有资本的参股可以使民营企业获得规模上的优势，提高其在竞争中的经营效率与收益。

四、完善混合所有制企业治理结构

一要保证混合所有制改革中国有经济成分的控股地位。在我国国有经济进行混合所有制改革的过程中，首先需要明确落实国有经济在企业中的控股地位，这样才能使混合所有制真正成为实现中国特色基本经济制度，实现国有经济活力、竞争力、控制力的途径。混合所有制企业中国有资本的控股地位可分为绝对控股与相对控股，可根据行业特征与企业自身的特征对其股权结构进行具体分析。

首先，主业处于充分竞争行业和领域的商业类国有企业需在保证国有资本控制力的前提下，通过推进股权多元化进程，实现该领域国有企业的市场化改革，充分放大国有资本功能，提高经济效益。其次，对于关系国家安全、国民经济命脉的重要行业和关键领域，主要承担重大专项任务的国有企业，在推进混合所有制改革时，必须根据企业与其所处行业的特点，实现国有独资或控股。《关于国有企业发展混合所有制经济的意见》（以下简称《意见》）指出，处于重要自然资源行业，重要技术、数据和战略物资行业以及国防军工等特殊产业中的混合所有制企业，必须实行国有独资或绝对控股；而对于重要基础设施行业以及重要传输网络行业中的企业，则可通过"主辅分离"的方式，吸引民间资本进入。最后，在公共交通、水电气热等提供公共产品与服务的行业领域中的公益类国有企业，在推进混合所有制改革与股权多元化时同样需根据不同的行业特征进行分类指导，在保证国有资本主导地位的前提下推进具备改革条件的企业实现投资主体多元化。

二要完善企业内法人治理结构。建立健全公司治理制度，要求进一步落实企业的市场主体地位，厘清政企关系。在混合所有制企业内，不同投资者主体与股东应当严格按照《公司法》与本企业章程的规定平等地行使权利、履行义务，通过依法委派董事、监事并监督其工作来行使股东职权，对企业各类活动进行影响与监督。

建立建设法人治理结构是现代公司制的重要特征，也是确保混合所有制企业能够进行科学高效的决策与经营的关键。混合所有制企业具有投资主体多元化的特点，因此企业的法人治理结构必须要在保证法人所有权的完整以及多方主体的利益获得的基础上，实现决策、监督、经营等职权的科学、合理、高效地运用。

由于董事会作为公司决策机构的特殊地位，其在公司治理结构中的功能实现就成为保障公司治理结构高效运转的关键任务。作为最高决策机构，董事会的建设首先应当确保其独立性。董事会的独立性要求董事能够独立、公正地表达意见、参与决策、实行监督，而不能因公司内部利益牵连影响其职能的发挥。在这一要求下，独立董事制度的建设格外重要。由于独立董事与公司各职能部门没有直接的利益关系，因此相比于内部董事，独立董事更能公平公正地发表意见，为董事会的独立性提供保障。因此，独立董事的引进、其在公司董事会中所占比重以及权力地位平等等制度安排必须得到有效落实。除独立董事外，董事会中还应包括党组织成员与职工代表成员，这样的董事会成员安排，既能保证决策机构与法人治理结构的高效、合理运转，也能够发挥企业治理的民主性、加强党的建设与领导。其次，在对董事会成员的来源结构进行优化的同时，还应根据企业的自身特征对董事的专业性进行严格要求，以提高决策机构运行的科学性，为混合所有制企业的发展提供保障。

三要加强党的领导与建设。在发展混合所有制经济的过程中，必须同步加强混合所有制企业党建工作。坚持党的建设与企业的发展同步开展，党的组织建设与企业的组织形式同步调整。要从党管干部、从严管党治党、加强对国有资本投资、明确党组织在公司法人治理结构中的法定地位等多个方面，把加强党的领导与完善公司治理统一起来，在混合所有制企业改革与发展中加强党的建设。

在企业选人用人机制方面，落实党管干部原则与企业决策机构董事会依法行使选聘权利相结合进行市场化选聘、职业经理人选聘，扩大选人用人视野，内部培养与外部引进相结合，促进职业经理人制度的建设。明确党组织在公司法人治理结构中的地位是中国特色的现代企业制度的重要特征，其核心就在于将党组织建设成为现代公司法人治理结构的重要组成部分，把加强党的领导与完善公司治理统一起来，将党组织的机构设置、职责分工、工作任务等方面纳入企业治理，明确落实党组织在企业法人治理结构中执行决策、监督等职能的途径与规范，妥善安排好企业党组织与企业内部其他部门的职能分配，从而使党组织能够更准确、更有效地发挥出其领导核心作用与政治核心作用。

四要完善职业经理人制度。混合所有制企业的发展与法人治理结构的建设，对市场化选人用人制度提出了要求。《意见》明确指出，混合所有制企业应通过市场化方式选聘职业经理人，实行契约化管理，建立符合市场要求的激励约束机制，严格落实对职业经理人的任期管理与绩效考核，加快建立退出机制。

一方面，职业经理人制度的建立，实现了经理人工作的职业化，从而可以从更加专业的角度选人用人，提高公司经营决策的科学性；另一方面，在对职业经理人的工作进行考核时，可以使用专业化的、被社会广泛认可的行为规范与标准，有助于建立更为科学有效的激励约束机制，提高混合所有制企业的经营效率。此外，职业经理人制度扩大了企业选人用人的人才来源，实现了人才配置的市场化。在混合所有制企业内部，职业经理人的选聘、流动、退出、工资设置将完全通过市场途径而非行政任命来解决。

五要探索发展企业员工持股制度。在混合所有制企业中推进员工持股有积极意义，是改善企业治理结构、提高企业经营效率的重要方式。企业员工持股首先对企业的股权结构有直接影响，有利于进一步推动混合所有制企业股权结构多元化，从而形成国有股份、非国有股份与员工持股共同存在、共同作用的股权结构。此外，员工持股将企业内部重要工作人员自身的利益与企业的经营效益和发展状况紧密联系在一起，使二者更进一步地成为利益共同体。这一方面使员工拥有了股东的身份与权利，优化了企业的法人治理结构；另一方面则提高了员工对企业经营实务的参与度，也培养了员工对企业发展的忠诚。

在员工持股制度下，企业内对经营发展有较大贡献与影响的科研人员、经营管理人员以及业务骨干等员工通过增资扩股、出资新设等方式进行出资入股。这些方式一方面调整和优化了混合所有制企业的股权结构，既防止了人人持股、平均持股，也使企业的出资人来源更加多元化；另一方面还扩大了企业的总股本，提高了企业的资本规模。

六要发展混合所有制的途径。在发展混合所有制的过程中，仍有许多需要注意并进行改善的问题。必须关注以下几个方面的问题并进行必要的改革与完善，才能使混合所有制真正成为我国社会主义基本经济制度的实现形式，从而在实现国有经济持续发展、调动社会经济活力、保障国民经济平稳运行等方面发挥作用。

首先，建立并完善集体经济、非公有制经济信用评估机制。国有企业在吸收集体经济或非公有制经济成分入股建立混合所有制企业的过程中，应当对这些经济成分的资质以及信用进行准确、客观的评估，以确定双方混合的可行性，为混合所有制企业的发展提供保证。发展混合所有制是为了更好地实现国有经济的控制力，如果在吸收其他经济成分的资本时不能在准确判断对方的资质与信用的基础上进行合理的选择，则势必会影响混合所有制企业的发展。此外，在进行合理评估的同时，还应注意加强监督，避免发生暗箱操作与权钱交易等事件，保证评估过程的公正性。建立完整、公正、公开透明且监督有效的评估机制，是推动混合所有制发展的重要保证。

其次，建立并完善国有资产评估机制。国有企业吸收集体经济或非公有制经济成分入股建立混合所有制企业，首先应重视国有资产估价强化监督，建立合理的奖惩制度，严厉追究违法违纪人员的责任，防止暗箱操作等事件的发生。当对国有资产估价过低时,会阻碍国有资产的保值增值,甚至造成国有资产流失;而当对国有资产估价过高时,则会影响投资者的投资热情,阻碍非公有制经济成分的进入。资产评估是发展混合所有制的一项基础性工作,对国有资产的评估必须秉承公正客观、真实全面的原则,不仅应重视对其有形资产的评估,还应对企业的品牌价值、创新技术等无形资产进行准确评估,在评估过程中还要完善监督制约机制,实现企业内部监督、社会监督与司法机关互相配合,确保评估过程与结果的公正。

最后,完善产权交易市场建设,营造公平竞争环境。发展混合所有制企业要求建设流转顺畅的产权交易市场,从而实现对交易资产的估价,进而进行资产重组与兼并等。建设完善的产权交易市场应重视产权流动的实现与对流动产权的保护。对于前者,一方面,在对资产进行准确评估的同时,合理调整相关政策与管理措施以引导合适的民营、外资等非公有制经济进入市场参与公平竞争;另一方面,应使投资者根据其对预期收益的判断及时投入或撤出资本,降低投资风险,最大化投资者的收益,从而促进产权的流动与重组,提高运营效率。对于后者,应建立规范的交易规则与运作制度,健全产权保护的法律体系,保障投资者合法权益,使非上市企业得以通过产权交易市场进行合理定价与公开交易,同时也应建立专门机构以加强市场监管。

【思考题】

1. 试论国有企业在国民经济中的地位和改革方向。
2. 如何建立现代企业制度?
3. 如何发展和完善混合所有制企业?

第七章

中国经济中的农村、农业和农民

中国经济中的农村、农业和农民问题，是改革开放和现代化建设中最重大的问题之一，关乎建成社会主义现代化强国、实现民族复兴的宏伟目标和中国经济发展的前景。其中农民问题处于中心地位。

第一节 "三农"在中国经济中的特殊地位和面临的主要问题

一、"三农"范畴的界定

"三农"是农村、农业、农民的简称。"三农"问题是指农村问题、农业问题以及农民问题。中国的"三农"与发达国家的"三农"相比，虽然有共同之处，但更多表现为中国特色，有着独特的发展和运行规律。

在"三农"问题研究中，农村、农业、农民分属于不同的研究层次，同时，围绕农民问题三者又紧密联系在一起。

首先，农村既是空间概念，又是经济活动的主要载体。无论农民还是农业，都在农村这一地域空间内存在。农村发展的好坏，外在表现在农村的住房、道路、环境等基础设施的好坏上；内在决定因素在于包括农业在内的农村各类产业发展状况。农村产业的发展水平归根结底又在于农民个体以及组织起来的农民的智慧与力量。当然，农村的发展水平在一定程度上也取决于农村能够吸引到的外部资源和资本的数量。

其次，农业是产业概念，是国民经济中具有基础性战略性的产业。从产业分类来看，农业属于第一产业。在农业产业中，主要包括各类农产品的耕种、管理、收获、加工、销售等环节。当前，农业也并非是孤立的第一产业，而是农业与第二产业和第三产业融合发展。

最后，农民是身份概念，是经济活动的主体。在中国，农村土地集体所有制以及城乡二元户籍制度，使得农民身份与农地是直接绑定在一起的。当今的农民已经不再是传统小农经济中的农民。

在"三农"问题中，中心是农民。中国特色社会主义政治经济学中的以人民为中心的思想，具体到"三农"中，就是以农民为中心。"三农"研究的出发点和落脚点应该是为了维护和保障广大农民的根本利益，实现农民的共同富裕。当然，从农民利益出发研究问题，并不是要孤立地、静止地看待农民利益保护问题，还需要从国家发展战略的高度和经济发展现实需要出发，妥善处理国家利益与农民利益的关系，妥善处理城镇居民利益与农民利益的关系，妥善处理资本利益与农民利益的关系等方面。

二、"三农"在中国经济中的特殊地位

几千年来，中华民族以农耕文明著称，在中国古代和近代的发展过程中，"三农"发展是整个经济社会发展的核心。中国古代社会朝代更替的根本原因之一是由"三农"问题引发的社会矛盾激化所导致的。

近代以来，特别是在新民主主义革命时期，广大农民是革命的主要力量，农村包围城市、武装夺取政权是中国革命的基本战略，农村土地革命是农民的迫切愿望。当时广大贫苦农民在整个社会中占绝大多数，中国共产党正是真正代表最广大人民的根本利益，最终取得了新民主主义革命的胜利。

新中国成立后，面临复杂的国内外政治和经济发展形势，国家在实施重工业优先发展战略，逐步建立了独立的比较完整的工业体系和国民经济体系的同时，加强"三农"工作，使"三农"在这一时期得到加强，取得较快发展，为新中国成立后的经济发展和社会稳定做出了巨大贡献。

1978年开始的改革开放，首先从农村开始，农村改革取得重大突破，对全国改革开放和经济社会发展做出重大贡献。在长期改革的基础上，国家2003年提出"多予、少取、放活"的方针，提出并始终坚持把解决好农业、农村、农民问题作为全党工作的重中之重。2006年在全国范围内取消农业税。不仅如此，国家还提出我国总体上已进入以工促农、以城带乡的发展阶段，要坚持工业反哺农业、城市支持农村和多予少取放活方针，持续加大对"三农"的支持力度。党

的十八大以来，推进城乡统筹，实施乡村振兴战略，实现"四化同步"发展和乡村振兴已成为"三农"问题的主旋律。

"三农"问题在我国的特殊重要性集中表现在：

首先，农业是国民经济的基础，"三农"稳，中国稳。"三农"问题是解决中国一切问题的基础和关键。改革开放以来，我国粮食产量持续增加，为我国十几亿人口的吃饭问题提供了基本的保障，也为第二产业和第三产业的发展，为其他一切活动的开展奠定了基础。

其次，"三农"为城市发展提供劳动力支撑。我国城市快速扩张的背后有其产业发展为基础，城市产业快速发展背后有大量农村进城务工人员保障劳动力供给。

再次，农民工及其市民化为农业规模经营提供了可能。伴随着农村大量青壮年劳动力到城镇务工，不仅改变了农户家庭的收入水平和收入结构，也逐渐改变了原有农业经营方式。农民外出务工或者在城市定居落户，使得这些农户有了流转农地经营权的内在动机；农业机械化水平的提升又为仍留在农村的农民租入农地经营权提供了物质基础和技术保障。于是，种田大户、家庭农场、农业合作社等多种新型农业经营主体应运而生。

最后，农村建设用地整治为城镇化提供土地供给。从理论上讲，城镇化进程是有利于土地资源节约利用的，这是因为城市人均占有建设用地面积要小于农村人均占有建设用地面积。当前在城镇化进程中，我国着力推进农村建设用地整治和城乡建设用地增加挂钩，通过对农村建设用地进行合理的整治复耕，为城镇化建设提供用地指标，同时，保证耕地数量不减少，质量尽可能不降低。

三、"三农"面临的主要问题

"三农"问题极其重要，但在发展中也面临诸多亟待解决的问题。其中，农业问题主要表现为农业供给不能完全满足日益增长的需求，且结构性矛盾突出，农业增收压力偏大；农村问题主要表现在农村和城市发展差距有不断加大的趋势，农村缺乏新的经济增长点，发展动力不足；农民问题主要表现在虽然农民收入增加，生活改善，但是实现增收致富的渠道仍然偏少。具体表现在：

一是中国人多地少粮紧，农业生产压力大。2016年中国农村户籍人口有8.13亿，按户籍人口计算的城镇化率为41.2%，按常住人口计算的城镇化率57.35%。

2015年人均耕地面积仅为1.46亩左右,不足世界平均水平的一半。① 虽然我国粮食生产实现多年增产,稻谷、小麦、玉米等主要粮食作物的自给率超过了98%,实现口粮基本自给,② 但是,第一,我国粮食生产量增加是建立在耕地肥力透支较为严重、化肥农药施用量过大、单位农地劳动力投入较多等代价之上的。第二,在粮食增产的背景下,我国每年仍需要从国外进口一定数量的农产品。以大豆为例,2015年我国从国外进口了1634亿斤,③ 今后几年还需要继续进口。第三,某些农产品价格如玉米、高粱等出现国内价格与国际价格倒挂现象。正因为这些因素,所以当前我国存在粮食生产量、库存量和进口量"三量齐增"的问题。其症结在于我国农业供给侧难以完全适应和满足国内需求调整与国外供给方面农产品价格波动。

二是农村公共服务投入少,城乡发展差距拉大,农村资源和要素向城市集中,农村发展动力偏弱,乡村亟待振兴。在现代经济发展过程中,从产业角度看,第一产业占GDP比重在一定时期逐步下降,以至远低于第二、第三产业所占GDP比重,是一种趋势。由于第一产业主要集中在农村,第二、第三产业主要集中在城市,所以在一定时期城市经济发展水平好于农村,也是一种趋势。适应这样的趋势,在市场和政府的共同作用下,农村的劳动力、原材料等生产资源和要素不断向城市集中,是合乎规律的现象。生产要素从农村流向城市的结果,使城市发展产生了极化效应和虹吸效应。④ 这种效应使得农村面临着日趋严峻的发展局面,主要表现在:农村青壮年劳动力外出务工,但老人和儿童仍需继续留在农村;农村集体经济发展滞后,使得农村基层组织缺乏相应的财力用于农村公共服务支出;农村基层组织的领导力、执行力和影响力不断下降。

三是农民数量多且收入较低,增收渠道偏少。我国农村人口数量多,一方面是指农村户籍人口总数要多于城市户籍人口;另一方面是指相对于单位农地所需

---

① 国家统计局:《2016年国民经济和社会发展统计公报》,http://www.stats.gov.cn/tjsj/zxfb/201702/t20170228_1467424.html;国土资源部:《2016中国国土资源公报》,http://www.mlr.gov.cn/sjpd/gtzygb/201704/P020170428532821702501.pdf。

② 国家统计局:《农业生产稳定增长 综合能力显著提高——十八大以来农业生产发展状况》,http://www.stats.gov.cn/tjsj/sjjd/201603/t20160304_1326842.html。

③ 国家统计局:《2015年国民经济和社会发展统计公报》,http://www.stats.gov.cn/tjsj/zxfb/201602/t20160229_1323991.html。

④ 极化效应和虹吸效应在经济学研究中主要是指区域经济发展中形成的增长极对其周边资源和要素的吸引和集聚效应。这里的极化效应和虹吸效应是指城市经济发展对农村各类要素和资源的吸引和集聚效应。

劳动力而言，农村存在着较大数量的过剩人口。当前，在农业机械化水平和农业科技水平不断发展的背景下，从事农业耕种已经不再是主要依靠劳动力投入，农村人口向城市转移是必要的，也是农民的理性选择。正是由于农村人口数量多以及农业产出水平较低，使得农民家庭收入水平普遍较低。另外，农村内部的收入差距也在逐渐拉大。农村收入最低的群体大多只是耕种几亩农田的家户，这些农户基本上只能通过务农解决温饱问题。

对多数农民而言，在农村实现增收的渠道并不多。可行的增收渠道有：一是流转农地增加耕种规模；二是改变种植结构提高耕种效益；三是在农村第二产业或农村发展"农家乐"等第三产业来增加收入。不过，以上三种增收渠道又有较强的约束条件。农地经营权流转，既需要流入农户有一定的经济实力支付租金，又需要流出农户有流转的真实意愿，其中农地流转价格是关键；改变种养结构，需要农户有相应的技术、经验以及初始资本金做支撑；发展农村第二、第三产业需要当地有相应的经济基础和人文自然环境为依托。

四、"三农"问题是经济社会发展的战略问题

农业、农村、农民问题由于涉及的人口数量众多，农村经济发展水平较低，农业又是关系民生的国家战略安全等重大问题，因此，从总体上看，"三农"问题是关系我国经济社会发展的战略问题。

首先，中国全面建成小康社会进而全面建设社会主义现代化国家的重点和难点是农民。当前，我国正处在全面建成小康社会的关键决胜阶段，重点需要关注中西部贫困农村地区的农民脱贫问题。我国精准扶贫战略提出，到2020年要在现行标准下农村贫困人口全部脱贫，贫困县全部摘帽，解决区域性整体贫困问题。实现贫困户脱贫只是第一步，接下来要防止贫困农民脱贫后的返贫问题，然后，进一步实现脱贫农民的增收致富。

其次，中国社会稳定和谐繁荣发展的根本在于农村。从理论上看，城市经济的快速发展以及城镇化进程的加快推进在一定程度上会有利于农村的发展。因为城市经济快速发展为农产品提供更多的销路，城市发展为农民向城镇转移提供就业岗位，为农业生产提供科技支撑和农业机械供给。随着城镇化和城市的不断发展，农村人均耕种面积会有所增加，高附加值的农业生产也会增多，相应地农民家庭收入会逐渐提高。但从实践上看，观察和衡量我国发展水平不能只是关注城市的发展，更为关键的是要看农村的发展情况。只有城乡融合发展，才能够实现整个社会的稳定、和谐与繁荣。当前，我国发展不平衡不充分问题在乡村最为突

出,主要表现在:农村基础设施和民生领域欠账较多,农村环境和生态问题比较突出,乡村发展整体水平亟待提升;国家支农体系相对薄弱,农村金融改革任务繁重,城乡之间要素合理流动机制亟待健全;农村基层党建存在薄弱环节,乡村治理体系和治理能力亟待强化。[①]

最后,中国国家粮食安全和食品安全的核心是农业。农业粮食生产以及食品安全是事关国家发展和安全的重大战略问题。农业生产水平的高低直接关系到粮食数量的多少以及农产品加工原材料品质的好坏。在社会主义市场经济条件下,对农产品数量和质量的控制,一方面可以运用政府行政手段,防范农地非农化行为,惩罚食品生产和加工过程的违法违规行为;另一方面,可以着重通过市场化手段,运用价格杠杆引导农民从事农业生产,提高农民耕种积极性。农民通过耕种经济附加值高的高品质农产品,获得更多的种植收益。

第二节 深化农村农业改革

一、农村农业改革的历史贡献

1978年12月,党的十一届三中全会召开,开启了改革开放的新时期。我国经济体制改革首先在农村开始。在党的十一届三中全会精神鼓舞下,家庭联产承包责任制迅速推广。家庭联产承包责任制是农民自发采取的改革措施。实践表明,它使农业增产了、农村面貌改善了、农民收入增加了,给农业、农村、农民带来了发展动力、带来了希望。农民的积极性提高后,乡镇企业也发展起来。乡镇企业自筹资金,自购设备,自谋产品销路,自聘工人工作。乡镇企业的迅猛发展,使计划经济体制下大一统的计划产品市场被打破了,充满活力的乡镇企业商品市场形成了。中国经济逐渐走向社会主义市场经济,乡镇企业功不可没。农业增产增收促使养殖业、蔬菜种植业兴起,农贸市场相应发展,同时也使城市供应丰富。

长期困扰我们的农业生产能够在短时期内蓬勃发展起来,显示了我国社会主义农业的强大活力,根本原因就在于大胆冲破"左"的思想束缚,改变不适应我国农业生产力发展的体制,全面推行了联产承包责任制,发挥了八亿农民的巨大

[①] 《中共中央 国务院关于实施乡村振兴战略的意见》,载于《人民日报》2018年2月5日。

的社会主义积极性。

农村改革的成功经验、农村经济发展对城市的要求，为以城市为重点的整个经济体制的改革提供了有利的条件。

二、农村农业改革的基本经验

经过多年的实践探索，中国农村农业领域的改革逐步积累和形成了一些宝贵的经验。

第一，坚持以农业生产力的发展水平来检验和评判农村农业改革成效。农村领域的改革主要是改变和调整原有的不适应生产力发展要求的生产关系，而判断生产关系是否适应生产力发展要求的标准是生产力。我国之所以要长期坚持以家庭承包经营为基础，统分结合的双层经营体制这一农村基本经营制度，就是因为这一制度能够适应和促进当前农村生产力发展的基本要求。

第二，坚持维护农民基本权益为核心，充分尊重农民首创精神。在农村农业领域改革过程中，仅仅关注农业生产力的变化还不够，因为即使农业生产力水平提高了，但是农民利益受损了，那么就不能认为这项改革是成功的。在改革过程中要维护农民的基本权益。为了维护农民的基本权益，要充分尊重农民的首创精神。农民自发探索的改革路子很大程度上能够满足农民的基本利益诉求，能够较好地适应当地发展的实际情况。

第三，坚持社会主义市场经济的改革方向，坚持农村基本经济制度保持不变，特别是坚持土地集体所有制保持不变，坚持以家庭经营为主体保持不变。农村农业领域改革的基本方向是要发展社会主义市场经济，只有让农村经济发展与社会主义市场经济发展的基本要求相适应，让农村各类资源和要素按照市场化机制合理配置，才能有效激发农民的劳动热情，才能让农业产业具备更大的盈利空间，让发展更具可持续性。需要注意的是，坚持发展社会主义市场经济并非必须私有化。当前，在农村遵循市场机制运行的各类产权主体是以农村集体及其农民成员为主体。这也是保护农民基本权益的重要制度保障。

第四，坚持党的领导，采取分类推进、因地制宜、试点先行的改革方式。由于我国国土面积较大，农民人口众多，因此农村农业改革需要分类推进。比如，在土地制度改革中，区分农地和建设用地；在精准扶贫过程中区分贫困户和非贫困户；在农业改革过程中区分家庭经营主体和其他新型农业经营主体，等等。目前农村改革进入深水区，要根据各地农村发展实际，因地制宜制定差别化的政策，并通过试点的方式推进相关改革进程。

三、全面深化农村农业改革的目标和措施

从1978年安徽小岗村开全国之先河实行家庭联产承包责任制至今已经40多年了。实践在发展，形势在变化，要使"三农"工作继续为经济社会发展的全局做贡献，就要进一步深化农村农业改革。

全面深化农村农业改革的目标是：坚持农业农村优先发展，按照产业兴旺、生态宜居、乡风文明、治理有效、生活富裕的总要求，建立健全城乡融合发展体制机制和政策体系，加快推进农业农村现代化。坚持新发展理念，把推进农业供给侧结构性改革作为农业农村工作的主线，培育农业农村发展新动能，提高农业综合效益和竞争力。要用改革的办法推动农业农村发展由过度依赖资源消耗、主要满足量的需求，向追求绿色生态可持续、更加注重满足质的需求转变。

为实现这样的改革目标，首先，要把增加农民收入作为改革的中心任务。这是社会主义基本经济规律在农村农业领域的基本要求。为增加农民收入，要构建长效政策机制，通过发展农村经济、组织农民外出务工经商、增加农民财产性收入等多种途径，不断缩小城乡居民收入差距，让广大农民尽快富裕起来。在政策上，要考虑如何提高粮食生产效益、增加农民种粮收入，实现农民生产粮食和增加收入齐头并进，不让种粮农民在经济上吃亏。同时，要着力加强供给侧结构性改革，保障有效供给的增加。农民的收入主要来自农产品销售，只有优质对路的好产品才能卖出好价钱。当前我国农业主要矛盾已由总量不足转变为结构性矛盾，农产品阶段性供过于求和供给不足并存，要大力推进农业供给侧结构性改革，完善农产品价格形成机制，加强农业技术指导服务，引导农民根据市场需求调整生产结构。要增加紧缺农产品生产，大力发展畜牧业、粮食精深加工，促进粮经饲统筹、种养加一体，全面提高农业综合效益和竞争力。加强高标准农田等农业基础建设，提高粮食生产能力。加强农业供给侧结构性改革，要提高农业供给体系质量和效率，使农产品供给数量充足、品种和质量契合消费者需要，真正形成结构合理、保障有力的农产品有效供给。

其次，把提质增效作为改革的主攻方向。我国农产品供给与城乡居民消费结构快速升级的要求不相适应。要想改变这一局面，就要深入推进农业供给侧结构性改革，并把提高农产品质量放在更加突出的位置。要以市场需求为导向，调优产品结构、调精品质结构、调高产业结构，促进农产品供给由主要满足"量"的需求向更加注重"质"的需求转变。要优化农业产业体系、生产体系、经营体系，提高土地产出率、资源利用率、劳动生产率，促进农业农村发展由过度依赖

资源消耗、主要满足"量"的需求,向追求绿色生态可持续、更加注重满足"质"的需求转变。提高农产品质量的关键在科技创新。农业的根本出路在于农业现代化,现代化的关键在于农业科技,农业科技的关键在于技术创新。近年来,通过实施相关科技计划,大幅度提高了我国农业科技自主创新能力,农业科技进步贡献率由2010年的52%提高到2015年的56%以上。① 然而,长期以来,我国农业科技体系一直重点关注提高农产品产量,而对农产品质量发力相对较少。所以,必须比以往任何时候都更加重视和依靠农业科技进步,走内涵式发展道路。要适时调整农业技术进步路线,加强农业科技人才队伍建设,培养新型职业农民。

最后,加强体制改革和机制创新。体制机制问题是根本性、全局性和长期性问题,要彻底解决制约农村农业发展的深层次矛盾和问题,根本途径在于体制改革和机制创新。推进农业供给侧结构性改革,关键在完善体制、创新机制,加快深化农村改革,实施好乡村振兴战略,全面激活市场、激活要素、激活主体。改革的重点:一是加快推进重要农产品价格形成机制和收储制度改革。农产品价格机制是影响农业资源配置的重要手段,必须理顺政府和市场的关系,使农产品的供给结构与需求结构能够更好匹配。改革的思路就是要让价格真正反映供求关系的变化,让价格机制能够有效引导农业资源的配置。二是深化农村产权制度改革。当前,农村集体资产归属不清、权责不明、保护不严、流转不畅等问题凸显。要深化农村产权制度改革,明晰农村集体产权归属,赋予农民更加充分的财产权利,深化农村集体产权制度改革,落实农村土地集体所有权、农户承包权、土地经营权"三权分置"办法。② 要通过经营权流转、股份合作、代耕代种、土地托管等多种方式,加快发展土地流转型、服务带动型等多种形式规模经营。探索宅基地所有权、资格权、使用权"三权分置"改革试点。三是改革财政支农投入使用机制。农业供给侧结构性改革离不开财政的支持。近年来,中央预算内投资继续向农业农村倾斜,确保农业农村投入只增不减,但财政支农投入不断增加的同时,也出现了财政资金使用效益低下等问题。今后要深化改革财政支农投入使用机制,整合统筹涉农资金,切实提高财政资金使用绩效。要整合涉农投入,加快金融创新,吸引和引导工商资本、社会资本或金融资本投资农业。

---

① 科技部:《走中国特色农业科技创新之路》,http://www.most.gov.cn/xinwzx/mtjj/mtzf/201602/t20160216_124116.htm。
② "三权分置"即是在以往的"两权分置"基础上,将原来的承包经营权一分为二,承包权还是归农民,经营权则独立出来,可以自己经营,也可以流转给他人经营。

第三节 转变农业经营方式

一、转变农业经营方式和农业现代化

农业经营方式是指农业经营过程中对土地、劳动力、农业机械、农业科技等农业资源和生产要素的利用方式。① 在同一时期，一个国家可能同时存在多种类型的农业经营方式。比如，单个小农家庭的传统农业经营方式、农业企业的现代化规模经营方式、家庭农场的适度规模经营方式，等等。农业经营方式之所以有多种形式，一方面是因为不同的农业经营主体及其在农业经营过程中对各类农业资源和要素的不同利用方式。另一方面可能是因为在原有农业经营主体保持不变的前提下，通过引入农业生产社会化服务体系，改变原有农业资源和要素的利用方式。转变农业经营方式就是要改变现有农业生产资源和要素的利用方式，其基本目标是为了实现农业现代化。

农业现代化是一个动态的概念，随着时间和实践的发展，人们对农业现代化的认识也会出现新的变化。当前，农业现代化是中国特色新型工业化、信息化、城镇化和农业现代化"四化"同步发展中的重要环节。转变和创新农业发展方式，培育和发展新型农业经营主体，构建与之相适应的新型农业经营方式是顺应农业现代化发展要求的重要任务。

中国特色的农业现代化应该至少具备以下六个方面的基本特征，即：农业生产规模适度化、农业生产过程合作化、农业科技推广补贴化、农机农技应用普遍化、农业服务体系社会化、农业生产方式市场化。此外，为了更好地推进农业现代化进程，还需要进一步实现农村人口就业非农化、农地流转过程规范化、农地农用管制强制化、农地征用补偿弹性化。只有以上"十化"协同发展才能更好地推进农业现代化进程。

---

① 国内研究文献中关于农业经营方式的概念界定仍存在较多争论，相关研究主要从农业生产技术、制度和组织等方面界定农业经营方式，相关研究可参见：吴菊安、祁春节：《农业经营方式的理论与方法：一个文献综述》，载于《世界农业》2016年第10期。

二、我国农业经营方式的历史演进

中国有着历史悠久的农耕文明,在自然经济发展阶段,总体上看,农业经营方式是以劳动力投入为主的小农经营模式。

新中国成立后,我国实现了劳动人民耕者有其田的奋斗目标,激发了广大农民发展农业建设社会主义新中国的热情。"我们遵循自愿互利、典型示范和国家帮助的原则,创造了从临时互助组和常年互助组,发展到半社会主义性质的初级农业生产合作社,再发展到社会主义性质的高级农业生产合作社的过渡形式。"[①]农业合作化的发展,促进了农业生产关系和农业经营方式的变化,在新中国成立初期农民无法在城市就业的前提下,较好地组织了农民,形成了巨大能量,"农业的基本建设和技术改造开始大规模地展开,并逐渐收到成效。全国农业用拖拉机和化肥施用量都增长6倍以上,农村用电量增长70倍。"[②] 但是,在1955年夏季以后,农业合作化要求过急,工作过粗,改变过快,形式也过于简单划一,以致在长期间遗留了一些问题。其后,由于对社会主义建设经验不足,对经济发展规律和中国经济基本情况认识不足,更由于决策者在胜利面前滋长了骄傲自满情绪,急于求成,夸大了主观意志和主观努力的作用,没有经过认真的调查研究和试点,1958年轻率地发动了农村人民公社化运动,使得农村经济遭到了重大损失。

1978年以后,我国的改革首先从农村开始,在农村探索的家庭联产承包责任取代了人民公社下的土地集体经营方式,逐渐形成了以家庭承包经营为基础、统分结合的双层经营体制。同时,我国认真补救农业合作化后期以来农村工作上的失误,提高农副产品的价格,推行各种形式的联产计酬责任制,恢复并适当扩大自留地,恢复农村集市贸易,发展农村副业和多种经营,极大地调动了农民的积极性。

随着我国城市改革开放进程的不断推进,特别是沿海外资企业、私营企业的兴起,吸引了大量农村青壮年劳动力进城务工,农村劳动力大量转移使得农地经营权流转开始逐年增多。与此同时,农业机械化水平的提升为单个农户家庭耕种更大面积提供了可能。农业经营方式将逐渐由劳动力投入为主,转变为农业机械投入和农业科技投入为主。在农地流转的背景下,原有的农业家庭承包经营方式开始发生新的变革,种田大户、家庭农场、农业企业等多种新型农业经营主体应运而生。

---

①② 《关于建国以来党的若干历史问题的决议》,载于《人民日报》1981年7月1日。

从我国农业经营方式演进的历史过程来看,近年来我国农业经营方式的演进过程是与我国工业化、信息化、城镇化以及农业现代化进程密不可分的。当前我国进一步推进农业经营方式创新已经具备了较好的农业生产物质装备基础,符合广大农民的根本利益。推进农业经营方式创新是满足人民群众对多元化、高品质农产品的内在要求,是农业供给侧结构性改革的重点所在。

三、农业经营方式转变与创新的基本理论

随着我国农业经营方式的不断演进和创新,相关理论也在不断发展和完善起来。有关农业经营方式的基本理论涉及三次产业融合发展理论、农业家庭经营理论、农业分工合作理论以及农业发展过程中的政府与市场关系理论等。

首先,三次产业融合发展理论。这一理论强调农业产业发展与第二产业和第三产业的广泛融合,既是解释农业经营方式创新的理论前提,又指出了农业经营方式创新的发展方向。第二、第三产业的发展既为农村劳动力转移提供条件,为农业生产条件现代化和转变农业生产方式提供物质基础,同时也为农业供给结构调整、农产品销售以及农民增收提供需求保障。

其次,农业家庭经营理论和农业分工合作理论。这些理论为农业经营方式创新提供了理论基础和可行路径。农业家庭经营理论强调以农户家庭经营为主体是当前生产力发展条件下的理性选择。农户家庭经营与农业现代化并不矛盾,在农户家庭经营的基础上可以实现多种形式的农业经营方式创新。以农户家庭经营为主体的农业经营方式创新,需要借助农业分工合作理论。按照农业分工合作理论,虽然农户家庭经营主体有其发展的局限性,但是,在农业经营领域分工日益细化的条件下,农户家庭经营主体可以充分借助各种农业社会化服务体系,借助新型的农业生产组织形式,实现现代农业生产要素在家庭经营模式中的广泛应用。当下的农户家庭经营模式已不再是以往孤立单干的小农经营方式,而是借助和融合新型农业生产要素,实现农户家庭经营基础上的现代农业经营方式。

最后,农业发展过程中的政府与市场关系理论。这是我国特定经济制度下推进农业经营方式创新的体制机制保障。当前,我国农业供给侧结构性改革过程就既需要发挥市场的决定性作用,又要更好地发挥好政府的作用。总体上看,政府和市场在农业经营领域都有其充分施展作用的空间。市场机制在农业发展过程中的农产品价格形成机制、农作物种植结构的调整过程以及新型农业组织形式的构建等方面需要发挥决定性作用。而政府则需要在农产品最低收购价、耕地休耕轮

作、农地用途管制等方面发挥重要作用。当前，要注意避免两种机制的越位和错配。政府不应该过多干预农业经营主体的自主经营决策，当然也不能让农业领域的资本本性在市场机制下完全自由发挥作用。

四、农业经营方式创新的实践形式与发展方向

中国农业经营方式创新具有深刻的现实背景。一是农村劳动力，特别是中青年劳动力向城镇大量转移，单一的务农收入难以满足多数农民家庭对美好生活的需要。二是农业机械化水平的不断提升。农业机械化水平的提升，弥补了因农村劳动力转移产生的农村劳动力短缺问题。三是信息化发展在农业领域的广泛推广和应用。互联网、大数据、物联网等信息技术在农业生产过程和农产品销售过程开始应用和推广。四是城镇居民体验农耕文明的新要求催生农业新业态。目前，我国农村农家乐、蔬果采摘等农业领域新业态蓬勃发展。五是居民对高端、绿色、有机、健康农产品的需求逐年增加，这将促进农产品提高品质以满足需求。

在实践中，广大农民创造了一系列农业经营的新形式。农业经营方式创新主要依托于农业经营主体创新以及与之相适应的农业组织形式创新、农业经营理念创新以及相关利益联结机制形式创新。在各地实践过程中，我国近年来大量出现的家庭农场、种田大户、专业合作社和农业企业等各类新型农业主体及其经营方式，已经在农业产业链扩展、价值链扩展、信息链扩展等方面做出了成功示范。另外，农业社会化服务体系日益完善，在实践过程中出现了小麦跨区机收、农机合作社代耕土地、病虫害统防统治等多种形式的农业社会化服务。

实践在发展，农业经营方式也不会停留在现有的形式上。随着农业供给侧结构性改革的深化，符合中国国情的农业经营方式一定会不断涌现。我国农业经营方式的创新方向将会呈现以下特点：一是适度规模化与劳动投入减量化；二是农业生产的专业化分工与合作；三是信息化与农业现代化有机融合。未来农业经营方式的这些转变和创新，将为我国农业的发展提供广阔的前景。

首先，适度规模化与劳动投入减量化，以及农业生产的专业化分工与合作，都将有助于通过减少劳动投入、减少化肥农药投入、降低农田管理费用等方面降低农业生产成本，增强国内农产品的国际竞争力。其次，农业生产的专业化分工与合作，将有助于扩展农业产业链，实现农业与第二、第三产业的有机融合。最后，通过信息化与农业现代化有机融合，新型农业经营主体可以通过互联网技术，更快地全面掌握农业需求侧对农产品种类、品质等方面的需求变化，并及时

调整种植结构，提高农产品品质，不断提高农业供给水平。同时，还可以利用互联网等信息化营销手段，扩大农业供给侧的产品宣传力度，打造农产品品牌，满足消费者对农产品和农业新业态的基本需求。

第四节 乡村振兴战略

一、乡村振兴的核心要求是产业兴旺

乡村振兴战略是中国特色社会主义发展进入新时代提出的重大发展战略，是我国建设现代化经济体系的重要组成部分，是解决好"三农"问题实现农村农业现代化的根本举措。

党的十九大报告提出，实施乡村振兴战略的总要求是产业兴旺、生态宜居、乡风文明、治理有效、生活富裕。在乡村振兴的五大要求之中，产业兴旺居于核心地位。这是因为，生活富裕离不开产业兴旺带来的收入增长，农村有效治理也需要产业发展提供一定的经济基础。村庄宜居主要表现为农村水、电、气、路、网、厕等基础设施建设和公共服务能力的提升。要做到这些，既需要各级财政的支持，更离不开农村当地产业发展给予的资金支持。乡风文明和产业兴旺两者之间虽然没有直接关联，但从农村发展的实践来看，两者往往呈现正向关系。需要说明的是，虽然产业兴旺是实现乡村振兴的核心要求，但不是唯一要求，这五大要求之间相互关联、互为影响，不可偏废。

农村要实现产业发展和产业兴旺，首先，要选准产业发展方向，这从根本上取决于农村当地的要素禀赋和区位环境等因素。其次，要采取合理的经营方式，而这又取决于能否妥善安排各类生产经营主体。合理的生产经营主体组合不仅能够适应当地发展条件，而且能够为当地农村带来所缺少的资金、技术等生产要素。最后，要解决好市场发展问题，主要是解决产品的销路以及要素市场建设等问题，这一点事关产业发展和兴旺的命脉。

二、多层次融合发展引领乡村振兴

为了解决好农村产业发展和实现产业兴旺过程中面临的产业选择、经营方式和市场发展等问题，需要实现多层次融合发展。

首先,三次产业融合发展解决产业选择问题。乡村发展离不开农业,但是,实现乡村振兴不能只是依靠第一产业的发展,特别是不能仅仅依靠现有经营方式下的第一产业发展模式。无论从国内已经实现乡村振兴的村庄发展实践看,还是从发达国家的乡村发展经验看,推进农村一二三产业融合发展是实现乡村振兴的主要途径。三次产业融合主要是以农村现有特色资源为核心,主动延长产业链、延伸价值链,实现农村资源资产化和资产资本化经营,进而实现农民生产生活水平的持续提升。

其次,多个经营主体融合发展解决经营方式问题。农村三产融合只是推进农村产业发展的基本思路和农村相关产业发展后的表现形式。要真正实现各种产业发展落地,就需要根据乡村产业发展的基本特点,实现多种经营主体的融合发展。在这一过程中,既要注重吸引、培育和发展各类新型经营主体,比如家庭农场、专业合作社、农业企业等。还要根据农业生产本身的特点和农村人口数量与结构情况,特别要注重创新和发展小农户和现代农业发展的有机衔接机制,注重发展和壮大农村集体经济。因为乡村振兴战略不是实现少数村庄的振兴,而是要通过较长时间的努力,着力让大多数乡村实现振兴。因此,现阶段,提升小农户发展能力和发展壮大集体经济至关重要。

最后,城乡融合发展解决市场培育发展问题。无论是乡村产业经营过程,还是乡村生产的产品和服务的最终实现,都离不开各类市场的培育和发展。而城乡融合发展是解决这一问题的关键所在。在乡村振兴过程中,城乡融合发展表现为城乡要素的双向流动和城乡各类商品的双向流通。目前,我国城乡融合发展具备诸多有利因素:对农村而言,一是我国城市居民对有机绿色无公害农产品的需求不断增长,越来越多的城市居民向往到农村体验农耕文明和乡村民俗,这就为农业供给侧结构性改革和乡村三产融合发展提供了需求保障。二是互联网等信息技术在农村的普及以及农村电商的兴起,为乡村特色产品的营销提供了技术保障。三是高速铁路和公路等基础设施建设快速推进,为城乡人流、物流的便捷往来提供了现实物质基础保障。对城市而言,乡村振兴过程为城市资本、技术以及各类商品和服务的输出,提供了更加广阔的市场。但要特别注意的是,城乡融合发展绝不能演变为城市对农村的单向汲取,绝不能让乡村振兴仅仅成为城市资本的盛宴。为此,在城乡融合发展过程中,既要保护城乡各类经济主体的基本权益,调动参与各方的积极性,更要着力构建维护农民基本权益的制度安排,防范资本的无序扩张。

三、乡村振兴中的要素供给与资源配置

农村要实现繁荣发展、乡村振兴,需要依靠农村外部力量的支持,① 更需要从农村内部入手,不断激发和增强农村生产要素活力,实现资源合理配置和利用,增强农村发展后劲。

首先,农村劳动力素质提升与农村能人培育方面。第一,提升农村劳动力素质,基础教育及其普及程度是根本。在农村要加强对农民农业生产技术的培训和引导,同时要着力解决农民子女特别是留守儿童的教育问题。让农村孩子获得高质量的免费义务教育,对于农民家庭而言是农村孩子增长知识,实现更好发展的重要基础;对于贫困农村而言是摆脱贫困代际传递、跳出贫困循环的重要手段;对于整个农村而言是农民能够适应未来现代农业发展,培养职业农民的必由之路。第二,要培养造就一支懂农业、爱农村、爱农民的"三农"工作队伍,逐步培育一大批扎根农村、懂技术、善经营、能带头致富的农村能人。让农业成为有奔头的产业,让农民成为有吸引力的职业,让农村成为安居乐业的美丽家园。

其次,农村土地制度创新与土地资源配置利用方面。深化农村改革,主线仍然是处理好农民和土地的关系。现阶段,农村土地问题主要是指农村农用地经营权的依法自愿有偿规范流转问题,以及农村建设用地的合理配置和利用问题。农地经营权流转最初是农村劳动力向城镇转移背景下的农户自发行为,国家层面制定的农地所有权、承包权、经营权"三权分置"政策以及正在全面开展的农地确权工作,都是顺应农村当前发展的实际所做出的制度创新和政策调整。农地"三权分置",既解决了农民通过规范的市场化手段流转农地经营权的需要,确保耕地被有效利用;同时,也消除了农民农地流转之后的后顾之忧,因为农地经营权流转并未使流转农户丧失农地承包权和农地集体所有权。总体上看,我国农地保持集体所有前提下的"三权分置"政策,既能够实现农村的稳定发展,做到农业生产的统分结合、收放自如,又能够满足农地流转过程中交易双方的现实需要,是符合中国当前农村发展实际的现实选择。

关于农村建设用地需要重点关注两大问题。第一,农村集体经营性建设用地入市试点②以及宅基地所有权、资格权、使用权"三权分置"改革试点问题。目

---

① 关于城乡统筹协调发展的内容见本书的相关章节,这里不再赘述。
② 2015年2月,全国人大常务委员会通过《关于授权国务院在北京市大兴区等三十三个试点县(市、区)行政区域暂时调整实施有关法律规定的决定》。2015年3月,国土资源部在全国选取15个市(县),开展农村集体经营性建设用地入市试点工作。

前我国只是选取了十几个市县进行试点,这一制度创新能够较好地提高农村建设用地的利用效率和产出效益,带动乡村振兴。但是,能够符合条件的地块也大都局限在城镇周边的农村地区,短期内并不会广泛存在于农村地区。第二,农村建设用地复耕后形成的城乡建设用地指标增减挂钩问题。城镇化快速发展背景下,农村空闲宅基地等农村建设用地需要加强土地整治和复耕,农村建设用地复耕指标在一定范围内实现市场化配置,可以让更多农民享受到城镇化进程中农村建设用地复耕带来的经济利益。

最后,新科技、新技术、新思想、新理念在农村发展过程的实践转化和广泛应用方面。当前,实现农村繁荣发展的关键并不在于农村劳动力的多寡,而是在于与农业有关的新科技、新技术在农业生产过程中的广泛应用和推广,还在于与农民有关的新思想、新理念在农村发展过程中的灵活运用。比如,新型玉米耕种收割机械的应用能够极大降低农业生产过程的劳动力投入;农作物新品种可以大幅提高农产品的品质,进而提高亩产收益水平。再比如,农民掌握了互联网技术在农业生产和销售过程中应用,农村电商就蓬勃发展起来了;农民一旦通过各种类型的合作社组织和联合起来,相应的农业生产效率和效益都有大幅度提升;等等。

【思考题】

1. 试论"三农"在中国经济中的特殊地位。当前"三农"问题面临的主要问题是什么?
2. 如何总结和理解我国农村农业改革的基本经验?深化农村农业改革的重点是什么?
3. 农村如何实施好乡村振兴战略?
4. 如何转变农业经营方式推进农业现代化进程?

第三篇 区域经济与产业结构

第八章

中国经济中的区域经济

任何经济活动都不能离开某一特定空间。不同类型和不同水平的经济活动与某一特定空间相结合，造就了类型众多的区域经济活动。我国幅员辽阔，在长期的发展实践中，形成了颇具特色的区域经济，成为我国国民经济重要的经济结构形式之一。实施区域协调发展战略，发展好区域经济，对于我国经济的整体发展具有重大意义。

第一节 我国区域经济的发展

一、区域经济及其研究内容

区域经济，是指在某一区域范围内所有经济活动的总称。在这些经济活动中，有些经济活动是所有不同类型区域都享有的经济活动，如基础设施建设和发展生产性服务业等，有些经济活动是特定区域所独享的经济活动，例如特定区域的专业化等。

根据区域经济的不同功能，区域经济又可以划分为具体区域和具体城市的区域经济，如城市经济、港口经济、自贸区经济等。区域经济以一定区域为其存在的基础，它所反映的是不同生产要素如何与特定区域的区位条件相组合，成为不同水平的生产力的问题，以及特定区域的经济发展的内在规律和可持续性问题。

从上述可以看出，区域经济主要以经济活动空间分布与协调，以及与此相关的区域决策为研究对象，涉及的研究内容相当广泛。包括：

1. 经济活动区位。区位分析是区域经济最古老的也是最重要的研究内容之一,它不仅研究企业区位、居住区位、公共设施区位选择等问题,而且还把这些研究进一步延伸为空间均衡分析和空间动态分析。区位分析还研究区域内企业的竞争与合作以及企业进入某区域或退出某区域问题。区位的研究是区域经济研究各种经济活动的基础。

2. 区域内经济活动的自组织能力。要回答该区位的经济增长是如何发生或如何决定的、应选择何种发展模式、区域经济增长过程和趋势如何、区域根据其资源要素状况应选择何种产业结构、产业结构如何演进以及如何优化等问题的过程。

3. 区际间的分工与联系。区际分工是社会生产分工的空间组织形式,它不仅决定专门化部门、区际联系的性质和规模,同时也决定不同区域内部的部门间比例和一国整体结构的动态变化。区际分工与联系是一个事物的两个方面,其目的是实现区域经济效益或国家整体效益的最优。

4. 地域结构演进。从空间角度来考察区域经济,其最大的特点是经济活动在空间上的不平衡分布。经济活动首先出现在那些具有优势的区位上,然后通过不同的渠道向外扩散,这种结果必然在空间范围内形成经济活动强度和密度不相同的核心区和边缘区。核心区一般为城市、城市圈,边缘区一般是农村。区域经济不仅要研究城市经济,也要研究农村经济,还要研究如何实现城乡统筹,协调发展。

5. 政府调控。协调区内经济活动和区际经济联系,需要制度保障和政策支持。我国的区域经济实践活动表明,市场机制是促进区域经济发展的有效机制,但单纯依靠市场是无法实现区内外经济的协调发展的,还需要更好发挥政府作用。

二、我国区域经济的发展及取得的成就

新中国成立之前,在占国土面积不到12%的狭长的东部沿海地带,集中了全国70%的工业生产能力,广大的内地几乎没有工业。同时,地区经济结构畸形单一,如1942年东北地区以采矿、冶金、军工为主的重工业产值占了工业总产值的79%以上,轻工业产值只占7%左右;相反,1949年上海轻纺工业产值占工业总产值的86%以上,重工业产值仅为13%左右。[①] 新中国成立后,为改变旧

---

① 陈栋生、陈耀:《中国区域经济发展四十年——成就与问题》,载于《学习与实践》1990年第4期。

中国生产力布局极不平衡的弊端进行了积极的探索，逐渐形成了生产力均衡布局理论。在该理论指导下，我国尽可能实现生产力在沿海和内地之间的均衡布局，为缩小东西部发展差距、促进少数民族地区经济发展和城镇化的发展做出了贡献。

1978年改革开放以来，我国区域经济发展的指导思想发生了历史性变化。

首先，提出了区域非均衡发展理论并在这一理论指导下，制定了优先发展东部沿海地区的战略。党的十一届三中全会后，开始优先发展在资源、区位、人文以及发展水平上具有优势的东部沿海地区。1979年和1984年分别确定深圳等四大经济特区和大连等14个沿海开放城市，1992年又开发开放上海浦东，并在投资布局、对外开放、优惠政策、体制改革上向东部沿海地区倾斜。从第六个五年计划开始，国家调整了投资结构，"六五"（1981~1985年）时期对沿海地区的投资首次超过对内地的投资，加强了对上海、天津、大连等20多个沿海城市工业企业的技术改造。在内地，重点是加强能源、原材料基地建设和"三线"地区[1]既有机械工业的调整、改组和配套。

其次，提出了"两个大局"的发展构想，第一步，让沿海地区先发展；第二步，沿海地区帮助内地发展，达到共同富裕。优先发展东部沿海地区，政策上对沿海地区实行倾斜，尤其是在外贸体制领域的改革成了东部沿海地区在"六五"时期经济高速发展的重要的推动力，它的核心是逐步改革高度集中的外贸体制，下放外贸经营权。同时，在"七五"时期，我国首次把长期以来的"沿海"与"内地"两种分法调整为"东中西"三种地带分法，[2] 形成了三带并进的区域经济格局，对后期大规模开展西部开发、中部崛起以及东部率先发展战略奠定了基础。

随着我国改革开放的进一步深入，我国区域经济得到了空前的发展。但是在发展的同时，也逐渐拉大了区域差距。据统计，1995年东部地区GDP在全国所占份额已达到57.9%，比1990年提升了4.1个百分点，而中西部分别下降到27.2%和12.2%，分别下降2.3和2.3个百分点。[3] 这种区际差距的逐步扩大，对于实现国民经济的持续、快速、健康发展和保持社会稳定产生了不利的影响。

针对这种状况，1995年9月召开的党的十四届五中全会提出，必须认真对待

---

[1] "三线"一般包括除新疆、西藏之外的中国西部经济不发达地区，有四川、贵州、云南、陕西、甘肃、宁夏、青海等西部省区及山西、河南、湖南、湖北、广西等中部省区。

[2] 当时的东部地带包括11个省区市；中部地带包括9个省区；西部地带包括9个省区；不包括港澳台以及琼渝。

[3] 高新才主编：《中国经济改革30年——区域经济卷》，重庆大学出版社2008年版，第21页。

和正确处理东部和中西部地区之间的经济发展差距问题，把坚持区域经济协调发展、缩小地区发展差距作为一条长期坚持的重要方针。"九五"计划和2010年远景目标纲要，提出了区域经济协调发展的新的概念，系统阐述了国家的区域经济协调发展战略。在这样思想的指导下，我国从1999年开始实施西部大开发战略、2003年开始实施振兴东北地区等老工业基地战略、2006年开始实施中部崛起战略，同时实施鼓励东部地区率先发展的战略。上述"四大板块"战略，就构成了我国促进区域协调发展的总体安排。西部大开发战略中的西部，主要指西部的12个省区市以及鄂西、湘西、延边3个少数民族自治州。西部地区，在加快改革开放步伐的同时，通过国家支持、自身努力和区域合作，增强自我发展能力。振兴东北地区等老工业基地战略中的东北，主要指东北三省。东北地区要加快产业结构调整，加快国有企业改革改组改造，在改革开放中实现经济的再度辉煌。中部崛起战略中的中部，主要包括中部的6个省份。中部地区主要目标是提升产业层次，推进工业化和城镇化，在发挥承东启西和产业发展优势中崛起。东部率先发展战略主要指，东部地区要率先提高自主创新能力，率先实现经济结构优化升级与增长方式转变，率先完善社会主义市场经济体制，在率先发展和改革中带动帮助中西部地区发展。在新中国成立以来区域经济发展的基础上，中国特色社会主义进入新时代，以习近平同志为核心的党中央进一步提出"一带一路"建设、京津冀协同发展战略和长江经济带区域经济发展战略，并着力统筹实施"四大板块"和区域经济发展新战略，区域经济取得了更大的发展。

三、我国区域经济面临的挑战和新任务

随着经济发展进入新常态，中国特色社会主义进入新时代，我国区域经济发展的内外环境正发生深刻变化，促进区域协调发展面临重大机遇，也存在诸多挑战，主要表现为：区域发展差距仍然较大，老少边穷地区发展相对落后，促进区域协调发展的体制机制还不完善。党的十九大明确提出，要加大力度支持革命老区、民族地区、边疆地区、贫困地区加快发展，强化举措推进西部大开发形成新格局，深化改革加快东北等老工业基地振兴，发挥优势推动中部地区崛起，创新引领率先实现东部地区优化发展，建立更加有效的区域协调发展新机制。

面对新形势新挑战，我国区域协调发展的主要任务是：深入推进实施区域发展总体战略，重点实施好"一带一路"建设、京津冀协同发展战略和长江经济带发展战略；全力实施脱贫攻坚，扶持特殊类型地区发展；加快城市群建设发展；

拓展蓝色经济空间；构建生态安全屏障；加强区域合作互动，推进区域协同发展，促进产业有序转移与承接；积极参与国际区域合作。

为实现区域发展的新任务，在进一步实践探索的基础上，需要着力研究：

一是构建中国特色区域经济理论体系。在几十年探索的基础上，我国已初步形成了区域经济理论。但面对新问题新挑战，新的理论研究必须加强，构建中国特色社会主义区域经济理论体系和话语体系任重而道远。为此，在坚持马克思主义理论的指导下要着力进行两个方面的工作：第一，从理论分析、原理阐释着手，建立一套规范的区域经济学体系，其中心内容是区域发展基本理论、生产要素有序转移、区域经济发展机制、区域经济发展模式及突变原理、区域空间结构演化等。第二，坚持问题导向，从实践的要求出发，形成一套实际应用的理论体系，包括区域经济影响因素、区域产业选择和优劣分析、区域产业结构演进路径、区域经济空间布局与组织结构、区际经济联系、区域经济政策等。

二是突出问题意识，加强重大区域经济问题的研究。在新的历史时期，我国区域经济发展遇到了一些新的重大问题，这些问题集中在环境生态建设、可持续发展、精准扶贫、区域合作、新型城镇化等方面，如区际协调发展与区际公平问题、新型城镇化与城市群问题、产业转移与转型升级问题、扶贫开发与区域公平问题、资源开发与生态环境建设问题、区域经济政策与区域管理问题等。加强这些关系到区域经济发展的实践问题的研究，并从中找出适合我国国情的区域经济发展规律，形成系统的区域经济学说，不仅可以为实践提供科学的指导，而且可以为世界区域经济学的完善和发展贡献中国智慧。

第二节　中国特色社会主义区域经济理论

一、马克思主义区域经济思想

我国区域经济的发展是在马克思主义指导下进行的。马克思主义中包括丰富的区域经济思想，如生产力布局、城乡统筹和区际分工与协作思想等。

（一）生产力平衡布局和协调发展思想

马克思主义经典作家设想未来社会主义社会资源配置的主要方式为平衡布局生产力。他们在对资本主义社会基本矛盾的分析的基础上，提出了未来社会生力布局的一些原则。

恩格斯在《反杜林论》中指出:"只有按照统一的总计划协调地配置自己的生产力的社会,才能使工业在全国分布最适合于它自己的发展和其他生产要素的保持或发展。"①"从大工业在全国尽可能平衡地分布时消灭城市和乡村的分离的条件这方面来说,消灭城市和乡村的分离也不是什么空想。"② 马克思在《资本论》中解释了资本家企业尽可能接近原材料产地或市场的原因。他指出,"如果由于原料价格的提高一方面引起了原料需求的减少,另一方面既引起了当地原料生产的扩大,又使人们从遥远的一向很少利用或者根本不利用的生产地区去取得原料供给,而这两方面加在一起又使原料的供给超过需求(而且是在原来的高价下超过需求),以致这种高价在突然跌落下来"③。这意味着,区际发展水平的差异,导致不同地区的不同需求,而供求变化又导致价格波动,价格波动又影响不同地区的生产,因此工业生产接近原料产地,则可以节省运输成本,降低生产成本。从这些论述中可以发现,在马克思主义经典作家分析社会化大生产时,已经看到了资本主义工业生产一方面促进城乡联系和区际联系,另一方面又导致严重的城乡对立和巨大的区际差距,因此提出了在无产阶级夺取政权后"增加国家工厂和生产工具,开垦荒地和改良土地","把农业和工业结合起来,促使城乡对立逐步消灭"的主张④,也就是说,马克思主义经典作家认为,未来的生产力布局应有利于促进工农结合和城乡结合。

列宁继承了马克思、恩格斯"按照统一的总计划协调地配置生产力"的思想,提出了要"制订俄国工业改造和经济发展计划",⑤ 从而进一步丰富和发展了马克思和恩格斯关于社会主义社会生产力布局的思想,以此指导俄国国民经济建设。他认为,编制国家经济计划时,"首先把全国划分为若干个经济上独立的单位——区域",然后"比较那些实行各种措施,特别是在实行电气化基础上所制定的经济计划的各种方案"。在这些区域规划的基础上,"便能比较容易地确定区域间合理协作的总方案和拟定全国电气化计划",而全国电气化计划是"与一些其他的必要措施关联的,这些措施主要是大大地节省全国劳动力和最有效地利用各区域的自然资源",⑥ 这意味着列宁把发挥区域比较优势视为生产力布局的

---

①② 《马克思恩格斯文集》第9卷,人民出版社2009年版,第313页。
③ 《马克思恩格斯文集》第7卷,人民出版社2009年版,第135页。
④ 《马克思恩格斯文集》第2卷,人民出版社2009年版,第53页。
⑤ 《列宁全集》第34卷,人民出版社1985年版,第212页。
⑥ [苏]克尔日查诺夫斯基编,王守礼译:《苏联经济区域问题论文集(1917~1929年)》,商务印书馆1961年版,第1页。

主要原则,同时他还强调了"使俄国工业布局合理,着眼点是接近原料产地,尽量减少从原料加工转到半成品加工一直到制出成品阶段时的劳动消耗"。①

(二) 城乡融合发展的思想

城乡关系是区域经济中的一个重要问题。马克思主义经典作家对城乡统筹发展问题给予了充分的关注,形成了马克思主义独特的城乡发展观。马克思和恩格斯在《德意志意识形态》中指出,"物质劳动和精神劳动的最大的一次分工,就是城市和乡村的分离"。② 这意味着,在一定的历史发展阶段,城乡分离是生产力发展的必然结果,城乡分离适应了生产力发展的方向,因而它具有一定的合理性,它是资本主义生产方式取代封建制度的生产方式的产物,体现了历史的进步。但另一方面,马克思主义经典作家也见证了资本主义工商业的繁荣造成的尖锐的城乡矛盾和对立,"城市已经表明了人口、生产工具、资本、享受和需求的集中这一事实,而在乡村则是完全相反的情况:隔绝孤立和分散"。③ 恩格斯在《英国工人阶级状况》一文中也对英国产业革命之后的城乡差距进行了详细的描述,即一边是伦敦等巨大而繁荣的城市,另一边是保持传统农业的孤立而贫穷的乡村。马克思和恩格斯正是从城乡对立和差别出发,探索消灭城乡对立和差别的一般规律,最终认为:"消灭城乡对立不是空想,正如消除资本家和雇佣工人间的对立不是空想一样。消灭这种对立日益成为工业生产和农业生产的实际要求"。④ 对于消灭城乡差距的主要途径,马克思主义经典作家认为,有计划地合理布局生产力是实现城乡统筹的主要途径之一。恩格斯在《反杜林论》中指出,"只有按照一个统一的计划协调地配置自己的生产力的社会,才能使工业在全国分布得最合适于它自身的发展和其他生产要素的保持或发展"。在恩格斯看来,如果不是有计划地把"大工业在全国尽可能平衡地分布",则资本主义生产的无政府状态将导致工业不断聚集在城市和城市规模不断扩大之间的"恶性循环","资本主义大工业不断地从城市迁往农村,因而不断地造成新的大城市"。⑤

列宁进一步发展了马克思、恩格斯的城乡统筹思想,在《俄共(布)党纲草案》(1919 年)中指出,消灭城乡对立、实现城乡统筹是"共产主义建设的根本任务之一","只有农业人口和非农业人口混合和融合起来,才能使其摆脱孤立无援的地位,……正是农业人口和非农业人口的生活条件接近才创造了消灭城乡

---

① 《列宁全集》第 34 卷,人民出版社 1985 年版,第 212 页。
②③ 《马克思恩格斯文集》第 1 卷,人民出版社 2009 年版,第 556 页。
④ 《马克思恩格斯文集》第 9 卷,人民出版社 2009 年版,第 313~314 页。
⑤ 《马克思恩格斯文集》第 9 卷,人民出版社 2009 年版,第 313 页。

对立的条件"。①

(三) 区际分工与协作的思想

区际分工理论是马克思主义经济理论的精华之一,这种区际分工主要表现在两个方面:一是产业部门间的分工与协作;二是区域间的分工与协作。马克思和恩格斯在《德意志意识形态》一文中,分析资本主义及其以前各社会经济形态生产力状况时,提出了社会生产的发展必然导致产业间、城乡间以及区域间的分工与协作的思想,他们指出,"一个民族内部的分工,首先引起工商业劳动同农业劳动的分离,从而也引起城乡的分离和城乡利益的对立。分工的进一步发展导致商业劳动同工业劳动的分离。同时,由于这些不同部门内部的分工,共同从事某种劳动的个人之间又形成不同的分工"。② 这意味着,随着社会生产力的发展,首先形成工商业与农业的分工,接着形成商业与工业的分工,最后形成不同生产工序上的分工,也就是随着社会生产的发展,产业分工越来越细化,出现越来越多的产业部门。列宁也在《俄国资本主义的发展》一文中指出,"商品经济的发展使单独的和独立的生产部门的数量增加。这种发展的趋势是,不仅把每一种商品的生产,甚至把产品的每一部分的生产都变成专门的生产部门,而且不仅把产品的生产,甚至把产品准备好以供消费的各个工序都变成单独的生产部门"。③ 总之,在马克思主义经典学者看来,社会生产的分工与协作是社会生产力水平提升的重要标志,也是生产力水平进一步提升的前提条件。任何生产活动都选择某种特定区位进行生产,在不同区位上组织不同的经济活动,因而就必然存在区际分工问题和协作问题。马克思在《资本论》中考察工场手工业分工与社会分工之间关系时指出,"产品交换是在不同的家庭、民族、公社互相接触的地方产生的,因为在文化的初期,以独立资格互相接触的不是个人而是家庭、氏族等等。不同的公社在各自的自然环境中,找到不同的生产资料和不同的生活资料。因此,它们的生产方式、生活方式和产品也就各不相同。这种自然的差别,在公社互相接触时引起了产品的互相交换,从而使这些产品逐渐变成商品"。④ 这意味着马克思把形成区际分工的主要原因,首先归结于自然条件和自然资源地表面上的分布不均衡,因为生产力水平较低的情况下,人类的生产活动主要受制于自然条件。马克思接着指出,"把一定生产部门固定在国家一定地区的地域分工,由于利用

---

① 《列宁全集》第2卷,人民出版社2013年版,第197页。
② 《马克思恩格斯文集》第1卷,人民出版社2009年版,第520页。
③ 《列宁全集》第3卷,人民出版社2013年版,第17页。
④ 《马克思恩格斯文集》第5卷,人民出版社2009年版,第407页。

各种特点的工场手工业生产的出现，获得了新的推动力"。① 这意味着，尽管区际分工是因自然资源分布不均而产生，但它又随着社会生产力的发展而得到发展。

二、马克思主义区域经济思想在中国的发展

（一）生产力均衡布局理论

把马克思主义区域经济思想与我国实际相结合，形成了毛泽东思想和中国特色社会主义理论体系中的区域经济理论，为区域经济发展提供了科学指导。

新中国成立后，以毛泽东同志为核心的党的第一代中央领导集体，为改变旧中国遗留下的生产力布局，进行了不懈的探索，逐渐形成了生产力均衡布局理论，为实现我国区域经济均衡发展提供了重要的理论指导。

针对新中国成立初期沿海和内地工业发展的不平衡状况，毛泽东提出，"平衡工业发展的布局，内地工业必须大力发展"。② 针对国内国际形势的变化，毛泽东同志提出，"新的工业大部分应当摆在内地，使工业布局逐步平衡，并且有利于备战"。③ 为使西部少数民族地区得到更好的发展，毛泽东同志提出，"我们要诚心诚意地积极帮助少数民族经济建设和文化建设"。④ 在这些思想的指导下，新中国成立初期的经济建设取得了重大成就，奠定了我国工业化的基础，促进了生产力的均衡布局，缩小了东西部地区之间的差距。

（二）区域经济非均衡发展理论

党的十一届三中全会以后，以邓小平同志为核心的党的第二代中央领导集体，在继承前一代领导集体探索成果的基础上，构建了既符合中国国情又顺应世界发展潮流的区域经济发展战略，区域经济发展的指导思想也由过去的均衡发展向非均衡发展转换。

首先，从20世纪70年代末和80年代初中国的实际情况出发，提出了东部沿海地区优先发展的思想。邓小平提出，"在经济政策上，允许一部分地区、一部分人生活先富起来，从而带动其他地区、其他人，使全国各族人民都能比较快

---

① 《马克思恩格斯文集》第5卷，人民出版社2009年版，第409~410页。
② 《毛泽东著作选读》下册，人民出版社1986年版，第723页。
③ 《毛泽东著作选读》下册，人民出版社1986年版，第724页。
④ 吴传清主编：《马克思主义区域经济理论研究》，经济科学出版社2006年版，第74页。

地富裕起来",同时还提出,"沿海地区要加快对外开放,使这个拥有两亿人口的广大地带较快地先发展起来,从而带动内地更好地发展"。①

1988年9月,邓小平同志又把沿海和内地的关系概括为"两个大局","沿海地区要加快对外开放,使这个拥有两亿人口的广大地带较快地先发展起来,从而带动内地更好地发展,这是一个事关大局的问题。内地要顾全这个大局。反过来,发展到一定的时候,又要求沿海拿出更多力量来帮助内地发展,这也是个大局。那时沿海也要服从这个大局",② "第一步,让沿海地区先发展;第二步,沿海地区帮助内地发展,达到共同富裕"。③ 以沿海地区率先发展,沿海地区适时扶持内陆地区,最终实现共同富裕为基本内涵的"两个大局"的发展构想,既强调了区域经济非均衡发展,又强调了区域经济非均衡中的均衡,是区域经济非均衡发展理论的进一步升华。这一发展构想也成了新时期我国区域经济发展战略的核心内容,并在实践中进一步发展成了区域协调发展理论。

(三) 区域经济协调与协同发展理论

在非平衡发展理论指导下,随着改革开放的发展,我国东部沿海地区取得了长足的发展,相形之下中西部地区则明显滞后于东部地区。在这种情况下,我国"九五"计划和2010年远景目标纲要,首次提出了"区域经济协调发展"的概念,④ "十五"计划纲要进一步强调了东部沿海地区的发展和"实施西部大开发,促进地区协调发展","十一五"规划强调了协调发展和建立和谐社会的战略目标。

党的十八大以来,我国区域经济理论不断丰富发展,取得了一系列重大突破。党的十九大报告进一步指出,要实施区域协调发展战略。至此我国区域协调发展理论框架业已形成,其基本内涵是区域协调发展要发挥各自比较优势,实行区际合作与优势互补,核心是适度倾斜与协调发展相结合。

(四) 城乡统筹理论

马克思、恩格斯揭示城乡分离与对立的根源后,做出了未来社会"城乡必然融合"的科学论断,但如何实现"城乡融合",他们并没有给出明确的答

---

① 《邓小平文选》第3卷,人民出版社1993年版,第278、366页。
② 《邓小平文选》第3卷,人民出版社1993年版,第277~278页。
③ 中共中央文献研究室编:《邓小平年谱 1975~1997》(下),中央文献出版社2004年版,第1253页。
④ 中共中央文献研究室编:《十四大以来重要文献选编》(中),人民出版社2011年版,第471、477页。

案。中国共产党人在领导全国人民进行社会主义建设过程中，建立了具有中国特色的社会主义城乡统筹理论体系，提出了不同于西方发达国家的新型城镇化理论和适合于我国社会主义新农村建设思路、对策以及精准扶贫的基本思路。党的十九大报告进一步提出，要以城市群为主体构建大中小城市和小城镇协调发展的城镇格局，加快农业转移人口市民化。这些理论是马克思主义城乡关系理论的最新发展。

(五) 新时代以人民为中心的平衡充分发展理论

中国特色社会主义进入新时代，我国社会主要矛盾已经转化为人民日益增长的美好生活需要和不平衡不充分的发展之间的矛盾。发展不平衡，主要体现为：领域不平衡、区域不平衡、群体不平衡。区域发展不平衡是制约新时代发展的因素之一。

新时代呼唤更平衡更充分的发展。党的十八大以来，从实现"两个一百年"奋斗目标和中华民族伟大复兴的高度，基于治国理政的新实践，提出了统筹推进"五位一体"总体布局和协调推进"四个全面"战略布局；基于以人民为中心的发展思想和价值取向，提出了创新、协调、绿色、开放、共享的新发展理念。党的十九大报告进一步提出，必须坚持以人民为中心的发展思想，不断促进人的全面发展、全体人民共同富裕。

解决发展不平衡问题，就要落实十九大精神，关键是要树立新发展理念，从全局的高度思考发展、策划发展，更加注重城乡协调、区域协调、社会群体间的协调以及经济与社会其他方面之间的协调。解决发展不充分问题，关键是要大力发展社会生产力，破除一切制约生产力发展的障碍，释放一切社会活力与创造力，不断提高发展水平、发展能力与发展绩效。

发展依然是解决中国问题的总钥匙，破解当前社会主要矛盾，必须紧紧抓住发展这个"第一要务"。实现更平衡更充分的发展，主攻方向是通过切实转变发展方式、优化经济结构、转换增长动力，建设现代化经济体系；着力点是供给侧结构性改革，以供给侧结构性改革为主线，着力加快建设实体经济、科技创新、现代金融、人力资本协同发展的产业体系，着力构建市场机制有效、微观主体有活力、宏观调控有度的经济体制，不断增强我国经济创新力和竞争力；制度保障是全面深化改革，通过全面深化改革，用制度创新来纠正不正确的发展理念，用体制机制来保障发展主体的权利，通过营造良好的制度环境促进发展走向平衡，实现充分发展。

第三节　实施区域协调发展战略　拓展区域发展空间

一、京津冀协同发展战略

（一）京津冀协同发展战略的意义

推动京津冀协同发展是一个重大国家战略，其核心是有序疏解北京非首都功能，调整经济结构和空间结构，走出一条内涵集约发展的新路子，探索出一种人口经济密集地区优化开发的模式，促进区域协调发展，形成新增长极。

京津冀地区是我国经济最具活力、开放程度最高、创新能力最强、吸纳人口最多的地区之一。但是在长期发展中，京津冀地区发展面临许多困难和问题。北京过多集聚各种非首都功能，人口过度膨胀，交通日益拥堵，大气污染严重，房价持续高涨。京津冀地区水资源严重短缺，环境污染问题突出，已成为我国东部地区人地关系最为紧张、资源环境超载最为严重、生态联防联治要求最为迫切的地区，加上功能布局不合理，城镇体系结构失衡，区域发展差距悬殊。

实施京津冀协同发展战略，是适应我国经济发展步入新常态，应对资源环境压力加大、区域发展不平衡矛盾日益突出等挑战，加快转变经济增长方式、培育增长新动力和新的增长极、优化区域发展格局的现实需要。推动京津冀协同发展，有利于破解首都发展长期积累的深层次矛盾和问题，优化首都核心功能，走出一条中国特色解决"大城市病"的路子；有利于完善城市群建设，优化生产力布局和空间结构，打造具有较强竞争力的世界级城市群；有利于引领经济发展新常态，增强对环渤海地区和北方腹地的辐射带动能力，为全国转型发展和全方位对外开放做出更大贡献。推动京津冀协同发展，又是探索改革路径、构建区域协调发展体制机制的需要。京津冀区域发展差距很大，是我国发展不协调的矛盾最为突出、区际发展问题解决难度最大的地区之一。京津冀协同发展，要打破行政壁垒，构建开放的区域统一市场，建立区域统筹协调发展新体制，这为推动全国区域协同发展探索出一条新路子。①

---

① 本部分的编写参考了新华网：《京津冀协同发展领导小组办公室负责人就京津冀协同发展有关问题答记者问》，http://news.xinhuanet.com/politics/2015 – 08/23/c_1116342156.htm。

(二) 京津冀协同发展战略的实施

党的十九大提出,要以疏解北京非首都功能为"牛鼻子"推动京津冀协同发展,高起点规划、高标准建设雄安新区。2014年2月26日,习近平在北京主持召开座谈会,听取京津冀协同发展工作汇报,强调实现京津冀协同发展,是面向未来打造新的首都经济圈、推进区域发展体制机制创新的需要,提出要着力加强顶层设计,着力加大对协同发展的推动,着力加快推进产业对接协作,着力调整优化城市布局和空间结构,着力扩大环境容量生态空间,着力构建现代化交通网络系统,着力加快推进市场一体化进程。七个"着力"体现了区域经济发展的新方向和新目标,京津冀的协同发展将成为中国其他区域经济一体化发展的标杆。2017年4月1日,中共中央、国务院决定设立雄安新区为国家级新区。雄安新区的设立,对集中疏解北京非首都功能,探索人口经济密集地区优化开发新模式,调整优化京津冀城市布局和空间结构,培育创新驱动发展新引擎,具有重大现实意义和深远历史意义。

京津冀协同发展,以有序疏解北京非首都功能为基本出发点、以资源环境承载能力为基础、以京津冀城市群建设为载体、以优化区域分工和产业布局为重点、以资源要素空间统筹规划利用为主线、以构建长效体制机制为抓手,调整优化经济结构和空间结构,构建现代化交通网络系统,扩大环境容量生态空间,推进产业升级转移,推动公共服务共建共享,加快市场一体化进程,打造现代化新型首都圈,努力形成京津冀优势互补、互利共赢的协同发展新格局。京津冀协同发展,要把京津冀地区建设成为以首都为核心的世界级城市群、区域整体协同发展改革引领区、全国创新驱动经济增长新引擎、生态修复环境改善示范区;试图把北京建设成为全国政治中心、文化中心、国际交往中心、科技创新中心;把天津建设成为全国先进制造研发基地、北方国际航运核心区、金融创新运营示范区、改革开放先行区;把河北建设成为全国现代商贸物流重要基地、产业转型升级试验区、新型城镇化与城乡统筹示范区、京津冀生态环境支撑区。

在空间布局上,京津冀协同发展将有序推动疏解北京非首都功能,构建以重要城市为支点,以战略性功能区平台为载体,以交通干线、生态廊道为纽带的网络型空间格局。有序疏解北京非首都功能是京津冀协同发展战略的核心,其重点是疏解一般性产业尤其是高消耗产业,区域性物流基地、区域性专业市场等部分第三产业,部分教育、医疗、培训机构等社会公共服务功能,部分行政性、事业性服务机构和企业总部四类非首都功能。疏解非首都功能,应坚持政府引导与市场机制相结合,既充分发挥政府规划、政策的引导作用,又发挥市场的主体作用；坚持集中疏解与分散疏解相结合，考虑疏解功能的不同性质和特点，灵活采取集中疏解或分散疏解方式；坚持严控增量与疏解存量相结合，既把住增量关，明确总量控制目标，也积极推进存量调整，引导不符合首都功能定位的功能向周边地区疏解。

京津冀协同发展将率先在交通、生态环保、产业三个重点领域集中力量推进，力争率先取得突破。在交通一体化方面，构建以轨道交通为骨干的多节点、网格状、全覆盖的交通网络，重点是建设高效密集轨道交通网，完善便捷通畅公路交通网，打通国家高速公路"断头路"，全面消除跨区域国省干线"瓶颈路段"，加快构建现代化的津冀港口群，打造国际一流的航空枢纽，加快北京新机场建设，提升交通智能化管理水平，提升区域一体化运输服务水平。在生态环境保护方面，打破行政区域限制，促进绿色循环低碳发展，加强生态环境保护和治理，扩大区域生态空间。重点是建立一体化的环境准入和退出机制，加强环境污染治理，大力发展循环经济，推进生态保护与建设。在推动产业升级转移方面，加快产业转型升级，打造立足区域、服务全国、辐射全球的优势产业集聚区。重点是加快产业转型升级，推动产业转移对接，加强三省市产业发展规划衔接，加快津冀承接平台建设，加强京津冀产业协作等。

促进基本公共服务均等化是推动京津冀协同发展不可或缺的重要内容。河北省在社会发展、公共服务水平和质量上差异明显，这需要持续加大对河北省的支持力度、不断缩小差距。为此，要发挥政府引导作用，引入市场机制，促进优质公共服务资源均衡配置，合力推进教育医疗、社会保险、公共文化体育等社会事业发展，逐步提高公共服务均等化水平。重点是建立统一规范灵活的人力资源市场，统筹教育事业发展，加强医疗卫生联动协作，推动社会保险顺畅衔接，提升公共文化体育水平。目前，京津冀三省市均出台了本地养老保险跨区域转移接续办法实施细则，发行了符合全国统一标准的社会保障卡，实现了城乡居民养老保险制度名称、政策标准、经办服务、信息系统"四统一"。

京津冀协同发展从根本上讲要靠创新驱动。京津冀创新驱动，要以促进创新资源合理配置、开放共享、高效利用为主线，以深化科技体制改革为动力，建立健全区域协同创新体系，共同打造引领全国、辐射周边的创新发展战略高地。在举措上，一是要强化协同创新支撑。加快北京中关村和天津滨海高新区国家自主创新示范区发展；做好北京原始创新、天津研发转化、河北推广应用的衔接，构建分工合理的创新发展格局；在大气污染治理、绿色交通、清洁能源等区域共同关注的问题上，联合攻关，协同突破。二是要完善区域创新体系。构建体制、机制、政策、市场、科技等多位一体的创新体系，共同培育壮大企业技术创新主体,建设科技成果转化服务体系,完善科技创新投融资体系,促进科研成果尽快转化为生产力。三是要整合区域创新资源。集聚高端创新要素,促进科技创新资源和成果开放共享,加强科技人才培养与交流。

(三) 推进京津冀协同发展时要遵循的基本原则

一是改革引领,创新驱动。加大改革力度,消除隐形壁垒,破解影响协同发展的深层次矛盾和问题,加快建立有利于疏解北京非首都功能、推动协同发展的体制机制。强化创新驱动,建立健全区域创新体系,整合区域创新资源,形成京津冀协同创新共同体。二是优势互补,一体发展。充分发挥各自的比较优势,加快推动错位发展与融合发展,创新合作模式与利益分享机制,在有序疏解北京非首都功能的进程中实现区域良性互动。三是市场主导,政府引导。加快完善市场机制,促进生产要素在更大范围内有序流动和优化配置。加大简政放权力度,切实转变政府职能,更好发挥统筹协调、规划引导和政策保障作用。四是整体规划,分步实施。打破传统思维定式,从京津冀区域发展全局谋划疏解北京非首都功能,加强战略设计,推进布局调整。制定科学管用的实施方案,分阶段、有步骤地加以推进。五是统筹推进,试点示范。立足现实基础和长远需要,把握好疏解北京非首都功能、推动协同发展的步骤,对已达成共识、易于操作的领域率先突破,选择有条件的区域率先开展试点示范,发挥引领带动作用。

二、长江经济带战略

(一) 长江经济带战略及其意义

长江经济带横跨我国东中西三大区域,覆盖长江沿线的11个省市,面积约为205万平方公里,人口约6亿,GDP占全国45%。从经济发展角度来看,长江经济带不仅包括经济发达的长三角地区,还囊括经济欠发达的云南、贵州等省份。

2014年9月,国务院印发的《关于依托黄金水道推动长江经济带发展的指导意见》将长江经济带战略作为国家重大发展战略。党的十九大报告进一步指出,以共抓大保护、不搞大开发为导向推动长江经济带发展。

伴随我国经济发展进入新常态,依托黄金水道推动长江经济带发展,打造中国经济发展新引擎,对协调东部与中西部经济发展具有重要的战略意义。

1. 在经济增速换挡的背景下提供重要的发展支撑。长江经济带在我国经济社会发展中的地位和作用举足轻重而且日益突出。实施长江经济带战略有利于打破行政区域限制，促进资源要素自由流动。长期以来，地方政府的行政干预阻碍了要素流动，无法形成统一的区域市场，尤其长江中上游的省份，在计划经济体制下国有企业占较大比例，经济转型阻力较大。推动长江经济带建设，就是要发挥市场作用，引导资源合理配置，加速长三角地区优质产能向中西部地区转移，促进东中西部联动，协调区域发展。推动长江经济带建设可以将东中西部贯通起来，促进东中西部三个地区、四大板块的联动，从宏观层面统筹区域发展，优化产业空间配置。

2. 推动经济增长转型。长江经济带建设，可以发挥长三角地区的创新引领作用，打造以上海为中心的创新示范高地，强化创新基础平台，鼓励高层次人才创新创业，发挥互联网改造传统产业的能力。(1) 可以推进产业转型升级。通过整合各类经济开发区、产业园区，引导生产要素向具有竞争优势的地区集聚，打造产业集群，积极推动有色金属、建材、船舶等产业改造升级，推进去产能、去库存，淘汰效率低、污染严重的落后产能。(2) 可以打造核心竞争优势。根据长江经济带各地区的产业发展特点，培育和壮大区域新兴产业，加快优势产业的承接，发展特色产业，加大信息技术对传统产业的融合力度。(3) 可以合理安排产业空间布局，突出产业转移的重点：下游要引导劳动密集型和以内需为主的资本密集型产业向中上游地区转移；中上游要立足环境、资源的承载能力，科学承接相关产业，促进产业链的形成；鼓励江浙沪联合在中上游地区共建产业园区，发展"飞地经济"，整合中上游比较优势，实现共同发展。

3. 打造全新的开放格局。长江经济带是欧亚大陆桥、海上丝绸之路和陆上丝绸之路商品的主要来源地，也是我国重要的内河航运通道；长江黄金水道又是海上、陆上丝绸之路的连接干道，海陆互通。在东部地区，发挥亚欧大陆桥铁路运输的多节点联动优势，以长江黄金水道为依托，实现海陆联运；在中部地区，通过安徽合肥与陕西西安的陆路铁路直接相连，水路通过巢湖港区直接入江，贯穿南北地区大动脉；在西部地区，发挥云南、重庆等省市作为"一带一路"建设的重要节点城市的作用，通过对接"一带一路"建设，形成海上丝绸之路、陆上丝绸之路和长江黄金水道"三条21世纪通道"。在经济新常态下，形成这种全方位的开放格局，可以引导产业向中西部以及沿线国家转移。

(二) 长江经济带战略的实施

1. 优化空间发展布局。长江经济带横跨长三角城市群、长江中游城市群以及成渝城市群，沿江有上海、武汉、重庆三大航运中心。要根据长江经济带各区域的功能以及发展情况，按照"生态优先、流域互动、集约发展"的思路，实施"一轴、两翼、三极、多点"的空间格局。"一轴"是指以长江黄金水道为依托，发挥上海、武汉、重庆三大航运中心的作用，构建沿江绿色发展轴；推进长江经济带立体交通网络建设，促进产业和城镇优化布局，引导人口向资源环境承载能力较强的地区集聚。"一轴"的空间布局要突出的是生态绿色发展，强调长江经济带发展不能以牺牲环境为代价。"两翼"是指拓展长江主线轴向南北两侧腹地延伸，其中南翼主要以沪瑞运输通道为依托，北翼以沪蓉运输通道为依托，通过加强交通基础设施建设，促进重要节点城市的互联互通，增强人口和产业的集聚力。"三极"是指长三角城市群、长江中游城市群和成渝城市群，培育长江经济带三大增长极，其中长三角城市群要充分发挥上海国际大都市的带动作用，在产业升级和制度创新等方面发挥引领作用；长江中游城市群主要有武汉、长沙、南昌等城市，要在承接长三角地区产业转移的同时，促进三大城市实现产业合理分工，城市之间互动合作，提升城市群综合竞争力和对外开放水平；成渝城市群主要包括重庆和成都，主要发挥双引擎带动和支撑作用，吸引西部产业转移和人口聚集，推进经济发展与生态平衡相协调。"多点"是指三大城市群以外的地级城市，这些城市要加强与中心城市的经济互动和联系，发展优势产业，建设特色城市。

2. 坚持生态保护，绿色发展。长江经济带的建设，要把保护和修复生态环境放到首位，共抓大保护、不搞大开发，要划定水资源开发利用红线、生态保护红线以及水功能区限制纳污红线，建设人与自然和谐的生态绿色通道。为此，一是要控制水污染；二是要加强水生态修复，保护江湖水生物多样性，加强沿江森林保护和生态修复；三是要有效保护和合理利用水资源，加强水资源保护就是要合理分配和利用淡水资源；四是要充分利用长江岸线资源，合理规划岸线功能，有效利用岸线资源。要完成上述四方面的工作，需要从政策上打破地方行政壁垒，完善市场机制，更好地发挥政府作用，例如建立负面清单管理制度，将各地区的环境容量、资源开发量等制定负面清单，不符合要求占用的河段、土地实施强制退出；建立跨部门、跨区域的环境污染联控机制，建立环境保护、生态修复等指标体系；建立长江生态保护补偿机制，依照"谁受益谁保护"的原则，将经济发展与生态保护相联系，激发沿江城市环境保护的内在动力。

3. 加速新型城镇化发展。长江经济带战略的核心在于协调区域发展，引导产业合理布局，加速城市群的辐射作用，推动新型城镇化的发展。长江上中下游城镇化水平和质量存在很大差异，推动新型城镇化的发展要从四方面入手。第一，优化城镇空间布局，发挥三大城市群的带动作用。充分发挥长江中游城市群和成渝城市群的支撑作用,以沿江大中小城镇为依托,形成结构合理、区域联动的新型城镇化格局;促进各类城市协调发展,发挥上海、武汉、重庆和南京等大城市的辐射带动作用,培育区域经济增长极,加速培育具有发展潜力的中小城镇。第二,加快农业转移人口市民化。加快农业转移人口市民化要因地施策,一方面拓宽进城落户渠道,保证具有稳定就业的农业人口落户,另一方面实施差别化落户政策,控制大城市和特大城市的人口规模。第三,加强新型城市建设。新型城市建设要以提升城市内涵为关键,在文化方面要注重保护城市的传统风貌和民俗风格;在城市居住环境方面要促进城市发展与生态环境相融合,增强城市基础设施、公共服务的承载能力,建设和谐宜居的新型城市。第四,城乡统筹发展。推进美丽乡村建设是新型城镇化的重要部分,一方面要加强农村基础设施建设,解决道路交通、供水等问题;另一方面提升农村文化特色,建设一批具有历史、地域、民族特点的特色旅游村镇。

4. 构建现代化综合交通运输体系。构建现代综合交通运输体系,应成为推动长江经济带建设的先手棋。第一,重点打通长江干流和支流等黄金水道,统筹公路、铁路、航空以及管道建设;要提升长江水道航运,对长江水道进行全面治理,重点解决下游"卡脖子"、中游"梗阻"、上游"瓶颈"问题,进一步提升干线通航能力;加大对支流航道的建设,增强与主干航道的水运联系,促进大区域的航运网络形成。第二,要统筹港口规划布局,强化港口的分工协作,加强与地区产业的联动合作;优先发展枢纽港口,打通长江主干流域的畅通性,促进货物流通;要积极发展重点港口,发挥港口对城市发展的促进作用,要适度发展一般港口,严格控制港口码头无序建设,保证长江岸线资源合理利用;大力发展现代航运服务,加快上海国际航运中心、武汉长江中游航运中心、重庆长江上游航运中心建设,培育高端航运服务业。第三,加快铁路建设步伐,消除铁路"卡脖子"工程,促进铁路、高速公路与重要港口的连接线建设;加快综合交通运输网络的建设,提高综合交通运输体系的运行效率,积极发展铁水、公水、空铁等多式联运,增强对新型城镇化发展的支撑作用。

三、以区域经济发展战略为引领拓展和优化区域经济空间

近年来,我国区域发展空间布局逐步优化,区域良性互动格局加快形成。但是我国在经济发展新常态下也面临诸多挑战,特别是区域发展差距仍然较大、老少边穷地区发展相对落后、一些区域无序开发情况比较突出、促进区域协调发展的体制机制还不完善等问题亟待解决。

(一) 优化和拓展经济活动空间的主要内容

1. 深入推进"四大板块"战略。积极统筹协调东中西部和东北地区发展，积极推进沿大江大河、沿边沿海和沿重要交通干线的经济增长带建设，促进生产要素在更广区域内有序自由流动，构建东中西、南北方协调联动发展的新格局。目前应持续推进西部大开发战略，发挥好"一带一路"建设对西部大开发的带动作用，促进生产要素向西部地区流动和集聚，着力培育新的经济增长点和增长极，开工建设一批重大项目，不断提升基础设施建设和基本公共服务水平。大力推进东北等老工业基地振兴战略，着力完善体制机制，大力推进重点领域改革，积极推进结构调整，支持产业结构单一地区加快转型，促进资源型城市可持续发展。进一步发挥中部地区承东启西、连接南北的独特优势，加快综合交通运输体系建设，有序承接产业转移，积极推进新型城镇化，全面深化对内对外开放合作，进一步吸纳人口、集聚产业和增强综合实力。支持东部地区率先创新发展，着力推动全面深化改革和制度创新，加快实现创新驱动发展，进一步扩大对外开放合作，加快建立全方位开放型经济体系，积极探索陆海统筹新机制，更好发挥在全国经济增长中的重要引擎和辐射带动作用。

2. 脱贫攻坚和特殊类型地区发展。党的十九大报告提出，要支持资源型地区经济转型发展。加快边疆发展，确保边疆巩固、边境安全。发挥政治优势和制度优势，推进精准扶贫、精准脱贫，创新扶贫开发方式，加快实施发展生产、易地扶贫搬迁、生态补偿、教育扶贫、社保兜底等精准扶贫工程，健全扶贫工作机制，因人因地施策，提高扶贫实效。加强贫困地区基础设施建设，不断提高贫困地区公共服务水平，完成存量危房改造，提升医疗服务水平，抓好义务教育和职业培训。同时加大对革命老区、民族地区、边疆地区和困难地区的支持力度：支持革命老区开发建设，完善革命老区振兴发展支持政策；把加快民族地区发展摆到更加突出的战略位置，坚持和完善民族区域自治制度，推动建立各民族相互嵌入式的社会结构和社区环境；推进边疆地区开发开放，加强基础设施互联互通，大力推进兴边富民行动；促进资源枯竭、产业衰退、生态严重退化等地区转型发展，研究支持产业衰退地区振兴发展的政策措施。

3. 加快城市群建设。要支持京津冀、长三角、珠三角三大城市群在制度创新、科技进步、产业升级、绿色发展等方面走在全国前列，建设具有世界影响力的城市群；支持北京、上海建设具有全球影响力的科技创新中心，建设一批创新型省份和城市，为全国创新驱动发展做好示范；提升山东半岛、海峡西岸城市群开放竞争水平，培育中西部地区城市群，支持成渝、中原、长江中游、哈长、关中平原、北部湾等城市群深化对内对外开放，壮大现代产业体系，完善基础设施网络；依托省会城市、重要节点城市等区域性中心城市，加强区域协作对接，加快产业转型升级，形成辐射带动区域整体发展的城市群。要促进城镇发展与产业就业支撑和人口集聚相协调，统筹推进国家级新区、产城融合示范区、临空经济区等发展，制定促进县域特色经济发展的政策举措，加快推进城乡协调发展。

4. 拓展蓝色经济空间。党的十九大报告指出，要坚持陆海统筹，加快建设海洋强国。科学开发海洋资源，保护海洋生态环境，拓展我国发展战略空间。按照以陆促海、以海带陆、人海和谐的原则，促进海洋经济发展，加强陆海基础设施对接，促进陆海产业融合发展，构建陆海统筹开发格局；以全国海洋经济发展试点区建设为重点，优化海洋产业结构，打造若干海洋经济圈和特色海洋产业园区；加强远洋和大洋深部资源的开发利用，严格控制围填海规模，强化近海、海岸带和沿海滩涂的保护与合理开发利用，适时出台关于加强沿海滩涂保护与开发的政策措施；推进海岛保护利用，预留后备开发资源，推动海岛地区经济社会发展，创新绿色、节能、环保的生态型海岛经济发展新模式。

(二) 优化和拓展经济活动空间的政策保障

1. 增强区域政策顶层设计和区域政策的精准性。[①] 在科学划分区域类型的基础上，以我国区域发展总体战略为基础框架，以不同地区主体功能定位、经济社会发展水平和基本公共服务水平为基本依据，推进建立和完善内涵清晰、措施有效、管理规范、分类指导的区域政策体系；加强区域发展环境影响评价及水资源论证，依法开展环境影响跟踪评价，促进区域经济与资源环境协调发展；提高我国区域经济政策的精准性，完善区域政策与财政政策、货币政策、产业政策、投资政策、消费政策、价格政策协调配合的政策体系，缩小政策单元，完善差别化的区域发展政策，提高区域政策协同性、精准性、可操作性和有效性；对制造业体系比较完整、产能过剩行业比重较大、国有企业比重较大、生态功能和农业地位重要、滞缓衰退严重和资源枯竭等不同类型地区，出台有针对性的政策举措，积极推进供给侧结构性改革，破解发展瓶颈和发展难题，提升综合竞争力和实力，推动结构优化和动力转换；区域政策要注重区域间社会事业均衡发展和基本公共服务均等化，要加大对老少边穷等欠发达地区的扶持力度，加大一般性转移支付比重，提高地方自身发展能力。

---

① 本部分的编写参考了《关于贯彻落实区域发展战略促进区域协调发展的指导意见》，http://www.sdpc.gov.cn/zcfb/zcfbtz/201609/W020160907379406102577.pdf。

2. 加强区域合作互动。首先，推动京津冀、长三角、珠三角不断扩大协同合作领域和范围，促进环渤海地区合作发展，推动东北地区新一轮振兴，加强泛珠三角、泛长三角区域合作；支持成渝、中原、长江中游、关中—天水、北部湾等中西部重点经济区加快一体化发展；打破地区分割和利益藩篱，清理和废除妨碍全国统一市场和公平竞争的各种规定和做法，促进各种生产要素的有序自由流动。其次，要促进产业有序转移与承接，支持承接产业转移示范区建设，进一步优化产业空间布局；推动区域产业结构优化调整，探索建立区域产业转移引导制度和区域产业链条上下游联动机制；创新各类园区管理模式和运行机制，鼓励有条件地区发展"飞地经济"，鼓励中西部和东北地区通过委托管理、投资合作等多种形式与东部沿海地区合作共建产业园区；充分发挥高新技术产业开发区在产业转移升级中的作用，发现和培育新的经济增长点，设立老工业基地产业转型升级示范区。再次，加大对口支援和帮扶工作力度，深入推进对口支援西藏、新疆和青海等四省藏区工作，进一步加大对民族地区、革命老区、集中连片特殊困难地区的对口支援或帮扶力度。同时，加快深圳前海、广州南沙、珠海横琴等粤港澳合作平台建设，深化泛珠三角区域合作；加快海峡西岸经济区以及平潭综合实验区、福州新区、昆山深化两岸产业合作试验区等平台建设，积极探索两岸合作新模式。最后，积极参与国际区域合作，以"一带一路"建设为统领，实行更加积极主动的开放战略，完善互利共赢、多元平衡、安全高效的开放型经济体系；积极探索扩大内陆沿边开放新模式和新路径，支持沿海地区全面参与全球经济合作和竞争；加强区域、次区域合作，进一步发挥澜沧江—湄公河合作、大湄公河次区域经济合作、孟中印缅经济走廊、中亚区域经济合作、图们江地区开发合作等国际区域合作机制作用。

3. 健全区域协调发展机制。健全市场机制，有效发挥政府、企业和社会组织等多元主体的作用，构建多层次、多领域的区域合作网络，形成东西互动、南北协调的合作发展格局；强化互助机制，完善发达地区对欠发达地区的对口支援制度和措施，促进对口支援从单方受益为主向双方受益进一步深化；健全扶持机制，以推进基本公共服务均等化为方向，加大对欠发达地区的支持力度，继续在经济政策、资金投入和产业发展等方面加大对中西部地区的支持，进一步完善对粮食主产区、资源产区的利益补偿机制，建立健全稀缺资源、重要农产品的价格形成机制；健全生态保护补偿机制，坚持谁受益、谁补偿原则，完善对重点生态功能区的生态保护补偿机制和地区间横向生态保护补偿制度，探索市场化的生态保护补偿机制。

【思考题】

1. 简述马克思主义区域经济思想。
2. 简述中国特色社会主义区域经济理论的发展历程。
3. 简述"京津冀协同发展"和"长江经济带"区域经济战略的主要内容。
4. 我国区域协调发展战略的主要内容是什么?

第九章

经济结构、产业结构与发展方式

经济结构与经济总量是国民经济的两个重大方面,二者相互作用、相互影响,共同决定着经济发展的水平与质量。长期以来,我国经济结构不够合理,特别是产业结构不合理,已成为制约我国经济发展方式转变、提升经济发展质量的重要因素。加快调整产业结构,优化经济结构,是加快转变经济发展方式、实现经济高质量发展的必然要求。

第一节 经济结构

一、经济结构的含义

经济结构是指国民经济的基本构成,可从多个角度加以界定。从一定社会生产关系总和的角度看,经济结构主要表现为所有制结构,即不同所有制经济成分及其所占比重。对我国而言,所有制结构主要包括公有制经济与非公有制经济,前者包括国家所有制经济、集体所有制经济和混合所有制经济中的公有制成分;后者包括个体经济、私营经济、外资经济等。从国民经济各部门及社会再生产各方面或环节角度看,经济结构可分为产业结构、区域经济结构、城乡经济结构,以及需求结构、分配结构、流通结构、消费结构,还有要素结构、技术结构、投资结构等。每一种具体的经济结构内部又包含具体的结构要素,如产业结构包括第一、第二、第三产业;需求结构包括投资需求、消费需求和出口需求,或国内需求与国外需求等;分配结构包括积累与消费的比例及其内部的构成等;流通结构包括处于不同流通环节的构成,或不同流通方式的构成等。消费结构包括不同消费主体的构成,以及各类消费主体消费内容、方式等。另外,从研究需要出发,还可以把经济结构细分为能源结构、产品结构、经济组织结构等。

对于经济结构的研究,本书将在多个章节中分别进行,例如所有制结构将在社会主义基本经济制度中研究,国民经济需求结构将在宏观经济分析中研究,分配结构将在收入分配中研究,区域结构将在区域经济中研究,城乡结构将在"三农"和城乡经济一体化中研究等。本章将集中分析对我国经济具有特别重要的意义、目前又特别需要加以调整优化的产业结构。

二、经济结构合理化判定标准与影响因素

(一)经济结构合理化的判断标准

一个国家特定时期的经济、技术及要素条件,决定了相应的经济结构。一个国家特定时期的经济结构是否合理,在很大程度上决定了这个国家这一时期的经济发展水平和质量。判定一个国家特定时期的经济结构是否合理,主要看它是否能合理有效地利用国内外一切有利条件,特别是充分有效地利用本国的各种要素和资源;能否保障国民经济各部门的协调发展;能否有效促进科技进步和全要素生产率提高;能否既有利于促进近期经济增长,又有利于实现长远经济发展目标。概括起来,判断一个国家特定时期的经济结构是否合理,主要看它是否能够有效提升本国经济发展质量、效益和水平,促进社会生产力的快速发展。

经济结构的合理化是一个地区性、动态性范畴,不同国家,经济结构的合理化标准及要求是不同的;同一国家不同历史时期及发展阶段的经济结构合理化标准也不一样。

(二)影响经济结构合理化的主要因素

1. 经济发展阶段。一个国家所处的经济发展阶段以及在该阶段所确定的发展目标对该国家的经济结构具有重要影响。以我国为例,新中国成立初期面对相当薄弱的经济基础和尽快改善人民生活条件并力争追赶世界发达国家的发展目标,我国确定了以重工业为主导的产业结构,并在投资、消费结构方面,重点增加投资、提高积累率等。当时所形成的这样一种经济结构尽管存在一定的缺陷,并造成一些不良后果,但它与当时我国所处的经济发展阶段以及政府所确定的经济发展目标是吻合的。

2. 经济体制。经济体制直接影响资源配置方式及其配置效率,从而对经济

结构具有重要影响。我国在计划经济体制下形成的经济结构，在转向社会主义市场经济体制之后，许多方面都发生了变化。随着经济体制改革的深化和社会主义市场经济体制的进一步完善，我国经济结构将进一步发生变化。

3. 技术进步。技术进步是影响经济增长的重要因素，同时也是影响经济结构的重要因素，特别是对产业结构、要素使用结构等具有更为显著的影响。随着技术进步的不断推进和在经济发展中作用的日益增大，产业结构将进一步趋于高级化，以劳动密集型产业为主导的产业结构将被资本密集型产业为主导的产业结构所代替，进而被技术密集型产业为主导的产业结构所代替。在生产要素的使用方面，主要使用劳动、资本要素的要素使用结构将转为主要使用技术要素的要素使用结构。

4. 政府政策。政府政策对国家经济结构的影响主要表现为政府制定有关产业发展、收入分配、区域布局、城乡关系等方面的政策，会直接或间接地影响国家的产业结构、收入分配结构、需求结构、区域结构等。特别是对于我国这样的处于经济转型、体制转轨时期的发展中大国来说，政府的相关政策对经济结构的影响更为显著。

5. 国际经济环境。在经济全球化条件下，一个国家的经济发展及经济结构不可能脱离外部经济发展环境条件的影响。特别是外部经济发展环境条件的变化会直接影响一个国家内外需结构、外贸出口结构等，进而对国家的产业结构、区域经济结构、收入分配结构等产生一定影响。

三、加强对经济结构调整的研究

西方新古典经济学，包括它的微观经济学和宏观经济学，都忽视了对经济结构问题的深入研究。微观经济学主要分析微观企业的最优经济行为及其均衡条件；宏观经济学主要研究经济总量及其变动原因。而在此之前的古典经济学，在对国民经济发展原因及其机理的分析中，已涉及某些经济结构层面的问题。如威廉·配第（William Petty，1662）从比较利益角度对生产要素从农业部门向工商业部门的转移问题进行了初步研究，认为工商业部门具有比农业部门更高的比较利益，由此将农业部门的生产要素转向工商业部门是合理的。[①] 亚当·斯密（Adam Smith，1776）分析了由于工商业部门的专业化分工水平比农业部门高，因

[①] 他举例说，一个耕种土地的英格兰农民每天可挣 8 便士，如果这个农民当工匠，则每天可挣 16 便士，收入翻了一倍。引自王亚南主编：《资产阶级古典政治经济学选辑》，商务印书馆 1970 年版，第 74 页。

而将生产要素从农业部门转向工商业部门，有利于提高劳动生产率，促进经济发展。他还具体分析了分工与专业化有利于提高劳动生产率的原因。另一位古典经济学的重要代表人物大卫·李嘉图（David Ricardo，1817）则从边际生产率的差异性角度分析了生产要素在不同部门的流动，认为由于土地资源有限，土地供给弹性较低，从而土地的边际生产率是递减的，随着劳动投入的增加，依赖土地的农业部门劳动的边际生产率也随之递减。工业部门由于不显著受到有限土地的约束，从而具有相对较高的劳动边际生产率，由此导致农业部门的生产要素转向工业部门。[①]

马克思主义经济学基于唯物史观的分析逻辑，深刻揭示了资本主义经济运行过程中的许多结构性问题，如两大部类要保持一定的比例关系的分析；资本主义社会化大生产条件下，机器生产与劳动力生产的关系；资本主义条件下积累与消费的关系，以及资本主义分配结构等。特别是将社会总产品分为两大部类，并提出两大部类之间需保持一定的比例关系的理论及观点，对于中国特色社会主义政治经济学研究经济结构问题具有重要指导意义。

中国特色社会主义政治经济学既要研究生产关系，也要研究生产力，研究二者之间的辩证关系及其发展趋势。经济结构的调整与优化，包括区域经济结构、产业结构、城乡结构等直接影响经济运行的效率和竞争力，是生产力发展的重要内容，并对我国生产力发展具有重要影响。而经济结构的调整和优化，需要深化经济改革，调整生产关系，因而是中国特色社会主义政治经济学的重要研究内容。

第二节 产 业 结 构

一、产业结构的演进

（一）产业结构含义

产业是具有某种同类属性的企业经济活动形成的集合体。从理论上，一般认

---

① 转引自杜传忠：《转型、升级与创新——中国特色新型工业化的系统性研究》，人民出版社2013年版，第3页。

为产业是介于宏观经济与微观经济之间的中观经济。"产业结构"概念最早出现于20世纪40年代。当时人们将产业结构既看作是产业之间的关系，又看作是产业内部特定企业之间的关系。其后，随着产业经济的发展和相关研究的深入，人们把产业结构界定为产业之间的技术经济联系与联系方式，而将同一产业内部的企业之间的市场关系与组织形态，称为产业组织或市场结构。至于产业在不同区域或空间的分布结构则被称为产业空间布局。

(二) 产业及产业结构的历史演进

从人类社会与经济发展的历史看，产业是社会分工的产物，并随社会分工和社会生产力特别是科学技术的发展而发展。按照马克思主义观点，人类第一次社会大分工发生在原始公社的新石器时代，畜牧业从农业中分离出来；第二次社会大分工发生在原始社会末期至奴隶社会初期，手工业从农业中分离出来；第三次社会大分工发生于奴隶社会晚期，商业逐渐从农业、手工业中分离出来。通过三次社会大分工，分别形成了农业、畜牧业、手工业和商业等产业部门。其后，在相当长的历史过程中，由于社会生产力特别是科学技术进步缓慢，人类社会主要以农业为主，劳动生产率低下，人们的生活改善得十分缓慢。近代工业革命后，产业发展进入"快车道"。18世纪60年代在英国发生的第一次工业革命，使当时英国的各主要工业部门先后出现从手工业生产向机器生产的转变，并使机器生产的大工业逐渐取代农业成为主导性产业。19世纪末20世纪初发生的第二次工业革命，使钢铁、汽车、化学等产业发展成为社会经济的主导产业，与此同时，社会分工进一步深化，涌现出许多新的产业部门，特别是服务业快速发展起来。20世纪中期出现了以信息化的迅速发展与广泛应用为主要特征的第三次工业革命，使发达国家的工业、农业和服务业都发生了巨大而深刻的变化，特别是服务业在国民经济中的地位与作用更加突出，并逐步在一些发达国家成为具有主导性的产业部门。当今人类正面临以互联网与云计算、大数据、人工智能等新一代信息技术应用为主要特征的第四次工业革命，正在并将进一步引起产业结构的深刻变化。

二、产业结构的主要分类

(一) 马克思的两大部类划分法

马克思在对社会再生产过程进行分析时，重点剖析了物质生产领域中的社会总产品。他根据产品在再生产过程中发挥的作用不同,从实物形态上将社会总产品划分为两大部类,即作为第Ⅰ部类的生产资料生产和作为第Ⅱ部类的消费资料生产。前者是指生产各种生产资料的部门,主要包括各种生产工具、设备、原料、材料的生产部门,生产的产品主要用于生产性消费;后者主要是指生产各种个人消费品的生产部门,生产的产品主要用于个人消费。两大部类的分类方法,是马克思研究资本主义社会再生产过程的理论基础。马克思通过对两大部类产品消耗和补偿关系的研究,得出了社会进行简单再生产和扩大再生产的条件。从一般意义上看,一个社会生产的产业或部门结构是在一般分工和特殊分工基础上产生和发展起来的。两大部类分析法,抽象掉资本主义生产关系的性质,对我国研究产业结构分类也具有重要指导意义。

(二) 三次产业分类法

该分类方法是由英国著名经济学家阿·格·费希尔于1935年首次提出的。他认为,人类的经济活动可分为三个产业,即所谓的第一次产业、第二次产业和第三次产业。其中,第一次产业就是和人类第一个初级生产阶段相对应的农业和畜牧业;第二次产业是和工业的大规模发展阶段相对应、以对原材料进行加工并提供物质资料、以制造业为主的产业;第三次产业是以非物质产品为主要特征的,包括商业在内的服务业。[①] 在费希尔三次产业分类的基础上,英国统计学家科林·克拉克进一步分析了经济发展和产业结构变动之间的关系。这一分类方法的突出优点是更加深入地反映了一个国家所有产业之间的结构及其关系,后来流行于世界许多国家。

(三) 国际标准产业分类法

为了统一国民经济的统计口径并有利于进行国别比较,联合国经济和社会事务统计局曾制定了一个《全部经济活动国际标准行业分类》,简称《国际标准行业分类》,建议各国采用。它把国民经济划分为10个门类,分别是:农业、狩猎业、林业和渔业;矿业和采石业;制造业;电力、煤气和供水业;建筑业;批发与零售业、餐馆和旅店业;交通业、仓储业和邮电业;金融业、不动产业、保险业和商业性服务业;社会团体、社会及个人的服务业;其他产业。对每个门类再划分大类、中类、小类。例如,制造业部门分为食品、饮料和烟草制造业等9个大类。食品、饮料和烟草制造业又分为食品业、饮料工业和烟草加工业3个中

---

① 苏东水主编:《产业经济学》,高等教育出版社2000年版,第25页。

类。食品业中再分为屠宰、肉类加工和保藏业,水果、蔬菜罐头制作和保藏业等11个小类。①

国际标准产业分类法与三次产业分类法具有稳定的对应性联系,有利于对产业结构进行分层次深入研究。该分类法便于调整和修订,也为各国各自制定标准产业分类以及进行各国产业结构的比较研究提供了十分方便的条件。②

(四) 农轻重产业分类法

这种产业分类法是计划经济条件下我国采用的一种产业分类。它将社会经济活动中的物质生产部门划分为农业、轻工业、重工业三大部分。农业包括种植业、畜牧业和渔业;轻工业是指产出消费资料产品的工业,较重要的部门有纺织业、食品业、印刷业等;重工业是指生产生产资料的工业,较重要的部门有钢铁工业、石油工业、煤炭工业、电力工业、化工工业等。该分类法的优点是比较直观和简便易行,可以大致反映出社会再生产过程中两大部类之间的关系,可以说是马克思两大部类分类法在实际中的应用。但这种分类方法主要是针对物质生产领域,随着服务业的发展和在国民经济总量中的比重逐步提高,其局限性也逐步显现出来。

(五) 生产要素分类法

根据不同产业在生产过程中对要素的需求种类和需求依赖度的不同,可将国民经济各产业划分为劳动密集型产业、资本密集型产业和技术密集型产业。劳动密集型产业是指在其生产过程中对劳动力的需求依赖度较大的产业。这里的劳动,主要是指体力劳动。在劳动密集型产业中,资本的有机构成较低,生产过程中主要消耗的是活劳动。像食品工业、纺织工业、服装工业和一般性服务业,如零售业、餐饮业等,都是较典型的劳动密集型产业。资本密集型产业是指在其生产过程中对资本的需求依赖度较大的产业。该类产业在生产过程中,需要消耗大量的物化劳动,因此,其资本有机构成较高,如钢铁、石油化工等行业。技术密集型产业也称为知识密集型产业,是指在其生产过程中对技术的需求依赖度较大的产业。该类产业主要消耗的是大量的脑力劳动,所使用的技术、知识水平较高,如互联网产业、新材料新能源工业、科技服务业、创意设计产业等。

---

① 苏东水主编:《产业经济学》,高等教育出版社2000年版,第27页。
② 如我国制定的国家标准《国民经济行业分类与代码》(GB/T4754-94)就采用《国际标准产业分类》(ISIC) 1988年第三次修订版的分类标准。西方国家多根据联合国国际标准产业分类制定供官方使用的标准产业分类法。

从产业研究的角度，还可根据产业在一个国家经济体系中的地位及作用，将其分为主导产业、支柱产业、引领产业、基础产业、战略性产业，再如朝阳产业、夕阳产业等，这些产业分类之间有的是存在一定的交叉和重合性的。另外，产业作为一个动态性、历史性的概念，随着生产力特别是科技的进步，还在不断出现新的分类方式，如四次产业、六次产业等的划分方法。

三、产业结构的影响因素

（一）资源禀赋条件

资源禀赋条件是一个国家产业结构模式选择的基础条件。一般情况下，自然资源相对丰裕的国家，其所选择的产业结构多具有一定程度的资源开发和加工特征，而资源相对匮乏的国家，就不适合选择这种类型的产业结构。当然，在现代经济社会，随着经济全球化与区域经济一体化的不断发展，资源、要素在各国间的流动越来越频繁，在很大程度上改变了不同国家资源禀赋条件的差异，从而在产业结构的选择方面，资源禀赋因素的影响相对减弱。总体上说，资源禀赋条件是一国产业结构选择考虑的基础条件，它并不能从根本上决定一国产业结构的特征和水平。

（二）要素投入

1. 劳动力要素。劳动力作为重要的生产要素，对一个国家产业结构的影响可分为数量和质量两个维度。无论从需求拉动角度还是从供给角度来看，保持相对适度的劳动力数量对于形成和优化一个国家的产业结构都是必要的。而从促进产业升级和竞争力提升角度，人口素质或质量无疑具有更为突出的作用。对于一个国家产业结构优化升级和经济可持续发展而言，既应保持适度的人口增长率，同时更要着力提高人口素质，不断积累充足的人力资本。

2. 资本投入。资本是支撑产业发展的重要要素。资本供给对产业结构的影响主要包括两个方面：一是资本充裕度的影响。充裕的资本有利于促进产业技术创新、构建产业发展平台、完善产业发展基础等，从而促进一个国家产业结构的发展和转型升级。一个国家的资本充裕度一般受这个国家特定时期经济与社会发展水平、居民储蓄率、资本积累状况等诸多因素的影响。二是资本投向及使用效率的影响。在资本数量一定的条件下，一个国家产业结构的转型升级和竞争力提升，很大程度上取决于资本的投向以及使用效率。只有将资本投向符合产业结构优化升级的方向，并保持资本较高的使用效率，才能有效促进产业结构的发展和转型升级。在市场经济条件下，资本的流向与投资效率主要靠市场机制的调节，资本主要根据各产业部门的利润率水平选择相应的流向；与此同时，政府产业政策可对资本流进或流出不同产业部门，发挥一定的引导作用。特别是对于像我国这样的正处于工业化中后期、正在加快推进产业结构转型升级的国家而言，政府产业政策的作用更为重要。

（三）技术进步

技术进步是当今社会影响一个国家产业结构的最主要因素。一个国家特定时期的产业结构基本形态及水平，很大程度上取决于该时期的技术进步水平及其对产业的影响程度。在其他条件一定的情况下，技术水平及其结构的变动，会引起产业结构相应的变动，而根本性、突破性的技术创新，往往会引发一个国家产业结构的根本性变动。

从作用机理上说，产业结构的转换、升级主要取决于各产业部门之间生产率增长速度的差异，而这种差异很大程度上又取决于各部门技术创新水平及应用程度的不同。那些率先实现了技术突破的部门，通过显著提升部门的劳动生产率，成为成长迅速的部门，并可能进一步发展为这一时期国家主导性产业；相反，那些技术创新能力不足、创新成果应用缓慢的产业或部门，将由于劳动生产率提升缓慢、产业竞争力不强而趋于衰弱，直至被淘汰。技术进步对产业结构变动的影响首先是影响产业结构中的主导产业，进而带动一般产业的变动，从而实现整个产业结构的变动。技术进步还会通过产生新产业、新业态、新商业模式等，导致产业结构的转型升级。历史上的三次产业革命，都曾通过根本性技术创新，引发当时产业结构的转型升级。当今正在孕育发生的第四次产业革命，一方面通过改造提升传统产业，另一方面通过形成新的产业部门，正在引发产业结构的深刻变革。

（四）市场需求

需求包括消费需求、投资需求和出口。出口稍后分析，先分析消费需求和投资需求。

消费需求对产业结构的影响包括消费规模和消费结构两个方面。消费规模或消费量又受到人口数量和人均收入水平的影响，这又与一个国家的经济发展水平及状况相关。一般来说，一个国家的人口越多，消费需求的绝对量就越大，会刺激产业的发展以满足人们需求的不断增加。但对于经济相对落后的国家来说，人口的过快增加会降低人均国民收入水平和消费规模，从而不利于该国产业结构的发展和升级。当一个国家的国民经济及人均国民收入水平处于相对较高的水平时，保持适度的人口增长，对于增加社会需求量，拉动产业结构发展与升级，具有重要作用。消费结构对产业结构具有重要影响。在市场经济条件下，个人消费结构对产业结构的影响最为直接和显著。它不仅直接影响最终产品的生产结构和规模，还间接影响中间产品的需求状况。随着人均收入水平的提高，个人需求趋于多样化和多层次，由此将促进产业结构实现层级式升级。

投资是支撑企业扩大再生产、产业扩张和技术创新的重要力量。保持适度的投资率，是促进产业发展和升级的重要物质条件。在保持一定的投资量的条件下，投资方向、投资结构与投资效率对产业结构具有直接影响。对于重点发展或优先发展的产业，增加投资是促进其快速发展的重要条件。消费和投资作为社会需求的两大主要部分，二者的比例或结构对产业结构具有重要影响。它直接决定了消费品生产产业与资本品生产产业的比例关系。为此，政府应采用一定的投资政策、消费政策，合理引导投资流向，以达到调整投资结构，进而调整产业结构的目的。

（五）国际贸易与国际投资

在经济全球化条件下，国际分工打破了国家之间的界限，使资源、要素、技术、产品和劳务等在不同国家之间实现流动，由此促进了国际贸易的快速发展。国际贸易通过本国产品的出口，拉动本国需求增长，通过进口外国产品，从而影响国内产品的供求结构与态势，进而影响产业结构。总体上看，进出口贸易有利于各国发挥自己的比较优势，获得比较经济利益，并有利于形成维护这种比较利益的产业结构。特别是对于我国这样的发展中大国，通过发展对外贸易，出口可以拉动国内需求，从而拉动产业结构的调整；适当进口产业发展和转型升级所需的资源、要素和技术等，有利于促进产业的发展和产业结构升级，特别是通过进口国内紧缺资源、要素，进口国内急需的新产品、新技术等，对于拓展本国产业发展空间，完善产业体系，促进产业升级，具有十分重要的作用。

国际投资也是影响产业结构变动的一个重要因素。国际投资包括本国企业在外国的投资和外国企业在本国的投资。对外投资会导致本国产业的对外转移，外国投资则促使国外产业的对内转移，二者都会引起国内产业结构的变化。相比之下，外国直接投资对国内产业结构的影响更为显著，具体表现在三个方面：一是外资企业投资、生产的产品品种、数量变化会直接改变投资国现有产业结构。二是外资企业中间产品的供应结构和最终产品的销售结构的变化会直接影响国内产业结构的变化。外资企业进入国内市场以后,其中间产品的供应可以来自国内,也可以来自国外;其最终产品可以在国内销售,也可以在国外销售。由此,会对本国产业结构带来一定程度的不确定影响。三是外资企业的技术创新会直接或间接地促进被投资国产业结构的升级,特别是在外资投资过程中,一些外资企业将研发机构同时引进被投资国,这更有利于实现外资技术创新成果的外溢,从而更加有利于促进被投资国产业结构升级。

一个国家向国外投资也会对本国产业结构产生一定影响,这种影响主要取决于向国外投资的类型。如果是向国外输出国内相对过剩的产业的产能,这在一定程度上有利于缓解国内过剩的产能,为产业结构调整创造有利的条件和空间。如果是通过并购国外企业、研发机构、销售网络等实现对外投资,则有利于形成更深嵌入全球分工体系、更高水平的产业结构。当然,如果对外投资不当,也会对本国产业结构带来一定不利的影响。如20世纪七八十年代,以美国为代表的发达国家将制造业大规模转移到发展中国家,造成了不同程度的产业空心化问题。

产业结构除了受到国内外经济因素的影响外,还受到政治、文化、社会、法律等多种非经济因素的一定程度的影响。例如,若考虑就业、民生和社会福利问题,一个国家就应适当发展部分劳动密集型产业,而不能一味地为追求产业结构升级而过多发展技术密集型和资本密集型产业。再如,文化因素对产业结构的影响越来越明显,不同的社会文化思潮和价值追求,会在一定程度上影响一个国家产业结构的形态。法律环境对一个国家的产业结构也具有一定影响。良好健全的法律环境会促进国内外投资,促进产业结构演进。包括知识产权保护在内的法律法规有利于保障技术创新,促进科技成果转化,由此促进产业结构的高级化。

四、产业结构演进及其基本逻辑

(一)工业化、现代经济增长与产业结构演进

20世纪30年代,英国经济学家科林·克拉克在配第的研究成果基础上,进一步分析了经济发展和劳动力在三次产业间的分布和变化趋势,总结出以下结论:随着经济的发展,即人均国民收入水平的提高,劳动力首先由第一产业向第二产业转移;当人均国民收入水平有了进一步提高时,劳动力便向第三产业转移;劳动力在产业间的分布状况——第一产业将减少,第二产业和第三产业将增加。这一结论被人们称为配第—克拉克定律。它揭示了经济发展过程中劳动力在

三次产业间的转移趋势，同时也指出了产业结构的演进趋势。①

现代经济发展主要表现为工业化的推进过程，在工业化推进过程中，三次产业的地位和作用也会发生相应的变化。根据美国经济学家罗斯托的观点，一个国家的工业化过程可分成五个阶段：前工业化时期、工业化初期、工业化中期、工业化后期和后工业化时期。在前工业化时期，第一产业占主导地位，第二产业获得一定发展，第三产业的地位和作用较小。在工业化初期，第一产业产值在国民经济中的比重逐渐缩小，地位逐步下降；第二产业得到较快发展并逐步占据主导地位，且工业发展的中心从轻工业为主向基础工业为主转变，与此同时第三产业也得到一定发展，但其在国民经济中的地位和作用仍不显著。到工业化中期，第二产业的主导地位更加突出，工业发展的重心由基础工业转向高加工度工业，同时第三产业的地位与作用明显上升。到工业化后期，第二产业所占比重开始下降，第三产业的地位与作用迅速上升，其所占产值和就业比重不断提高，并逐步在国民经济中占据主导地位。在后工业化时期，信息化快速发展并迅速普及，信息产业逐步发展成为国民经济的支柱产业。当今社会，新一轮工业革命正在孕育发生，互联网、大数据、人工智能等新一代信息技术迅速向传统产业渗透和融合，同时形成了许多新的产业、业态和模式，预示着全球产业结构正在经历一轮深刻的变革。

（二）产业结构演进中主导产业的选择与转换

主导产业是指在一个国家或区域经济发展过程中出现的在国民经济中居于主导地位，通过产业关联影响整个产业结构，对整个国家或地区的经济增长具有主导带动作用的产业部门。在一个国家或地区不同的发展阶段中，主导产业往往是不同的。从人类社会经济发展进程看，农业经济时代，农业是主导产业。进入工业经济时代，主导产业经历了一个多次转换的过程。在工业化初期，以轻纺工业为主导产业。这一时期，由于需求拉动、技术要求简单、从第一产业分离出来的劳动力低廉等因素的影响，轻纺工业得到较快发展，成为社会经济发展的主导产业。随着工业化的发展，以原料和燃料动力等基础工业为重心的重化工业逐步发展起来，并逐渐取代轻纺工业成为经济社会的主导产业。在这一阶段，技术要求不高的机械、钢铁、造船等低度加工组装型重化工业迅速发展，在国民经济中的比重越来越大，成为经济发展的主导产业。但重化工业作为资本、技术高度密集型产业，其发展对产业的技术创新能力有较高

---

① 臧旭恒等：《产业经济学》（第三版），经济科学出版社2005年版，第321页。

的要求，由此，以低加工组装型重化工业为主导的阶段必然进一步发展为以高加工组装型工业为主导的阶段。在该阶段，随着高新技术的大量应用，技术要求较高的精密机械、精细化工、石油化工、机器人、电子计算机、飞机制造、航天器、汽车及机床等高附加值组装型重化工业得到较快发展，并成为国民经济的主导产业。

随着产业结构的发展演进，服务业的比重逐渐提升并逐渐取代工业成为国民经济的主导产业。这时，第二产业的发展速度逐步放缓，特别是传统产业下降幅度较快；与此同时，高新技术产业仍有较快发展。第三产业包括服务业、运输业、旅游业、商业、房地产业、金融保险业、信息业等的发展速度明显加快，并在GDP中占有较大份额。在服务业内部，随着产业升级和技术创新的加快，技术含量和附加值较高的现代服务业所占比重不断提升并成为服务业的主体。在当今社会，伴随着服务业的快速发展以及互联网与大数据、云计算、人工智能等新一代信息技术的广泛应用，信息产业获得迅速发展，并逐步成为国民经济的主导产业，由此标志着人类社会进入信息化社会或网络经济社会。

第三节 转变发展方式与调整产业结构[①]

一、新中国成立以来产业结构的演进

（一）改革开放之前的产业结构

新中国成立初期到改革开放之前，在计划经济体制基础上，在政府赶超型经济发展战略导向下，我国建立起以重工业为主导的产业结构。当时选择优先发展重工业，除了与赶超型经济发展战略有关外，也与新中国成立后较长一个时期西方国家对我国的封锁禁运、国内制造能力十分薄弱等环境条件有关。当时，我国重工业发展主要依靠国内积累建设资金来推进，通过工农业产品价格"剪刀差"将农业资金积累大量转为重工业发展基金。这种产业结构使我国在一个较短的时期内形成了相对完整的工业体系和国民经济体系，奠定了工业化

---

① 本节未标注来源数据均来自历年《中国统计年鉴》。

发展的基础，也为改革开放后实现国民经济持续快速增长奠定了必要的物质基础。但重工业发展过度超前，长期忽视农业和轻工业的发展，导致产业结构畸形化，农业基础比较薄弱，轻工业发展严重滞后，人民生活水平长期得不到明显提高。

（二）改革开放以来产业结构的演变及特征

改革开放后，我国开始调整产业结构与工业化发展思路，摒弃了单纯优先发展重工业的思路，转而采取改善人民生活、促进三次产业全面发展的新的工业化发展战略，尤其是强调要大力发展农业和轻工业，并使重工业发展为农业、轻工业服务。

改革开放初期，以家庭联产承包责任制为主要内容的农业经济体制改革，极大地焕发了亿万农民的积极性，使长期处于停滞状态的农业得到快速发展，农业产值所占比重从1978年的27.9%上升到1984年的31.8%。从1984年以后，经济体制改革的重点由农村转移到城市工业，由此促进了轻工业的快速发展，首先是以农产品为原料的轻工业增长，其次是以非农产品为原料的轻工业增长。工业内部轻、重工业产值所占比重由1978年的43.1∶56.9提高到1990年的49.4∶50.6，轻、重工业的结构趋于协调。与此同时，第三产业也得到了一定发展，在GDP中所占比重由1984年的25.5%上升到1991年的34.5%。

到20世纪90年代后期特别是进入21世纪，随着经济的发展和经济环境的变化，我国产业结构重新进入重化工业作为主导产业的阶段，并带动了国民经济进入新一轮快速增长。从1998年开始，重工业增长速度就一直高于轻工业增长速度，尤其是2003~2007年，国内生产总值连续5年实现两位数增长，重工业占工业增加值的比重由1998年的55.2%迅速提高到2006年的69.5%，平均每年提高1.8个百分点，[①] 重化工业发展的带动作用十分明显，这一趋势也被称为"重新重工业化"。"十五"时期的"重新重工业化"是由以居民消费结构升级为主，包括城市化步伐加快和国际产业转移等多种因素共同促成的，是我国工业化发展和改革开放共同促进的必然结果，符合工业化国家产业发展的一般规律和趋势，即随着工业化水平的提高，工业发展的主导产业将由劳动密集型的轻工业为主转变为资本、技术密集型的重化工业为主。这一时期的重化工业化快速发展，带动了我国经济的高速增长，大大推进了工业化进程，但也产生了资源消耗较

---

① 简新华、叶林：《改革开放以来中国产业结构演进和优化的实证分析》，载于《当代财经》2011年第1期。

大、环境污染较多等问题。

2001年我国加入世贸组织，全面参与到经济全球化进程中，产业结构的发展演变越来越受到国际产业分工与竞争的影响。随着我国产业越来越深地嵌入全球价值链，我国承接了越来越多的国外直接投资。借助于资源、要素特别是劳动力成本优势，我国获得了可观的国际分工比较利益；与此同时，通过引进国外资金、技术和管理经验，带动了企业和产业技术进步、管理水平提高，由此促进了我国产业结构的优化、升级。但也需指出，在参与国际产业分工的过程中，由于技术创新特别是自主创新能力不足，产业的国际竞争力不高，导致我国产业主要处于国际价值链低端。

2008年国际金融危机发生后，我国产业结构调整的国内外经济环境发生了巨大变化。发达经济体经济复苏乏力，新兴经济体经济下滑严重，加之国内要素成本上升，导致我国经济长期快速增长所依赖的投资和出口增长出现乏力，经济发展由此进入前期经济政策消化期、经济速度换档期、经济结构转换阵痛期的"三期叠加"时期，经济发展进入新常态。经过多年发展和调整，我国产业结构发生了许多具有趋势性的积极变化。首先，三次产业结构发生了重大变化。2012年，第三产业比重为45.5%，第二产业比重为45.0%，第三产业比重首次超过第二产业。到2017年，第一产业增加值占国内生产总值的比重为7.9%，第二产业增加值占国内生产总值的比重为40.5%，第三产业增加值占国内生产总值的比重为51.6%。[1] 这表明，长期以来我国经济增长主要靠第二产业主导的状况已经发生转变，第三产业对经济增长的推动作用明显增强。产业结构的这种积极变化，是我国经济结构优化的重要标志。其次，工业内部结构正在发生积极变化。高技术产业比重从2010年的8.9%上升到2014年的10.6%；装备制造业比重从2012年的28.2%上升到2014年的30.4%；高耗能产业比重从2011年的30.7%下降到2014年的28.4%；采矿业比重从2012年的13.9%下降到2014年的11%。[2] 最后，服务业内部结构进一步优化，现代服务业比重不断上升。除此之外，随着"互联网＋"行动计划、《中国制造2025》等一系列战略及规划的实施，新产业、新业态、新模式、新技术等的支撑引领作用不断凸显，我国产业的数字化网络化智能化改造提升不断加强，产业结构转型升级步伐进一步加快。

---

[1] 中华人民共和国国家统计局：《中国2017年国民经济和社会发展统计公报》，载于《人民日报》2018年2月29日。

[2] 许宪春：《我国经济结构的变化与面临的挑战》，载于《国家行政学院学报》2015年第6期。

二、现阶段产业结构存在的主要问题

(一) 农业基础相对薄弱,现代化水平亟待提高

改革开放40多年来,我国农业经济得到较为快速的发展,农业现代化水平显著提高,农民收入明显改善。但与此同时,农业在发展中还存在一些问题,主要表现为:

第一,耕地等自然资源对增加农产品有效供给的约束不断增强。近年来,由于建设用地扩张、经济结构调整需要、自然灾害频发、生态退耕等,我国耕地资源每年都有一定的"流失",并开始挑战国家耕地红线政策。截至2015年末,全国耕地面积为20.25亿亩,全国因建设占用、灾毁、生态退耕、农业结构调整等原因减少耕地面积450万亩,通过土地整治、农业结构调整等增加耕地面积351万亩,年内净减少耕地面积99万亩。① 因耕地流失导致的耕地资源锐减,以及人口的相对缓慢增长,使得我国人均可耕地资源大幅压缩,粮食等农产品的有效供给受到约束。在当前城镇化、工业化快速推进的关键时期,"人地矛盾"恶化以及由此导致的农产品供需失衡,还将可能威胁到整个经济社会的发展。

第二,农业基础设施落后,农业抗风险能力不强,年均农业生产损失较大。农业基础设施不足,已成为制约我国农业抵抗自然灾害等风险能力提高的重要原因。多年来,由于我国农业基础设施建设滞后,例如水利建设不足、农业灾害预警系统建设滞后等,以致难以有效抵御频发的自然灾害,使得我国农业年均生产损失较大。

第三,农业现代化建设滞后。现代农业的发展与大机器化紧密相连,但是我国长期采用的小规模农户家庭经营模式,大型机械在农村很难开展,机械化水平落后导致种植业单产偏低。同时,分散化的经营体制导致农业生产与管理水平落后,使得农业生产缺乏与下游消费市场间的有效对接,难以形成规模效益,制约农业现代化发展。

(二) 工业大而不强,国际竞争力不足

目前,我国已经是工业大国。在世界500多种主要工业产品当中,我国大约有220多种产品产量居世界第一。但与此同时,我国工业发展仍存在诸多问题,

---

① 国土资源部:《中国国土资源公报》,2015年。

主要表现为：

第一，大而不强。2015年我国工业增加值高达274278亿元，占GDP比重为43.1%，远高于同期发达国家水平。然而"十二五"期间，我国平均的工业增加值率是25.6%，近几年则出现下降，不到23%，而发达国家的工业增加值率在35%~40%。① 同时，工业产业投资增速过快导致产能过剩问题突出。

第二，制造业处于全球产业链低端环节。长期以来，我国在制造业发展过程中兴起的是大批从事组装代工、加工贸易的制造业企业。这些企业大多从事技术含量低、利润微薄的劳动密集型产业，依托我国廉价的劳动力、原材料等优势参与国际分工，在全球产业链中处于低技术、低附加值的加工组装环节，在品牌、营销等高端环节发展滞后。即使在具有很强竞争力的一些行业，我国企业也大都限于加工制造环节。随着生产要素优势逐渐丧失、全球经济衰退带来的国际市场收缩，我国制造业低级化弊端越来越明显。

第三，一些行业缺少自主核心技术。工业企业技术创新能力不强的问题日益突出，成为我国工业发展的重要制约因素。特别是缺乏核心技术和创新能力，高端装备和技术保障能力不能满足需要，在部分关键环节和领域依赖引进、受制于人。近年来，我国加快培育发展战略性新兴产业，对技术装备保障提出了更高的要求，迫切需要新型装备的保障和支撑，而我国在高性能材料、精密制造工艺、先进装备及核心部件等方面的技术创新能力相对不足，制约了战略性新兴产业发展。

（三）服务业发展水平相对不高，内部结构有待优化

改革开放以来，我国服务业取得快速发展，在国民经济中所占的比重不断提升，但也存在一些问题，主要表现为：

第一，带动其他产业发展的能力有待增强。长期以来，我国服务业增加值在国内生产总值中的比重，持续低于世界其他按收入标准划分的主要经济体，这不仅包括服务业发展程度最高的高收入国家，也包括服务业发展程度较低的中低收入国家。服务业发展不足，制约了服务业对其他产业发展的带动作用。发达国家的经验表明，制造业生产率增长率与服务业生产率增长率之间呈较强的正相关性，服务业生产率增长率不高，制约着制造业生产率增长率的提升。

第二，内部结构不合理，与经济发展的需要不相匹配。一是带有公共服务性质的消费性服务业，如医疗、教育等发展不足。二是直接提升产品增加值的生产

---

① 李毅中：《23%工业增加值率的忧思》，载于《人民政协报》2015年3月7日。

性服务业占比较低。我国的生产性服务业更多地集中于运输、仓储和通信,而金融中介、房地产、租赁及商务活动,以及设计、营销、品牌、咨询、研发与技术服务等发展较为滞后,制约着产业结构转型升级和国际竞争力提升。

(四) 产业发展的绿色低碳化水平偏低,可持续性差

来自发达国家的工业发展经验表明,如果经济采用集约型和内涵式的增长模式,重化工业过程不会必然带来资源能源消耗高和环境污染重等问题。然而,由于我国经济长期采取粗放型和外延式增长模式,资源能源利用率较低,使得我国这些年在重化工业发展过程中,相比于世界同期发达国家,存在资源能源耗费偏高、环境污染较严重等问题,对原本就十分脆弱的生态环境造成了巨大压力。2003年以来,我国工业高速增长,使得能源消费的弹性系数总体较高,能耗效率较低。2011年、2012年、2013年能源消费弹性系数有所降低,分别为0.76、0.51、0.48,但还是高于国际平均0.45的合理水平。[①] 物耗高、能耗高、污染高的"三高"型产业发展模式已难以为继。

三、以产业结构调整为主攻方向加快转变发展方式

经过改革开放几十年的发展,我国经济已由高速增长阶段转向高质量发展阶段,正处在转变发展方式、优化经济结构、转换增长动力的攻关期。今后长时期内要着力加快建设实体经济、科技创新、现代金融、人力资源协同发展的产业体系。

(一) 加快构建新型制造业体系

我国正处于工业化发展的中后期,制造业仍是整个国民经济的重要基础和支柱。面对新一轮产业革命的机遇和挑战,我国应按照《中国制造2025》等战略规划要求,重点推进制造业的智能化、绿色化和服务化。

推进制造业智能化,重点是推动互联网、大数据、人工智能等新一代信息技术与制造业的深度融合。借鉴德国工业4.0的经验,大力发展工业互联网,实施智能制造工程,推动生产方式向柔性、智能、精细化转变,全面提升我国制造业的数字化网络化智能化水平。

推进制造业绿色化发展,重点是加强工业产品生产制造过程中的节能环保技

[①] World Development Indicators 2014 [M]. World Bank Publications, 2014.

术、工艺和装备的推广应用,全面推行清洁生产,发展绿色、循环、低碳经济,提高资源、能源利用效率,构建起绿色制造体系。

制造业服务化是新型制造体系的重要内容。《中国制造2025》明确指出要"加快制造与服务的协同发展"。借助于互联网和新一代信息技术,制造企业利用多元化的金融服务、精准化的供应链管理和便捷化的电子商务,不断提高交易效率和便捷程度。通过拓展延伸制造企业的服务链条,强化制造业服务环节,推动生产型制造向服务型制造转变。

(二) 构建现代服务体系

发展具有较高效率和竞争力的现代服务业是构建我国产业新体系的重要任务。要重点加快服务业内部结构优化,形成技术、知识密集型服务业为引领的现代服务业新结构。

第一,要大力改造、提升以生活性服务业为主要内容的传统服务业,促进其向精细化、高品质化转变。要进一步丰富服务内容、创新服务方式、提升服务体验,更好地满足居民多层次、个性化服务消费需求。进一步激发居民新的服务需求,形成服务供给与需求相互促进、不断升级的良性循环。

第二,大力发展现代服务业,重点是发展与制造业关系密切的生产性服务业。一是大力推动流通性服务业的信息化、智能化水平,鼓励更多的流通企业向平台服务商转型,增强产业的综合服务功能。二是促进生产性服务业的技术、管理和商业模式创新,围绕产业价值链核心环节,整合配置资源,实现向产业链中高端延伸。三是围绕数字化网络化智能化制造,积极发展与新一代信息技术密切相关的新型生产性服务业。四是大力发展电子商务等服务业的新产业、新业态、新模式,推动生产性服务业进一步向专业化发展,向国际价值链高端延伸。

第三,进一步推进服务业改革开放。进一步消除制约服务业发展的深层次体制机制障碍,改革不合理的产业限制制度,进一步放宽市场准入,推动各类市场主体参与服务供给,为服务业快速发展提供有力的制度保障。深入推进服务业对外开放,开展银行、保险、证券、养老等设立外商独资机构试验。吸纳全球高端资源发展我国现代服务业,提高服务业发展的国际化水平。大力发展服务贸易,提高服务贸易在贸易发展中的比重和档次。

(三) 大力培育发展战略性新兴产业

战略性新兴产业代表新一轮科技革命和产业变革的方向。大力发展战略性新兴产业对于发展现代化经济体系、培育发展新动能具有重要作用。

第一,强化创新驱动。将创新作为推动战略性新兴产业发展的根本动力,聚焦突破核心关键技术,进一步提高自主创新能力,发展壮大新一代信息技术、高端装备、新材料、生物、新能源汽车、新能源、节能环保、数字创意等战略性新兴产业。

第二,坚持需求引领。将市场需求作为拉动战略性新兴产业发展的关键因素。强化新产品、新服务的示范引领作用,以消费升级带动产业升级。

第三,促进集聚发展。产业的集约集聚发展是战略性新兴产业发展的基本模式。要促进以科技创新为引领的产业集聚,提升产业集群持续发展能力和竞争力。重点推动产业链和创新链的协同发展,加快培育新业态、新模式,打造特色产业集群。

第四,强化要素支撑。加快推进人才体制改革创新,完善相关人才政策,特别是通过调整改革人才分配制度,全面激发人才创业创新动力和活力。发展完善资本市场体系,完善风险投资机制,为战略性新兴产业发展提供强有力的金融支持。

(四) 加快推动传统产业转型升级

近年来,由于受国外市场空间逐步收窄、产业发展要素成本不断上升、资源环境约束不断趋强等因素的影响,一些传统产业的发展遇到了较大困难,市场竞争压力趋大,许多产业的产能甚至出现较严重的过剩。从构建我国产业新体系角度来说,必须改造、提升传统产业,使之成为我国新产业体系中有活力和竞争力的部分。一是要加强技术创新和对传统产业的技术改造和提升,提高产业技术创新能力和产品附加值。二是要把改造提升传统产业与发展新兴产业更好结合起来,重点围绕两化融合、节能降耗、质量提升、安全生产等领域,推广应用新技术、新工艺、新装备、新材料,更好地满足消费者对高质量、高品质产品和服务的需求,提高企业效益。三是推进产业重组和组织结构调整,重点支持企业间战略合作和跨行业、跨区域、跨所有制的兼并重组,提高产业的规模化、集约化经营水平,打造一批具有较强核心竞争力的企业集团。四是积极推进互联网、大数据、新一代人工智能与传统产业深度融合,促进传统产业优化升级。

(五) 推动农村一二三产业的融合发展

农村一二三产业融合,是指各类农业产业组织通过延伸产业链条、完善利益机制,打破农产品生产、加工、销售彼此割裂的状态,使各环节相互协调,各主体利益共享的产业发展生态。它是我国农业产业结构调整的必然趋势,也是适应国内外产业发展趋势及要求的基本选择。从全球看，随着新产业革命的发生，包括农业在内的各类产业从业态类型、商业模式、生产方式及产品结构等方面都发生了深刻变化。特别是互联网与新一代信息技术不断向农业渗透，促进了农业经营方式、商业模式的变革，由此形成农村一二三产业融合发展的趋势。从国内看，进入21世纪以来，我国农业发展总体态势良好，但也出现诸多发展的难题，主要是农业竞争力连年下降、粮食库存压力巨大、资源环境不堪重负、农民增收缓慢等。今后，要实现农业经济的快速发展，完成全面建成小康社会，就必须解决以上问题，为此要求创新农业经营模式，充分利用国际产业变革和我国产业转型升级的历史机遇和条件，促进农业一二三产业融合发展，以此作为实施乡村振兴战略、加快农业现代化发展的抓手。为此，要大力发展农业产业化，把产业链、价值链等现代产业组织方式引入农业，促进一二三产业融合互动。

（六）抢抓新产业革命机遇大力发展新产业新业态

伴随着互联网与新一代信息技术的快速发展和广泛应用，新产业、新业态等大量涌现，如网络购物、大数据、云计算、物联网、机器人、3D打印、人工智能、虚拟现实等。这些新的产业和业态统称为"新经济"。近年来，为促进新产业、新业态发展，我国制定实施了一系列相关战略及规划，[①] 有力促进了新产业、新业态的发展。

发展新产业、新业态是发展我国新经济的重要内容，是促进传统业态转型升级的重要动力，从而是加快经济发展新旧动能转换的重要途径。促进新产业、新业态发展重点应采取以下对策：

第一，着力提升要素质量和水平，提高要素生产率。通过转变人口政策、加大教育投入、改革教育体制、完善培训制度等，提升人力资本质量、水平。优化资本要素，强化对新产业、新业态的金融支持。

第二，强化技术创新能力，为新产业、新业态发展提供强有力的技术保障。进一步深化科技创新体制改革，完善创新生态系统，强化自主创新能力，加快科技成果转化。

第三，提高政府产业政策的作用效能。在发展新产业、新业态过程中，政府在产业政策功能定位、重点作用领域及方向、具体作用方式与方法等方面应力求积极、准确、到位，实施差别化产业政策，创新政策作用方式，力求提高

---

① 2013年2月，国务院发布《关于推进物联网有序健康发展的指导意见》；2015年7月，国务院发布《关于积极推进"互联网＋"行动的指导意见》；2015年8月，国务院发布《促进大数据发展行动纲要》；2015年7月，多部门联合下发《关于促进互联网金融健康发展的指导意见》等。

政策效能。

第四，创新体制机制，为新产业、新业态发展创造良好的制度环境。

第五，经济发展新动力的打造离不开体制机制的同步更新，发展新经济某种程度上来说也是深化经济改革，在营造制度创新环境的同时，需完善市场监管体系，力求监管到位。一方面，推进简政放权、放管结合、优化服务改革、转变政府职能，健全有利于激励创新的知识产权保护与归属制度，营造有利于创新和公平竞争的市场环境；另一方面，探索包容有效的审慎监管方式，有效引导新经济领域的创业、投资健康发展，对企业不良竞争行为加以限制。

【思考题】

1. 经济结构合理化的判定标准与主要影响因素是什么？
2. 产业结构的内涵与主要影响因素是什么？
3. 现阶段我国产业结构存在的主要问题有哪些？
4. 现阶段我国产业结构调整的主要内容是什么？

第四篇　宏观经济与政府职能

第十章

中国宏观经济中的总量与结构

宏观经济是从整体上把握的国民经济。宏观经济分析是从整体上分析国民经济运行中的各种关系。本章既阐述宏观经济运行的一般原理,也阐述中国特色社会主义宏观经济运行的基本特征。

第一节 按比例分配社会劳动时间

一、宏观经济与微观经济

为了便于探索并认识经济规律,人们通常把国民经济划分为微观经济、中观经济和宏观经济。

从一般意义上说,微观经济是从个量上分析经济行为主体的特点、活动规律,例如分析市场中的居民、企业、农户的投资、消费行为特征和规律问题,就属于微观经济分析,本书第二篇对居民和企业的分析就属于这样的分析。中观经济是对经济结构、区域经济的分析,本书第三篇就属于这样的分析。宏观经济则是从总量上分析社会经济整体运行的特点、活动规律,内容包括:一个国家国民经济总供给和总需求问题、货币供应总量问题、财政总收支问题、增长问题、就业问题、物价总水平问题等。当然宏观经济、中观经济与微观经济以及发展问题是相对而言的,大部分经济问题是交织在一起的。

从更深层意义上说,微观经济、中观经济和宏观经济之间的关系,并非简单的量的关系。西方经济学在分析宏观问题时所使用的总供给曲线和总需求曲线,是建立在微观经济学中个量分析使用的供求曲线基础上推理出来的,虽然有一定道理，但其局限性也是明显的：第一，总量经济并非是简单的个量经济的总和，它可以大于或者小于个体经济的简单相加。道理是明显的，例如如果社会各个汽车生产企业生产的汽车总和为 200 万辆，但社会实际需要的汽车是 100 万辆，那么就国民经济总量而言，有效的汽车就只是 100 万辆，其他 100 万辆就是浪费。这就是通常说的"1＋1＜2"的道理。第二，总供给和总需求曲线，至多只能描述经济总量关系，不能分析经济结构关系，事实上，从整体上看国民经济，不仅仅是总量，也包含结构。一个国家的经济，总量虽然是平衡的，但如果结构失衡，还是不能保证经济运行的协调健康发展。实践证明，现代市场经济存在的最大问题往往表现为总量问题，而深层次上则是结构问题。在经济学理论体系中，对结构进行科学分析的方法，最早是由马克思主义政治经济学提出的。

依据马克思主义政治经济学原理，现在所说的微观经济和宏观经济之间的关系，可以运用个别资本运动与社会总资本运动的关系来认识。马克思在《资本论》中运用这一原理揭示了社会资本的运动规律，如果我们抽去其社会生产关系特征，其中的思想方法，同样可以用来分析社会主义市场经济中的相关问题。

个别资本就是指单个企业的资本。在市场经济中，每个企业都是独立的市场主体，企业资本在独立循环和周转过程中实现价值增殖。但是个别资本不是孤立运动，而是相互之间彼此联系、互为条件的。一个资本的销售阶段，就是另一个资本的购买阶段，处于不同运动阶段的各个个别资本之间彼此有机联系在一起，这些有相互联系的个别资本构成了社会资本。正如马克思指出的："各个单个资本的循环是互相交错的，是互为前提、互为条件的，而且正是在这种交错中形成社会总资本的运动。"[①]

社会总资本是由相互联系的个别资本构成的，这是个别资本与社会总资本之间的内在联系，即微观经济与宏观经济之间的内在联系。这种联系主要包括：二者的运动目的都是为了实现价值增殖；运动过程都包括生产过程和流通过程；运动阶段都采取货币资本、生产资本、商品资本的不同形态；等等。

但是个别资本与社会总资本运动有所不同，在个别资本运动分析中，只考虑企业利润最大化如何实现，对于资本家和工人的个人消费问题，不需要考虑。这里的消费，只是企业对生产资料的需要，即生产消费，没有生活消费。但对社会总资本运动的分析，既要考虑生产消费，也要考虑不同阶级的个人消费，即要考虑消费总量和消费结构两方面的问题。因此，在西方宏观经济学中，着重分析社会总供给和总需求所反映的总量问题，基本不分析结构问题。但在马克思主义政

---

① 马克思：《资本论》第 2 卷，人民出版社 2004 年版，第 392 页。

治经济学中的宏观分析,则既包括社会经济总量问题,也包括部门之间、产业之间的结构问题。从社会再生产的角度看,这些结构既有生产结构,也有消费结构。

二、按比例分配社会劳动时间规律

依据马克思主义政治经济学基本原理,宏观经济运行是否稳定和平衡,取决于全社会范围内不同部门之间生产是否遵循按比例分配社会劳动时间这一深层经济规律。社会总供给与社会总需求是否平衡,仅仅是这一深层规律作用结果的外在表现。

按比例分配社会劳动时间,是各个社会形态中人类经济活动遵循的共同规律。正如马克思指出的:"一切节约归根到底都归结为时间的节约。正像单个人必须正确地分配自己的时间,才能以适当的比例获得知识或者满足对他的活动所提出的各种要求一样,社会必须合乎目的地分配自己的时间,才能实现符合社会全部需要的生产。因此,时间的节约,以及劳动时间在不同的生产部门之间有计划的分配,在共同生产的基础上仍然是首要的经济规律。"[①] 按比例分配社会劳动时间规律的基本要求是,按社会生产和再生产要求的合理比例,把社会总劳动时间分配到社会各个行业和部门,以生产出满足各种不同需要的商品和劳务。

在社会主义市场经济条件下,按比例分配社会劳动时间规律的作用主要是:第一,合理地分配社会劳动时间。按比例分配社会劳动时间规律同价值规律等其他规律一起,调节着社会生产同社会需求之间的比例关系,调节着社会劳动同社会生产之间的比例关系,使之相互适应,从而达到合理分配社会劳动的目的。第二,促进国民经济按比例发展。按比例分配社会劳动时间规律作用的结果,会促进生产、分配、交换、消费社会再生产各个环节之间,社会总供给和总需求之间,三次产业之间,生产发展与人口增长之间等重大比例关系的协调,以保证社会再生产才能顺利进行。第三,有效地节约社会资源。按比例分配社会劳动时间规律的作用是增加社会所需要的商品,减少社会所不需要的商品,逐步形成适应社会需要的社会生产结构,从而促进社会劳动的有效利用和社会资源的节约。

按比例分配社会劳动时间规律是客观规律,发展社会主义市场经济,要自觉遵循这一客观规律。自觉遵循这一规律有两种基本的途径:一是充分发挥市场在资源配置中的决定性作用,即市场调节。在这种形式中,按比例分配社会劳动时

[①] 《马克思恩格斯文集》第8卷,人民出版社2009年版,第67页。

间规律的作用与价值规律等作用紧密地结合在一起。二是自觉利用计划的形式，即计划的调节。在发展社会主义市场经济中，要把这两种形式有机地结合起来。

在微观领域，企业是资源配置的主体，企业配置资源的原则是遵循利润最大化原则。而企业要做到这一点，既要考虑企业内部资源配置的合理性，又要考虑企业的外部条件，也就是流通领域的市场需求。在企业内部资源配置中，企业自觉地遵循按比例分配劳动时间的规律。而企业在市场上的行为，遵循的是价值规律，也就是部门之间的按比例分配社会劳动时间的规律。企业遵循的两种不同规律，是由企业内部分工和企业之间的社会分工的差异决定的。正如马克思指出的："在工场内部的分工中（即企业内部——作者注）预先地、有计划地起作用的规则，在社会内部的分工中（即不同部门企业之间——作者注）只是在事后作为一种内在的、无声的自然必然性起着作用，这种自然必然性只能在市场价格的晴雨表式的变动中觉察出来，并克服着商品生产者的无规则的任意行动。"①

从以上马克思的基本思想和方法可以看出，无论是微观经济、中观经济还是宏观经济，资源合理配置的本质都是要遵循按比例分配社会劳动时间规律，这是资源配置最本质、最深层的关系。但微观领域与宏观领域遵循的规则是不同的，"在工场手工业中（企业内部——作者注），保持比例数或比例的铁的规律使一定数量的工人从事一定的职能"。② 也就是说，企业内部按比例分配劳动时间是根据企业内部分工确定工人的职能来完成的。而在宏观领域，不同部门之间要保持比例关系则不同，由于价值规律具有自发性、盲目性和滞后性，所以"在商品生产者及其生产资料在社会不同劳动部门中的分配上，偶然性和任意性发挥着自己的杂乱无章的作用。"③ 然而，这并不否定宏观经济顺利运行必须要遵循的深层次规律是按比例分配社会劳动时间的规律，即"诚然，不同的生产领域经常力求保持平衡，一方面因为，每一个商品生产者都必须生产一种使用价值，即必须满足一种特殊的社会需要，而这种需要的范围在量上是不同的，一种内在联系把各种不同的需要量连接成一个自然的体系；另一方面因为，商品的价值规律决定社会在它所支配的全部劳动时间中能够用多少时间去生产每一种特殊商品。但是不同生产领域的这种保持平衡的经常趋势，只不过是对这种平衡经常遭到破坏的一种反作用。"④ 如果全社会范围内出现按比例分配社会劳动时间遭到严重扭曲和破坏，宏观经济就会表现出严重失衡，不仅在总量上失去平衡，在结构上也会失去平衡，就可能产生经济危机。

长期以来，有人认为计划与市场是并列关系，或者非此即彼关系。更有甚者

---

①②③④ 《马克思恩格斯文集》第5卷，人民出版社2009年版，第412页。

把计划与计划经济体制视为同一个范畴，这些认识都是不准确的。从资源配置和经济运行的内在规律看，计划，即自觉按比例分配劳动时间，无论是微观领域，还是宏观领域，都是本质的、内在的要求。所不同的是，在市场经济中，微观领域企业内的计划和宏观领域部门之间的按比例分配劳动时间，遵循的具体规律不同，但因此否定资源配置实质是按比例分配劳动时间的本质属性是不正确的。正如马克思曾经批评当时的资产阶级经济学家时所指出的："资产阶级意识一方面称颂工场手工业分工，工人终生固定从事某种局部操作，局部工人绝对服从资本，把这些说成是为提高劳动生产力的劳动组织，同时又同样高声责骂对社会生产过程的任何有意识的社会监督和调节，把这说成是侵犯资本家个人的不可侵犯的财产权、自由和自决的'独创性'。"① 这就是西方经济学以资本为核心的理论，一方面主张企业内计划配置资源，另一方面否定有意识的计划调节和政府干预。相反，社会主义市场经济，既承认价值规律在资源配置中的决定性调节作用，又强调计划和按比例分配社会劳动时间的内在要求。正确处理计划和市场的关系，是社会主义市场经济的重要特色和制度优势。对这个问题，下一章还将展开阐述。

三、国民生产总值、国内生产总值和国民收入

对宏观经济运行的认识，要借助一些经济范畴。西方经济学中通常使用国内生产总值、国民收入等概念分析宏观经济运行。国民生产总值（GNP）是指一个国家或地区的居民在一年内所生产的全部最终产品和劳务的价值总和。它不包含各种中间消耗和价值。国内生产总值（GDP）是指既定时期一国领土范围内生产的最终产品和劳务的价值总和。国民生产总值和国内生产总值的区别在于是否考虑开放经济对一个国家宏观经济的总体影响。由于当代世界经济是开放经济，所以在世界范围内，衡量国家之间宏观经济水平的指标一般都采用GDP。

GDP有两种核算方法：支出法和收入法。

支出法，就是核算在一定时期内整个社会购买最终产品的总支出。这个总支出包括四个部分：第一部分为居民的消费支出。第二部分为投资支出，投资包括两大类，一类是固定资产投资，如厂房、商业住宅、机械设备等；另一类是存货投资，即企业在一定时期内存货的增加或减少。第三部分为政府购买支出，是指

---

① 《马克思恩格斯文集》第5卷，人民出版社2009年版，第412~413页。

各级政府购买物品或劳务的支出。第四部分是净出口，出口表示收入从国外流入，是用于购买本国产品的支出。用支出法计算GDP公式可以写成：

$$GDP = 消费(C) + 投资(I) + 政府购买(G) + 净出口(X - M)$$

收入法，就是用要素收入即企业生产成本核算国内生产总值。具体包括：（1）工资、利息和租金等生产要素报酬；（2）非公司企业主收入，如医生、律师、小业主收入，他们使用自己的资金，自我雇佣，其工资、利息、利润和租金混在一起作为非公司的企业收入；（3）公司税前利润，包括公司所得税、社会保险税、股东红利以及公司未分配利润等；（4）企业转移支付以及企业间接税等；（5）资本折旧。

GDP直观反映一国宏观经济一年内产品和劳动的总体水平，代表一个国家的经济增长速度，所以被广泛采用。但GDP也存在局限性，主要是它只能反映一国经济总量，但不能反映总量背后的经济结构和经济关系，如一个国家GDP增长很快，但很可能增长的大部分利润被外资企业获得了，这在GDP指标中无法反映；再如GDP不能反映一个国家的贫富差距、增长的环境代价等。因此，有人提出绿色GDP等概念，但尚未得到普遍认可和使用。

国内生产净值（NDP）是指从GDP中扣除资本折旧，即国内生产总值减去固定资产及设备的折旧部分，反映的是一个国家一年内最终形成的净产值。

国民收入（NI）是指按生产要素报酬计算的一个国家一年的总收入。国民收入是从国内生产净值中扣除间接税和企业转移支付加政府补助金。

$$国民收入 = GDP - 折旧 - 间接税 - 企业转移支付 + 政府补助金$$

在西方经济学中，通常用国民收入等式反映社会总供给与总需求的关系。这个公式与GDP公式没有本质区别：

$$国民收入 = 消费(C) + 投资(I) + 政府购买(G) + 净出口(X - M)$$

马克思主义政治经济学使用价值体系衡量宏观经济发展状况。在市场经济中，商品的价值构成 $W = C + V + M$，从全社会范围看，全社会的商品价值构成为：$\sum W = C + V + M$。

马克思主义政治经济学认为，只有物质生产领域才是创造新价值的领域，而非物质生产领域，如纯粹流通的商业领域、金融领域、政府部门、服务行业等，不创造新价值。这些领域获得的收入分配，是从物质生产领域新创造的价值中再分配的结果。这样，按照马克思主义政治经济学的观点，国民收入概念是指一年内一个国家物质生产领域新创造的价值总和，即 $\sum V + M$。与西方经济学所说的国民收入概念相比，马克思主义政治经济学中的国民收入概念属于狭义的国民收入概念，而西方经济学中的国民收入概念则是广义的国民收入概念，因为它包含非物质生产部门一年新形成的价值总和。在理论基础上，西方经济学认为非物质生产部门也创造价值，这一点是不科学的。比如前些年美国经济金融化程度非常高，虚拟经济严重脱离实体经济，造成产业结构的严重扭曲。但在广义国民收入统计中，我们能够看到的仍然是美国国民收入水平很高这一现象。直到2008年美国金融危机爆发，人们才恍然大悟，支持美国宏观经济高增长的其实是泡沫经济。当物质生产部门创造的新价值不能支撑虚拟经济泡沫的时候，经济泡沫必然破裂，从而引起经济—金融危机。因此，从理论上说，马克思主义政治经济学的狭义国民收入更为科学。当然，西方经济学广义国民收入概念在一般意义上的经济核算中，更能直观反映一个国家一年收入的整体水平，所以依然成为西方经济学研究宏观经济的理论基础。这也是我国宏观经济分析中借鉴西方经济学中国民生产总值、国民收入等概念的原因。

正因为国民收入有狭义和广义之分，所以国际上曾经有两种核算体系：一种是物质产品平衡体系（MPS），该体系以马克思主义社会再生产理论为依据，将物质生产部门的社会总产值和国民收入作为反映一国宏观经济运行的基本指标。另一种核算体系是西方国民收入核算体系（SNA），该体系以GNP为基础，包括物质生产部门和非物质生产部门提供的产品和劳务，全部计入核算体系。物质产品平衡体系（MPS）曾经在计划经济体制的国家使用；西方国民收入核算体系（SNA）在1953年被联合国经济和社会事务部统计处采用，之后这套核算体系被世界上多个国家采用。为与世界范围统计口径相衔接，目前我国也采用SNA的核算体系。但这并不否认，在理论分析层面MPS平衡体系更为科学。

第二节 社会总供求与结构

一、社会总供给与社会总需求

在市场经济中，供给和需求是理解市场运动状态的基本范畴。从宏观经济的角度看，就是全社会范围内的供给和需求关系，通常被称为社会总供给和社会总需求。

社会总供给是指一个国家（或地区）在一定时期内，可提供给全社会使用的商品和服务的总量。在开放经济条件下，还包括进口的商品和劳务。

影响社会总供给的基本因素是市场价格水平。企业提供的供给是以价格为指挥棒的，因此，价格水平直接影响供给水平。社会总供给也是如此，一般来说，价格水平与总供给水平同方向变化，即价格水平越高，供给量越大；价格水平越低，供给量越小。除此之外，影响社会总供给的因素还包括一个国家的科学技术水平、管理水平和经济体制等因素，在开放经济中，影响社会总供给的因素还包括开放程度以及进出口情况等。

社会总需求是指一个国家（或地区）在一定时期内，全社会对商品和劳务的有支付能力的需求总量。在开放经济条件下，社会总需求还包括出口需求。因此，社会总需求包括投资需求、消费需求和国外需求三个部分。

投资需求是指一个国家（或地区）在一定时期内对投资品的需求。从结构上来看，投资需求既包括固定资产的投资，如厂房、机器、设备等，也包括对流动资产的投资，如库存投资、国家物资储备投资等。投资需求反映的是生产者之间的相互需求关系，因此投资需求本质上是为增加供给做准备。

消费需求是指一个国家（或地区）在一定时期对消费品的需求，从结构上看，消费需求包括个人消费需求和公共消费需求两个部分。个人消费需求是指居民个人日常生活对各种消费品和服务的需求。公共消费需求包括非物质生产部门对公共消费形成的需求，如教育、科学、文化、卫生等；社会公共需要形成的需求，如国家机关、军队、警察等。消费需求反映的是生产者与最终消费者之间的关系，也被称为最终需求。

在开放经济条件下，总需求还包括国外需求，一个国家或地区对外出口水平越高，表明国外总需求量越大。

对社会总需求的理解，要区别"需求"和"需要"这两个范畴。"需要"是指在一定生产力发展水平下，人们为了满足生产生活需要应该获得的使用价值。一个社会如果是为需要而生产，也就是为使用价值而生产。例如，社会主义生产的目的是满足人们日益增长的物质文化生活的需要，这里的"需要"就是指使用价值。因此，需要这个范畴可以在不同经济条件和经济关系中通用。但"需求"范畴则不同，它是与市场经济相联系的范畴，需求与价格、支付能力相联系，在市场经济条件下，只有那种有支付能力并且愿意支付而形成的需要，才构成实际需求。一个人在社会上，可能存在对某种使用价值的强烈需要，比如住房，但如果没有支付能力去购买，也不能形成现实的需求；相反，一个人从使用价值的角度并不需要住房，但他有足够的购买力，可以买多套商品房，用来投资或投机，这个人在市场中形成了现实的需求，但并不是满足对住房使用价值的需要。认清社会总需求中"需要"和"需求"的差别，对理解市场经济中的资源配置和政府对不同性质的商品进行分类调控，有重要的理论意义。

社会总供给和社会总需求是反映宏观经济运行总量的一对范畴，从宏观经济运行状态看，社会总供给和社会总需求有三种情况：第一种情况是社会总供给大于社会总需求，表现为产品积压、库存增加、通货紧缩、价格下跌、经济增长率下降等，这就是过剩经济；第二种情况是社会总供给小于社会总需求，表现为商品供不应求、通货膨胀、物价上涨、经济过热，这就是短缺经济；第三种情况是社会总供给与社会总需求基本相等，这就是平衡经济。社会总供求关系中的平衡是相对的，不平衡是绝对的。一般来说，社会总供求关系只要保持在国民经济运行的合理区间，适当的波动不会影响国民经济的正常运转。如果在完全无政府干预的市场经济中，资源配置都是市场主体自发进行的，那么，虽然每个企业的生产活动都是有计划的，但整个宏观经济却经常处于不平衡状态中。

社会总供给和社会总需求只是反映宏观经济运行中的总量关系，并不反映总量背后的结构关系，这种结构表面上看是部门之间、产业之间的技术关系，但本质上是社会生产关系。

二、社会资本再生产中的结构和比例关系

马克思关于社会资本再生产的原理，虽然是对资本主义经济运动规律的揭示，但其中的原理和方法，同样可以用于认识社会主义市场经济中的宏观经济运行背后的深层关系。

马克思关于社会资本再生产的原理，是以物质生产部门一定时期生产的社会总产品作为分析对象的，既考虑了总产品的价值构成和实物构成，也考虑了社会总产品的部门构成，即产品结构，还考虑了生产、交换和分配各个环节的关系。马克思主义政治经济学宏观经济研究的出发点是社会总产品。所谓社会总产品，是指一定时期内（通常为一年）全社会物质生产部门所生产的全部产品的总和。社会总产品价值形态表现为社会总商品资本。从社会总产品出发考察社会总资本的运动，实际就是分析社会总商品资本的运动。

从物质形态上看，社会总产品由生产资料和消费资料两部分组成。生产资料是人们从事物质资料生产所必需的一切物质条件，包括土地、森林、矿藏、机器、厂房、设备、原材料等。消费资料是用来满足人们物质和文化生活需要的社会产品，包括人们吃、穿、用、住、行的各种消费品。与社会总产品的物质形态相适应，马克思把社会生产划分为两大部类：第Ⅰ部类生产资料生产，第Ⅱ部类消费资料生产。在这两大部类中，各自又包含着许多不同的生产部门。

从价值上看，社会总产品由三部分组成，即不变资本价值（c）、可变资本价值（v）和剩余价值（m）。

依据社会产品的最终用途将社会生产划分为两大部类，是一种高度概括的分类。事实上，许多产品具有多种使用价值，既可作生产资料，也可作消费资料，但是这并不影响社会生产划分为两大部类的必要性和正确性。如马克思所说："某些产品（例如马、谷物等）既可以供个人消费又可以用作生产资料的事实，丝毫也不会排除这种分类的绝对正确性。"① 因为不论一种产品有多少种用途，为了进行再生产，总有一部分产品作为生产资料进入生产消费，另一部分产品作为消费资料进入个人消费。一种产品究竟属于生产资料，还是属于消费资料，主要是看它在再生产过程中的最终用途。凡是进入生产消费的，就是生产资料；凡是进入个人消费的，就是消费资料。

马克思在《资本论》中虽然没有直接使用"社会总供给"和"社会总需求"的概念，但他的研究方法包含了这种思想。社会总产品就相当于社会总供给，社会总供给等于第Ⅰ部类供给 + 第Ⅱ部类供给。社会总需求则是两大部类内部和两大部类之间社会总产品之间的相互需求。社会总产品的实现就意味着社会总供给等于社会总需求。

社会总供给等于社会总需求要求社会总产品的各个部分都要获得相应的价值补偿和实物补偿。所谓价值补偿，是指社会总产品在价值形态上补偿已经消耗掉的资本价值并获得剩余价值的过程；实物补偿则是社会总产品在实物形态上补偿已经在生产和生活中消耗掉的物质资料的过程。

马克思主义政治经济学基本原理阐释了宏观经济平衡发展的模型。例如，在简单再生产条件下，工人创造的剩余价值全部被资本家用于个人消费，不进行积累。根据社会总产品的价值构成分为 c、v、m 三部分，社会生产分为生产资料生产和消费资料生产的两大部类原理，得出三个实现条件：

第一，第Ⅰ部类的可变资本与剩余价值之和，应该等于第Ⅱ部类的不变资本。用公式表示为：

$$\text{I}(v+m) = \text{II}c \qquad (10-1)$$

这个条件表明，只有当第Ⅰ部类生产资料的供给和第Ⅱ部类对生产资料的需求之间，以及第Ⅱ部类消费资料的供给和第Ⅰ部类对消费资料的需求之间保持相等，两大部类的简单再生产才能正常进行。

第二，第Ⅰ部类全部产品价值，应该等于两大部类不变资本价值之和。用公

---

① 《马克思恩格斯文集》第7卷，人民出版社2009年版，第948页。

式表示为：

$$\text{I}(c+v+m) = \text{I}c + \text{II}c \qquad (10-2)$$

这个条件表明，整个社会的生产资料供给与两大部类对生产资料的需求之间存在着内在联系。也就是说，只有当第Ⅰ部类生产的全部生产资料与社会对生产资料的需求相等时，才能保证两大部类简单再生产的正常进行。

第三，第Ⅱ部类全部产品的价值，应该等于两大部类可变资本与剩余价值之和。用公式表示为：

$$\text{II}(c+v+m) = \text{I}(v+m) + \text{II}(v+m) \qquad (10-3)$$

这个条件表明，全社会的消费资料供给与两大部类的工人和资本家对消费资料的需求之间存在着内在联系。也就是说，只在当第Ⅱ部类所生产的消费资料与两大部类对消费资料的需求相等时，社会总资本再生产才能正常进行。

如果我们把上述公式做一个简化：

$$\text{I}(c+v+m) = S1 \qquad \text{II}(c+v+m) = S2$$
$$\text{I}c + \text{II}c = D1 \qquad \text{I}(v+m) + \text{II}(v+m) = D2$$

则有社会总供给与社会总需求的平衡公式则为：

$$S1 + S2 = D1 + D2 \qquad (10-4)$$

其中，S1代表第Ⅰ部类供给总量；S2代表第Ⅱ部类供给总量。D1代表全社会对生产资料的需求总量；D2代表全社会对消费资料的需求总量。

社会总资本扩大再生产的平衡条件也是同样道理，这里不再赘述。

当然，马克思主义政治经济学原理，只是揭示物质生产部门社会总供给与社会总需求的平衡问题。如果我们把现实中的社会劳务供给S3和需求D3问题引入社会总供求平衡公式，则社会总供给与社会总需求平衡公式为：

$$S1 + S2 + S3 = D1 + D2 + D3 \qquad (10-5)$$

但需要指出的是，按照马克思主义政治经济学基本原理，虽然服务部门为社会提供的服务构成社会总供给，但由于服务部门不创造价值和剩余价值，所以在社会总需求方面，要进一步分析。

$$S3 = \text{III}c + v + m \qquad (10-6)$$

其中c是投入不变资本，v+m在价值形态上是工人工资和资本家剩余价值。由于服务业不创造价值和剩余价值，所以第Ⅲ部类的v+m都是第Ⅰ部类和第Ⅱ部类中剩余价值再分配过来的。第Ⅲ部类工人和资本家消费，则是构成第Ⅱ部类的总需求的一部分。

总之，马克思主义政治经济学关于宏观经济总量平衡和结构平衡的基本原理，舍弃掉资本主义生产关系的属性，对于我们分析社会主义市场经济的宏观经济平衡问题同样适用,社会总资本再生产原理,实质就是对社会总供给与社会总需求的分析。但与西方经济学不同的是,马克思主义政治经济学的分析更为科学和深刻,因为它揭示了社会总供给与总需求背后的社会生产关系。

当然,由于马克思所处时代第三产业不够发达,所以马克思在分析社会总产品实现时舍弃了非物质生产部门,但这不影响其揭示的基本原理对今天进行宏观经济分析的基本指导意义。

三、决定宏观经济运行的社会生产关系

马克思社会资本再生产原理,揭示了宏观经济运行中的基本比例和结构关系,事实上,在这些关系背后起决定作用的是生产、分配、交换和消费之间的关系。生产、分配、交换和消费的相互关系表现为:第一,生产决定消费,消费反作用于生产。第二,生产决定分配,分配反作用于生产。第三,生产决定交换,交换媒介生产和消费。马克思说:"一定的生产决定一定的消费、分配、交换和这些不同要素相互间的一定关系。当然,生产就其单方面形式来说也决定于其他要素。例如,当市场扩大,即交换范围扩大时,生产的规模也就增大,生产也就分得更细。随着分配的变动,例如,随着资本的积聚,随着城乡人口的不同的分配等等,生产也就发生变动。最后,消费的需要决定着生产。不同要素之间存在着相互作用。每一个有机整体都是这样。"①

从马克思宏观经济模型中可以看出,不同部门之间的交换要顺利实现,要求各部门之间的生产要保持比例关系,即各部门生产要符合社会总劳动在各部门之间的按比例分配社会劳动时间规律。当然在市场经济中,这个分配不是哪一个人、哪一个部门进行的,而是通过价格信号、供求和竞争机制来实现的。马克思把物质生产部门分为两大部类,第一部类生产生产资料,第二部类生产消费资料,这一方法是科学的。这种划分表明,第一部类企业之间进行的交换,虽然也相互之间形成需求,但本质上增加生产资料的供给。如果在生产过剩的情况下,刺激第一部类企业之间的消费,形式上是刺激消费,增加社会总需求,本质上却是增加了供给,加重了生产过剩问题。而第二部类生产消费资料,这一部类生产的产品与第一部类在性质上不同,它们是最终消费品。在生产过剩的情况下,增加对第二部类的消费,才能真正刺激社会总需求。

当我们说社会总需求时,还必须进一步分析是谁的需求,需求消费背后反映

---

① 《马克思恩格斯文集》第8卷,人民出版社2009年版,第5~36页。

的是阶级、阶层关系，他们的收入分配决定他们的消费水平、消费结构和消费特点。正如马克思指出的："'社会需要'，也就是说，调节需求原则的东西，本质上是由不同阶级的相互关系和它们各自的经济地位决定的，因而也就是，第一是由全部剩余价值和工资的比率决定的，第二是由剩余价值所分成的不同部分（利润、利息、地租、赋税等等）的比率决定的。"① 如果不理解这一点，当宏观经济遇到过剩时，盲目使用所谓的财政政策、货币政策，是不会产生预期效果的。

西方经济学有供给学派和需求管理学派。凯恩斯主义经济学是需求管理学派的代表，其理论本质上是运用刺激总需求的办法解决资本主义经济有效需求不足的问题。他认为，有效需求不足使资本主义经济危机具有必然性，仅靠自由市场机制无法保证经济稳定增长，达到充分就业，必须加强国家干预。据此他提出，在出现有效需求不足时，应当由政府采取措施来刺激需求，而总需求随着投资的增加，可使收入增加，消费也将增加，经济就可以稳定地增长，以至于达到充分就业，使生产（供给）增加。凯恩斯理论在西方国家曾经取得了一定效果，出现了第二次世界大战后资本主义经济的繁荣景象，但进入20世纪70年代以后，西方国家经济出现了严重的滞胀局面，凯恩斯主义越来越无能为力。其根本的原因在于凯恩斯理论没有触碰到资本主义制度的生产社会化与生产资料私人占有的痼疾。

以供给学派为理论基础的里根经济学在这样的背景下登台。里根经济学的实质是，运用降低税收和公共开支、放松政府管制、减少国家对企业的干预、支持市场自由竞争等措施刺激经济增长，减少赤字，以解决经济停滞和通货膨胀的问题。但实际的后果是，在里根执政时期，减税和增加军费同时并举，造成了财政上的超分配和财力不堪重负，从而导致美国经济新的困难和不平衡。其根本的原因同样在于没有触碰到资本主义制度的生产社会化与生产资料私人占有的痼疾。需要指出的是，里根经济学不适应我们今天说的供给侧结构性改革，最深层的原因还在于，里根经济学的根本理论基础在于生产资料完全私有化、反对政府干预。

我国的供给侧结构性改革，是在马克思主义政治经济学原理和方法科学指导下提出来的，"供给和需求是市场经济内在关系的两个基本方面，是既对立又统一的辩证关系，二者你离不开我、我离不开你，相互依存、互为条件。没有需求，供给就无从实现，新的需求可以催生新的供给；没有供给，需求就无法满足，新的供给可以创造新的需求。供给侧和需求侧是管理和调控宏观经济的两个

---

① 马克思：《资本论》第3卷，人民出版社2004年版，第202页。

基本手段。需求侧管理，重在解决总量性问题，注重短期调控，主要是通过调节税收、财政支出、货币信贷等来刺激或抑制需求，进而推动经济增长。供给侧管理，重在解决结构性问题，注重激发经济增长动力，主要通过优化要素配置和调整生产结构来提高供给体系质量和效率，进而推动经济增长。"① 这是我们党在新的历史条件下，结合中国实际，对宏观经济中供求关系认识的新发展。

第三节 社会主义市场经济宏观经济目标和综合平衡

一、市场经济宏观运行的一般目标

社会主义市场经济宏观运行的目标，既包括市场经济运行的一般目标，也包括社会主义市场经济宏观运行的特殊目标。市场经济运行的一般目标主要包括：经济增长、充分就业、稳定物价和国际收支平衡四个方面。

1. 经济增长。经济增长通常用 GDP 增长率来表示。一般来说，一个国家经济增长要尽量保持稳定和可持续性。经济增长速度太快或者太慢都对经济发展不利。经济增长速度过快，可能造成经济关系不协调、经济比例失衡、资源和环境承受压力过大等。经济增长速度过慢，表明这个国家资源配置和利用不充分、不合理，就业就会减少、人民收入下降，影响国民生活水平和质量的提高。

2. 充分就业。在西方经济学中，充分就业这个概念是从资本的角度说的，从资本的角度看，能够使资本利用效率最优的就业水平，就是充分就业水平，在充分就业的情况下，可以存在失业，这种失业被称为自然失业。

3. 稳定物价。物价稳定是宏观经济平稳运行的重要基础，物价不稳定通常带来两种后果：通货膨胀或者通货紧缩。通货膨胀，表明货币发行量过多，造成物价持续上涨；通货紧缩，表明货币发行量低于社会所需要的货币量，造成物价持续低迷。无论是通货膨胀还是通货紧缩，都会影响各类市场主体对经济运行前景的信心，造成对生产和消费的不利。市场上价格的扭曲会进一步扭曲资源配置的方向，从而对经济社会产生负面影响。因此，在物价水平持续上升造成通货膨胀时，需要政府采取措施抑制通胀；当物价持续低迷造成通货紧缩时，政府要采

---

① 习近平：《在省部级主要领导干部学习贯彻党的十八届五中全会精神专题研讨班上的讲话》，人民出版社 2016 年版，第 30~31 页。

取措施刺激经济。保持物价总水平稳定是宏观经济健康协调发展的重要标志,也是企业和个人形成稳定生产和消费预期的重要前提。

4. 国际收支平衡。开放经济条件下,一个国家宏观经济运行稳定与否,与国际收支是否平衡密切相关,因为国际收支直接影响一个国家的社会总供给和总需求的关系。一个国家长期出现大量逆差和长期出现大量顺差,都会影响国民经济的平稳发展。长期出现逆差,会使本国外汇储备减少,其商品的国际竞争力削弱,该国在该时期内的对外贸易处于不利地位。大量的贸易逆差将使国内资源外流加剧,外债增加,影响国民经济正常有效运行。长期出现大量顺差,带来的过多外汇储备会增加本国货币升值压力和金融风险;长期巨额的贸易顺差还可能加剧本国的外贸依存度,一旦引发贸易摩擦,将为经济增长带来不确定性。因此,实现国家收支平衡,有效利用国际国内两个市场、两种资源,是我国持续稳定发展的重要保证。

二、中国特色社会主义宏观经济目标

宏观经济目标总是与一定的社会制度相联系的。由基本经济制度和生产目的所决定,中国特色社会主义社会除了有上述一些一般性目标之外,还有特殊的宏观经济目标。

1. 全面建成小康社会和建成社会主义现代化强国。党的十九大提出了决胜全面建成小康社会,夺取新时代中国特色社会主义伟大胜利,实现中华民族伟大复兴的中国梦的宏伟目标,对全面建成小康社会、全面建设现代化国家、建成社会主义现代化强国进行了战略部署,开启了全面建设社会主义现代化国家的新征程。党的十九大确定的目标也应该成为宏观调控的目标,宏观调控的措施和政策应该有利于促进这一目标的实现。

2. 完善和发展中国特色社会主义制度。要实现全面建成小康社会和建成社会主义现代化强国的目标,必须坚持和完善中国特色社会主义制度。中国特色社会主义制度是在新中国成立近70年、改革开放40年伟大实践中建立和不断发展的,是在对近代以来170多年中华民族发展历程的深刻总结中建立和不断发展的,是科学社会主义理论逻辑和中国社会发展历史逻辑的辩证统一,具有深厚的历史渊源和广泛的现实基础。中国宏观经济的目标和手段,都必须有利于完善和发展中国特色社会主义制度。

3. 坚持以人民为中心,不断提高人民生活质量。坚持以人民为中心是宏观调控的根本指导思想和目标;不断提高人民生活水平和质量,满足人民美好生活需要，是社会主义宏观调控的根本目的。宏观调控的一切措施都要有利于：就业比较充分，就业、教育、文化、社保、医疗、住房等公共服务体系更加健全，基本公共服务均等化水平稳步提高。教育现代化取得重要进展，劳动年龄人口受教育年限明显增加。收入差距缩小，中等收入人口比重上升。我国现行标准下农村贫困人口实现脱贫，贫困县全部摘帽，解决区域性整体贫困。

三、保持宏观经济持续健康发展

判断宏观经济能否持续健康发展，仅仅从增长、就业、通货膨胀和国际收支这几个指标是无法做出全面深刻判断的，因为它们不过是宏观经济是否持续健康发展在市场运行层面的表象而已。判断我国宏观经济能否持续健康发展，根本性标准还应该看生产关系与生产力是否相适应相统一。如果生产关系的调整不能适应生产力的发展，生产力就会以破坏形式迫使生产关系做出调整；如果生产关系超过了生产力的发展阶段和水平，同样会阻碍甚至破坏生产力的发展。由于生产力是处于不断发展变化中的，因此，生产关系适应生产力的发展也是处于动态变化之中的。在现实经济关系中，随着经济社会的发展变化，通过不断改革和调整生产关系来解放和发展生产力，就成为国民经济发展的迫切要求。

我国改革开放40年来，能够取得举世瞩目的伟大成就，保持国民经济总体上平稳运行，包括面对2008年以来的世界金融危机这样大的冲击，我国经济也能够稳定发展，正是得益于我们始终坚持在生产力和生产关系辩证统一关系中，统筹规划我国的经济社会发展战略和目标。这些目标既包括短期目标，也包括中长期目标；既坚持以经济建设为中心，解放和发展生产力，又坚持以人民为中心，注重民生，走共享发展、共同富裕的和谐发展之路。

中国特色社会主义进入新时代，要求保持我国宏观经济持续健康发展。而保持我国宏观经济持续健康发展，关键在于加强党对经济工作的集中统一领导，完善党领导经济工作的体制机制，保证我国经济沿着正确方向发展；坚持把以人民为中心的发展思想贯穿到统筹推进"五位一体"总体布局和协调推进"四个全面"战略布局之中；不断提升国家治理经济的能力，更好发挥政府作用。

【思考题】

1. 如何理解马克思主义政治经济学中按比例分配社会劳动时间的思想？
2. 社会主义市场经济中宏观经济运行的基本原理是什么？
3. 如何理解中国特色社会主义经济宏观目标的一般性和特殊性？

第十一章

中国宏观经济中的政府与市场

政府与市场关系在现代市场经济中具有重要地位,既是我国经济体制改革必须妥善处理的核心问题,也是宏观经济中必须妥善处理的核心问题。政府和市场是历史的范畴,在不同的历史阶段和社会制度下,其相互关系也不一样。从我国实际出发,借鉴别国经验,妥善处理政府与市场关系,是宏观经济运行和调控的重大课题。本章将从宏观经济的角度对此进行分析。

第一节 政府与市场关系

一、从国家性质认识政府与市场关系

坚持辩证唯物主义和历史唯物主义的方法论认识问题,政府与市场的关系包括两个层面:一个层面是从国家性质层面看政府与市场关系;另一个层面是从市场经济一般规律看政府与市场的关系。我们首先从国家性质层面看政府与市场关系。

政府与市场的关系和国家性质密切相关。但西方经济学在认识二者关系时,通常抽象掉国家性质,所以总是在"大市场小政府"或者"大政府小市场"两种模式中兜圈圈。从国家性质层面看,政府与市场的关系本质上是国家与市场的关系。

国家是人类社会发展到一定阶段的产物,它的产生是由于存在不可调和的阶级矛盾,国家作为一种社会力量,"这种力量应当缓和冲突,保持在'秩序'的

范围内"。① 国家的性质是阶级统治的工具,但国家同时还是维护社会公共秩序的机关。因此,国家具有双重属性:一重属性是阶级统治的暴力工具,另一重属性是维护公共利益的机关。后一重属性服从于前一重属性,因为所谓的公共利益,从根本上说要服从统治阶级的利益。而统治阶级为了维护自己的利益,又不得不利用国家机器在不同阶级之间充当"调停人"的角色。

政府作为国家的具体运行机构,其性质是由国家性质决定的,因此,政府经济职能与国家性质密切相关,现实中没有脱离国家性质的政府。既然国家具有双重属性,政府同样具有双重属性——一方面具有阶级属性,另一方面具有维护公共利益的属性,而维护公共利益的属性要服从于其阶级属性。当人们认识政府与市场的关系问题时,如果抽象掉政府的阶级属性,把政府仅仅看作是公共利益的代表者和维护者是片面的。

资本主义国家政府的职能,从直接的层次看是力求在宏观经济运行中保持增长、充分就业、稳定物价和国家收支平衡等,而从根本上看是要维护资本主义制度的长治久安。具体表现在:第一,国家作为上层建筑,从外部保护资本主义经济基础,从制度上尽力维护资本的自由竞争。这就是所谓的"守夜人"角色。第二,国家作为经济活动主体直接参与社会生产和再生产,参与经济活动,根本目的是为私人资本追求利润最大化创造经济环境。

中国共产党领导下的中国与资本主义国家的性质有本质的不同。国家政府不仅成为社会公共事务和社会经济活动的管理者,而且成为无产阶级和广大人民群众根本利益的代表,成为社会主义制度的捍卫者。《宪法》中明确规定:"中华人民共和国是工人阶级领导的、以工农联盟为基础的人民民主专政的社会主义国家。社会主义制度是中华人民共和国的根本制度。"② 全国人民代表大会制度作为我国的根本政治制度,既体现了我国社会主义国家的阶级性质,也反映了广大人民群众的根本利益,最大程度上实现了社会主义国家阶级性和公共利益性质的二重属性的统一。

在社会主义初级阶段,我国坚持以公有制为主体、多种所有制经济共同发展的基本经济制度,坚持以按劳分配为主体、多种分配方式并存的分配制度,通过大力发展社会主义市场经济,调动各方面生产积极性,满足人们日益增长的物质文化生活的需要。

社会主义市场经济是以社会主义初级阶段基本经济制度为基础的,社会主

---

① 《马克思恩格斯选集》第4卷,人民出版社1995年版,第170页。
② 《中华人民共和国宪法》,中国民主法制出版社2018年版,第6页。

国家对经济的调节不仅来源于国家的经济职能，而且来源于社会主义生产关系内在的要求，即政府不仅能够以调节者的身份进行宏观调控，而且可以凭借公有制的主体地位，按照社会共同利益在全社会范围内合理配置资源，克服生产社会化与生产资料私人占有制的矛盾，这是社会主义市场经济中一个重要的制度优势，也是中国经济持续快速发展的一个重要原因。国家宏观调控和市场机制的作用，都是社会主义市场经济体制的内在要求，二者是内在统一的。

把政府与市场关系的本质理解为国家与市场关系，正确处理我国政府与市场关系，就是要坚持和发展中国特色社会主义制度，推进国家治理体系和治理能力现代化。而这一切的基本前提和重要保证，是坚持中国共产党的领导。"坚持党的领导，发挥党总揽全局、协调各方的领导核心作用，是我国社会主义市场经济体制的一个重要特征……在全面深化改革过程中，我们要坚持和发展我们的政治优势，以我们的政治优势来引领和推进改革，调动各方面积极性，推动社会主义市场经济体制不断完善、社会主义市场经济更好发展。"①

二、从市场经济的一般性认识政府与市场关系

我国的社会主义市场经济，既具有中国特色，也具有现代市场经济的一般性。所以对于政府与市场的关系，既要从国家根本性质上加以认识，也要从市场经济一般规律上加以把握。

在现代市场经济中，市场在资源配置中起决定作用。市场中的价值规律通过供求机制、价格机制和竞争机制的相互作用，在部门内部激励创新，在部门之间调节社会资源，使其在社会范围内按比例配置。但价值规律具有自发性、盲目性和滞后性，所以在自发地发挥调节作用时，会出现"市场失灵"。弥补的办法是政府干预，于是产生了宏观调控。这是通常意义上从市场经济一般规律上对政府与市场关系的理解。

这种理解有一定道理，但也容易引起认识上的误区，似乎政府和市场是相互分割的，只要市场能够正常运行，就不需要政府。长期以来，西方经济学始终坚持这样一种认识方法，认为政府只有在"市场失灵"的情况下才有必要出手干预。更为极端的观点甚至认为，即使出现"市场失灵"，也不需要政府出面干预，因为政府也会存在"政府失灵"问题。这些认识都是片面的。

关于政府与市场关系的问题，无论在理论还是在实践上，西方发达国家迄今

---

① 《习近平谈治国理政》，外文出版社2014年版，第118页。

都没有真正很好地解决。从实践上看，发达国家在1929～1933年大危机以前，基本上信奉"看不见的手"原理，政府充当"守夜人"的角色；在1929～1933年大危机以后，逐渐承认了政府这只"看得见的手"的重要作用；20世纪70年代以后，"滞胀"使得美英国家转向了新自由主义，政府作用被限制和削弱；直至2008年爆发了金融危机，发达资本主义国家政府纷纷"救市"、出台"再工业化"规划，又开始向"大政府"的方向回归。由此看来，受周期性经济危机的影响，资本主义国家在"大政府"还是"大市场"之间摇摆不定，交替选择。当然这个过程不是简单的重复，而是随着经济社会的发展，政府参与经济的广度和深度得以不断加强。

从理论上看，大政府和大市场之间的更替是凯恩斯主义经济学和自由主义经济学交替发挥作用的结果。表面上看，自由主义经济学和凯恩斯主义经济学在政府与市场关系上的看法是对立的，但实际上它们在思维方法上却是相通的。第一，都以私有制市场经济最有效率为前提建立起理论体系，因而两种理论都把维护资本主义制度作为经济学的职责。第二，对市场和政府关系的认识都是"零和"思维，都认为政府和市场之间是"二元的"、非此即彼的关系，二者的分歧主要在政府多一点还是市场多一点的问题上，毫不涉及资本主义制度自身是否应该被新的社会制度所代替。因此，这两种理论在本质上都符合资本主义制度的要求。也正因为如此，二者才可能交替成为西方国家的主流经济学。

值得指出的是，凯恩斯主义经济学强调政府的干预作用，在相当程度上反映了现代市场经济发展的内在要求，因此在我们发展社会主义市场经济过程中，可以有选择地从中借鉴有用的观点和方法。但如果把凯恩斯主义经济学作为认识和处理我国社会主义市场经济中政府与市场关系的根本指导理论，其后果很容易陷入对政府与市场关系认识的"凯恩斯主义陷阱"。这里所说的"凯恩斯主义陷阱"，是指凯恩斯主义经济学把政府干预理论建立在"市场失灵"的基础上，认为政府干预的范围基本上是在提供公共产品、弥补市场失灵方面，而与所有制关系和根本发展目的没有关系。这种观点从根本上把政府与市场割裂开来，不利于我们深入研究社会主义市场经济中政府与市场关系的发展规律。如果照此办理，那么在我国社会主义市场经济中发挥计划调节功能、发展壮大国有企业和国有经济，都是没有学理依据的，其结果必然是重蹈西方发达国家的覆辙。

按照马克思主义政治经济学基本原理认识问题，政府与市场的关系不是一种机械的、非此即彼的对立关系，而是一种有机的"共生关系"。马克思主义政治经济学认为人类社会生产活动无论是在微观领域（个别企业）还是在宏观领域（社会部门之间），都要遵循按比例分配社会劳动时间的规律。在市场经济中，按比例分配社会劳动时间是通过价值规律来实现的，但是由于价值规律的自发性和盲目性会导致部门之间资源配置的比例失调、结构扭曲等，从而会出现产能过剩、经济危机等问题。国家有必要采取各种宏观调控手段加以干预，其实质是国家利用"看得见的手"来修复被破坏的比例和结构问题。这种干预反映了人类社会对市场经济的认识从"自发"走向"自觉"的过程。

马克思主义政治经济学认为政府与国有企业也是一种内生关系，但由于国家的性质不同，国有企业的功能和意义也不同。在资本主义私有制为基础的市场经济中，国有企业被严格限制在提供公共产品、弥补市场失灵方面。而在我国社会主义市场经济中，国有企业作为全民所有制性质的企业，不仅有保障公有制主体地位和人们共同利益的功能，还是社会主义事业发展的重要物质基础和政治基础。

政府与市场之间既有相对明确的边界，又是辩证统一关系，"在市场作用和政府作用的问题上，要讲辩证法、两点论，'看不见的手'和'看得见的手'都要用好，努力形成市场作用和政府作用有机统一、相互补充、相互协调、相互促进的格局，推动经济社会持续健康发展。"[①] 我国实践中市场经济的运行，并非像形而上学思维所认为的那样，市场可以自发独立运行，出现问题以后政府再事后出面干预。政府和市场之间的真实经济关系是：市场总是在政府制定的有效制度基础上和政策引导下，在政府的监管中，在政府提供的良好经济环境、社会环境和政治环境下运行的。而政府的调控又总是要尊重市场经济规律，发挥市场在资源配置中的决定性作用。如果只看到政府和市场各自的相对独立性，看不到二者的有机联系，很容易滑向只要市场，不要政府调节的自由主义理论。相反，如果只看到政府与市场之间的联系性，看不到二者之间的相对独立性，又容易导致政府与市场边界不清，政府越位、过度干预等问题。因此，探索政府与市场之间的关系是中国特色社会主义经济面临的重大课题。

三、计划与市场的关系

计划与市场的关系是政府与市场关系的一个方面。通常人们把计划与市场看作是资源配置的两种手段，在现代市场经济中，计划可以存在于社会主义市场经济中，也可以存在于资本主义市场经济中。这种认识是有道理的，但需要指出，从本质上说，计划与市场并非简单的并列关系，在资源配置中，市场起决定性作用，而计划则具有事先、自觉的导向性。

[①]《习近平谈治国理政》，外文出版社2014年版，第116页。

在资本主义市场经济产生以前，人类社会的资源配置方式是自然经济。在自然经济中，作为个体生产者都自觉或不自觉地有谋划地配置自己的资源和劳动时间。在资本主义市场经济中，生产者都是分散决策的，那么计划是否就不起作用了呢？当然不是。马克思在《资本论》第1卷第12章中对"工场手工业内部分工"和"社会内部分工"所遵循不同规律的对比分析中指出，"在工场手工业中，保持比例数或比例的铁的规律使一定数量的工人从事一定的职能；而在商品生产者及其生产资料在社会不同劳动部门中的分配上，偶然性和任意性发挥着自己的杂乱无章的作用。""在工场内部的分工中预先地、有计划地起作用的规则，在社会内部的分工中只是在事后作为一种内在的、无声的自然必然性起着作用，这种自然必然性只能在市场价格的晴雨表式的变动中觉察出来，并克服着商品生产者的无规则的任意行动。"① 马克思的分析表明，在资本主义市场经济中，每一个资本主义企业内部都是按计划规律配置资源的，但由于整个社会是以市场作为资源配置的基础方式，这就导致社会范围内按比例分配社会劳动时间具有不确定性，从而形成个别企业的有组织、有计划生产与整个社会无政府状态之间的矛盾。这个矛盾不是源于资源配置的计划方式，而是源于生产资料的资本主义私有制。因此马克思尖锐地指出："资产阶级意识一方面称颂工场手工业分工，工人终生固定从事某种局部操作，局部工人绝对服从资本，把这些说成是为提高劳动生产力的劳动组织，同时又同样高声责骂对社会生产过程的任何有意识的社会监督和调节，把这说成是侵犯资本家个人的不可侵犯的财产权、自由和自决的'独创性'。"②

由此可见，按比例分配社会资源和社会劳动时间，是社会资源配置的本质要求，也是真正的效率所在。然而，在资本主义私有制经济中，这是不可能实现的。即使资本主义国家宏观层面的计划，往往也是从弥补市场失灵的角度提出的，希望通过计划对市场进行修修补补而已。

在对资本主义制度分析的基础上，按照马克思的设想，社会主义制度是建立在生产资料公有制的基础上的，即全社会的生产资料属于全社会成员共同所有和共同支配，目的是为了全社会所有成员的物质和文化生活需要及其全面发展。社会主义生产资料公有制决定了全社会生产摆脱了分散的私人生产者的盲目性支配，是按照预定的目标有计划地配置全社会资源为实现共同目的服务。

在我国社会主义初级阶段实行社会主义市场经济，社会主义与市场经济的结

---

① 马克思：《资本论》第3卷，人民出版社2004年版，第412页。
② 马克思：《资本论》第3卷，人民出版社2004年版，第413页。

合不是机械式地拼装,而是一种有机结合。社会主义自觉按比例分配社会劳动时间的规律和市场经济中的价值规律之间,是一种辩证统一、相辅相成的关系。我国是以公有制为主体,这就决定了国民经济的发展必须为社会主义生产目的服务。我国社会主义市场经济中的经济社会发展中长期规划是计划的重要形式,对市场经济的发展和完善具有先导性、引领性。比如有"两个一百年"这种长远发展目标、有五年规划这种中期目标,还有每年中央经济工作会议确定的短期目标等,这些有计划的目标和实现目标的措施,为我国市场经济的发展方向和宏观经济的平稳发展提供重要保障。

在过去长期如何建设社会主义的探索中,我们曾经实行过计划经济体制,结果走了弯路。由此使一些人把计划等同于计划经济,一提计划就想到计划经济。这是误解。实际上,计划并不等同于计划经济。计划是资源配置的一种手段;计划经济则是与市场经济体制对应的一种经济体制。这种经济体制在苏联曾经成为一种模式。我国发展社会主义市场经济,不是要抛弃计划手段,而是要抛弃计划经济体制、计划经济模式。

四、社会主义市场经济中政府与市场新型关系

我国经济体制改革是在坚持社会主义制度前提下,从计划经济体制向社会主义市场经济体制转变,这一转变过程的核心问题是妥善处理政府与市场的关系。关于政府与市场关系的认识,改革开放以来我国经历了不断深化的过程。随着实践的发展和认识的深化,我国逐渐形成了有中国特色的社会主义市场经济条件下新型政府与市场的关系。对此在第四章中曾经做了论述,这里再做进一步的阐释。

第一,在方法论上,突破政府与市场的二分法。我们摆脱了把政府和市场完全对立起来,认为"大市场"只能对应"小政府","大政府"只能对应"小市场"认识上的羁绊,从国家二重性角度出发,认为政府和市场是内生关系,二者之间辩证统一、相辅相成。这是我们认识社会主义市场经济中政府与市场关系的方法论基础。

第二,确认市场在资源配置中起决定性作用,但不是起全部作用。市场在资源配置中起决定性作用,是从微观领域进一步发挥市场机制作用的角度,针对我国市场经济体制发展进程和实践中面临的问题提出来的。经过40年的实践,我国社会主义市场经济体制日趋成熟,但仍然存在一些束缚市场主体活力、阻碍市场和价值规律充分发挥作用的弊端。这些弊端不解决好,完善的社会主义市场经

济体制就难以形成，转变发展方式、调整经济结构也难以推进。强调市场在资源配置中的决定性作用，就是针对全面深化改革中存在问题，减少政府对微观领域的直接干预，加快建设统一开放、竞争有序的市场体系，建立公开透明的市场规则，把市场机制能有效调节的经济活动交给市场，让市场在所有能够发挥作用的领域充分发挥作用，让企业和个人有更多活力和更大空间去创造财富。

第三，依靠中国特色社会主义的制度基础更好发挥政府作用。市场可以在微观领域依靠价值规律实现资源优化配置，但在宏观领域和长期发展目标方面，依靠市场自身力量是无法解决的。所以，科学的宏观调控、有效的政府治理，是发挥社会主义市场经济体制优势的内在要求。坚持公有制主体地位，做强做优做大国有企业和国有资本，是更好发挥政府作用的经济基础。坚持党的领导，发挥党总揽全局、协调各方的领导核心作用，是我国社会主义市场经济体制的一个重要特征。

第二节　社会主义市场经济中的政府经济职能

一、社会主义市场经济中的政府一般经济职能

社会主义市场经济是社会主义制度与市场经济的有机结合，政府经济职能既包括在市场经济中政府的一般职能和作用，也包括中国特色社会主义经济制度中政府的特有职能。

社会主义市场经济中的政府一般经济职能是指与市场经济一般规律相联系的职能，这些职能主要反映政府为了使市场机制有效发挥作用提供制度环境和保障条件。主要包括：

一是有效制度供给。无论是资本主义市场经济，还是社会主义市场经济，市场主体在市场中的各类经济活动，都是在基本经济制度基础上和一定规则下进行的，这些基本经济制度和规则统称为"制度"。有些具体制度是经济行为主体在自发过程中形成的，如习惯、习俗、道德、诚信等，这些制度被称为"非正规制度"。有些制度则是政府在市场经济活动实践中，为了规范市场主体行为和市场秩序而制定的，如与市场经济活动密切相关的各种法律、法规、条例等，这些制度被称为"正规制度"。随着市场经济的不断发展和完善，正规制度的供给越来越发挥重要作用，这种重要性不仅体现在一个国家内部，而且体现在国际经济关

系中,成为协调各种利益关系的重要基础。在这个意义上,市场经济被称为"法治经济"。由此可见,现代市场经济中国家和政府提供制度供给的职能越来越重要。

二是市场监管。有了市场经济运行规则,不等于就有良好的市场秩序,政府必须承担对市场的监管职能。为了保证市场的良好秩序和公平竞争环境,政府必须对市场主体行为进行监管。市场监管反映的是政府与市场之间的关系,良好的监管制度和监管机制,要避免政府监管的缺位、错位或越位问题。

三是经济调节。价值规律具有自发性、盲目性和滞后性,因此,良好的市场秩序也不是仅仅依靠政府监管就能保证的。面对市场中出现的各种问题,政府要有针对性地对经济进行宏观调控,通过经济手段、产业政策、收入分配政策以及必要的行政手段,进行干预。政府宏观调控职能在现代市场经济中具有越来越重要的地位。

四是公共服务。无论是资本主义市场经济还是社会主义市场经济,政府都有提供公共服务的职能,如公共基础设施、政府机关、军队、科学技术、基础教育等。一般来说,一个国家提供公共产品的种类越多、质量越好,表明其公共服务实现程度越高,给人民群众带来的福祉就越多。

二、社会主义市场经济中的政府特殊经济职能

社会主义市场经济中的政府特殊经济职能是与中国特色社会主义经济制度相联系的职能。在社会主义制度下,不发挥政府的重要作用,没有政府的强有力的引导和控制,就不可能实现中国特色社会主义的发展目标。

一是保证社会主义生产目的的实现。社会主义生产目的是满足人民日益增长的美好生活需要,促进人的全面发展。这一根本目的只能依靠政府提出并推动贯彻,不可能完全依赖市场。因为在市场经济条件下,私营企业是以利润最大化为目标的,商业性国有企业也是相对独立的商品生产者,它的直接目的也是获得盈利,这是国家赋予它的任务。因此,要使社会生产满足社会主义生产目的,只能由代表全社会利益的政府统一组织和管理,来引导分散的单个企业的经营活动去实现。政府依据生产力的发展规律,制定长期、中期、短期的经济发展目标和规划,确定积累与消费的比例关系,正确处理人民的长远利益和当前利益的关系,确定一定时期人民的物质文化生活水平。这是社会主义市场经济不同于资本主义市场经济的最根本特点。

二是实施规划统筹。规划统筹是政府从全局和长远利益出发,按照经济发展

的客观规律，对国民经济社会发展进行长远规划和有计划的调节。在社会主义市场经济中，计划是建立在尊重市场经济规律基础上的，对国民经济进行宏观管理，既包括宏观经济总量平衡、重大比例结构调整、产业结构调整、战略性新兴产业布局、基础设施和基础产业规划等，也包括促进新型工业化、信息化、城镇化、农业现代化同步发展协调，推进资源节约型、环境友好型社会建设，还包括国内国外市场和资源的统筹等。

三是加强国有资产监管。我国社会主义市场经济中的国有企业是推进国家现代化、保障人民共同利益的重要物质基础和政治基础，在国民经济发展中起主导作用，在一些关键领域和命脉行业发挥控制力作用。我国国有企业属于全民所有制企业，国家代表全民对国有企业和国有经济进行监督和管理。党的十六大报告提出了国有资产管理体制改革的思路：在坚持国家所有的前提下，充分发挥中央和地方两个积极性。国家要制定法律法规，建立中央政府和地方政府分别代表出资人职责，享有所有者权益，权利、义务和责任相统一，管资产和管人、管事相结合的国有资产管理体制。2003年国家成立国有资产监督管理委员会，专门对国有企业和国有资产进行监督管理，这从机构设置和制度安排上，在解决政企分开、政资分开，转变政府职能问题方面迈出了重要一步。党的十八大报告提出进一步完善国有资产管理体制，推动国有资本更多投向关系国家安全和国民经济命脉的重要行业和关键领域，不断增强国有经济活力、控制力、影响力。党的十八届五中全会提出完善各类国有资产管理体制，以管资本为主加强国有资产监管，防止国有资产流失。

四是推进共享发展。改革发展成果共享是中国特色社会主义的本质要求。党的十八届五中全会提出了共享发展理念，共享发展理念的实质就是坚持以人民为中心的发展思想，体现的是逐步实现共同富裕的要求。虽然我国社会主义制度具备了共享发展的制度基础，但实现共享发展不是一个自然过程，需要政府发挥强有力的作用。要以人民为中心对经济发展进行科学的顶层设计，制定发展规划和相关制度；不断增加公共服务供给，提供更多与人民利益密切相关的公共产品；调整国民收入分配格局，规范初次分配，加大再分配调节力度，缩小收入差距；发挥社会主义制度优越性，实施脱贫攻坚工程；实施全民参保计划，基本实现法定人员全覆盖，建立更加公平更加可持续的社会保障制度；推进义务教育均衡发展，促进教育公平；推进健康中国建设，完善基本医疗和公共卫生事业，进行环境保护和建设等。

三、社会主义市场经济中政府经济职能的转变

由于认识的局限和长期传统体制的影响,我国政府职能不完全适应社会主义市场经济的要求,因此必须转变。而能否正确实现政府职能的转变,关键取决于对政府与市场关系的认识是否科学。有人把我国转变政府职能简单理解为不要政府,让政府在市场经济中退出。这种认识显然脱离了现代市场经济发展的实践和社会化大生产日益提高的必然要求。也有人认为我国转变政府职能就是让政府在"市场失灵"的情况下,才出面干预,这种认识也是片面的。政府干预的目的和必要性在于避免市场自发调节造成的对资源的浪费,这要求政府调节应该是在尊重市场经济规律的基础上,事先调节和自觉调节,如果总是事后调节,与政府干预的初衷是背离的。

我国建立社会主义市场经济体制,在政府经济职能转变方向上,是要建立适合现代市场经济和社会化大生产发展的有力政府,让政府与市场有机结合,解决政府在市场中的"错位""缺位""越位"问题。正如习近平指出的:"既不能用市场在资源配置中的决定性作用取代甚至否定政府作用,也不能用更好发挥政府作用取代甚至否定使市场在资源配置中起决定性作用。"[①] 政府转变职能要求主要包括:

1. 实现政企分开。在社会主义市场经济中,如何理顺政府与国有企业之间关系,是政府转变职能的重要内容。政府是国有企业所有者代表,因此政府与国有企业之间有天然的内生性。要通过深化国有资产管理体制,理顺政府与国有企业关系,使政府既充当出资人角色,又从对企业的直接管理中摆脱出来,解决政府在对国有企业管理中的"越位"问题。

2. 创新行政管理方式。行政体制不顺、管理方式落后是造成政府职能"错位""缺位"的重要原因。要转变政府职能,提高政府行政效率,必须建立新的行政管理体制。新的行政管理体制的目标和要求是:按照精简、统一、效能的原则和决策、执行、监督相协调的要求,继续推进政府机构改革;将政府职能真正转到经济调节、市场监督、社会管理、公共服务和规划统筹上来。最终形成行为规范、运转协调、公正透明、廉洁高效的行政管理体制。

3. 健全宏观调控体系,加强政府调节经济能力。要从国情出发,建立健全宏观调控体系,创新宏观调控的方式方法,实现国民经济的稳定、协调和可持续

---

① 《习近平谈治国理政》,外文出版社2014年版,第117页。

发展。

4. 坚持党的领导，发挥科学的顶层设计功能。党发挥总揽全局、协调各方的领导核心作用，是我国社会主义市场经济的一个重要特征。"在全面深化改革过程中，要坚持和发展这一政治优势，利用党的领导政治优势引领和推进改革，调动各方面积极性，推动社会主义市场经济体制不断完善、社会主义市场经济更好发展。"①

第三节 创新和完善宏观调控方式

一、社会主义市场经济中宏观调控的必要性

宏观调控是政府履行经济职能的重要内容。所谓宏观调控，是指政府以满足人民美好生活需要和国民经济稳步协调发展为目标，综合运用经济的、计划的、法律的和必要的行政手段，对整个国民经济运行和发展进行调节和控制。在社会主义市场经济条件下实行宏观调控，既是现代市场经济运行的一般要求，也是社会主义制度发展完善的特殊要求。

第一，实行宏观调控是实现经济发展战略目标和社会主义生产目的的需要。社会主义生产目的是为了满足人民日益增长的美好生活需要，这个根本目的是通过各个不同发展阶段的具体发展目标实现的。我们要实现"两个一百年"奋斗目标、实现民族复兴，最终走向共同富裕的奋斗目标，是社会主义根本目的的具体体现，也是由社会主义制度的性质决定的。要实现这些奋斗目标，单纯依靠市场的自发调节难以实现。因此，必须通过政府的宏观规划、政策引导和调控，引领市场经济为实现社会主义发展目标服务。

第二，实行宏观调控是保持社会经济总量平衡和结构平衡的需要。社会化大生产要求各部门之间保持一定比例关系，这种比例关系的实质就是要求资源配置要在全社会范围内按比例分配社会劳动时间，如此就能保证宏观经济的总量平衡和结构平衡。然而，完全依靠市场的自发作用很难做到这两种平衡，从而导致社会总供给与社会总需求的矛盾，破坏部门之间的比例关系，造成经济波动甚至经济危机。要保持国民经济总量平衡和结构平衡，依靠市场自身是"做不了"的。

---

① 《习近平谈治国理政》，外文出版社2014年版，第118页。

因此，必须依靠政府宏观调控，从国民经济整体布局出发，从地区之间、产业之间的相互关系出发，进行整体协调。在利用市场机制的基础上，引导国民经济在综合平衡中发展。

第三，实行宏观调控是协调企业利益和社会利益的需要。企业作为具有独立利益的市场主体，往往追求自身利益最大化。而经济社会发展中，涉及一些长远利益、社会利益的内容，企业往往不愿意去做。比如科技创新是经济发展的强大动力，但创新有风险，企业不愿意承担风险，就需要政府出面引导企业进行创新，给创新企业政策支持、信贷支持，为科技创新提供平台等；再比如一些战略性新兴产业是保证一个国家站在制造业制高点的重要基础，但这些产业可能投资规模大、市场风险高，企业往往不愿意进入这样的领域。政府就要发挥产业政策功能，通过产业投资基金等，培育这些产业的成长。这些都属于市场"不想做"的领域，但这些领域对于一个国家生产力发展、竞争力形成有重要影响，就需要政府出面，政府除了建立国有企业外，还可以通过宏观调控政策引导非公有制企业去做。

第四，实行宏观调控是保证中国特色社会主义共享发展的需要。既然共享是中国特色社会主义的本质要求，那么在社会主义市场经济发展过程中，就应该贯穿共享发展理念。在我国，教育、医疗、社会保障等领域，属于共享发展的内容。从我国改革开放的实践经验看，教育、医疗等公共领域，属于市场想做但却"做不好"的领域。如果把这些领域交给市场，很可能造成很大的不公平，共享发展难以落到实处。因此，在这些公共领域，主要应该由政府出面提供公共产品，即使是交给市场由私人企业提供，政府必须建立严格的准入制度和监控体系，确保公共领域为全民提供共享机会，从而体现社会主义制度的优越性。

二、社会主义市场经济宏观调控的经验

改革开放以来，随着我国社会主义市场经济的逐渐确立和不断发展，宏观调控也积累了丰富的实践经验。这些经验是进一步完善宏观调控的宝贵财富。

1. 坚持运用市场机制和宏观调控的有机结合。现代市场经济中，市场在资源配置中起决定性作用与政府宏观调控是相辅相成的辩证关系，因此，健全的市场机制和有效的宏观调控，都是社会主义市场经济体制的有机组成部分。坚持发挥市场机制作用和加强宏观调控有机结合，一方面要把握好社会主义市场经济改革方向，尊重市场规律，激发市场活力，充分发挥资源配置的决定性作用；另一方面要不断完善宏观调控体系，综合运用国家计划统筹、经济政策、法律手段和

必要的行政手段，充分发挥我国社会主义制度决策高效、组织有力、集中力量办大事的制度优势，促进经济健康、平稳发展。

2. 坚持处理好短期目标与长期发展的关系。在西方宏观经济理论中，财政政策和货币政策都是从刺激总需求角度提出来的，而总需求管理则属于短期管理。我国社会主义市场经济发展中涉及的宏观问题比较复杂，我们不仅面临总量问题，也有严重的结构问题，而且总量问题往往和结构问题相互交织，结构问题制约着总量问题。因此，结构问题不解决，总量问题也难以解决。我国社会主义市场经济体制在形成和完善过程中，还面临着体制改革的问题，体制问题也经常和结构问题交织在一起。与此同时，作为人口众多、幅员辽阔的大国，我国各地区经济发展不平衡，要实现城乡、区域，以及经济社会、人和自然的协调统筹发展，建设和谐社会，都使得宏观调控面临巨大的挑战。基于此，我国在探索宏观调控的过程中，既重视需求方面的管理，也重视供给方面的管理，在运用财政政策和货币政策的同时，注重结构调整和产业升级、加快发展方式转变。

3. 坚持宏观调控与深化改革相结合。我国宏观经济遇到的问题，不仅有宏观经济本身运行的问题，还有体制本身的问题，因此宏观调控与体制改革是相互结合、互相促进的关系。近年来，在加强和改进宏观调控的同时，政府积极推进宏观经济领域的体制改革，努力推动形成有利于经济增长方式转变的体制机制。主要包括：一是深化财政税收体制改革，统一内外企业所得税，扩大增值税转型试点范围，调整进出口税率、个人所得税、利息税及消费税，加大对地方的转移支付。二是深化金融体制改革，改革汇率形成机制和外汇管理体制，放松了居民和企业用汇限制；加快推进国有金融机构体制改革步伐，基本完成了国有商业银行股份制改革。三是深化资源性产品价格和资源税收改革，调整了中央和地方对资源性产品的收益分配。四是深化教育、卫生领域改革，促进社会事业进步和经济社会协调发展。这些领域的改革为宏观调控创造了良好的体制环境，有利于宏观调控政策作用的有效发挥。五是不断改进调控方式，在保持政策稳定性、连续性的同时，适时适度进行渐进式的"微调""预调"，提高调控政策的灵活性、应变性，保持宏观调控的有效性和宏观经济运行的稳定性和持续性。

4. 坚持宏观调控与微观监管相结合。严格来讲，政府管制（或规制）属于微观范畴，因此，理论上又称其为微观管制，是与宏观管理对应的重要政府职能。虽然微观管制不属于宏观调控的内容，但与宏观调控具有一定的互补作用。近年来，为了实现可持续发展，按照科学发展观的要求，配合宏观调控的需要，我国在继续放松传统管制的基础上，建立健全适应市场经济发展需要的经济性和社会性管制。一是进一步放松与市场经济发展不相适应的传统管制政策法规和手段,取消了一些领域原有的对私营经济的准入限制;二是逐步建立健全比较规范的对自然垄断和金融业等授权垄断领域的产业准入和价格等结构性管制和基于财务健全性的审慎性监督;三是进一步加大安全、卫生、生态环境、自然资源等方面相关的经济性和社会性管制。通过上述改革,一方面借助加强宏观调控的时机,使上述经济性和社会性管制措施得以及时建立健全;另一方面这些经济性和社会性管制措施的及时建立健全所产生的预期效果,与常规的宏观调控措施形成了一定的合力,极大地配合了宏观调控的需要。

5. 坚持发展经济与改善民生的内在统一。我国确立的经济发展目标既有与市场经济一般规律相适应的目标,也有体现社会主义制度性质的发展目标。我国政府宏观调控不仅着眼于市场经济本身,还把改善民生作为经济发展的出发点和落脚点,着力维护社会公平正义,让全体人民共享改革发展的成果,促进社会和谐稳定。我国提出全面建成小康社会主要以人民生活水平和质量是否普遍提高为衡量标准,要坚持共享发展,在经济平稳增长的基础上,促进居民收入持续提高,健全公共服务体系,着力解决群众最关心最直接最现实的利益问题,不断增进人民福祉。坚持经济发展和改善民生的统一,是我国在宏观调控领域坚持社会主义性质的重要体现。

三、创新完善社会主义市场经济中的宏观调控

经过几十年的高速发展,我国经济发展进入新常态,中国特色社会主义进入新时代。为了更好地适应、引领经济发展新常态,实现"两个一百年"的奋斗目标,政府在宏观调控方面,要不断完善和创新宏观调控的方式和手段。

1. 区间调控方式。所谓区间调控是指宏观调控目标不再钉在一个固定的增长率上,而是设定一个合理的调控区间。我国的区间调控主要是针对稳定经济增长角度提出来的,例如从实际出发,在"十三五"期间,我国的经济增长率拟保持在 6.5% ~ 7% 之间。

2. 定向调控方式。所谓定向调控是指针对国民经济发展中的短板以及薄弱环节进行精准调控的方式。定向调控主要是结构性调控,如对"公共服务"短板、"三农"和小微企业问题等,有针对性地实施降税、降费、降准、降息。定向调控方式实质上使宏观调控具有结构性特点,这种调控方式比仅仅着眼于总量的调控方式更具有针对性和有效性。区间调控与定向调控各有侧重,区间调控侧重于平衡总量关系,定向调控侧重于调整结构,两者紧密结合,形成稳增长调结构合力,丰富了宏观调控的目标内涵和方式手段,是中国宏观调控实践对宏观调

控理论的重大贡献。

3. 相机调控方式。相机调控是与区间调控、定向调控有机结合的调控方式。相机调控侧重于短期调控，主要是依据政策目标，择机选择政策工具，把握好财政、货币政策推出和实施的最佳时机，最大限度地降低政策挤出效应，最大限度地实现政策的预期调控效果。相机调控是我国在宏观调控方式和理念上的又一重要创新。

4. 供给和需求双向调控方式。我国在强调使市场在资源配置中起决定性作用的同时，还要更好发挥政府的作用，在宏观调控上就要求在重视需求侧管理的同时着重加强供给侧管理，推进供给侧结构性改革。需求调控与供给调控各有特点，各有利弊，将二者结合起来，有助于提高宏观管理水平，防止经济比例关系失调，克服总供给与总需求的失衡，实现国民经济健康协调稳定运行。

搞好社会主义市场经济中的宏观调控是一门大学问，做好这门学问，需要不断跟上实践的步伐，不断总结经验，在实践探索中不断提高调控质量和水平。

【思考题】

1. 为什么说社会主义市场经济中政府与市场的关系是新型关系？
2. 社会主义市场经济中政府有哪些基本的和特殊的经济职能？
3. 社会主义市场经济宏观调控方式创新体现在哪些方面？

第十二章

宏观调控的政策和手段

在社会主义市场经济条件下，要对国民经济运行进行调控，实现国民经济持续健康发展，需要综合运用各种政策和手段。财政政策和货币政策是宏观调控的基本经济政策，除此之外，还有产业政策、收入分配政策、法律手段以及必要的行政手段等。

第一节 货币政策

一、货币需求与货币供给

（一）货币的本质

货币是固定充当一般等价物的特殊商品。货币的本质是价值形式发展到一定阶段的产物，反映人与人之间的经济关系。货币商品的特殊性在于，它自身有价值，可以在交换中用自身的价值来表现其他商品的价值。而价值是凝结在商品中的无差别的劳动，本质上体现的是一种社会关系。因此，货币不仅仅是代表一种价值，同时也反映一定的社会关系。不同的商品之所以能够用货币作为媒介交换，是因为它代表了无差别的人类劳动，而交换过程本身反映了交换者之间的物质利益关系。

货币的基本职能是价值尺度和流通手段。价值尺度意味着货币可以利用自身价值表现其他商品价值，而这种表现的基础是货币自身的内在价值。流通手段意味着在商品交换中，所有商品都可以以货币为媒介进行交换。货币的这两种基本职能是对立统一的关系，价值尺度的职能要求货币能够准确、稳定地表现商品的价值，而流通手段的职能则要求货币能够加快商品流通速度。这两种要求在贵金属上达到了统一，作为贵金属——如黄金，生产它要花费人类劳动，且生产它的劳动生产率变化较慢，其物理性质稳定，从而可以很好地执行价值尺度职能；同时黄金这种贵金属质地均匀、便于携带、易于分割，从而方便了流通和交换。当然黄金能够稳定地充当价值尺度，必须要求它是足值的；而就流通手段而言，交换只是一个转瞬即逝的过程，只要能够保证商品买卖顺利进行，就完成了职责，是否足值并不重要。货币职能的内在矛盾，随着商品经济的发展日益突出，这种矛盾的运动导致货币形式逐渐从贵金属演变为纸币。

除了以上两种基本职能外，货币还具有支付手段、贮藏手段和世界货币三种职能。货币支付手段这一职能的出现，也伴随着信用的出现和发展，并最终改变了整个货币体系。而贮藏手段则意味着商品流通的不断扩展让货币成为财富的一般代表。最后商品交换和货币流通会越出一国的界限，这就需要货币在世界范围内承担一般等价物的职能，形成世界货币。

货币职能在一切商品经济社会都发挥作用，但由于货币本质上反映一种社会关系，在不同的社会制度下，货币反映的社会关系也不相同。比如在简单商品经济中，货币反映的是生产者之间的利益关系。在社会主义市场经济中，货币反映不同的经济关系：作为私人资本的货币，反映资本雇佣劳动关系；作为公有资本的货币，反映公有制内部利益关系；作为货币的货币，充当交换的媒介，体现交换者之间的平等交换关系。因此，对货币政策的分析不能笼统地认为货币就是交换的媒介，而是要结合具体的经济关系进行分析。

（二）货币需求

对于一般商品经济而言，流通中所需的货币量与两个因素有关：一是流通中商品的总价值量的大小，二是货币自身的周转速度。平均而言，货币需求量等于流通中的总价值量与货币平均周转速度之比。流通中的商品的价值量规模越大，需要的交换媒介就越多，对货币的需求量就越大。而货币平均周转速度越快，在同一时间段内等量货币被用作交换媒介的次数就越多，货币的需求量就越小。这就是马克思所揭示的货币流通规律。

随着货币支付手段和信用的发展，对货币的需求也发生了变化。由于支付手段使得买卖在时空上发生了分离，一次商品交换发生之后，货币可以不马上进行给付。因此，在同一时间段内，流通中商品的价值量与需要的交换媒介之间不再相等。这时流通中所需要的货币量为流通中的总价值量减去当期内通过信用购买的价值量,再加上历史上的信用需要在当期内支付的量,最后再减去这两种信用相互抵消的部分。

在现代市场经济中,对货币量的需求要考虑实体经济和虚拟经济两个部分。实体经济是指工业、农业、交通运输、商贸物流、建筑业、销售服务等,直接为生产消费和生活消费提供产品或服务的经济活动。与实体经济对应的资本是实际资本。虚拟经济则是指以虚拟资本为经营对象,以谋取利润或报酬为目的的经济活动,通俗地说,就是不以实体经济为基础的以钱赚钱的经济。虚拟经济活动包括对虚拟资本的买卖、中介、咨询等,此外,彩票业、赌博业等,也属于脱离实际经济活动的行业,因而属于虚拟经济。与虚拟经济对应的资本是虚拟资本。

从货币需求的角度看,实体经济和虚拟经济的规模变化,都会对货币量需求产生相应的影响。从实体经济方面看:

首先,在生产领域企业规模扩张会加大对货币量的需求。在现代市场经济中,企业作为市场主体以利润最大化为目标。为了在竞争中处于有利地位并形成规模经济,企业会不断扩大规模。资本集中是扩大企业规模的重要方式,而资本集中过程必然会增加对货币量的需求。

其次,在流通领域资本的运动速度会影响对货币量的需求。货币本身流通速度的变化主要取决于货币资本的周转速度。在经济繁荣时期,价值的生产和实现都顺利进行,货币资本就可以比较快速地通过生产资本和商品资本的阶段,回到自身作为货币这个起点上来,从而表现为更快的货币周转速度。相反,在经济低迷时期,开工不足、产品滞销,资本停留在生产资本和商品资本的阶段就会比较长,资本周转变慢也就使得货币周转减速。

从虚拟经济方面看,当虚拟资本与它所代表的实体资本规模相一致时,不会增加对货币量的需求。但当虚拟资本规模超过它所代表的实体资本的规模时,虚拟资本就形成了具有独立运行空间的虚拟经济。在现代市场经济中虚拟经济的扩张和膨胀,成为增加货币量需求的重要原因。这是因为只有当进入虚拟经济的货币数量持续增加的时候,才能为虚拟资本不断创造出货币收入。也就是说,只有通过提供足够的货币供应量,才能使虚拟经济中的一些有价证券所有者获得巨大好处。如果不考虑其他因素,货币供应量的增加幅度就决定了有价证券持有人的获益水平。在货币量一定的情况下,进入虚拟经济的货币量增多,必然影响实体经济的资本集聚和集中,也影响实体经济的商品流通,从而导致实体经济利润率下降。而进入虚拟经济的货币量增加,会使虚拟产品的价格上升,收益增加,这进一步吸引货币从实体经济流向虚拟经济。如果没有恰当的政府调控,就可能导致整体经济的虚拟化,进而产生金融危机。

在社会主义市场经济条件下,发展国民经济要处理好实体经济与虚拟经济的辩证关系,促进实体经济和虚拟经济协调发展,形成实体经济和虚拟经济良性互动的国民经济运行机制。

(三) 货币供给

在贵金属充当货币的时代,货币的供给完全由这种贵重金属的产量决定。贵金属的产量是有限的,而商品的规模不断扩大,这样单纯用贵金属充当货币,就会限制商品交换的发展。

这种限制的突破得益于信用的发展。随着货币支付手段职能的发展,上下游的厂商之间开始进行赊购赊销,商品交换并不需要货币来流通,这就很大程度上缓解了货币使用上的紧张。而随着这种商业信用的不断发展,赊购赊销形成的商业票据逐步开始被转让流通,这种汇票就成为一种信用货币的形式。

不过商业信用有很大的局限性,它受到商品流转方向、职能资本家自身资本量和信用水平的限制。随后,银行的出现突破了这些局限性。资本家可以用自身所持有的票据向银行贴现,银行获得这样一笔票据作为资产,同时向贴现者提供一定数额的银行券,这种银行券的信用由银行提供,因此银行券这种信用货币的形式取得了更大的社会性,可以在更大的范围内进行流通。银行发行的银行券是承诺兑付的,这种承诺由银行的贵金属储备来保证,这种储备一方面来源于银行的资本金,另一方面也来源于将贵金属储备在银行的储户。银行券的产生极大地突破了货币发行的限制,银行券的持有者不会同时到银行要求兑付,因此银行可以让所发行的银行券大于自身所持有的储备,并且在银行的发展过程中,银行券的发行量超出自身所持有储备数量的比例可以越来越大。

银行券在最初的时候是由众多的小银行分散发行的。国家为了能够维持金融的稳定,逐渐将银行券的发行权力集中于一家或几家银行之中,这些垄断了发行权的银行作为中央银行,其发行的银行券的信用由国家来保证。这样信用货币就从最初的资本家之间的信用,逐渐上升为银行的信用,最终上升为国家的信用。最初,中央银行发行的银行券仍然可以兑换为贵金属或者与贵金属挂钩的其他货币。但是在1929~1933年资本主义经济大萧条时期,世界各国普遍取消了本国货币的可兑换性。而在第二次世界大战之后,在美国的主导下,建立了世界各国货币与美元挂钩,美元与黄金挂钩的布雷顿森林体系,这是最后一个可兑换的货币体系。随着20世纪70年代经济危机之后布雷顿森林体系解体,对于多数国家而言,其货币的发行失去了价值依据,成为单纯的国家行为。在现代市场经济中,由于国家成为整个信用体系的最后基石,其信用顺序表现为从国家信用到银行信用,最后再到商业信用的自上而下的信用体系。在这个体系下,信用货币的创造包括两个部分:中央银行发行基础货币,商业银行在此基础上创造存款货币。

中央银行发行基础货币的方式一般来说分为四种,即再贴现、再贷款、买卖有价证券和买卖外汇和黄金。再贴现就是银行将自身所持有的票据根据一定的贴现率向中央银行申请贴现,中央银行将票据贴现后,把扣除利息后的货币发放给商业银行。再贷款是在商业银行缺少流动性时,中央银行根据商业银行的申请,以贷款的方式将货币发放给商业银行。买卖有价证券主要包括国债、外汇、黄金等,中央银行通过买卖有价证券将一笔与有价证券价格相等的货币投放到市场上。买卖外汇和黄金的标的物是外国中央银行发行的货币和贵金属。在所有这些货币发行的过程中,中央银行将购买、贴现获得的票据、债券、金属和外汇,以及发放贷款形成的债权计入自身的资产,而对应发行的货币则形成中央银行的负债,这样央行的每一笔负债或者说货币的发放都对应着相应的资产,以此来监控货币的发行数量。

商业银行获得中央银行投放的流动性之后,这笔货币并不会单纯作为银行的存款停留下来,而是会通过银行间的不断运作将其不断放大。在获得一笔货币之后,这笔货币作为存款缴纳了一定的存款保证金之后会被贷放出去,贷放出去的存款又在其他银行形成了新的存款,而后缴纳存款保证金之后再次被贷出,最终一笔基础货币被商业银行放大多倍,形成流通中的存款货币,这就是所谓的"乘数效应",使得货币放大很多倍数。

以上似乎表明货币的供给完全由中央银行基础货币的发行决定,因为中央银行自主确定货币发行的规模,商业银行则根据这个规模按照货币乘数创造出存款货币;而且这个乘数与存款准备金率成反比,也是中央银行自行确定的,这样就造成了一种中央银行完全可以自主确定货币供给量的假象。西方经济学也是这样认为的,这种认识就是所谓的货币供给"外生"观点。

但是,从马克思主义的货币理论中不难发现,商品流通与货币流通的正确关系是商品流通引起货币流通,而不是相反。整个信用货币的创造是建立在现实的商品流通和价值增殖的基础上的,信用货币体系不可能脱离开基本的经济关系去创造货币。换句话说,货币供给有其内生性因素存在。具体来说,有以下几个原因:

第一,商业银行是否需要向中央银行进行再贷款和再贴现是由商业信用的情况决定的,而商业信用则与实体经济的运行有关。例如在信用扩展时期,商业信用产生更多的票据,这些票据也会更多被用于向商业银行贴现。进行了更多贴现的商业银行自身的现金流量会因此较为紧张,从而向中央银行更多地申请贴现。

尽管中央银行可以根据自身的决策考虑是否对票据进行贴现，但是面对票据贴现增多的趋势，不可能完全不对贴现的配额进行调整。因此，实体经济对货币更多的需求就通过商业信用和银行信用最终传导到中央银行，实现了货币的增发。贷款也是如此，银行发放贷款取决于信贷的需求和偿还风险，这二者在信贷扩张时期都会增加，更多的贷款也会让银行的流动性变紧，从而向中央银行申请再贷款。

第二，货币乘数效应并非完全由中央银行来确定。货币乘数是存款准备金率的倒数，但这仅仅是其最高限。在现实中，银行都会留有超额准备金，而超额准备金率加上央行确定的存款准备金率的总准备金率，才是货币乘数的倒数。而超额准备金率本身取决于银行信用创造的意愿，当信贷需求旺盛时，银行可以保有更低的超额准备金率，从而扩大货币供给，而相反在信贷需求低迷时，则可能保有更高的超额准备金率，缩小信用货币的创造。

第三，信用货币本质上是一种价值符号，只要有足够的信用，许多票据都可以被不同程度地视为货币。因此，即便中央银行收紧基础货币，在流动性需求旺盛的时期，为了满足流通的需要，商业银行和商业信用领域都可以创造出更多的非银行券类的信用凭证用于流通，这些票据在这种环境下会被广泛地接受。

归根到底，信用货币体系本身尽管表现为一个自上而下的体系，但是每一个更高的层级都是以下一个层级为基础的：中央银行的运行依赖商业银行，商业银行的运行依赖商业信用，商业信用的运行依赖实体经济，正因为如此，货币的供给必然存在一种内生性质，它随着实体经济对自身需求的波动而变动。

（四）通货膨胀与通货紧缩

同一种货币自身的购买力会随着一定条件的变化而波动。一般而言，通货膨胀即货币发行量超过流通中实际需要的货币量而引起的货币贬值、物价总水平持续上涨现象。通货紧缩即货币发行量不能满足流通中实际需要的货币量而引起的货币升值、物价总水平持续下跌现象。

通货膨胀和通货紧缩在不同时代也有不同的原因和表现形式。在贵金属充当货币的时代，货币自身是有价值的，其相对购买力的变化主要来源于货币自身的价值相对于其他商品价值的变化。当生产货币的部门劳动生产率相对于其他部门提高更快时，单位金属所蕴含的劳动价值相对于其他商品而言就会变低，因此表现同一商品的价值所需要的货币量就会增多，从而产生通货膨胀。同理，当生产货币的部门劳动生产率降低，或者劳动生产率的提高速度相比于其他部门更慢时，则会产生通货紧缩。而货币本身量的变化并不会引起通货膨胀或通货紧缩，因为如果货币供给相对于货币需求过多，贵金属会被作为财富的一般代表贮藏起来。当然由于贵金属的劳动生产率变化不大，所以这种通货膨胀和紧缩都很少发生。

纸币本身仅是代表一定量真实货币的符号，自身是没有价值的。这就使得纸币在其发行量超出社会所需要的量时，无法退出流通作为贮藏手段被贮藏起来，而只能继续留在流通领域。在纸币可兑换的时代，纸币本身的价值来自它所钉住的金属货币，为了简便起见我们可以将这种作为价值基础的金属货币形象地称之为"价值锚"。理论上其价值是由这种"价值锚"来保证的。当纸币的供给超过整个社会对货币的需求时，纸币所代表的总价值就大于实际经济中创造的真实价值，从而造成一种虚假的购买力，这种虚假的购买力会引起物价的上涨，从而使得其他商品的价格和纸币钉住的贵金属的价格之比偏离二者的价值之比。贵金属的价格相对来说更贵了，因此人们会更愿意持有贵金属，结果纸币被更多的要求兑换，使得纸币无法按照原有的比例钉住贵金属，最终产生贬值的压力。相反，在信用货币不足的时期，也会产生货币升值的压力。这样，除了贵金属自身价值的变化因素以外，货币供给量的变化就能够成为引起通货膨胀和通货紧缩的原因。

二、货币政策工具

货币政策是宏观调控的基本政策之一。货币政策主要是通过利用各种经济杠杆，调整货币量的供给和需求，进而调节经济运行和发展。

在我国，货币政策的制定和运用由中国人民银行即中央银行根据国家的发展规划和国民经济的实际情况具体操作。

中央银行的主要功能有以下三个方面：

1. 维持币值稳定。中央银行必须有效地控制货币发行，使现实中流通的货币供给量与国民经济实际运行需要的货币量相适应，既不要因货币发行过多引起通货膨胀使货币贬值，也不要因货币供应量不足引起通货紧缩，要保持币值的稳定性。

2. 保持经济平稳运行和持续增长。货币政策可以影响利率和投资，进而影响总需求。中央银行要通过在经济低迷时期提高总需求，在经济过热时期压低总需求，让总需求与总供给相适应，从而保证经济的平稳运行。

3. 维护金融体系安全。现代金融体系是一个规模庞大、结构复杂的信用体系，这个体系通过一系列信用链条将所有的金融机构和其他的市场主体联系在一起。也正因为如此，一个局部的风险很容易通过这种内部传递影响整个金融体系。一个参与者的违约最终将会让为其提供信用的企业也失去支付能力,并依次传到其他企业身上,从而让整个信用链条出现问题。中央银行要通过监管和货币政策,防止各金融主体出现违约,进而防范金融风险的发生。

运用货币政策要有配套的基本工具。在我国,货币政策的基本工具主要有贴现率、公开市场业务和货币乘数。

商业银行向中央银行贴现需要给付一定量的利息,这个利息率也即贴现率,是由中央银行自行确定的。当贴现率较高的时候,商业银行为获得等量货币所需要付出的成本就较高,从而在同等条件下就会选择较少的贴现。并且商业银行的资金成本会传导到商业信用中去,从而减少商业票据向商业银行的贴现,这也减少了商业银行需要向中央银行贴现的票据数量。商业银行较少的寻求贴现就意味着中央银行可以发放更少的基础货币。反之,当贴现率较低时,商业银行就会更多地向中央银行贴现,中央银行就会发放更多的基础货币。

公开市场业务是指中央银行通过买进或卖出有价证券,增减基础货币,调节货币供应量的活动。根据经济形势的发展,当中央银行认为需要收缩银根时,便卖出证券,相应地收回一部分基础货币,减少金融机构可用资金的数量;相反,当中央银行认为需要放松银根时,便买入证券,扩大基础货币供应,直接增加金融机构可用资金的数量。

除了控制基础货币外,中央银行还可以通过控制货币乘数来影响市场上的货币总量,其中最主要的方式就是调整存款准备金率。因为货币乘数等于存款准备金率的倒数,存款准备金率的调整将会对货币的发行产生重大的影响,因此,存款准备金率的调整也被认为是最有力量和最需慎重的货币政策工具。

央行通过运用这些工具实现对宏观经济的调控,可以促进经济的稳定和发展。但这些工具在发挥积极作用的同时也会有一定的局限性。

第一,货币供给本身存在内生性,中央银行可以影响但并不能完全决定货币流通量。由于中央银行不能完全自主决定给予商业银行的贴现额度和贷款额度,必须考虑商业银行的需求,这样中央银行实际上并不能完全控制基础货币的发行;超额准备金的存在也使得央行不能完全控制货币乘数。而且由于商业信用自身能够创造出可以部分替代货币的票据,所以中央银行的一切控制货币供给的手段都不能脱离开资本积累自身的规律而行事,只能在一定程度上影响流通中的货币量。

第二,利息率调节利润率本身作用有限。因为利息率只是利润率的一部分,如果整体利润率下降幅度过大,仅靠较低的利息率是不可能恢复投资者的信心的。而且,利息率本身包含着风险的溢价,当经济不景气时,即便银行可以以较低的成本贷款，但面对偿债能力充满不确定性的企业，其很多时候宁愿持有货币，也不会以很低的利息率借贷出去，这样就很难将货币市场上的低利息率传递到实体经济当中。

第三，预期可能降低货币政策的正效应。以适度增加货币供给来刺激物价上升，进而刺激生产者积极性为例。适度增加货币供给以刺激物价上升，可以调整债权债务人之间的分配，但如果此项举措被预期到，那么在资本市场上，债权人会利用各种方式规避损失，或者将损失转移给债务人，这样政策的作用就被削弱了。从劳动者的角度看，物价上升会使劳动报酬份额降低，进而引起有效需求和消费的下降，最终引起消费不足的问题，阻碍价值的实现，从而影响利润率的回升。而且如果价格上升过于剧烈，工人寻求规避损失的方法，常见的就是要求将工资按照通货膨胀进行调整，或者称之为工资指数化。而一旦工资被指数化，那么物价上升的这一作用就不复存在了，反而可能引起工资—价格的螺旋上升，导致物价上涨率超过可控范围。

第四，虚拟资本市场的繁荣所带来的"财富效应"只能在短期内起效。虚拟资本价格的增加本身并不带来任何财富的增加，因此这种"财富效应"也仅仅只是通过让人们改变边际和平均支出倾向而已。一方面，虚拟资本市场的泡沫不可能一直持续下去，一旦泡沫破裂，这种"财富效应"就会以完全相反的方式作用于经济。另一方面，仅仅依靠人们改变支出的倾向并不会改变经济的失衡，而仅仅是通过总需求的暂时增长将其掩盖，经济主体的支出倾向最终是受分配结构制约的，不可能一直依靠这种刺激增长下去。除此之外，虚拟资本的泡沫还可能带来投机和货币的大规模涌入，在实体经济低迷的时期，这一点尤为明显，因为实体经济的收益率与虚拟资本市场的收益率差别在这个时期是最大的，大量货币涌入虚拟资本市场只会助推资产泡沫，恶化实体经济。

三、货币政策运用与金融体制改革

我国货币政策的制定和运用，在借鉴国际经验的同时，力求既遵循市场经济一般规律，又坚持中国特色。中国特色主要表现在：

一是政策目标的多重性。从20世纪90年代后半期以来，世界上很多国家都认为应该把控制通货膨胀作为货币政策的唯一目标。这个做法也在不少国家的一定时期内取得了较好的效果，但在应对2008年金融危机的时候，这一政策目标便显得有点力不从心。从改革开放之初，在探索中央银行如何运用货币政策方面，我国始终坚持多重目标综合平衡。这是因为中国经济处于改革时期，在市场化程度、货币政策的运作机制、货币政策的传导机制等方面都有自己的特点,不同于发达国家,所以不能简单照搬单一目标制。在我国,货币政策同时关注保持低通货膨胀、高增长、高就业、国际收支平衡这四大政策目标,尽管各目标相互之间可能存在一定的矛盾,但货币政策的制定和实施始终坚持在这些目标中寻求均衡。我国成功应对了1997年亚洲金融危机和2008年世界金融危机,用实践证明了货币政策的多重目标综合平衡的做法是成功的。

二是政策的制定和实施具有结构性特点。西方发达国家的实践证明,只用货币政策调整经济的总需求,并不能完全实现经济的可持续发展。我国货币政策的制定和实施中的一个重要特征就是既要考虑对总需求的调控,也要考虑结构调整问题。我国在历次货币政策调整中,都或多或少地包含了诸如对产业采取差别利率、差别贷款额度等调控方式。这种调控政策使得需要得到政策扶持的产业或企业,不会因为"一刀切"的紧缩政策而受到过度冲击,从而实现了优化产业结构的目的。不仅如此,我国货币政策用于配合收入分配、区域调控等政策,对缓解收入分配差距和地区差距,起到了重要作用。我国能够实施结构性的货币政策,与以国有金融体系为主导的所有制结构有关,因为差别和精准的货币政策本身就要求政府和中央银行对金融体系能够有更高水平的控制能力,而国有银行体系就成为维持这种控制能力的重要保证。

三是政策的调控效果具有直接性特点。在西方国家,商业银行都是私有制银行,中央银行不能完全无视商业银行的贷款规模和流通中的票据量来确定再贷款和再贴现的数量,商业银行可以通过超额准备金等方式影响真实的货币乘数,这就导致货币政策的实施存在很大的局限性,调控力度和效果均难以达到政府的预期目标。在我国,银行体系是以国有商业银行为主导的,国有银行作为企业一方面以营利为目的,另一方面也要执行国家的政策意图。因此,当中央银行代表政府意志调整货币量时,就可以通过直接影响国有商业银行的行为来影响整个金融系统的运行,从而能够更直接有效地实现货币政策要达到的预期调控目标。

完善的金融体制是实施有效货币政策的重要条件。为促进国民经济的健康发展,我国金融体制需要进一步深化改革。深化金融体制改革的着力点主要集中在以下几个方面:

一要全面提高金融服务实体经济效率。发展金融业的根本目的是为了更好地推动实体经济运行,为发展社会生产力创造更多的社会财富服务。为了全面提高金融服务实体经济的效率,主要推进以下方面改革:一是健全金融机构体系,构建金融发展新体制。健全商业性金融、开发性金融、政策性金融、合作性金融分工合理、相互补充的金融机构体系。构建多层次、广覆盖、有差异的银行机构体系。二是发挥金融创新功能，培育经济发展新动力。加大金融支持国家创新驱动发展战略的力度，构建普惠性创新金融支持政策体系。三是完善宏观调控方式，创新调控思路和政策工具。按照总量调节和定向施策并举、短期和中长期结合、国内和国际统筹、改革和发展协调的要求，完善宏观调控。

二要构建结构平衡、可持续发展的金融体系。完善的金融市场体系不仅有利于市场主体合理融资，还可以降低企业和金融领域的各种风险，因此我国要进一步完善金融市场体系、资本市场体系和互联网金融业务。具体来说，一是建设直接融资和间接融资协调发展的金融市场体系。二是发挥民间资本的积极作用。拓宽民间资本投资渠道，在改善监管的前提下降低准入门槛，鼓励民间资本等各类市场主体依法平等进入银行业。三是规范发展互联网金融。要顺应信息技术发展趋势，支持并规范第三方支付、众筹和P2P借贷平台等互联网金融业态发展。支持具备条件的金融机构审慎稳妥开展综合经营。推进各类金融机构大数据平台建设，建立大数据标准体系和管理规范。

三要构建金融业双向开放新体制。开放是国家繁荣发展的必由之路。全方位对外开放是金融发展的必然要求。要推进金融业双向开放，促进国内国际要素有序流动、金融资源高效配置、金融市场深度融合。其主要要点是：首先，扩大金融业双向开放，全面实行准入前国民待遇加负面清单管理制度，在扩大服务业、金融业市场准入的同时，推进资本市场的双向开放。其次，有序实现人民币资本项目可兑换，推进"一带一路"建设，加强同国际金融机构合作，参与亚洲基础设施投资银行、金砖国家新开发银行建设，发挥丝路基金作用，吸引国际资金共建开放多元共赢的金融合作平台。推动建立多元化的全球融资框架，实现我国金融资产全球布局。再次，推动人民币加入特别提款权，成为可兑换、可自由使用货币。最后，积极参与全球治理，以更加包容的姿态参与全球经济金融治理体系。

四要大力发展普惠金融制度。我国社会主义市场经济坚持"共享发展理念"，要求大力发展普惠金融制度。首先，加强对中小微企业、农村尤其是贫困地区金融服务。发展多业态的普惠金融组织体系，构建多层次、广覆盖、有差异的银行机构体系。其次，完善农业保险制度，探索建立保险资产交易机制。推进保险业市场化改革，提高保险覆盖面，增加涉农保险品种，提高农村保险深度和密度，改善政策性保险资金使用效率。加快建立巨灾保险制度，推动巨灾保险立法进程，界定巨灾保险范围，建立政府推动、市场运作、风险共担的多层次巨灾保险体系。通过债权、股权、不动产等多种投资渠道，促进保险资金价值投资和长期投资。

五要推进国家金融治理体系和治理能力现代化。随着我国经济由高速增长转向高质量发展,原来被高速度所掩盖的一些结构性矛盾和体制性问题逐渐暴露出来。切实防范和化解金融风险是未来我们面临的严峻挑战。具体来说就是加强金融宏观审慎管理制度建设,加强统筹协调,改革并完善适应现代金融市场发展的金融监管框架。健全符合国际标准的监管规则,建立安全、高效的金融基础设施。建立国家金融安全机制,防止发生系统性金融风险。

第二节 财政政策

一、国家治理的基础和重要支柱

财政是以国家为主体,为了实现国家职能、满足社会公共需要而对社会总产品进行分配和再分配的经济活动,是国家治理的基础和重要支柱。

财政政策是国家为维持经济平稳发展和运行,综合运用各种财政调节手段,调节经济总量和结构,进而调节整个国民经济的政策。

科学的财税体制是优化资源配置、维护市场统一、促进社会公平、实现国家长治久安的制度保障。

二、财政收入

(一) 财政收入的来源

国家要完善和发展中国特色社会主义制度,推进国家治理体系和治理能力现代化,维护上层建筑运转,调节经济运行,实施宏观政策,需要一定的经济收入,这种以国家身份获得的经济收入统称为财政收入。财政收入本质上是一种社会剩余,其主要来源:一是税收;二是国有企业上缴的利润;三是国债。此外还有依法罚没的收入等。

1. 税收。税收是国家凭借政治权力无偿获得社会剩余的最主要形式,是国家财政收入的主要来源。在现实经济关系中,税收可以分为商品税、收入税、资源税和财产税四种基本形式。其中前两种税是对当期经济活动征税,属于流量税,而后两种税则是对历史上形成的财富进行征税,属于存量税。对于流量税而言,其中的商品税是直接对商品及其价格进行征税,国家直接参与初次分配,属于间接税。而收入税则是对已经分配完成的收入再进行征税,属于直接税。

2. 国有企业利润。国有企业依法上缴的利润也是国家财政收入的重要来源。国家财政收入中的税收收入和国有企业利润收入在性质上是不同的。税收收入是国家凭借政权向全社会市场主体强制征收的一种收入,其实质是社会剩余的再分配;而国有企业上缴的利润则是国家作为全民所有资产的代表,凭借国有资产的所有权对使用国有资产进行经营活动的企业征收的部分纯收入。在我国社会主义市场经济中,国有企业依法上缴利润成为我国国家财政收入的重要组成部分,这就为社会主义生产目的的实现和共享发展提供了重要的经济保障,同时也有利于缩小由于使用全民资产的不同而可能导致的收入分配的差距。

3. 国债。国债收入是指国家通过发行债务的方式筹集的资金,也是财政收入的一种来源。国债与税收、国有企业利润最大的区别在于:国债是一种有偿获得的收入,需要偿还本金和支付利息,而国债资金的支出在多数情况下并不能在未来带来资金的回流和增值,这实际上就决定了国债发行要适度,否则可能会产生无力偿还的后果。国债的发行主要依靠的是国家的税收和国有企业利润这些国家无偿获得的收入以及国家信誉作为担保,因而现期的国债收入实际上是未来的税收和国有企业利润收入。正常情况下,国债并不能作为经常性的财政收入来源,而主要是用于弥补短期的财政赤字。但是国债的发行却对经济运行具有重要的影响,并成为国家财政政策的重要手段。

(二) 财政收入的作用

财政收入来源不同,其作用也有不同。财政收入的作用可以归结为三大类:筹集财政资金、调控经济运行和调节收入分配。

1. 筹集财政资金。国家要实施其职能,必须有经济收入,财政收入是基本渠道。没有一定的财政收入,国家机关就无法运转,更无法执行其他相应的经济职能。因此,筹集资金是国家财政收入的重要作用。

2. 调控经济运行。财政可以通过收入和支出来调整资源在社会不同主体和不同部门之间的配置以调控经济。财政收入在调控经济中的这种作用主要是靠灵活运用税率杠杆,通过筹集资金和集中资源实现资源优化配置的。

3. 调节收入分配。在社会主义市场经济中,由于同时存在非公有制经济的所有制和按生产要素所有权分配的分配制度,在价值规律的作用下,优胜劣汰的机制可能造成生产者贫富分化。如果国家不进行有效调节,既不利于社会生产力的发展,也不利于社会的公平和稳定。针对这样的情况,国家需要通过多种手段调节收入分配，来缩小收入分配差距。

三、财政支出

（一）财政支出的分类

国家通过税收、国有企业利润和国债等方式形成的财政收入，需要通过购买产品和劳务、无偿发放、转移支付、借贷等方式支付出去，以实现自身的职能和社会发展目标，这种以国家为主体的支付活动就是财政支出。

财政支出可以按照多种方式分类，比较典型的分类有以下两种。

1. 按支出的经济性质分类。按照政府支出行为可以将财政支出分为购买性支出和转移性支出。购买性支出就是指政府购买商品和劳务的支出。转移性支出是指政府无偿向居民、企业、事业及其他单位组织提供财政资金的支出行为，包括社会保障支出、财政补贴支出等。这两类支出的主要区别在于：购买性支出将财政资金转化为商品和劳务，直接构成社会总需求，对经济产生直接影响；转移性支出只是实现了资金转移，财政资金在支出之后作用于经济的过程，仍然需要经过接受资金的组织和个人的决策过程，因而不能直接对社会总需求产生作用。

2. 按生产性质分类。从国家的财政支出角度看，有些支出进入生产性领域，通常称之为生产性支出；另一些支出进入非生产性领域，通常称之为非生产性支出。具体来说，国家用于固定资本投资等方面的支出属于生产性支出，而用于国防、司法、行政、教育等方面的支出则属于非生产性支出。

生产性支出和非生产性支出的区分对于确立财政支出与经济增长之间的关系具有重要的意义。由于只有生产性活动才带来社会财富总量的增加，这就意味着如果社会不断增加生产性活动支出使其在财政总支出中比重加大，社会财富（即指使用价值）的增加速度就会加快。反之，如果社会不断增加非生产性活动支出使其在财政总支出中比重加大，社会财富的增加速度就会下降。从财政支出的角度看，一个国家在财政支出总量既定的前提下，投入生产性活动的支出比例高，有利于社会财富的增长。但并非是非生产性支出比例越低越好，生产性支出与非生产性支出要保持合理的比例关系，才能使社会经济整体平衡发展，不断满足人民需要。

（二）财政支出的作用

财政支出可以通过购买商品和劳务、向经济主体进行转移支付等方式来影响社会经济活动,这是财政作用的最主要体现。财政支出的作用从总体上说是有利于完善和发展中国特色社会主义制度,推进国家治理体系和治理能力现代化,具体表现为以下四个方面:

1. 执行国家基本职能。国家最基本的职能是维护国家机器和社会生产关系的稳定运行,国家机器要发挥保护这种社会制度下的生产资料所有制、维持社会秩序、维护国家主权等一系列职能,而实施这些职能需要国家通过财政支出建立国防、司法和行政等系统。

2. 调节经济。在社会主义市场经济条件下,如果完全放任市场作用而国家不加调节,经济会由于其自身的不稳定性而产生波动。从宏观经济总体上来看,在不考虑政府部门支出的情况下,总需求可以分为投资、消费和净出口。其中投资在多数情况下是由追逐利润的资本积累活动组成的,主要受利润率的影响。利润率高涨的时候,资本积累就会加快,投资需求就会旺盛起来;反之,在利润率低迷的时候,投资需求就会下降。而由于经济的内在不稳定性,利润率是一个非常不稳定的量,会周期性地出现下降。净出口也是一个经常波动的量。由于世界市场上存在着激烈竞争,并且经常演变为过度竞争,这种过度竞争一方面会造成世界对一国产品的需求减少,另一方面会造成生产出口产品的企业利润率降低,最终导致净出口的减少,总需求下降。对于各种原因引起的宏观经济波动,国家可以通过财政政策加以调节,以达到稳定经济的目标。

比如对于价值实现困难引起的经济波动,财政政策至少可以通过三个途径来干预:首先,在私人投资意愿不强时,国家可以直接利用自己所掌握的资金进行投资,从而弥补投资需求下降带来的增长乏力。其次,当商品实现问题主要来自劳动者收入过低造成的消费不足时,国家可以通过一系列转移支付来提高劳动者收入,从而促进其消费的提升和总需求的增加。最后,当商品实现问题主要来自再生产比例失调的时候,国家可以利用自身掌握的资源按照社会再生产的比例要求增加财政支出,通过恢复经济结构平衡的方式来促进总需求的增加和社会再生产的顺利进行。

再比如对于成本上升和资本有机构成上升带来的利润率下降和投资需求的不足,国家可以通过对生产进行财政补贴和税收减免的方式帮助利润率恢复,从而刺激投资。类似地,对于国际过度竞争带来的净出口下降,国家也可以通过出口退税和出口补贴的方式帮助出口企业恢复竞争力和利润率,从而提高净出口和总需求。

3. 保持经济的可持续发展。私有制条件下的市场经济在调节资源配置的过程中,除了时常引起经济波动和周期以外,还包括无法协调社会整体利益与私人利益、长远利益与短期利益的矛盾，市场也无法自发实现对自然资源、生态环境的保护等。

与稳定经济的职能类似，为了保持经济的可持续发展，在社会主义市场经济条件下，国家可以通过财政补贴、税收减免的方式刺激企业从事有益于长期经济增长和对生态环境有益的行业，也可以通过投资和让国有企业介入的方式来直接经营这些行业，或者将二者结合起来。

4. 调节收入分配。收入分配的相对公平是经济发展和社会稳定的必要基础。财政收入可以通过向高收入人群征税来遏制过高收入，财政支出则可以通过给予低收入人群补贴来提高他们的收入，这种补贴形式不仅包括转移支付，还可以通过提供低价的公共服务、技能培训项目等方式来实现。

四、财政平衡与失衡

要充分发挥财政的积极作用，必须保持财政收支的基本平衡。在实际经济活动中，财政支出和财政收入之间的不平衡是经常发生的。财政收入和财政支出不平衡有两种情况：一种情况是财政支出大于财政收入，通常称其为财政赤字；另一种情况是财政收入大于财政支出，通常称其为财政盈余。财政赤字和财政盈余如果保持在一定限度，不会影响国民经济的正常运行，属于正常状态；如果二者关系超过国民经济正常运行所容许的程度，对宏观经济将会产生不利影响。

财政赤字过大往往是由政府投资消费支出过大、经济过热引起的，它反映的是国民经济总需求大于总供给的状态，表现为投资膨胀、消费膨胀、物价上升过快、资源被过度利用，经济运行主要受供给过剩的制约；相反，财政盈余往往是由政府投资消费支出过小、经济不景气引起的，它反映的是国民经济总需求小于总供给的状态，表现为工人失业增加、企业开工不足、一部分经济资源未被利用，这时经济运行主要受需求不足的制约。财政政策的调节体现在：在社会总需求小于总供给的情况下，即在经济不景气时期，政府可以增加财政支出，增加赤字，或者使需求者感到增加购买对自己有利，或者使供给者感到增加产量对自己有利，从而使消费需求增加，刺激投资增加，有助于实现总供给与总需求的平衡。反之，当社会总需求大于社会总供给时，财政政策的方向则相反。

上述反周期的财政政策，也是目前财政政策的最主要形式，这种政策强调利用财政的赤字和盈余来调节经济中的总需求和总供给之间的关系，在短期内调节由于二者之间的差异所带来的宏观经济波动。但是这种对财政政策的理解，尤其是对社会主义市场经济条件下的财政政策的理解是并不全面的。

总供给和总需求的平衡与失衡表面看起来是一个经济总量问题,但从根本上来说决定经济总量的是经济结构。如我们前面所述,总需求不足是投资和消费相对的变化所致,而这种变化可能来自部门之间比例失调导致的再生产条件的破坏,也可能来自初次分配中工资与利润比例的失调。因此,结构失衡才是总量失衡的根本原因。基于此,财政政策不可能抛开经济结构来分析经济总量,不着眼于解决结构问题的总量调控往往治标不治本。因此,我们说,总量政策的执行本身必然依赖一定的结构政策。总量政策本身不能单独存在,它只能是财政政策的一个简化理解。

强调这一点对于理解我国社会主义市场经济条件下的财政政策尤为关键。我国的财政政策向来非常重视财政收支对经济结构的调节,当经济中的需求不足主要来自消费不足时,更多地强调通过改善收入分配、提高转移支付、补贴消费等方式来刺激经济。同时也要注意控制投资需求,以防止过度投资带来的总供给快速上升给经济造成更大的压力。而在投资不足时则更多的是通过政府直接投资、税收减免等方式将社会剩余有效转化为投资,以此刺激总需求。

由此可见,财政政策作为宏观调控的一项政策,不仅应该调节国民经济总量,还应该利用财政支出和财政收入政策来调节产业结构、收入分配;不应该局限于调节经济现象之间的关系,还应该调节人们之间的社会生产关系。只有在这个意义上,我们才能真正理解国家通过财政手段干预调节经济的实质。

五、财政体制改革

(一)深化财税体制改革指导思想的根本转变

科学的财税体制是优化资源配置、维护市场统一、促进社会公平、实现国家长治久安的制度保障,也是保证财政政策发挥作用的重要前提。在改革进程中,我国在1994年分税制改革的基础上逐步形成了新的财政体制,对实现政府财力增强和经济快速发展的双赢目标发挥了重要作用。但是随着形势发展变化,财政的作用日益重要,这种体制已经不完全适应合理划分中央和地方事权、完善国家治理的客观要求,不完全适应转变经济发展方式、促进经济社会持续健康发展的现实需要,我国经济社会发展中的一些突出矛盾和问题也与财税体制不健全有关。因此必须深化财税体制改革。

深化财税体制改革的主要目的是:明确事权、改革税制、稳定税负、透明预算、提高效率,加快形成有利于转变经济发展方式、有利于建立公平统一市场、有利于推进基本公共服务均等化的现代财政制度,形成中央和地方财力与事权相匹配的财税体制,更好发挥中央和地方两个积极性。要实现上述目的,深化财税体制改革的指导思想必须实现根本转变。

第一,要实现对财政地位认识的转变。过去一般认为,财政是政府的收支活动,是国家调节经济的宏观政策手段。这种认识虽然有道理,但随着社会主义市场经济的发展和改革的深化,应该从更高的高度认识财政的地位和作用。党的十八届三中全会提出,"财政是国家治理的基础和重要支柱"。这一新论断表明,中国财政改革发展步入了一个新的历史阶段,财政已不再仅仅是一个经济范畴、局限于经济领域,而是一个涉及治国理政各个领域的国家治理范畴和治理要素。国家治理层面的政府收支活动之所以必要,就在于它能够满足存在于不同经济社会主体之中的公共需要,提供相应的公共物品和公共服务。

第二,要实现对财政职能认识的转变。过去长时期内,一般认为,财政职能为优化资源配置、调节收入分配和促进经济稳定。当财政上升为国家治理的基础和重要支柱之后,其所履行的职能便不再仅限于此,而是拓展至经济、政治、文化、社会、生态文明等各个领域。正是在这一认识基础上,党的十八届三中全会从国家治理的高度,将财政职能高度概括为"优化资源配置、维护市场统一、促进社会公平、实现国家长治久安"。这一概括,无疑已经远远超出传统经济领域和政府一般职能的范畴。

第三,要实现对财政主体认识的转变。过去长时期内,一般认为,财政是由政府组织的收支活动,只有政府才是财政活动的主体。而随着对财政地位认识的转变,财政的活动主体就不局限于政府,还包括企业组织、社会组织乃至居民自治组织。财政作为国家治理的一种重要活动,不再是单向的,而是互动的。尽管政府仍须在财政收支中发挥主导性作用,但已不再是唯一的主体了,有关财政收支的决策和组织,除了要体现一定的强制性,还须在政府与社会广泛互动的基础上体现协商性。

第四,要实现对财政政策作用认识的转变。过去长时期内,一般认为,财政政策是总量政策,其作用主要是调节总需求,但随着我国国民经济运行中主要矛盾由总量问题转为总量问题与结构问题并存,而结构矛盾更为突出,因此我国实施的财政政策要从关注总量问题转向更加关注结构性问题,着力点在于推进供给侧结构性改革,解决结构性失衡问题。

第五,要实现对财政体制改革中心内容认识的转变。过去长时期内,我国财政体制改革的中心内容一般集中在中央和地方政府财权的划分上,围绕中央和地方财权的划分,从新中国成立到改革开放之前,实行"统收统支"的体制,从

1979~1994年实行"财政包干"的体制,从1994年至今实行"财政分税制"的体制。这些改革无疑都是有益的探索,但完全局限于中央政府与地方财权划分的圈子,仍然束缚了财政作用的发挥。按照新的财政地位、职能的定位,深化改革财政体制的中心就要由中央政府与地方财权划分转向满足国家治理层面的社会公共需要。

(二) 深化财税体制改革的着力点

党的十九大报告明确提出,加快建立现代财政制度,建立全责清晰、财力协调、区域均衡的中央和地方财政关系。建立全面规范透明、标准科学、约束有力的预算制度,全面实施绩效管理。深化税收制度改革,健全地方税体系。

1. 改进预算管理制度。实施全面规范、公开透明的预算制度。我国原有的财政分权体制一方面激励了地方政府发展本地经济的积极性,但同时也客观上引发了地方政府的一些不当行为。要改变这种局面,归根到底要靠建立全面规范、公开透明的预算制度,对地方政府的预算进行更细致、更合理的监控,从而防范可能存在的财政支出结构的扭曲和债务风险。

2. 完善税收制度。税收是最重要的经济杠杆之一。完善税收制度要做到以下几方面。第一,要深化税收制度改革,完善地方税体系,逐步提高直接税比重。目前我国的税收中间接税比重过高,使其调节收入分配的能力不能得到完全的发挥。第二,完善税收制度的另一项重要改革是推进增值税改革,适当简化税率。要合理确定增值税中央和地方分享比例。把适合作为地方收入的税种下划给地方,在税政管理权限方面给地方适当放权。第三,完善税收制度,要调整消费税征收范围、环节、税率,把高耗能、高污染产品及部分高档消费品纳入征收范围。第四,完善税收制度,要逐步建立综合与分类相结合的个人所得税制。加快房地产税立法并适时推进改革,加快资源税改革,推动环境保护费改税。第五,完善税收制度,还有一项重要的改革是要按照统一税制、公平税负、促进公平竞争的原则,加强对税收优惠特别是区域税收优惠政策的规范管理。税收优惠政策统一由专门税收法律法规规定,清理规范税收优惠政策。完善国税、地税征管体制。

3. 建立事权和支出责任相适应的制度。目前的体制下,中央财政收入的比重相较于以往的体制有了较大幅度的提高,但与此同时事权的划分并没有完全跟上财权的变化,地方政府以较小的财政收入比重承担了很多的财政支出任务,这也成为地方财政和债务问题的重要源头。针对这样的情况,深化财税体制改革,要适度加强中央事权和支出责任,国防、外交、国家安全、关系全国统一市场规则和管理等作为中央事权；部分社会保障、跨区域重大项目建设维护等作为中央和地方共同事权，逐步理顺事权关系；区域性公共服务作为地方事权。中央和地方按照事权划分相应承担和分担支出责任。中央可通过安排转移支付将部分事权支出责任委托地方承担。对于跨区域且对其他地区影响较大的公共服务，中央通过转移支付承担一部分地方事权支出责任。

第三节　宏观调控的其他政策手段

一、产业政策

（一）产业政策的内容

产业政策是一国政府为达到产业优化的目标，根据世界经济发展趋势和国内经济发展目标，选择确定支持什么产业、限制什么产业的政策。狭义的产业政策一般是指产业结构政策，而广义的产业政策包括产业结构政策、产业组织政策、产业技术政策和产业布局政策。产业政策一般是通过投资政策、技术政策、货币政策、劳动政策、外贸政策以及其他有关政策的配合加以实施的，所以产业政策也是指这些政策的总和。下面从广义上介绍产业政策。

1. 产业结构政策。产业结构政策是针对一国生产不同产品的行业和部门之间的结构和比例关系的内在要求，采取投资、税收、利率、价格等方面的手段进行干预和调控的一系列政策，包括战略性产业发展政策、主导性产业支持政策、幼稚性产业扶植政策等。

2. 产业组织政策。产业组织政策是调整一个产业内部企业与企业之间关系的政策。产业组织政策主要关注产业内的企业规模、企业行为和市场的结构等方面的内容。

3. 产业技术政策。产业技术政策是产业政策的重要组成部分，主要是通过制定有关政策，影响产业内技术的研发和使用，推动产业发展，促进产业结构优化。它包括鼓励企业引进新技术、开发新技术等各种政策。

4. 产业布局政策。产业布局政策是指通过政策手段对产业在地区间的布局进行干预的调控政策。从理论上来说，这一调控政策既是一种产业政策，也是一种区域政策。产业布局政策的调控内容主要包括三个方面：一是不同地区之间的产业分布，也即地区间分工；二是地区内部的产业结构；三是地区内部的产业组织。其中后两个方面，实际上是结合不同地区自身特点的产业结构政策和产业组织政策；而第一个调控地区间分工的政策，则是产业布局政策的主要内容。

(二) 产业政策的功能及特点

产业政策主要是通过对生产领域的结构调整，进而使宏观经济总量和结构达到平衡。产业政策的功能主要体现在：

1. 建立高效率的生产体系。制定产业政策要根据规模经济的要求，促进产业内部各企业组织之间关系的合理化，建立高效率的生产体系，适应市场规模和范围，使产业生产能力不断接近最佳规模，达到资源优化配置的目标。

2. 组织合理的产业关系。在现实的市场经济中，存在竞争不充分的现象，这会导致价格机制不能正常发挥作用，资源配置无法根据市场供求、价格信号实现优化配置，可能造成某些产业生产能力过剩，另一些产业生产能力不足的情况出现。产业政策通过对企业投资在不同部门之间的引导作用，使企业借助市场机制手段，逐渐使投资趋向合理化方向。

3. 维护产业竞争秩序。在现代市场经济中，少数特殊行业是自然垄断行业，但绝大多数行业都是竞争性行业，在竞争性行业中，一方面允许企业在某一产业形成规模经济，趋于一定的垄断地位；但另一方面，也要限制单个企业在市场中的垄断程度。一旦某些产业的生产或销售被个别企业所垄断，势必会造成社会范围内资源配置的效率损失，破坏市场中的公平竞争，同时不合理的垄断价格还会扰乱市场秩序。因此，产业政策的一个重要功能就是引导企业和产业在某一领域的数量和产能，在产业内部的企业之间建立合理的竞争秩序。

产业政策作为一种宏观调控政策，与其他调控政策相比有其自身的特点。

1. 产业政策是对生产领域调控的政策。产业政策与其他的宏观调控政策最大的不同点在于调控对象的不同，财政政策、货币政策和收入分配政策等，主要是针对流通和分配领域实施的调控政策，不直接对企业的生产经营决策产生影响。相比之下产业政策则直接针对企业的生产经营活动，通过政策引导影响企业投资决策，以实现国家的战略目标或者宏观经济的稳定性。有人将产业政策归结为一种供给管理政策，与需求管理政策相对应。这种认识是把国民经济运行仅仅归结为总供给和总需求两个部分，并没有考虑总量背后的结构问题。马克思主义政治经济学在认识国民经济有机体时则是从生产、分配、交换和消费四个环节及其相互联系中进行认识的，其中生产环节具有基础性和决定性作用。产业政策本质上并非所谓的供给管理政策，而是从生产领域调控经济的政策。相比于财政政策和货币政策主要作用于交换和分配领域,产业政策直接作用于生产环节,因此,其对经济的影响也比较直接和深远。

2. 产业政策是一种结构性政策。与财政政策和货币政策相比,产业政策的另一个特征是宏观调控的结构性特征。财政政策和货币政策总体上是在交换领域调控经济,因此主要是一种总量调控。无论是货币政策运用的利息率、公开市场业务、汇率等工具,还是财政政策运用的税收、国债、财政支出等工具,往往都是将经济的总量指标作为调控的目标,尽管这其中也必然涉及一些结构性的问题,但这并非是这两种政策关注的主要内容。相比之下,产业结构政策、产业组织政策、产业技术政策和产业布局政策涉及产业之间的结构、产业内部企业之间的结构、产业技术发展的方向和产业在地区间的结构等内容,这就要求产业政策的制定和实施要不同于其他政策的调控思路。由于产业政策既涉及宏观领域问题,也涉及中观和微观领域的问题,所以它本身已经不单纯是一种宏观调控政策,这也是产业政策的复杂性之所在。

(三) 产业政策的方向

改革开放以来,针对宏观经济运行特点和我国经济发展战略要求,我国逐渐开始运用产业政策来调控经济。总体上看,我国的产业政策在促进经济增长、调整经济结构等方面发挥了积极作用。这些产业政策主要通过减免税、财政补贴、低息贷款、低价供地、低于市场价的能源资源价格等经济手段,也包括运用产业规划、市场准入限制、项目审批、强制淘汰等必要的行政手段,引导企业在技术创新、产业领域进入和规模经济确定等方面做出合理的选择。当然,由于我国社会主义市场经济中的产业政策还处于探索阶段,所以,在产业政策实施过程中,难免存在政府干预不当、政策定位不准、政策实施不到位等问题,但这些都属于需要进一步改进的问题,不能因此就否定产业政策本身在我国宏观经济中的重要地位和作用。

未来我国产业政策改革和发展的方向主要是:

(1) 围绕建设现代化经济体系,着力加快建设实体经济、科技创新、现代金融、人力资源协同发展的产业体系。加快建设制造业强国,加快发展先进制造业,推动互联网、大数据、人工智能和实体经济深度融合,在中高端消费、创新引领、绿色低碳、共享经济、现代供应链、人力资本服务等领域培育新增长点、形成新动能。支持传统产业优化升级,加快发展现代服务业,瞄准国家标准提高水平。促进我国产业迈向全球价值链中高端,培育若干世界级先进制造业集群。

(2) 构建现代农业产业体系、生产体系、经营体系,完善农业支持保护制度，发展多种形式适度规模经营，培育新型农业经营主体，健全农业社会化服务体系，实现小农户和现代农业发展有机衔接。促进农村一二三产业融合发展。

（3）坚持战略和前沿导向，集中支持事关发展全局的基础研究和共性关键技术研究，加快突破新一代信息通信、新能源、新材料、航空航天、生物医药、智能制造等领域核心技术。

（4）开展加快现代服务业行动，放宽市场准入，促进服务业优质高效发展。推动生产性服务业转向专业化和价值链高端延伸、生活性服务业向精细和高品质转变，推动制造业由生产型向生产服务型转变。

二、收入分配政策

（一）收入分配政策的内容

收入分配政策是对国民收入初次分配和再分配进行调节的政策。收入分配政策通过工资、财政预算、税收等手段实施。收入分配政策是缩小收入分配差距、实现共享发展的重要手段。

收入分配政策也可以根据调节收入分配的不同阶段分为初次分配政策和再分配政策。

1. 初次分配政策。初次分配政策主要调整参与生产的各个生产要素所有者之间的关系。我国处于社会主义初级阶段，最为主要的是调节公有制部门中的按劳分配形式和非公有制部门中的按生产要素所有权分配。在社会主义市场经济的初次分配中，完全依靠市场自发调节可能会导致收入分配差距扩大甚至两极分化，因此，国家必须在坚持公有制主体地位的前提下，运用必要的干预调节手段，调节收入分配关系，比如建立合理分配秩序、防止非法垄断等。

2. 再分配政策。再分配政策主要是国家对初次分配形成的收入格局进行必要的补充实施的分配政策。初次分配的政策调节对社会公平有一定的作用，但仍然存在调节不到的领域。首先，即使经过初次调节，生产领域内仍然会存在过高收入和过低收入的情况，这需要国家利用相应政策再次进行调节。其次，社会上存在许多不直接参与生产活动的主体，这些主体既包括对社会生产具有重要意义的部门，如政府部门、科研机构，也包括无法正常参与生产活动的社会成员，如失业工人和失去劳动能力的人等。这些不能直接参与生产的主体无法在初次分配中获得相应的收入。但是无论是从经济发展还是从社会公平的角度来看，他们都需要获得一定的收入,这就需要再分配政策发挥作用,将一部分社会收入再分配给这些主体。通过政府的再分配之后,国民收入就会形成居民的可支配收入,也就是国民收入的最终分配格局。因此,再分配政策对收入分配的调节起到"最终调节者"的作用。

(二) 收入分配政策的手段

收入分配政策主要通过工资、财政预算、税收等手段实现其功能。

工资是社会总需求的重要组成部分,要通过调节初次分配的工资结构、工资水平,保证社会总需求与总供给的平衡。一方面,政府规定最低工资标准,以保障社会成员的最低生活水平;另一方面就是通过财政预算的方式,在宏观层面对积累和消费的比例以及工资总水平进行调节,使工资总量保持在合理的水平,在通货膨胀的情况下,降低工资水平,在通货紧缩的情况下,提高工资水平。

税收是实施收入分配政策的重要手段,合理利用税收杠杆可以调动劳动者的积极性,提高劳动生产率。通过征收个人累进所得税、遗产税等,抑制高收入人群的过高收入,有利于实现社会公平,防止贫富差距过大。同时,政府可以将税收用于公共投资,改善社会供给结构,增加有效供给,进而增加就业,提高劳动者收入。

政府转移支付是发挥收入分配政策职能的重要方面,政府通过增加转移支付,可以缩小地区之间、城乡之间的收入差距,促进社会公平。另外,政府可以通过各种福利措施,如对失业者、低收入阶层发放救济金、补助金等,改善低收入、无收入和无劳动能力人群的生活处境。

(三) 收入分配政策的特点

收入分配政策相比于其他的政策和手段,具有以下特点:

1. 与其他手段相结合。收入分配政策作为一种宏观调控政策,和其他宏观调控政策类似,都是依据调控的领域和对象来定义的。但是其他的宏观调控政策都有一些比较有针对性的和特殊的调控手段,如货币政策主要利用货币发行量进行调控,财政政策涉及财政收入的筹集和支出,产业政策涉及规划的编制、项目的审批。而相比之下,收入分配政策本身有特色的调控手段较少,在大部分条件下,收入分配政策都会借助其他调控政策的手段来实现其调控目的,尤其是再分配政策主要依赖财政收入和支出的调控。因此,这一政策和其他调控政策结合比较紧密,在很多情况下很难区分一个政策具体是收入分配政策还是其他的调控政策。

2. 对宏观经济具有间接但长远的影响。收入分配政策本身的调控对象是收入分配格局，不会像财政政策和货币政策那样直接影响总需求，也不会像产业政策那样直接改变产出的结构，因此，表面上来看，收入分配政策对宏观经济的调控是比较间接的。但是，影响比较间接并不意味着影响力较小。如前所述，收入分配政策一方面能够实现对需求结构的调整；另一方面也能够改变生产过程中资本和劳动之间力量的对比。前者会影响国民经济的重大比例关系，尤其是能够优化消费和投资、内需和外需之间的关系，并改善商品的实现环境；后者则会直接影响生产效率的改进。二者都能够长期为经济的健康增长提供动力，因此收入分配对宏观经济的影响尽管间接但却是深远的。

三、宏观调控中的其他手段

在宏观调控中，除了采取货币政策、财政政策、产业政策和收入分配政策等经济手段外，还有计划手段、法律手段和行政手段等。

1. 计划手段。计划手段是指国家通过制定国民经济和社会发展的长期、中期规划和短期计划来调节经济运行的宏观调控手段。作为一种方法和手段的计划，是社会化大生产的内在要求。计划在社会主义公有制为主体的社会主义市场经济中，具有引导性、前瞻性、方向性、战略性功能，深刻认识社会主义市场经济中的计划的这种功能，对我们理解社会主义市场经济从自发市场经济向自觉市场经济转变有重要意义。

2. 法律手段。宏观调控的法律手段主要是指国家为了宏观调控的目的而对法律法规的运用。市场经济是法治经济，法治是实行宏观调控和维护市场经济秩序的保证。在市场经济中成千上万的经济主体彼此自发地建立经济关系需要法律加以约束，而国家对经济主体活动的调控同样需要法律手段来加以规范和保障。

3. 行政手段。宏观调控的行政手段主要是指国家利用行政权力，使用具有强制性的命令、指令等方式直接干预经济的调控手段。这种调控方式主要根据行政系统的逻辑引导经济运行，从理论上来说并不完全与市场经济相兼容。而之所以要采用行政手段进行宏观调控主要是由于两个方面原因：一是宏观调控的经济手段和法律手段不能完全解决宏观调控中所存在的问题。经济中很多问题在出现的时候往往不能确定适当的经济手段或直接适用某种法律加以调控，这时就需要政府直接按照自身的意志去干预市场。二是在某些条件下，国民经济不能完全按照市场逻辑运行，例如在国家遭遇自然灾害或国家安全受到危害的时期，需要集中社会一切可能集中的力量来对抗可能存在的危险,这个时候,就需要政府越过市场逻辑,直接使用行政指令来控制经济运行。

【思考题】

1. 金融改革的主要内容是什么?
2. 在社会主义市场经济条件下,我国财政职能发生了什么变化?如何适应这些变化?
3. 我国实行的产业政策主要包括哪些内容?

第五篇　经济发展与改善民生

第十三章

经济增长与经济发展

经济增长与经济发展是人类社会进步的基石,是解决我国一切问题的基础和关键。发展必须是科学发展,必须坚定不移贯彻创新、协调、绿色、开放、共享的发展理念。本章拟阐述经济增长与经济发展的含义、测度及相互关系,经济增长与经济发展的影响因素,以及我国经济发展新理念和经济发展战略等。

第一节 经济增长与经济发展的含义及影响因素

一、经济增长与经济发展的含义、测度及相互关系

(一)经济增长与经济发展的含义

经济增长是指在一定时期,一个国家或地区产品和劳务数量的增加,或按人口平均的实际产出的增加。经济增长既可以是经济总量的变动,也可以是人均量的变动,但都是侧重从"量"的角度考察经济变化。

经济发展是指经济的总量和人均产出变动,同时也是指经济结构、生活质量、环境与生态的改善,以及由此带来的社会政治体制、文化法律、观念和习俗的变革。经济发展反映的不仅是财富量的增加和扩张,而且还包括经济增长过程中质的方面的变化。

(二)经济增长和经济发展的测度

衡量经济增长采用的指标有:国民生产总值(GNP)增长率、国内生产总值

(GDP)增长率、国民收入（NI）增长率及它们对应的人均值增长率等。这些指标，其优点是简单明了，便于比较，但缺点也较多：无法反映收入分配状况；会出现由于汇率、核算体系不同等因素导致的统计失真问题；无法反映非贸易品的价格；不能反映经济增长过程中的社会代价，如环境污染、人口膨胀、资源枯竭等；难以体现人们实际享受的福利，如闲暇时间、主观幸福度等。

联合国衡量经济社会发展的常用指标为人类发展指数（human development index，HDI），该指数由联合国开发计划署（UNDP）于1990年提出。人类发展指数是预期寿命指数、教育指数和收入指数的几何平均数。其中预期寿命指数衡量的是出生时的预期寿命，反映的是人们获得健康生活水平的需求；教育指数是大于或等于25岁的人在学校接受教育的平均年数和预期受教育年限指数，反映的是人们获得文化知识的需求；收入指数由经过平价处理的人均GDP来衡量，反映的是提高生活品质的需求。

（三）经济增长与经济发展的相互关系

总体而言，经济增长与经济发展都是描述一个国家或地区在一定时期内（通常为长期）的经济变动状况的。经济增长侧重于数量，而经济发展是一个既包含数量又包含质量的多维体系的概念。

经济增长与经济发展既有联系又有区别。经济增长是经济发展的基础，但经济增长不等于经济发展；经济发展包含经济增长，但经济发展不仅仅是经济增长。经济发展强调经济增长的质量和结构优化，强调经济增长的目的是为了提高人民的生活水平。一般而言，没有经济增长就没有经济发展，但仅有经济增长不一定能带来经济发展。由于制度等各种原因，经济增长的成果如果被少数人攫取，导致贫富差距进一步扩大，则不能算经济发展；倘若经济增长导致整个社会付出了昂贵的代价，如生活质量低下、严重的环境污染、自然资源的巨大浪费，则经济发展的程度就比较低。

世界银行在《1991年世界发展报告：发展的挑战》中指出，发展面临的最大挑战是改善生活质量，尤其是在那些贫困的国家。更好的生活质量当然一般需要更高的收入，但它包含的远不止于此。它还包括其他目标，比如更好的教育、更高的健康和营养标准、更低的贫困、更清洁的环境、更加平等的机会、更大的个人自由、更丰富的文化等。发展的过程是一个多维的过程，包括社会结构、流行观念和国家制度等方面的变迁，以及加速经济增长、降低不平等和根除贫困等诸多方面。从其本质来讲，经济发展必须包括全方位的变迁，使社会体系内的所有个人和社会群体的多样化的基本需求得到更好的满足，无论是精神层面还是物质层面,都有更好的生活状态。

经济增长为经济发展提供了必要条件,经济发展有着比经济增长更丰富的含义,发展是目的,增长是手段。在我国社会主义制度下,尤其如此。

二、经济增长和经济发展的影响因素

一般认为,影响经济增长的因素同样会影响经济发展,但由于经济发展具有比经济增长更广泛的含义,所以影响经济发展的因素并不一定会影响经济增长。在社会化大生产及市场经济条件下,影响经济增长和经济发展的因素主要有:劳动力供给的数量及质量、资本投入量及结构、自然资源的数量及开发利用程度、科技进步、制度和体制、对外开放程度等。

(一) 劳动力供给的数量及质量

劳动力作为生产要素的重要组成部分在经济增长和发展过程中发挥着重要的作用,劳动力对经济增长和发展的影响体现在劳动力的数量和质量两个方面。就劳动力的数量而言,如果以一定时期的国内生产总值作为衡量经济活动总量的综合指标,以国内生产总值增长率作为衡量经济增长的指标,那么,在其他条件一定的情况下,国内生产总值就是这一时期所有部门的劳动就业量与社会平均劳动生产率的乘积,而国内生产总值增长率就等于劳动就业增长率加上社会劳动生产率的增长率。[①]

随着生产活动的日益复杂化及信息技术对生产活动影响的不断深化,当前劳动力对经济活动的影响更多地体现在劳动力供给的结构和质量上。在现代经济发展中,简单劳动量的投入对经济增长的推动作用越来越小,劳动者素质在经济增长中的决定与影响作用日益明显。[②] 而在涉及劳动者的"质"时,西方经济学往往会转向"人力资本"。人力资本同其他生产要素相结合才能作用于经济:首先,人力资本是"投资"结果,这种投资包括医疗健康、教育等;其次,人力资本同其载体,也即劳动力紧密联系在一起;最后,人力资本在一定时期内产生的收益应该大于投资。[③] 按照马克思主义经典作家的观点,科学技术要转化为直接的生产力,必须通过两条途径。一是通过教育使科学技术"人化"于劳动者,二是通过研究开发使科学技术"物化"于生产资料。[④] 通过这一论述,可以看出,马克

[①] 谷书堂、宋则行主编:《政治经济学(社会主义部分)》,陕西人民出版社2003年版。
[②] 逄锦聚等主编:《政治经济学》,高等教育出版社2009年版。
[③][④] 蒋学模主编:《高级政治经济学——社会主义本体论》,复旦大学出版社2001年版。

思主义经典作家将"人力资本"和研发投入更加辩证地联系在一起。

一般情况下,其他要素不变时,劳动力数量越大、质量越高,则经济增长或发展越快;反之亦反。

(二) 资本投入量及结构

资本投入量是影响经济增长和发展的又一重要要素,其对经济的影响除受到投资数量的影响外,也受到投资结构的影响。投资数量受到资本积累率及投资率的影响:积累率越高,就可能为资本投资提供更多的来源,导致更多的投资,反之亦反;既定资本情况下,投资率越高,就有可能进行更多的投资,反之亦反。而投资率本身同样受到实物供给限制,也即国民收入实物构成中生产资料与消费资料的数量和结构的限制。①

投资结构对经济增长和发展的影响体现在投资方式和领域上。投资方式分为外延(粗放型)扩大和内涵(集约型)扩大,前者是指在资本有机构成、生产技术水平及劳动生产率没有提高的情况下,主要依靠生产资料和劳动力追加实现的扩大再生产;后者则是指改进生产工具、提高资本有机构成和劳动生产率条件下实现的扩大再生产。② 投资领域涉及资本投资的具体部门,不同阶段在不同部门进行的投资,对经济增长和发展将会产生不同的作用,这种影响一方面体现在经济增长及发展的速度上,另一方面还会直接反映在经济结构进而反映在经济增长或经济发展的结构上。

(三) 自然资源的数量及开发利用程度

自然资源是指存在于自然界中能够被人类利用的自然物和自然力的总称,包括土地、空气、水、矿藏、气候、森林植被、野生动物和自然景观等。自然资源往往对于一国或地区的经济结构具有重要作用,而经济结构差异对经济体的经济增长或发展产生着重要影响。自然资源对经济的影响又必须通过既有资源的实际开发利用程度,同资本积累率与投资率一样,丰富的自然资源为经济增长和发展提供了可能,而具体能在多大程度上影响经济增长或者发展,则与自然资源的实际开发利用程度相关。一般而言,在其他条件相同的情况下,自然资源越丰富、开发利用程度越高,越有利于经济增长和发展,反之亦反。

总的来说,上述三种影响经济增长或发展的因素是有形的要素,其对经济增

---

① 逄锦聚等主编:《政治经济学》,高等教育出版社 2009 年版。
② 蒋学模主编:《高级政治经济学——社会主义本体论》,复旦大学出版社 2001 年版。

长或发展的促进作用随投入的增加而增加，但"质"、"结构"或"程度"则有赖于其他途径来影响经济增长或发展。

（四）科技进步

科学技术对经济增长和经济发展发挥着越来越重要的作用。恩格斯指出："科学是一种在历史上起推动作用的、革命的力量。"[①] 科技对经济增长和经济发展的作用有赖于其在经济活动中的应用程度，一个具体表现是与其他要素的有效结合程度。如前所述，科技进步对经济发挥作用，并非在于技术进步本身，而在于其"人化"于劳动者，"物化"于生产资料，也即科技进步可以通过教育、培训等途径来提高"人力资本"，通过研发活动来优化投资方式及领域，通过实际应用来加深既有自然资源的开发利用程度，使其全方位影响经济增长和发展。同时，科技进步也是解决各类要素短缺问题的重要途径。在我国，随着经济持续增长和发展，片面追求经济增长速度产生的问题日益暴露，例如环境污染、生态破坏、资源浪费等，科技进步同样是解决这些问题的重要途径。

（五）制度和体制

制度和体制决定着一个国家或地区在经济发展中经济活动的开展和实现形式，同时也决定着经济增长和发展成果的分配形式。合理的制度和体制为持续的经济增长和发展提供了可能和保障，而不合理的制度和体制则会阻碍经济增长和发展。制度和体制安排不仅决定着财产和收入的分配，而且会改变经济中资源使用效率及其潜力。

我国改革开放以来的经济实践已经证明，经济体制改革极大地推动了经济增长和发展，是决定中国命运的关键抉择，今后进一步全面深化改革对推动生产力发展、促进经济增长和发展仍将产生重要作用。当前，我国正处于经济体制改革的深水区，通过体制机制改革，充分发挥制度红利，使其为经济增长和经济发展提供动力和制度保障至关重要。

（六）对外开放程度

在经济全球化条件下，国家（地区）间联系日益密切，国家（地区）的对外开放程度对一国（地区）的经济增长和发展具有重要影响。对外开放对经济增长和发展的影响是两方面的：一方面，积极参与全球经济活动，一国（地区）可

[①] 《马克思恩格斯选集》第3卷，人民出版社1972年版，第575页。

以突破国内资源和国内市场的限制,参与国际分工,利用国内国际两个市场,开发国内国际两种资源,促进国内经济增长和发展。① 对外开放可以通过国际贸易及跨国投资等途径,充分发挥国家(地区)的比较优势,避免比较劣势,解决经济增长和发展过程中的劳动力、资金、自然资源、产品和市场的过剩及不足问题。另一方面,随着各国(地区)间联系日益密切,对外开放过程中应注意适当承担国际义务,保障本国的主权和正当利益。开放导致危机的国际间传导更加迅速,应加强国际协调;全球经济萧条时期要避免使用"以邻为壑"的贸易政策,同时要警惕其他国家实行这一政策对本国的危害;尤其是发展中国家应正确评估本国在全球产业链中的地位,防止本国在产业链低端环节的固化;正确面对并积极应对全球环境问题等。

第二节 中国特色社会主义新时代和经济发展新常态

一、中国特色社会主义新时代

在新中国成立以来社会主义建设的基础上,经过改革开放40年的奋斗,我国经济社会发展取得重大成就,站到了新的历史起点上。国家经济实力、科技实力、国防实力、综合国力进入世界前列,国际地位实现前所未有的提升,中华民族的面貌发生了前所未有的变化,中华民族正以崭新姿态屹立于世界的东方。党的十九大庄严宣告:经过长期努力,中国特色社会主义进入了新时代,这是我国发展新的历史方位。

中国特色社会主义进入新时代,意味着近代以来久经磨难的中华民族迎来了从站起来、富起来到强起来的伟大飞跃,迎来了实现中华民族伟大复兴的光明前景;意味着科学社会主义在21世纪的中国焕发出强大生机和活力,在世界上高高举起了中国特色社会主义伟大旗帜;意味着中国特色社会主义道路、理论、制度、文化不断发展,拓展了发展中国家走向现代化的途径,给世界上那些既希望加快发展又希望保持自身独立性的国家和民族提供了全新选择,为解决人类问题贡献了中国智慧和中国方案。

新时代,新目标,新任务。中国特色社会主义新时代,是承前启后、继往开

---

① 逄锦聚等主编:《政治经济学》,高等教育出版社2009年版。

来、在新的历史条件下继续夺取中国特色社会主义伟大胜利的时代,是决胜全面建成小康社会、进而全面建设社会主义现代化强国的时代,是全国各族人民团结奋斗、不断创造美好生活、逐步实现全体人民共同富裕的时代,是全体中华儿女勠力同心、奋力实现中华民族伟大复兴中国梦的时代,是我国日益走近世界舞台中央、不断为人类作出更大贡献的时代。①

新时代,新矛盾。中国特色社会主义事业进入新时代,我国社会的主要矛盾已经转化为人民日益增长的美好生活需要和不平衡不充分发展之间的矛盾。我国稳定解决了十几亿人的温饱问题,总体上实现小康,不久将全面建成小康社会,人民美好生活需要日益广泛,不仅对物质文化生活提出了更高要求,而且在民主、法治、公平、正义、安全、环境等方面的要求日益增长。同时,我国社会生产力水平总体上显著提高,社会生产能力在很多方面进入世界前列,更加突出的问题是发展不平衡不充分,这已经成为满足人民日益增长的美好生活需要的主要制约因素。我国社会主要矛盾的变化是关系全局的历史性变化,为解决主要矛盾,要在继续推动发展的基础上,着力解决好发展不平衡不充分问题,大力提升发展质量和效益,更好满足人民在经济、政治、文化、社会、生态等方面日益增长的需要,更好推动人的全面发展、社会全面进步。

中国特色社会主义进入新时代,但我国仍处于并将长期处于社会主义初级阶段的基本国情没有变,我国是世界最大发展中国家的国际地位没有变。要牢牢把握社会主义初级阶段这个基本国情,牢牢立足社会主义初级阶段这个最大实际,以经济建设为中心,坚持改革开放,自力更生,艰苦创业,为把我国建设成为富强民主文明和谐美丽的社会主义现代化强国而奋斗。②

二、经济发展进入新常态

我国正处于社会主义初级阶段,在经历过经济高速增长阶段之后,经济发展进入新常态。我国经济发展进入新常态,是指这样的一种状态:第一,增长速度从高速增长转向中高速增长;第二,经济结构不断优化升级,第三产业和消费需求逐步成为主体,城乡区域差距逐步缩小,居民收入占比上升,发展成果惠及更广大民众;第三,发展动力从主要依靠资源和低成本劳动力等要素投入转向创新驱动。

---

①② 习近平:《决胜全面建成小康社会 夺取新时代中国特色社会主义伟大胜利——在中国共产党第十九次全国代表大会上的报告(2017年10月18日)》,人民出版社2017年版,第10~11页。

经济发展进入新常态，我国经济呈现出一些新的特征：

第一，从消费需求看，模仿型排浪式消费阶段基本结束，个性化、多样化消费渐成主流，保证产品质量安全、通过创新供给激活需求的重要性显著上升，必须采取正确的消费政策，释放消费潜力，使消费继续在推动经济发展中发挥基础作用。

第二，从投资需求看，经历了几十年高强度大规模开发建设后，传统产业相对饱和，但基础设施互联互通和一些新技术、新产品、新业态、新商业模式的投资机会大量涌现，对创新投融资方式提出了新要求，必须善于把握投资方向，消除投资障碍，使投资继续对经济发展发挥关键作用。

第三，从出口和国际收支看，国际金融危机发生前国际市场空间扩张很快，出口成为拉动我国经济快速发展的重要动能。近几年，全球总需求不振，我国低成本比较优势也发生了转化，同时我国出口竞争优势依然存在，高水平"引进来"、大规模"走出去"正在同步发生，必须加紧培育新的比较优势，使出口继续对经济发展发挥支撑作用。

第四，从生产能力和产业组织方式看，过去供给不足是长期困扰我们的一个主要矛盾，传统产业供给能力大幅超出需求，产业结构必须优化升级，企业兼并重组、生产相对集中不可避免，新兴产业、服务业、中小微企业作用更加凸显，生产小型化、智能化、专业化将成为产业组织新特征。

第五，从生产要素相对优势看，过去劳动力成本低是最大优势，引进技术和管理就能迅速变成生产力，如今人口老龄化日趋明显，农业富余劳动力逐步减少，要素的规模驱动力减弱，经济增长将更多依靠人力资本质量和技术进步，必须让创新成为驱动发展新引擎。

第六，从市场竞争特点看，由过去的数量扩张和价格竞争逐步转向以质量和差异化为主的竞争，统一全国市场、提高资源配置效率是经济发展的内生性要求，必须深化改革开放，加快形成统一透明、有序规范的市场环境。

第七，从资源环境约束看，环境承载能力已经达到或接近上限，必须顺应人民群众对良好生态环境的期待，推动形成绿色低碳循环的发展新方式。

第八，从经济风险积累和化解看，伴随着经济增速下调，各类隐性风险逐步显性化，但化解以高杠杆和泡沫化为主要特征的各类风险将持续一段时间，必须标本兼治、对症下药，建立健全化解各类风险的体制机制。

第九，从资源配置模式和宏观调控方式看，全面刺激政策的边际效果明显递减，既要全面化解产能过剩，也要通过发挥市场机制作用探索未来产业发展方向，必须全面把握总供求关系新变化，科学进行宏观调控。

这些趋势性变化说明，我国经济正在向形态更高级、分工更复杂、结构更合理的阶段演化，经济发展进入新常态，正从高速增长转向中高速增长，经济发展方式正从规模速度型粗放增长转向质量效率型集约增长，经济结构正从增量扩能为主转向调整存量与做优增量并存的深度调整，经济发展动力正从传统增长点转向新的增长点。认识新常态，适应新常态，引领新常态是我国经济发展的大逻辑。

三、立足新时代适应把握引领经济发展新常态

中国特色社会主义进入新时代，我国经济发展进入新常态，将带来新的发展机遇。第一，中国经济增速虽然放缓，实际增量依然可观。经过几十年的高速增长，中国的经济体量已经今非昔比。即使是6%~7%的增长，无论是速度还是数量，在全球都是名列前茅的。第二，中国经济增长更趋平稳，增长动力更为多元。通过创新宏观调控的思路和方式，依靠确定的战略，我国有信心、有能力应对各种可能出现的风险。协同推进新型工业化、城镇化、信息化、农业现代化有利于化解各种增长的烦恼。中国经济更多依赖国内消费需求拉动，避免依赖出口的外部风险。第三，我国经济结构优化升级，发展前景更加稳定。第四，政府大力简政放权，市场活力得到进一步释放。

同时，新常态也伴随着新问题、新矛盾，一些潜在风险渐渐浮出水面。能不能适应新常态，关键在于全面深化改革的力度。为此，我国将主动适应和引领经济发展新常态，坚持以提高经济发展质量和效益为中心，把转方式、调结构放到更加重要的位置，使市场在资源配置中起决定性作用，更好地发挥政府作用，以创新驱动为核心，推进供给侧结构性改革，更加有效地维护公平正义，更加有力地保障和改善民生，促进经济社会平稳健康发展。

首先，引领经济发展新常态要实现战略转变。要从主要强调增长速度转变为强调质量和效益。稳定经济增长，要更加注重供给侧结构性改革，实现由低水平供需平衡向高水平供需平衡的跃升。实施宏观调控，要更加注重引导市场行为和社会心理预期，实现反周期目标。调整产业结构，要更加注重引导增量，主动减量，发挥创新引领发展第一动力作用。推进城镇化，要更加注重以人为核心，推动更多人口融入城镇。促进区域发展，要更加注重人口经济和资源环境空间均衡，着力塑造区域协调发展新格局。保护生态环境，要更加注重促进形成绿色生产方式和消费方式，促进人与自然和谐共生。保障和改善民生，要更加注重对特定人群、特殊困难群体的精准帮扶，使他们有现实获得感。要更加注重使市场在

资源配置中起决定性作用，政府要集中力量办好市场办不了的事。扩大对外开放，要更加注重推进高水平双向开放，提高我国在全球治理中的制度性话语权。

其次，坚持以提高发展质量和效益为中心，加快发展方式转变。实现发展质量和效益的提高，必须遵循规律、按规律办事，要把转方式、调结构放到更加重要的位置，更加扎实地推进经济持续健康发展。要以结构深度调整、振兴实体经济为主线调整完善相关政策，构建产业新体系，培育一批战略性产业，构建现代农业产业体系，加快建设制造强国，加快发展现代服务业。转方式、调结构的基础动力在创新，要推动新技术、新产业、新业态蓬勃发展，瞄准世界科技前沿，形成一批重大创新成果，推进科技成果产业化，使创新成果变成实实在在的经济活动，形成新的产品群、产业群。

再次，加快实施创新驱动战略。创新是推动一个国家、一个民族向前发展的重要力量，也是推动整个人类社会向前发展的重要力量。实施创新驱动发展战略，是加快转变经济发展方式、提高我国综合国力和国际竞争力的必然要求和战略举措。从全球范围看，科学技术越来越成为推动经济社会发展的主要力量，创新驱动是大势所趋。即将出现的新一轮科技革命和产业变革与我国加快转变经济发展方式形成历史性交汇，为我们实施创新驱动发展战略提供了难得的重大机遇，必须紧紧抓住和用好机遇，加快推进。从国内看，创新驱动是经济社会发展的必然趋势。我国的现状是创新能力不强，科技发展水平总体不高，科技对经济社会发展的支撑能力不足，科技对经济增长的贡献率远低于发达国家水平。我国经济发展要突破瓶颈、解决深层次矛盾和问题，根本出路在于创新，关键要靠科技力量。必须及早转入创新驱动发展轨道，把发展基点放在创新上，发挥创新对拉动发展的乘数效应。

最后，推进供给侧结构性改革。推进供给侧结构性改革，是适应和引领经济发展新常态的重大创新，是适应国际金融危机发生后综合国力竞争新形势的主动选择。供给侧管理和需求侧管理是调控宏观经济的两个基本手段。需求侧管理，重在解决总量性问题，注重短期调控，主要通过调节税收、财政支出、货币信贷等来刺激或抑制需求，进而推动经济增长。供给侧管理，重在解决结构性问题，注重激发经济增长动力，主要通过优化要素配置和调整生产结构来提高供给体系的质量和效率，进而推动经济增长。当前和今后一个时期，我国经济发展面临的问题，供给和需求两侧都有，但矛盾的主要方面在供给侧。我国不是需求不足或没有需求，而是需求变了，供给的产品却没有变，质量、服务跟不上。有效供给能力不足带来大量"需求外溢"，消费能力严重外流。解决这些结构性问题，必须从供给侧发力，找准在世界供给市场上的定位；必须把改善供给侧结构作为主攻方向，实现由低水平供需平衡向高水平供需平衡跃升。

供给侧结构性改革的本质是一场改革，要用改革的办法推进结构调整，为提高供给质量激发内生动力、营造外部环境。要把依靠全面深化改革推进供给侧结构性改革摆上重要位置，坚定改革信心，突出问题导向，加强分类指导，注重精准施策，提高改革效应，放大制度优势。推进供给侧结构性改革，是对全面深化改革决心的重要检验。供给侧结构性改革的本质属性是深化改革。无论是化解过剩产能、处置"僵尸企业"，还是降低企业成本、补齐发展短板，都需要用改革的办法推进结构调整。是改革就会有阵痛，但不改革就是长痛。正所谓"长痛不如短痛"，通过改革才能解决老问题、迎来新希望。

推进供给侧结构性改革，是适应和引领经济发展新常态的重大创新，是适应国际金融危机发生后综合国力竞争新形势的主动选择，是适应我国经济发展新常态的必然要求。推进供给侧结构性改革要统筹国内国际两个大局，按照"五位一体"总体布局和"四个全面"战略布局，牢固树立和贯彻落实创新、协调、绿色、开放、共享的发展理念，适应经济发展新常态，坚持改革开放，坚持稳中求进工作总基调，坚持稳增长、调结构、惠民生、防风险，实行宏观政策要稳、产业政策要准、微观政策要活、改革政策要实、社会政策要托底的总体思路。①

第一，宏观政策要稳，就是要为结构性改革营造稳定的宏观经济环境。积极的财政政策要加大力度，实行减税政策，阶段性提高财政赤字率，在适当增加必要的财政支出和政府投资的同时，主要用于弥补降税带来的财政减收，保障政府应该承担的支出责任。稳健的货币政策要灵活适度，为结构性改革营造适宜的货币金融环境，降低融资成本，保持流动性合理充裕和社会融资总量适度增长，扩大直接融资比重，优化信贷结构，完善汇率形成机制。第二，产业政策要准，就是要准确定位结构性改革方向。要推进农业现代化、加快制造业强国建设、加快服务业发展、提高基础设施网络化水平等，推动形成新的增长点。要坚持创新驱动，注重激活存量，着力补齐短板，加快绿色发展，发展实体经济。第三，微观政策要活，就是要完善市场环境、激发企业活力和消费者潜力。要做好为企业服务工作，在制度上、政策上营造宽松的市场经营和投资环境，鼓励和支持各种所有制企业创新发展，保护各种所有制企业产权和合法利益，提高企业投资信心，改善企业市场预期。要营造商品自由流动、平等交换的市场环境，破除市场壁垒和地方保护。要提高有效供给能力，通过创造新供给、提高供给质量，扩大消费需求。第四，改革政策要实，就是要加大力度推动改革落地。要完善落实机制，

---

① 《中央经济工作会议在北京举行》，载于《人民日报》2015年12月22日。

把握好改革试点,加强统筹协调,调动地方积极性,允许地方进行差别化探索,发挥基层首创精神。要敢于啃硬骨头、敢于涉险滩,抓好改革举措落地工作,使改革不断见到实效,使群众有更多获得感。第五,社会政策要托底,就是要守住民生底线。要更好发挥社会保障的社会稳定器作用,把重点放在兜底上,保障群众基本生活,保障基本公共服务。推进供给侧结构性改革,战略上要坚持稳中求进、把握好节奏和力度,战术上要抓住关键点,主要是抓好去产能、去库存、去杠杆、降成本、补短板五大任务。

推进供给侧结构性改革,必须依靠全面深化改革。要加大重要领域和关键环节改革力度,推出一批具有重大牵引作用的改革举措。要大力推进国有企业改革,加快改组组建国有资本投资、运营公司,加快推进垄断行业改革。要加快财税体制改革,抓住划分中央和地方事权和支出责任、完善地方税体系、增强地方发展能力、减轻企业负担等关键性问题加快推进。要加快金融体制改革,尽快形成融资功能完备、基础制度扎实、市场监管有效、投资者合法权益得到充分保护的股票市场,抓紧研究提出金融监管体制改革方案;加快推进银行体系改革,深化国有商业银行改革,加快发展绿色金融。要加快养老保险制度改革,完善个人账户,坚持精算平衡,提高统筹层次。要加快医药卫生体制改革,在保基本、强基层的基础上,着力建立新的体制机制,解决好群众看病难、看病贵问题。

第三节　新发展理念和全面发展战略布局

一、发展理念与发展战略

发展理念是指一系列与发展相关问题的思想和观念。发展理念是发展行动的先导,是发展思路、发展方向、发展着力点的集中体现。认真总结经验、深入分析问题,可以把发展理念梳理好、讲清楚,以发展理念转变引领发展方式和发展战略的转变,进而推动发展质量和效益的提升。

经济发展战略(economic development strategy)是指关于经济发展中带有全局性、长远性、根本性的总的构想,是一个国家或地区关于国民经济发展的基本理念及其为此而实施的总体规划和方针政策。经济发展战略通常包括三个基本组成部分:第一,制定战略的实际依据和理论依据。要考虑本国的经济、社会、科学技术、教育、文化等的历史和现状,并明确所遵循的基本指导思想和重要指导原则。第二，战略目标。包括综合的总体目标和在某些方面的目标。第三，实现战略目标的途径和手段。包括战略重点、实施步骤、力量部署、重大的政策措施等。制定经济发展战略必须有科学的依据，要符合一国的基本国情，应遵循经济社会发展的客观规律，需考虑国际政治经济形势。

二、经济发展的新理念与发展战略

（一）五大发展理念

尽管取得了举世瞩目的发展成就，但中国仍然是世界上最大的发展中国家，发展依然是当代中国第一要务。唯有发展才能保障人民的基本权利；唯有发展才能满足人民对美好生活的热切向往。对于现阶段的中国来说，问题不在于要不要发展，而在于怎样发展，如何找到正确的发展思路、发展方式和发展着力点。

发展理念管全局、管根本、管方向、管长远，以科学的发展理念做先导，才能破解发展难题、补上发展短板、增强发展动力、厚植发展优势，从而赢得全面建成小康社会的全面胜利，实现建成现代化国家和民族复兴的宏伟目标。

中国共产党第十八届五中全会提出了"创新、协调、绿色、开放、共享"的五大发展理念。创新发展是经济结构实现战略性调整的关键驱动因素，是实现"五位一体"总体布局下全面发展的根本支撑和关键动力；协调发展是全面建成小康社会之"全面"的重要保证，是提升发展整体效能、推进事业全面进步的有力保障；绿色发展是实现生产发展、生活富裕、生态良好的文明发展道路的历史选择，是通往人与自然和谐境界的必由之路；开放发展是中国基于改革开放成功经验的历史总结，也是拓展经济发展空间、提升开放型经济发展水平的必然要求；共享发展是社会主义的本质要求，是社会主义制度优越性的集中体现，也是党坚持全心全意为人民服务根本宗旨的必然选择。五大发展理念是发展思路、发展方向、发展着力点的集中体现，具有高度的战略性、纲领性、引领性，集中反映对经济社会发展规律认识的深化，极大丰富了马克思主义发展观。五大发展理念之间相互贯通、相互促进，是具有内在联系的集合体，为全面建成小康社会决战阶段的伟大胜利，不断开拓发展新境界，提供了强大的思想武器。这是关系我国发展全局的一场深刻变革，影响将十分深远。

在五大发展理念中，创新发展理念是方向、是钥匙，是引领发展的第一动力，决定了民族前途命运。坚持创新发展，必须把创新摆在国家发展全局的核心位置，不断推进理论创新、制度创新、科技创新、文化创新等各方面创新，让创新贯穿党和国家一切工作，在全社会蔚然成风。

协调发展理念是经济社会持续健康发展的内在要求。历经改革开放40年的高速发展，中国正面临着一系列不平衡、不协调、不可持续的问题。协调发展因发展失衡和不可持续而生，也是因时而动、应势而为、发挥主观能动性的自觉选择。从区域差距到城乡差距，再到物质文明和精神文明发展不同步、经济建设和国防建设不融合等，暴露出发展面临的瓶颈制约，更催生着发展理念与方式的深刻转变。当前，我国正处于全面建成小康社会的决战决胜阶段，协调发展意味着弥补短板和薄弱环节，并从中拓宽发展空间、寻求发展后劲，实现全方位的均衡协调发展，这也是全面建成小康社会的重要内涵。

绿色发展理念是实现中华民族永续发展的必要条件。绿水青山就是金山银山。在快速发展几十年的同时，我国出现了雾霾频发、城市拥堵、河流污染、湖泊萎缩、生态脆弱等问题，这些问题越来越制约发展。面对资源约束趋紧、环境污染严重、生态系统退化的严峻形势，必须正确处理好经济发展同生态环境保护的关系，树立尊重自然、顺应自然、保护自然的生态文明理念，在生态环境保护上对人民群众、子孙后代高度负责，真正下决心把环境污染治理好、把生态环境建设好，形成节约资源和保护环境的空间格局、产业结构、生产方式、生活方式。坚持绿色发展，必须坚持节约资源和保护环境的基本国策，坚持可持续发展，坚定走生产发展、生活富裕、生态良好的文明发展道路，加快建设资源节约型、环境友好型社会，形成人与自然和谐发展的现代化建设新格局，推进美丽中国建设，为全球生态安全做出新贡献。

开放发展理念是世界共同繁荣发展的应然选择。从全球视野思考中国发展问题，提出开放发展理念，既向世界表明了中国开放的大门永远不会关上的立场，也揭示了中国经济的命运与世界的命运息息相关的内在共赢逻辑。今天的中国，已经前所未有地与世界融合在一起。中国的发展牵动世界目光，中国经济是世界经济的重要引擎。中国经济步入新常态，对外开放力度要越来越大。中国的开放不是权宜之计，而是基本国策，必将伴随着中华民族走向现代化的全过程；中国的开放也不是独善其身，而是互利共赢，志在打造包容共享的人类命运共同体。实行更加积极主动的开放战略，坚定不移提高开放型经济水平，坚定不移引进外资和外来技术，坚定不移完善对外开放体制机制，中国将因开放发展而充满活力，世界也将因中国开放发展而更加美好。

共享发展理念是全面建成小康社会的必然结果。改革发展搞得成功不成功，最终的判断标准是人民是不是共同享受到了改革发展成果。当前分配不公的问题还比较突出，收入差距、城乡区域公共服务水平差距还比较大。按照国家统计局数据，现行标准下全国还有7000万贫困人口，要想完成2020年全部脱贫的目标，任务还很艰巨。全面建设小康社会是改革开放以来就提出的发展目标，经过多年努力，如今已进入最后决胜阶段。改善民生，让人民共享发展成果，坚定不移走共同富裕的道路，是社会主义的本质要求，是社会主义制度优越性的集中体现，也是党坚持全心全意为人民服务根本宗旨的必然选择。

(二)"四个全面"战略布局

党的十八大以来，党中央从坚持和发展中国特色社会主义全局出发，提出并形成了全面建成小康社会、全面深化改革、全面依法治国、全面从严治党的战略布局。这个战略布局，既有战略目标，也有战略举措，每一个"全面"都具有重大战略意义。全面建成小康社会是我们的战略目标，全面深化改革、全面依法治国、全面从严治党是三大战略举措。要把全面依法治国放在"四个全面"的战略布局中来把握，深刻认识全面依法治国同其他三个"全面"的关系，努力做到"四个全面"相辅相成、相互促进、相得益彰。

三、五大发展理念与"四个全面"战略布局的关系

如果说"四个全面"战略布局确立了新形势下党和国家各项工作的战略目标和战略举措，五大发展理念则为顺利推进"四个全面"战略布局提供了发展思路，是落实"四个全面"战略布局的理论指引。五大发展理念同"四个全面"战略布局是立足基本国情、彰显时代特征的科学理论及行动指导，都具有强烈的问题意识和鲜明的问题导向。五大发展理念从不同角度阐明了如何破解发展难题，实现"四个全面"的战略目标。创新的发展理念是实现"四个全面"战略布局的活力源泉；共享的发展理念是实现"四个全面"战略布局的出发点和落脚点；开放的发展理念是全面建成小康社会的必然选择；协调的发展理念是推进"四个全面"战略布局的必然要求；绿色的发展理念是推进"四个全面"战略布局的生态动力。"四个全面"战略布局和五大发展理念是对当代中国社会发展规律和实践逻辑的新阐释，是对中国特色社会主义发展理念的新发展。"四个全面"战略布局和五大发展理念是内在统一的。"四个全面"战略布局回答了当代中国发展的战略目标、战略重点和主要矛盾，强调认识和实践的全面性和完整性；五大发展理念关注的是实现全面建成小康社会这一目标的发展过程、内在要求和价值诉求，是"四个全面"战略布局的展开，强调了发展的综合性和多维度。从某种意义上说，"四个全面"战略布局是五大发展理念的战略，五大发展理念是

"四个全面"战略布局的具体展开或延伸。①

第四节 贯彻新发展理念 建设现代化经济体系

一、高速增长向高质量发展的转变

改革开放40多年,我国经济保持了年均约9.5%的高速增长,这在世界各国经济增长历史上是前所未有的。经济高速增长,为综合国力的提高、人民生活的改善提供了条件,缩短了我国与发达国家的差距,为社会的全面发展奠定了基础。但是,过去的经济高速增长在很大程度上是靠传统要素投入取得的,增长方式比较粗放,在我国经济发展进入新常态、中国特色社会主义进入新时代的条件下,这样的高速增长很难再继续下去,经济由高速增长转向高质量发展成为客观必然。

党的十九大明确提出我国经济已由高速增长阶段转向高质量发展阶段,正处在转变发展方式、优化经济结构、转换增长动力的攻关期,建设现代化经济体系是跨越关口的迫切要求和我国发展的战略目标。必须坚持质量第一、效益优先,以供给侧结构性改革为主线,推动经济发展质量变革、效率变革、动力变革,提高全要素生产率,着力加快建设实体经济、科技创新、现代金融、人力资源协同发展的产业体系,着力构建市场机制有效、微观主体有活力、宏观调控有度的经济体制,不断增强我国经济创新力和竞争力。②

二、现代化经济体系的内涵

现代化经济体系,是由社会经济活动各个环节、各个层面、各个领域的相互关系和内在联系构成的一个有机整体。我国要建设的现代化经济体系,既与发达国家的现代化经济体系有一些共性,更要符合中国国情、具有中国特色。

我国现代化经济体系由七个主要的子体系构成,即:创新引领、协同发展的产业体系;统一开放、竞争有序的市场体系;体现效率、促进公平的收入分配体

---

① 郝立新:《中国特色社会主义实践的战略布局和发展理念》,载于《中国特色社会主义研究》2015年第6期。

② 习近平:《决胜全面建成小康社会 夺取新时代中国特色社会主义伟大胜利——在中国共产党第十九次全国代表大会上的报告(2017年10月18日)》,人民出版社2017年版。

系；彰显优势、协调联动的城乡区域发展体系；资源节约、环境友好的绿色发展体系；多元平衡、安全高效的全面开放体系和充分发挥市场作用、更好发挥政府作用的经济体制。

(一) 创新引领、协同发展的产业体系

综合分析当前制约我国经济发展的因素，其中最突出的是结构性问题，矛盾的主要方面在供给侧。我国不是需求不足，或没有需求，而是需求变了，供给的产品却没有变，质量、服务跟不上。解决这些问题需要立足实体经济，推进结构调整，减少无效和低端供给，扩大有效和中高端供给，增强供给结构对需求变化的适应性和灵活性，提高全要素生产率。科技创新、现代金融、人力资源，共同构成了实体经济发展的要素支撑。创新是引领发展的第一动力，是建设现代化经济体系的战略支撑，科技创新与制度创新、管理创新、商业模式创新、业态创新和文化创新相结合，其有助于推动发展方式向依靠持续的知识积累、技术进步和劳动力素质提升转变，促进经济向形态更高级、分工更精细、结构更合理的阶段演进。金融是实体经济的血脉，为实体经济服务是金融的天职，其有助于优化生产要素配置和组合，降低实体经济成本。人力资源是发展的第一资源，人才是创新的根基，是创新的核心要素。面对日趋激烈的国际竞争，一个国家发展能否抢占先机、赢得主动，越来越取决于国民素质特别是广大劳动者素质。建设现代化经济体系，就是要实现实体经济、科技创新、现代金融、人力资源协同发展，使科技创新在实体经济发展中的贡献份额不断提高，现代金融服务实体经济的能力不断增强，人力资源支撑实体经济发展的作用不断优化。

(二) 统一开放、竞争有序的市场体系

经济发展就是要提高资源尤其是稀缺资源的配置效率，以尽可能少的资源投入生产尽可能多的产品，获得尽可能大的效益。理论和实践都证明，市场配置资源是最有效率的形式。市场决定资源配置是市场经济的一般规律。市场经济本质上就是市场决定资源配置的经济。统一开放、竞争有序的市场体系，是使市场在资源配置中起决定性作用的基础，主要包括公平开放透明的市场规则，统一的市场监管，法治化的营商环境，主要由市场决定价格的机制，完善的金融市场和金融监管体系等。建设现代化经济体系，就是要实现市场准入畅通、市场开放有序、市场竞争充分、市场秩序规范，加快形成企业自主经营公平竞争、消费者自由选择自主消费、商品和要素自由流动平等交换的现代市场体系。

(三) 体现效率、促进公平的收入分配体系

改善民生，实现发展成果更多更公平惠及全体人民，体现了以人民为中心的发展的根本目的。收入分配是民生之源，是改善民生、实现发展成果由人民共享最重要最直接的方式。建设现代化经济体系，就是要实现收入分配合理、社会公平正义、全体人民共同富裕，推进基本公共服务均等化，逐步缩小收入分配差距。主要包括：(1) 建立和完善收入分配制度，增加劳动者特别是一线劳动者劳动报酬，实现劳动报酬增长和劳动生产率提高同步。(2) 建立和完善市场评价要素贡献并按贡献分配的机制，完善以税收、社会保障、转移支付为主要手段的再分配调节机制。(3) 保护合法收入，规范隐性收入，遏制以权力、行政垄断等非市场因素获得收入，取缔非法收入，明显增加低收入劳动力者收入，扩大中等收入者比重，努力缩小城乡、区域、行业收入分配差距，逐步形成橄榄型分配格局。

(四) 彰显优势、协调联动的城乡区域发展体系

促进城乡协调发展，是改变我国发展不平衡不充分现状，实现持续健康发展的内在要求。建设现代化经济体系，就是要实现区域良性互动、城乡融合发展、陆海统筹整体优化，培育和发挥区域比较优势，加强区域优势互补，塑造区域协调发展新格局。主要包括：(1) 推动新型城镇化和新农村建设协调发展，提升县域经济支撑辐射能力，促进公共资源在城乡间均衡配置，拓展农村广阔发展空间，形成城乡共同发展新格局。(2) 深入实施西部开发、东北振兴、中部崛起和东部率先的区域发展总体战略，创新区域发展政策，完善区域发展机制，促进区域协调、协同、共同发展，努力缩小区域发展差距。(3) 以"一带一路"建设、京津冀协同发展、长江经济带发展为引领，形成沿海沿江沿线经济带为主的纵向横向经济轴带，塑造要素有序自由流动、主体功能约束有效、基本公共服务均等、资源环境可承载的区域协调发展新格局。

(五) 资源节约、环境友好的绿色发展体系

我们要建设的现代化是人与自然和谐共生的现代化，既要创造更多物质财富和精神财富以满足人民日益增长的美好生活需要，也要提供更多优质生态产品以满足人民日益增长的优美生态环境需要。改革开放以来，由于一些地方、一些领域没有处理好经济发展同生态环境保护的关系，以无节制消耗资源、破坏环境为代价换取经济发展，导致能源资源、生态环境问题越来越突出。这种情况不改

变，能源资源将难以支撑、生态环境将不堪重负，反过来必然会对可持续发展带来严重影响，我国发展的空间和后劲将越来越小。因而必须坚持节约优先、保护优先、自然恢复为主的方针，形成节约资源和保护环境的空间格局、产业结构、生产方式、生活方式，还自然以宁静、和谐、美丽。建设现代化经济体系，就是要通过推进绿色发展，主力解决突出环境问题，加大生态系统保护力度和改革生态环境监管体制，实现绿色循环低碳发展、人与自然和谐共生，牢固树立和践行绿水青山就是金山银山理念，形成人与自然和谐发展现代化建设新格局。

（六）多元平衡、安全高效的全面开放体系

全方位对外开放是发展的必然要求。打开国门搞建设，既立足国内，充分运用我国资源、市场、制度等优势，又重视国内国际经济联动效应，积极应对外部环境变化，可以更好利用两个市场、两种资源，推动互利共赢、共同发展。建设现代化经济体系，就是要发展更高层次开放型经济，推动开放朝着优化结构、拓展深度、提高效益方向转变。主要包括：（1）完善对外开放战略布局，全面推进双向开放，促进国内国际要素有序流动、资源高效配置、市场深度融合，加快培育国际竞争新优势。（2）健全对外开放新体制，完善法治化、国际化、便利化的营商环境，健全有利于合作共赢、同国际投资贸易规则相适应的体制机制。（3）推进"一带一路"建设，秉持亲诚惠容，坚持共商共建共享原则，开展与有关国家和地区多领域互利共赢的务实合作，打造陆海内外联动、东西双向开放的全面开放新格局。（4）积极承担国际责任和义务，参与全球经济治理，推动国际经济治理体系改革完善，积极引导全球经济议程，维护和加强多边贸易体制，促进国际经济秩序朝着平等公正、合作共赢的方向发展，共同应对全球性挑战。

（七）充分发挥市场作用、更好发挥政府作用的经济体制

经济体制改革仍然是全面深化改革的重点，经济体制改革的核心问题仍然是处理好政府和市场关系。发展社会主义市场经济，既要发挥市场作用，也要发挥政府作用，但市场作用和政府作用的职能是不同的。健全社会主义市场经济体制，一方面需要切实发挥市场在资源配置中的决定性作用，着力解决市场体系不完善、政府干预过多和监管不到位问题；另一方面要更好发挥政府作用，在保证市场发挥决定性作用的前提下，管好那些市场管不了或管不好的事情。科学的宏观调控，有效的政府治理，是发挥社会主义市场经济体制优势的内在要求。建设现代化经济体系，就是要通过健全宏观调控体系、全面正确履行政府职能、优化政府组织结构，发挥政府在保持宏观经济稳定、加强和优化公共服务、保障公平

竞争、加强市场监管、维护市场秩序、推动可持续发展、促进共同富裕、弥补市场失灵方面的职责和作用，实现市场机制有效、微观主体有活力、宏观调控有度。

三、建设现代化经济体系的意义

建设现代化经济体系具有迫切性和重要的意义：

首先，建设现代化经济体系是建成社会主义现代化强国的迫切要求。建成社会主义现代化强国，实现中华民族伟大复兴的中国梦，不断提高人民生活水平，必须坚定不移把发展作为党执政兴国的第一要务，坚持解放和发展社会生产力，坚持社会主义市场经济改革方向，推动经济持续健康发展。国家强，经济体系必须强。只有形成现代化经济体系，才能更好顺应现代化发展潮流和赢得国际竞争主动，也才能为其他领域现代化提供有力支撑。

其次，建设现代化经济体系是适应我国经济已由高速增长阶段转向高质量发展阶段的必然要求。从国内看，我国经济发展进入新常态，已由高速增长阶段转向高质量发展阶段，正处在转变发展方式、优化经济结构、转换增长动力的攻关期，改革已进入深水区、攻坚期，全面建成小康社会进入决胜期，同时，长期积累的结构性矛盾仍然突出。从国际看，国际金融危机深层次影响还在持续，世界经济复苏进程仍然曲折，逆经济全球化思潮抬头。在这样的情况下，建设现代化经济体系成为跨越关口的迫切要求和我国发展的战略目标。只有建设现代化经济体系，实现我国经济高质量发展，才能推动经济建设再上新台阶。

最后，建设现代化经济体系是化解我国社会主要矛盾、推进经济建设的客观要求。我国社会主要矛盾已经转化为人民日益增长的美好生活需要和不平衡不充分的发展之间的矛盾。必须坚持创新、协调、绿色、开放、共享的发展理念，统筹推进"五位一体"总体布局，协调推进"四个全面"战略布局，推动城乡、区域、经济社会协调发展，处理好经济发展和环境保护的关系，实现国内发展和对外开放良性互动。这是现代化经济体系建设的基本要求。

四、统筹规划建设现代化经济体系

现代化经济体系是统一整体，建设现代化经济体系要统筹规划、一体建设、一体推进。

党的十九大提出了深化供给侧结构性改革，加快建设创新型国家，实施乡村振兴战略,实施区域协调发展战略,加快完善社会主义市场经济体制,推动形成全面开放新格局六项措施,对此本书将在有关章节分别加以阐释。

实现"两个一百年"奋斗目标,建成社会主义现代化强国,实现中华民族伟大复兴的中国梦,不断提高人民生活水平,必须坚定不移把发展作为党执政兴国的第一要务,贯彻发展新理念,建设现代化经济体系,推动经济持续健康发展。

【思考题】

1. 阐述经济增长与经济发展的含义、测度及两者之间的关系。
2. 试述影响经济增长和经济发展的主要因素。
3. 中国特色社会主义进入新时代,经济发展进入新常态,请论述新时代如何把握引领新常态。
4. 社会主义现代化经济体系的内涵和建设现代化经济体系的意义是什么?

第十四章

创新发展与经济增长动力转换

人类社会发展的历史经验表明,长期、持续、稳定的经济发展最根本要靠创新。创新是民族进步的灵魂,是一个国家兴旺发达的不竭动力,是引领发展的第一动力,是建设现代化经济体系的战略支撑。为此,要以创新理念为引领,深入实施创新驱动发展战略,加快形成以创新为主要引领和支撑的经济体系和发展模式。

第一节 创新及其在经济发展中的作用

一、创新的内涵及各类创新的关系

创新是指为满足社会需求而改进或创造新的事物、方法、元素、路径、环境,并能获得一定有益效果的行为。从唯物论的意义上说,创新是一种人的创造性实践行为,人类社会通过对物质世界的利用和再创造,形成新的物质形态。从认识论的角度说,创新就是更有广度、深度地观察和思考世界,将其作为一种日常习惯贯穿于具体实践活动中。从辩证法的角度说,创新包括了认同到批判的暂时过程,也包括自我批判的永恒循环过程。

创新包括科技创新、理论创新、制度创新、文化创新等各方面。其中,科技创新是基础与前提,制度创新是保证与关键,理论创新是核心与灵魂,文化创新是环境与氛围。创新是人类特有的认识能力和实践能力的提升,是推动民族进步和社会发展的不竭动力。人才是创新的核心要素。一个民族要想走在时代前列,就一刻也不能没有创新思维,一刻也不能停止各种创新活动。

科技创新通常包括产品创新和工艺方法等技术创新，因此技术创新是科技创新其中一种表现方式。产品创新是指创造某种新产品或对某一新或老产品的功能进行创新。技术创新是指生产技术的创新，包括开发新技术，或者将已有的技术进行应用创新。重大的技术创新会导致社会经济系统的根本性转变。技术创新和产品创新有密切关系，又有所区别。技术的创新可能带来但未必带来产品的创新，产品的创新可能需要但未必需要技术的创新。

理论创新是指人们在社会实践活动中，对出现的新情况、新问题做新的理性分析和理性解答，对认识对象或实践对象的本质、规律和发展变化的趋势做新的揭示和预见，对人类历史经验和现实经验做新的理性升华。简单地说，理论创新就是对原有理论体系或框架的新突破，对原有理论和方法的新修正、新发展，以及对理论禁区和未知领域的新探索。

制度创新是指对原有制度和体制进行革新和创造的过程。制度创新的核心内容是社会政治、经济和管理等制度的革新，是支配人们行为和相互关系的规则的变更，是组织与其外部环境相互关系的变更，其直接结果是激发人们的创造性和积极性，促使不断创造新的知识和社会资源的合理配置及社会财富源源不断地涌现，最终推动社会的进步。同时，良好的制度环境本身也是创新的产物，其中很重要的就是创新型的政府，只有创新型的政府，才会形成创新型的制度、创新型的文化。

文化创新是指人们在社会实践、文化交流和文化传承的基础上，依据时代的特征，构建文化的新内容，赋予文化时代性的变革。不同民族文化之间的交流、借鉴与融合，是文化创新的必经过程。文化创新不是对传统的否定，而是对传统的重塑，取其精华，去其糟粕，进而形成符合时代发展要求的新文化。文化创新是社会实践发展的必然要求，是文化自身发展的内在动力，可以推动社会实践的发展，促进民族文化的繁荣。我国现阶段的文化创新要立足于发展中国特色社会主义的实践，着眼于人民群众不断增长的精神文化需求，在历史与现实、东方与西方的文化交汇点上，发扬中华民族优秀文化传统，汲取世界各民族文化的长处，在内容和形式上积极创新，努力铸造中华文化的新辉煌。

科技创新、理论创新、制度创新、文化创新相互联系，共同促进经济社会的持续健康发展。

首先，科技创新与制度创新相互联系和促进。科技创新属于生产力的革新与进步，制度创新属于生产关系的调整或变革。生产力和生产关系是社会生产的两个不可分割的方面。生产力发展具有内在动力，经常处于不断的发展变化中，是社会生产中最活跃、最革命的因素；而生产关系一经建立，则是相对稳定的。马克思实际上把制度创新的原因归结为生产力与生产关系、经济基础与上层建筑之间的矛盾。当科技创新受到旧的生产关系的束缚时，就要求突破旧制度，进行制度创新，建立起符合它的性质、适应它的发展的新制度。社会生产力的水平、性质的变化及其发展要求，是决定一种制度形成和演变的最基本、最主要的客观条件。但生产关系绝不只是消极地适应生产力的发展状况，它对生产力具有能动的反作用。当制度适应科技创新要求时，就能促进科技创新；不适应时，便会阻碍科技创新。马克思主义政治经济学把一定的社会制度看作是决定科技创新方向的基本前提，并认为科技创新要受到一定的社会制度的影响与制约。马克思认为，在社会主义制度下，科学技术为劳动人民自己所掌握，使科学技术知识不是用来为少数人谋利益，而是当作提高劳动生产率、改善人民生活、为社会主义提供物质技术基础的重要手段，它为劳动人民的利益服务。制度创新主要受利益关系的制约，具有相对独立性，它和技术创新之间的互动关系并不是简单的一一对应式的互动关系，二者之间可能因利益关系、上层建筑等因素而产生一定的动态上的"时滞"问题。总体来看，马克思主义认为科技创新较之制度创新对现代经济增长具有第一次的推动作用；同时，制度创新又具有相对独立性，对科技创新具有重要的能动作用。科技创新和制度创新之间是一种相互依存、相互促进的辩证关系。从长期来看，科技创新会推动制度创新，制度创新则会保障科技创新的功能得以发挥与实现。

其次，文化创新为制度创新和科技创新营造有利的软环境。制度创新和科技创新对中国传统文化提出了新的挑战。中国传统文化中存在阻碍制度创新和科技创新的部分，这就对文化创新提出了必要性。随着各国在政治、经济、科技、文化等方面的交往日益增多，在相互学习、相互影响的过程中，势必将其他国家的优秀文化部分移植到本国的文化土壤里，促进本国的文化创新。随着本国的文化创新，鼓励向风险和不确定性挑战，勇于打破现有的权力和利益框架，鼓励创新活动中的个人主义精神和集体主义的合作精神，会形成有利于创新的舆论环境和文化环境，从而可以营造出一种有利于创新的宽松环境和文化氛围。只有将制度创新、科技创新和文化创新融为一体，创新工作才能从根本上活跃起来。

最后，理论创新既是对科技创新、制度创新和文化创新结果强有力的解释，又是科技创新、制度创新和文化创新的先导。源于创新实践的理论创新，并不仅仅是对创新实践经验的概括和总结，更重要的是对创新实践活动、经验和成果的批判性反思、规范性矫正和理想性引导。同时，理论创新又可以先于创新实践，超越创新实践。理论创新作为创新实践活动中新的途径、思维方式、价值观念和目的性要求而构成实践活动的内在否定性。这种内在否定性就是理论创新对科技创新、制度创新和文化创新的理想性引导。

二、创新的方式、主体与来源

创新的方式包含两个层次：第一个层次是自主创新，第二个层次是协同创新。

自主创新包括原始创新、集成创新和引进消化吸收再创新。这里最根本的创新是原始创新。原始创新是前提和基础。原始创新是指从来没有过的重大科学发现、技术发明、原理性主导技术等创新成果。在创新方法系统中，原始创新是最根本的创新，首创精神是最可贵的，可以开创颠覆性的变革。集成创新由原始创新发展而来，通常情况下大部分原始创新成果处于基础研究范围，可通过集成创新的方式来运用技术。其具体是指对现有的产品或知识进行重组和搭配而形成新的产品或事物，形成新的功能和作用。引进消化吸收再创新是常用的一种方法。首先利用先进技术和产品存在时空差异，引入并学习其关键技术，掌握有用部分，再适时将核心技术进行转移，创造出具有自身特色并适合本土的技术和产品。

协同创新则是对自主创新方法的整合和提升。协同创新突破了以上三种模式的主体屏障，构建国家创新生态体系，把创新资源和要素进行集聚和整合，系统地运用创新方法，使创新能量尽可能大量释放。注重协同创新，一方面要注重整合创新方法；另一方面要注重整合创新主体。

创新的来源是实践。人民群众是实践的主体，也是创新的主体。创新的源头在实践、在人民群众之中。从创新主体看，消费者创新是近年来颇为流行的创新方式。此前的主流观点是以企业为创新主体。而消费者创新的好处在于消费者本身就是顾客，他们会从顾客的角度来提出需求，体验往往早于他人，而且他们有强烈的寻求解决方案的意愿，这是因为他们本身期望能从解决方案中获得高收益。这个过程中，"创新扩散"是关键，否则消费者创新的创新体系成本会变得非常高。此外，跨国企业创新突破了创新主体的国别界限，连接不同制度环境，可以减少跨国交易和投资的不确定性和搜索费用。

创新源于实践、贯彻于实践，成功与否依靠实践检验。所以，实践是根本，是创新的源泉。人民群众作为推动历史前进的社会力量，是实践活动的主要力量和实践主体中的主要部分。创新就是依靠人民群众的创造力和智慧，不断研究新情况、开拓新思路、形成新认识、研发新成果、建立新制度和解决新问题。所以，创新的主体是人民群众。

三、创新在经济发展中的作用

创新是一个民族进步的灵魂，是一个国家兴旺发达的不竭动力，是建设现代化经济体系的战略支撑。创新使新的生产方法在经济发展中得以运用，使旧的经济结构被破坏，新的经济结构得以产生。创新是解决生产力与生产关系、经济基础与上层建筑间基本矛盾的重要手段与方式。

创新可以推动生产力的进步。先进的科技手段被劳动者所掌握，便会成为劳动者的劳动工具并作用于劳动对象，最终转化为物质生产力，提高了生产资料的使用效率和劳动者素质，提高了人们认识自然和改造自然的能力。当科学技术作用于生产过程时，便转化为现实的生产力。科学技术不仅是变革自然界的强大力量，而且使科技和生产力的诸要素有效地组成一个整体，成为促进社会生产力发展的重要因素，这种创新应用到生产中便会逐渐显示出巨大的经济价值。每一个时代科技的发展与创新，都会极大地促进生产力的飞跃发展。从原始社会到资本主义社会，各个阶段的生产力逐步提高，都源于人类在发展进程中逐步掌握、运用和创新科学技术，将基本的科学知识转移到现实生活中，物化为可以用来提高生产效率的机器和设备，最终服务于人类社会。这样的发展历程告诉我们，科技创新的发展极大地促进了人类经济社会的发展，人类对自然界的改造和客观世界在科技创新上的重大变革，必然会推动世界先进生产力的无限发展。同时，制度创新甚至文化创新对生产力的发展具有极强的反作用。

创新可以缩短生产时间和流通时间。科学创新可以通过改进运输工具和交通条件及改良劳动资料，来缩短资本周转的时间，加速资本周转，进而促进社会物质财富的增加。

创新可以变革生产组织形式，推动产业结构升级。科技创新的发展促进社会生产内部的分工，使劳动力与生产资料的结合方式发生变革，产生规模效应。同时，个别企业通过发明新科技，改变生产方式和生产手段，在市场竞争中可以通过合作的方式，或者以一个大产业带动多个相关产业实现产业关联，推动整个行业生产方式的创新，最终实现社会产业革命。在此创新过程中，一些企业和科技创新人士又会造就出新的科技发明元素，从而推动产业结构的循环式发展。从古代的农业革命、近代的工业革命到现代的科技革命，创新无时不在社会生产和变革中发挥着巨大作用，逐步引领人类进入更加高级的社会，促进生产方式的变革。

创新可以改善分配机制。分配制度的理论创新，使我国形成了以按劳分配为主体、多种分配方式并存的分配制度。制度的创新及发展，可以优化激励约束机制，激发社会生产潜力，对经济增长产生巨大的推动作用。同时，关注机会均等和成果共享，也可以促进经济增长。此外，创新通过其扩散作用，使其对经济产生的强烈刺激作用，不仅能够在同一部门内部"迭加"，更能够在不同部门和领域内进行"联动"，使得更多的企业和部门能够在扩散中享受到创新所带来的好处。

创新可以促进可持续发展。人类是自然界的一部分，在科技进步、人口数量和工业水平都获得空前发展的情况下，也会造成环境污染、资源浪费和生态破坏。但人类通过新技术、改良机器等科技创新的手段，可以使废旧物资得到合理的利用，节约资源，变废为宝，减少环境污染和生态破坏，使经济能够持续发展。

在中国特色社会主义进入新时代，我国经济发展进入新常态的背景下，靠什么来培育新的增长动力和竞争优势？创新是应对问题的"良方"，更是推动发展的"引擎"。只有坚持创新发展，才能推动发展方式从要素驱动转向创新驱动、从依赖规模扩张转向提高质量效益，为经济保持中高速增长、产业迈向中高端水平提供坚实支撑和强劲动力。因此，要深刻认识创新发展对加快经济转型发展的重要性和紧迫性，更加自觉地把工作着力点放到推动创新驱动上来，以创新驱动增强可持续发展能力，以创新驱动提高竞争力。

四、创新的理论渊源和我国对创新理论的创新

马克思对创新有过全面、丰富的论述。马克思以辩证唯物主义和历史唯物主义为方法论基础，研究资本主义经济运行规律，将经济社会形态的发展理解为一种历史的过程，从而使其创新驱动发展思想表现为包含科技创新与制度创新的多种层次，成为科学世界观与方法论相互联系的有机体系。马克思在其著作《资本论》中，从三个基本环节具体分析了资本家进行科技创新与再创新的内在动力机制或内在机理：第一，个别资本家对超额剩余价值或超额利润的内在追逐，刺激他进行科技创新以降低商品生产的个别劳动时间；第二，在市场竞争规律的作用下，迫使其他资本家或直接采用新技术与新生产方法，或进行相应的科技创新，从而促使个别资本家的科技创新得以在全社会推广，并导致科技创新的连锁社会扩散效应；第三，当新技术在全行业或全社会普及时，由于平均利润规律的作用，导致起初进行科技创新的个别资本家因使用新技术而获取的超额利润趋向为零，为此，在剩余价值规律和竞争规律的作用下，又将展开新一轮的科技创新活

动,由此推进科学技术与社会生产力的不断创新与发展。制度创新方面,马克思在《资本论》中具体分析了协作与分工、工厂立法与工厂制度、信用制度与公司制度,以及产权制度乃至社会制度变革等对生产力发展及经济发展的促进作用。马克思又在《机器、自然力和科学的应用》[①]一文中提出了以科技进步为中心的综合创新理论,指出了从依靠工具进行生产活动到现代社会的机器生产是传统社会走向现代社会的重大创新,并以技术进步为直接推动力。马克思指出,科学成为支撑创新、引领创新的直接推动力是有条件的,那就是科学与直接劳动分离,成为与个别工人的知识、经验、技能相区别的独立因素,并使科学最终成为致富手段,在创新中显示特殊的力量。他还指出,科技创新从企业和社会两个角度推动了制度创新,企业方面主要表现为以工厂制度为载体的劳动组织创新,社会方面主要表现为以城市为载体的社团组织的发展。马克思认为,创新是解决生产力与生产关系、经济基础与上层建筑间基本矛盾的基本手段与方式,其动力来自资本家追求剩余价值的最大化;科技创新必然引发生产方式的变革,工厂和资本家的利益关系会有重大变化,整个社会的关系和人们的生活方式会发生根本性变化。此外,内生、可持续增长与发展,不仅需要科技创新推动生产力的发展,还应当适当地主动去引导生产力的发展方向,在发展过程中减少对环境的破坏,避免对资源的过度掠夺与开发。面对资源枯竭、环境污染问题日益严重,马克思相关理论为澄清技术创新与自然资源间关系的错误看法,提供了重要的思想来源,也为我国自主创新驱动发展战略的内核与特征提供了基本的理论来源和分析框架。

国外学者对创新也有深入的研究。如美国经济学家约瑟夫·熊彼特认为,所谓创新就是建立一种新的生产函数,把从来没有过的关于生产要素和生产条件的新组合引入生产体系,以实现对生产要素或生产条件的"新组合",具体表现为五种创新模式,包括新产品、新生产方式、新市场、新材料及其来源和新组织形式。在熊彼特看来,市场经济体制下的经济危机是周期性出现的现象,"反周期"或"反经济萧条"的办法是通过创新形成新的投资机会并带动其他企业家,进而掀起创新的热潮。熊彼特认为创新是经济增长的内生因素,应将创新放在本源驱动力的地位上;他不仅用创新来解释经济的发展,还非常重视创新中人的作用,尤其是企业家作用,并对企业家及企业家精神进行了明确的界定。熊彼特的创新理论为我们提供了重要借鉴。[②]

在马克思创新理论指导下,吸收借鉴西方经济理论中的有益成分,我国把马

---

① 《马克思恩格斯全集》第47卷,人民出版社1978年版,第359页。
② 熊彼特:《经济发展理论》,中国社会科学出版社2009年版。

克思主义政治经济学基本原理与中国实际相结合，不断丰富创新的内涵、创新的意义及创新的方式。毛泽东旗帜鲜明地反对爬行主义，开创性地提出实现科技跨越式发展的思想。邓小平提出"科学技术是第一生产力"，江泽民提出"创新是一个民族进步的灵魂，是国家兴旺发达的不竭动力"，胡锦涛提出"走中国特色自主创新道路"。

党的十八大以来，习近平强调：坚持创新发展，就是要把创新摆在国家发展全局的核心位置，让创新贯穿国家一切工作，让创新在全社会蔚然成风。党的十八届五中全会审议通过的《中共中央关于制定国民经济和社会发展第十三个五年规划的建议》（以下简称《建议》）首次提出了"创新、协调、绿色、开放、共享"五大发展理念，创新位列其首。《建议》同时指出，创新是引领发展的第一动力。抓创新就是抓发展，谋创新就是谋未来。创新是发展的加速器、改革的方法论，要把创新摆在国家发展全局的核心位置，作为贯穿党和国家工作的主线，在全社会形成崇尚创新、鼓励创新、支持创新、践行创新的舆论环境和社会风尚，为中华民族伟大复兴注入强劲的发展动力。

第二节 经济增长动力转换与拓展发展空间

一、经济增长动力转换的内涵及一般趋势

经济增长动力是指一个国家或地区经济增长的力量来源，是经济学关注的重大问题。

经济学家对经济增长动力的解释各不相同。英国古典政治经济学家认为，经济增长是多种因素综合作用的动态过程，是劳动、资本、土地等内生要素和技术进步、社会经济制度等外生要素的综合作用的结果，经济增长动力是综合的。亚当·斯密认为，国民财富的增长是由分工和生产性劳动与非生产性劳动的比例两大因素决定，其中经常起决定性作用的是分工的深度与广度。因为，劳动分工引起的专业化协作，不仅促进生产制度的创新，而且促进交易制度的规范与完善，由此带来收益递增并构成长期经济增长的持续源泉。[①] 大卫·李嘉图从其分配理论和价值理论导出经济增长机制，认为增加资本积累、促进利润增长是扩大生产

---

① 亚当·斯密：《国富论》，上海三联书店2009年版。

与经济增长的有利条件,而促进利润增加或经济增长的主要手段是提高劳动生产率,缩短必要劳动时间,降低工人工资,此外,还必须限制和缩小地租及赋税比例,并要反对地主、官吏等非生产阶级的奢侈性消费。①

现代西方经济增长理论对经济增长动力的分析,经历了一条由外生增长到内生增长的演进历程。新古典经济增长理论将外生的技术进步视为经济增长动力,强调发展中国家不应只重视资本数量积累,更应关注资本质量的提升,将资本积累和技术创新、技术改造、技术引进结合起来促进经济增长。哈罗德—多马模型将比较静态分析理论推广到经济增长问题上,强调经济增长率取决于储蓄率和资本—产出比率,奠定了现代经济增长理论的逻辑起点。② 索洛、斯旺等人修正了资本产出比例不变假定,创立了新古典增长理论。新古典增长理论认为,储蓄率的上升只有在其能带来资本边际产品增加的前提下,才能促进增长;经济中不存在技术进步时,经济最终会陷入停滞状态;从长期来看,经济增长不仅取决于资本增长率、劳动力增长率以及资本和劳动对产量增长的相对作用程度,还取决于技术进步。③ 新增长理论将内生的技术进步视为经济增长动力,认为技术(或知识)、人力资本产生的溢出效应是实现持续增长所不可缺少的条件,国际贸易和知识的国家流动对一国经济增长具有重要影响。新增长理论着重分析了后工业社会中技术创新、人力资本积累、知识溢出对经济增长的影响,更好地解释了处于领先地位的国家何以能够保持持续的增长,而没有出现报酬递减现象。

新制度主义认为制度是经济增长的动力之一。新制度主义发展经济学认为,制度和技术都是经济增长的内生变量。他们将交易费用引入专业化和分工模型之中,并通过对制度变迁的经济史的研究来理解经济增长。他们发现创新、规模经济、教育和资本积累这些经济增长原因并不是真正的增长原因,它们是增长本身,真正的原因为是否存在一个有效率的经济组织,特别是有效的所有权体系的出现。他们认为,通过创造一种产权体系,从而产生足够的激励机制并降低交易

---

① 大卫·李嘉图:《经济学及赋税之原理》,上海三联书店2014年版。
② 罗伊·福布斯·哈罗德在《关于动态理论的一篇论文》和《走向动态经济学》等论文中,埃弗塞·多马在《扩张与就业》、《资本扩张、增长率和就业》和《资本积累问题》等论文中各自独立地提出了将凯恩斯的短期宏观经济分析动态化、长期化的增长模型。人们习惯上将这两个模型合称为哈罗德—多马模型。
③ 索洛—斯旺模型描述了一个完全竞争的经济,资本和劳动投入的增长引起产出的增长,而新古典生产函数决定了在劳动供给不变时,资本的边际产出递减。这一生产函数与储蓄率不变,人口增长率不变,技术进步不变的假设结合,形成了一个完整的一般动态均衡模型。该模型强调资源的稀缺性,强调单纯物质资本积累带来的增长极限,在人口增长率不变和技术进步不变条件下的稳态零增长正是这一思想的体现。Solow R., "A Contribution to the theory of economic growth", *Quarterly Journal of Economics*, 1956, pp. 65 – 94; Swan T. W., "Economic growth and capital accumulation", *Economic Record*, 1956, pp. 334 – 361.

费用，最终使得总产出提高，即经济增长的过程就是不断出现新的降低交易费用的产权体系的过程。

马克思以科学的劳动价值论为前提，以剩余价值论、资本积累理论和社会资本再生产理论为基础，科学分析了资本主义条件下经济增长的理论前提条件、静态与动态均衡条件和内在机制，即外延和内涵扩大再生产，进而从资本积累、产业结构、市场环境、科学技术、管理制度等方面，分析了决定经济增长潜能与动力的影响因素。

21世纪以来，经济增长动力的研究有了很多新的发展。不少经济学家把视角由生产要素的变化转向资本循环。这种思路认为，在资本主义经济中，生产要素是被资本组织和驱动的，货币资本的循环是生产函数的背景和前提，不能脱离资本的运动而孤立地对生产函数进行技术层面的分析。至少在短期中，货币资本的扩大和收缩、流通和停滞都会决定经济增长的动态特征。演化经济学家从更广泛的角度，特别是从驱动机理的角度，考虑演化理论对经济增长的影响，研究越来越精细。

在不同的经济发展阶段，一国的经济增长动力不会一成不变，而是在不停地转换，一般趋势是：

从需求角度看，根据钱纳里对经济体的划分，[①] 内向型、中间型和外向型三种不同需求结构经济的增长动力不同。外向型经济通常以投资拉动和出口拉动为特征，而内向型经济主要依赖国内需求拉动，特别是消费需求的拉动。一个国家从国内市场狭小的发展中国家向国内需求巨大、经济发展相对成熟的国家转变时，经济增长动力必然经历由投资、出口拉动向消费需求拉动的转换。根据罗斯托依据生产力对经济发展阶段的划分（传统社会阶段、为起飞创造条件阶段、起飞阶段、走向成熟阶段、大众高额消费阶段、追求生活质量阶段），[②] 在起飞阶段和走向成熟阶段，投资对经济增长的拉动作用较强，而在高额群众消费阶段，消费需求的不断提高才能保证经济持续增长。

从供给的角度看，国际经验表明，伴随着经济发展水平的提高，一国增长动力应该由资源、资本、劳动等传统动力向全要素生产率和人力资本等"新动力"转换，从而实现可持续的经济增长。依靠资源投入、规模扩张的传统粗放式发展模式已经难以为继，创新成为推动经济发展的决定因素。无论是产业结构的高度化，还是产业内部的精细化，都要求实现从资源驱动向创新驱动转变。动力转换

---

① 钱纳里、塞尔昆：《发展的型式1950~1970》，经济科学出版社1988年版，第79~120页。
② 罗斯托：《经济增长的阶段：非共产党宣言》，中国社会科学出版社2001年版。

的本质就是提升创新在经济发展中的作用,降低经济发展对资源投入的依赖。节约能源资源是动力转换的基本要求。

二、我国经济增长动力转换的迫切性

一个国家或地区经济发展的内在动力机制,包括经济发展的起始条件、制度变迁的路径、政策选择和执行的有效性、文化和历史的软实力约束等诸多因素。改革开放后,中国经济创造了世界瞩目的高速增长奇迹,支撑高增长的传统动力表现为:需求层面主要依靠出口和投资;供给层面主要依靠要素投入规模扩张;产业层面主要依靠工业带动。我国经济发展进入新常态,由过去的高速增长变成中高速增长,同时社会生活中出现了一系列的经济问题:收入分配差距持续扩大、经济发展与环境治理问题的矛盾突出、国际市场频繁遭遇贸易壁垒等。这些经济表象的背后,更重要的问题是经济结构的调整升级和增长动力的改变。

2014年12月,中央经济工作会议着重强调了我国经济正在向形态更加高级、社会分工更加复杂、经济结构更加合理的阶段演化,经济增长方式正从规模速度型粗放增长转向质量效率型集约增长,经济结构正从以增量扩能为主转向调整存量、做优增量并存的深度调整,经济发展动力正从传统增长点转向新的增长点。这种发展方向的改变成为新时期我国经济调整的新逻辑和新内涵。其中,经济动力的改变成为经济结构调整的根本性要求。新时期我国经济发展的国际环境和国内环境都发生了重大改变。

首先,劳动、资本和技术的供给发生了根本性的改变。改革开放初期,经济发展的初始禀赋优势明显:劳动力资源丰富且工资成本较低,人口红利期为经济的腾飞提供了先决条件。同时,我国利用本身的比较优势,通过引进大量的外资和技术,在国际市场中赢得了国际贸易竞争的主动权,获得了经济增长的持续动力。但是技术进步作为其中的重要因素仍然显示出其瓶颈性的制约,我国在中高端的技术研发、零部件生产环节仍然落后,经济增长的全要素生产率受到明显约束,限制了经济的高速增长。

其次,总需求带动经济增长的动力不足,亟须供需匹配适应新的经济增长环境。我国经济发展进入新常态,其中一个特征即为投资、消费和出口结构的深刻变化。伴随着传统的消费者需求由过去模仿型廉价式冲浪消费走向了以互联网新型技术为基础的个性化、多样型消费,传统制造业生产无法满足多样化、个性化的消费需求,生产要素规模经济效应减弱。由此,必须依赖人力资本效率的提升和技术进步驱动经济增长,尽快改变投资主导的经济消费形式。

最后，现实表明生态环境的承载能力已经到达或接近临界值。过去简单依赖劳动力的数量和资源消耗的粗放型经济增长方式已经影响到居民的生存质量，低碳、绿色的经济增长方式已经刻不容缓地要求我们改变经济增长的动力，以维持未来经济的可持续增长。新常态下，优化经济结构、寻找经济持续增长的新动力，防范和化解经济风险成为当前经济工作的重中之重。

三、经济增长动力转换的途径和措施

快速、平稳地实现经济增长动力转换，需要抓住以下一些措施：

一是创新驱动。创新驱动主要是指中国未来的发展要靠科技创新驱动，而不是依赖传统的劳动力以及资源能源驱动。改革开放40年来，我国经济的腾飞依赖于劳动力和资源环境的低成本优势。我国进入经济发展的新常态后，过去的低成本优势逐渐消失。与低成本优势相比，技术创新具有不易模仿、附加值高的特点，所以创新驱动所带来的经济增长将体现持续时间长、竞争力强的优势。实施创新驱动发展战略，加快实现由低成本优势向创新优势的转换，可以为我国持续发展提供强大动力。

二是要素驱动。经济学中的要素主要是指劳动、资本、土地和企业家才能。新时期经济动力转变并不是单纯增加生产要素的投入量，沿袭过去粗放型的经济增长方式，实现破坏性的增长。新的路径改变是以产业结构调整和升级为基础，把过去粗放型的经济增长方式转变为集约型的增长方式。以劳动为例，国家转变发展思路，积极发展有利于发挥劳动力要素优势的产业，将过去简单的劳动密集型产业发展成技术密集型产业，通过发挥劳动要素的比较优势，适应一般劳动力的需要，同时能够适应高素质劳动力的需要。另外，面对老龄社会的到来，要积极发展老龄产业，扶持老年人再就业。要让老年人在自愿的基础上实现再就业，发挥不同年龄群体、不同要素禀赋的劳动者的比较优势。

三是投资驱动。消费、投资、净出口是拉动经济增长的"三驾马车"，对于中国的具体国情而言，过去几十年的经济发展主要靠规模式投资带动经济粗放型的增长。我国经济发展中存在居民高储蓄率、高投资率、低消费率并存的局面，由于消费终端没有完全消解高储蓄和高投资带动的经济规模增加，导致生产的产品存在滞后性，供需不匹配。但是这并不能否认投资在一个国家或地区经济发展中的重要作用，只是今后的发展重点应该放在提高投资效率上，即有效投资。国家今后应将投资重点放在现代农业、循环经济、贫困地区发展、环境保护、高科技产业、现代服务业以及相关产业的基础设施建设等方面。另外，需重点关注投资驱动要与创新驱动有机结合,通过将创新的项目和内容结合来进行投资,实现高效的投资驱动带动创新驱动,最终以创新驱动促进经济发展。

第三节 实施创新驱动发展战略

一、创新驱动发展战略的内涵

实施创新驱动发展战略,是立足全局、面向未来的重大战略,是加快转变经济发展方式、破解经济发展深层次矛盾和问题、增强经济发展内在动力和活力的根本措施。①

创新驱动发展战略有两层含义:一是中国未来的发展要靠科技创新驱动,而不是靠传统的劳动力以及资源能源驱动。实施创新驱动发展战略,将科技创新摆在国家发展全局的核心位置,实现进入创新型国家行列的目标,必须充分认识实施创新驱动发展战略的重大意义,抓住重点,形成合力。科技发展要紧紧围绕经济社会发展中心任务,要解决制约经济社会发展的关键问题,尤其是明确提出要建立以企业为主体、以市场为导向、产学研结合的创新体系,让企业成为创新主体。高技术不再是独立发展的产业,而是要与传统产业全面结合。二是创新的目的是为了驱动发展。创新驱动是发挥比较优势、提升核心竞争力的现实途径。创新是发展的动源,是加快转变经济发展方式的中心环节。以科技创新促进转型升级,以转型升级推动科学发展,切实提高经济增长的质量和效益,是破解发展中面临的深层次矛盾,实现又好又快发展的关键。经验表明,创新驱动发展,本质上就是依靠自主创新,充分发挥科技的支撑和引领作用,实现科学发展、全面协调可持续发展。要把创新驱动贯穿于现代化建设的各个领域、各个方面,不仅依靠创新成果和创新人才建设社会主义物质文明,而且依靠创新成果和创新人才建设社会主义政治文明、精神文明和生态文明。

对于创新驱动发展战略的认识,要把握一些基本的观点。

一是不能将创新驱动的内涵简单理解为仅仅是技术创新。有一种观点将创新驱动等同于技术创新,就是要在科学技术领域取得一大批国际领先成果。这种认识强调科技创新作用是值得肯定的,但把创新等同于科技创新则是不全面的。因

---

① 习近平在 2013 年全国政协第十二届一次会议科协、科技界委员联组讨论时的讲话。

为创新驱动在本质上是一项系统工程，它不仅仅包括技术创新，而且还包括产业创新、制度创新、文化创新、产品创新、组织创新、管理创新等多方面内容。以制度创新为例，它是对旧有制度结构和关系的调整和变革，是以人民根本利益为宗旨解决当前发展所面临的一系列制度层面突出矛盾和问题的动态"创造性破坏"过程，本身就包括在创新驱动的内涵之中。

二是不能将创新驱动的目的简单地理解为推动经济再次高速增长。多国发展的轨迹表明，一国或地区经济在经历高速增长过程之后，会进入一个缓慢调整或增速相对较低的时期，如果在这一时期，一国或地区经济结构得不到有效转型，可持续性的经济增长将难以为继。我国经济在经历了近40年的高速增长之后，目前正处于"换挡期"，这是提出创新驱动发展战略的现实背景。当前实施创新驱动发展战略的最重要目的是优化产业结构、实现经济发展方式的转变。

三是不能简单地将创新驱动的手段理解为持续加大要素投入。要素投入只是创新驱动的必要条件，而不是充分条件，过度强调加大要素投入有以偏概全之嫌，因为风险因素的存在和资源结构性匹配的缺乏往往使大量投入无法变为有效产出，最终会使创新驱动陷入十分尴尬的境地。以资源结构性匹配的缺乏为例，在我国资本市场上，大量金融资源长期囤积于具有垄断性质的银行部门，而银行信贷的主要对象是国有（或国有控股）企业，相比而言，具有较高效率的非国有中小企业则面临"融资困境"，这种"过度投资"和"投资不足"同时并存的现象十分普遍，严重阻碍了我国创新能力的提升。

二、实施创新驱动发展战略的意义

创新驱动发展战略已成为我国提高社会生产力和综合国力的战略支撑，已摆在国家发展全局的核心位置。实施创新驱动发展战略决定着中华民族的前途命运，全社会都要充分认识科技创新的巨大作用，敏锐把握世界科技创新发展趋势，紧紧抓住和用好新一轮科技革命和产业变革的机遇，把创新驱动发展作为面向未来的一项重大战略实施好。这是我国放眼世界、立足全局、面向未来所做出的重大抉择。实施创新驱动发展战略，将科技创新摆在国家发展全局的核心位置，实现进入创新型国家行列的目标，必须充分认识实施创新驱动发展战略的重大意义，抓住重点，形成合力。

第一，创新驱动发展战略具有促进改革的作用。目前，资源、能源、环境、人力资本等因素对国民经济发展的约束依然较强，使得创新发展出现缓慢、紧张的不利局面。摆脱这一困境的出路就是实施创新驱动发展战略。创新发展有助于社会主义市场经济的发展,在各种资源、能源有限的条件下,能够有效地利用创新动力,保护生态环境不受威胁,经济可持续发展,个人与社会经济不断发展,个人收益与社会收益相辅相成,为实现创新型国家提供源源不断的动力。最重要的是把科技创新与经济创新融为一体,促进创新发展进入更好的氛围,从而最大限度地扩大科技、人口等红利,实现"红利改革"的成功运行。

第二,创新驱动发展战略,对我国形成国际竞争新优势,增强发展的长期动力具有战略意义。新一轮科技革命和产业变革正在孕育兴起,一些重要科学问题和关键核心技术已经呈现出革命性突破的先兆,带动了关键技术交叉融合、群体跃进,变革突破的能量正在不断积累。即将出现的新一轮科技革命和产业变革与我国加快转变经济发展方式形成历史性交汇,为我们实施创新驱动发展战略提供了难得的重大机遇。进入发展新阶段,我国在国际上的低成本优势逐渐消失。与低成本优势相比,技术创新具有不易模仿、附加值高等突出特点,由此建立的创新优势持续时间长、竞争力强。实施创新驱动发展战略,加快实现由低成本优势向创新优势的转换,可以为我国持续发展提供强大动力。

第三,创新驱动发展战略,对我国提高经济增长的质量和效益、加快转变经济发展方式具有现实意义。我国经济总量已跃居世界第二位,社会生产力、综合国力、科技实力迈上了一个新的大台阶。同时,我国发展中不平衡、不协调、不可持续问题依然突出,人口、资源、环境压力越来越大。我们要推动新型工业化、信息化、城镇化、农业现代化同步发展,必须及早转入创新驱动发展轨道,把科技创新潜力更好释放出来,充分发挥科技进步和创新的作用。同时,科技创新具有乘数效应,不仅可以直接转化为现实生产力,而且可以通过科技的渗透作用放大各生产要素的生产力,提高社会整体生产力水平。实施创新驱动发展战略,可以全面提升我国经济增长的质量和效益,有力推动经济发展方式转变。实施创新驱动发展战略,对降低资源能源消耗、改善生态环境、建设美丽中国具有长远意义。实施创新驱动发展战略,加快产业技术创新,用高新技术和先进适用技术改造提升传统产业,既可以降低消耗、减少污染,改变过度消耗资源、污染环境的发展模式,又可以提升产业竞争力。

第四,创新驱动发展战略对实现"两个一百年"目标和民族复兴有着举足轻重的作用。中华民族是具有非凡创造力的民族,不仅创造了伟大的中华文明,也能够继续扩展和走好适合中国国情的发展道路。创新精神就是中国新时期的时代精神,为实现中国特色社会主义现代化奠定了基础。如今,国际竞争需要依靠科学技术和创新能力。我们在创新发展的道路上不能迟疑,不能停留。要加大步伐前进,在创新的过程中需要有耐心和毅力,体现出一个国家的民族精神。科技兴则民族兴,科技强则国家强。党的十九大进一步做出了实施创新驱动发展战略的重大部署,强调科技创新是提高社会生产力和综合国力的战略支撑,必须摆在国家发展全局的核心位置。这是党中央综合分析国内外大势、立足国家发展全局做出的重大战略抉择,我们要深入理解创新的意义和内涵,对科学技术的创新、产品的创新等都要掌握新的规则,加强企业和民族的创新意识,打造一个具有竞争力的中国,实现国家富强、民族复兴、人民幸福的中国梦。

三、实施创新驱动发展战略的关键环节

习近平指出:"实现'两个一百年'奋斗目标,实现中华民族伟大复兴的中国梦,必须坚持走中国特色自主创新道路,面向世界科技前沿、面向经济主战场、面向国家重大需求,加快各领域科技创新,掌握全球科技竞争先机。"① 这"三个面向"为我国科技创新指明了主攻方向。实施创新驱动战略,必须把科技作为创新之要,把人才作为创新之本,把教育作为创新之基,把文化作为创新之魂,推进发展理念、体制机制、社会管理等方面的全方位创新。实施创新驱动发展战略,涉及方方面面,是一项系统工程,十九大报告中着重强调了加快建设创新型国家的工作要求,未来的工作应抓住以下重点着力推进。

第一,着力推动科技创新与经济社会发展紧密结合。关键是要处理好政府和市场的关系,通过深化改革,进一步打通科技和经济社会发展之间的通道,让市场真正成为配置创新资源的力量,让企业真正成为技术创新的主体。政府在关系国计民生和产业命脉的领域要积极作为,加强支持和协调,总体确定技术方向和路线,用好国家科技重大专项和重大工程等抓手,集中力量抢占制高点。一方面,市场是社会需求的风向标,打通科技和经济社会发展之间的通道,就是要让市场成为配置创新资源的根本力量,让企业真正成为技术创新的主体,在市场竞争之中激发有价值的科技创新,推动技术创新成果的扩散,使之转化为强大的社会生产力。另一方面,政府是科技创新这艘巨轮的掌舵手,在世界科技革命和产业变革历史性交汇的今天,要求政府在关系国计民生和产业命脉的领域积极作为,优先支持那些能促进经济发展方式转变、可开辟新的经济增长点的科学技术,重点突破制约我国经济社会可持续发展的瓶颈,在市场失灵之时准确把握社会需求,以长远而敏锐的视角确定总体技术方向和路线,抢占未来科技创新制高点。

---

① 习近平:《为建设世界科技强国而奋斗——在全国科技创新大会、两院院士大会、中国科协第九次全国代表大会上的讲话》,人民出版社2016年版。

第二，着力增强自主创新能力。关键是要大幅提高自主创新能力，努力掌握关键核心技术。当务之急是要健全激励机制、完善政策环境，从物质和精神两个方面激发科技创新的积极性和主动性，坚持科技面向经济社会发展的导向，围绕产业链部署创新链，围绕创新链完善资金链，消除科技创新中的"孤岛现象"，破除制约科技成果转移扩散的障碍，提升国家创新体系整体效能。目前创新驱动所需要素投入配置过程中的扭曲现象严重，在进一步加快实施创新驱动发展战略的过程中，要完善以大中型企业为主体、中小企业为重要组成部分的创新机制，要根据地区特点统筹协调东、中、西部政策支持力度，要更加重视基础性科技研发的经费投入，要建立和完善以培养技能型劳动力为目的的职业教育体系。

第三，着力完善人才发展机制。要用好用活人才，建立更为灵活的人才管理机制，打通人才流动、使用、发挥作用中的体制机制障碍，最大限度支持和帮助科技人员创新创业。要深化教育改革，推进素质教育，创新教育方法，提高人才培养质量，努力形成有利于创新人才成长的育人环境。要积极引进海外优秀人才，制定更加积极的国际人才引进计划，吸引更多海外创新人才到我国工作。没有强大的人才队伍做后盾，自主创新就是无源之水、无本之木。要把人才资源开发放在创新最优先的位置。牢固确立人才第一的观念，坚持高端人才引领，以科学发展为导向、紧迫需求为重点，大力培养引进科技领军人才、创新创业团队、高素质管理人才和高技能人才。充分发挥高校和科研院所在知识创新中的重要作用，支持高校联合企业建设一批适应战略性新兴产业发展需求的重点学科和研发机构。依托重大科研和工程项目、重点学科和科研基地，努力培养一批推动创新和产业发展的高端人才，积极引进海外领军人才、拔尖人才和紧缺人才，构建创新创业人才高地。同时，还要打通人才流动、使用、发挥作用中的体制机制障碍，不拘一格选拔、使用人才，进一步完善人才的评价机制，为人才发挥作用、施展才华提供更加广阔的天地，最大限度地调动科研人员的创新积极性。

第四，着力营造良好政策环境。要加大政府科技投入力度，引导企业和社会增加研发投入，加强知识产权保护工作，完善推动企业技术创新的税收政策，加大资本市场对科技型企业的支持力度。加快科技体制机制改革创新。营造激励创新的公平竞争环境，实行严格的知识产权保护制度，强化金融支持创新的功能，完善成果转化激励机制，创新培养和吸引人才的体制。建立科技创新资源合理流动的体制机制，促进创新资源高效配置和综合集成；建立政府作用与市场机制有机结合的体制机制，让市场充分发挥基础性调节作用，政府充分发挥引导、调控、支持等作用，进而激发全社会的创新活力；建立科技创新的协同机制，以解决科技资源配置过度行政化、封闭低效、研发和成果转化效率不高等问题，促进科技与金融紧密结合，形成以财政资金为引导、社会资本为主体的多元化创业投资格局；建立科学的创新评价机制，加快构建支持创新、鼓励创新、保护创新的政策环境，积极营造尊重劳动、尊重知识、尊重人才、尊重创造的浓厚氛围，使科技人员的积极性、主动性、创造性充分发挥出来。

第五，着力扩大科技开放合作。要深化国际交流合作，充分利用全球创新资源，在更高起点上推进自主创新，并同国际科技界携手努力为应对全球共同挑战做出应有贡献。开展专题调研，明确优先领域和方向，适时建立相关工作机制和组织构架，探索在我国具有优势特色且有国际影响力的领域，提出并牵头组织国际大科学计划和大科学工程。国家重点研发计划加大对国际科技合作的支持力度，推进基础性、前沿性和战略性技术研发合作和成果应用。加快建设对外技术转移中心，推动国家级国际科技合作平台升级，引领优势产能和创新合作。加强机制性科技人才交流，培养国际化青年科研人员，加强国际科技创新合作能力建设。推动一流科研机构和企业在我国建立合作研发机构，引导先进技术产业化、商业化。推动地方建设国际技术转移中心和科技合作中心。

【思考题】

1. 简述创新的内涵以及创新在经济发展中的作用。
2. 论述我国经济增长动力转换的必然性。
3. 论述我国实施创新驱动发展战略的意义及对策。

第十五章

协调发展与发展中重大关系

协调发展是引领我国经济发展的新理念之一,其基本要求是要在经济发展过程中坚持统筹兼顾、综合平衡的原则,协调和处理好发展中涉及的各种重大关系,实现国民经济持续、协调、健康发展。协调发展包括产业之间、区域之间、城乡之间等的协调发展。由于产业之间、区域之间的协调发展在有关章节已有阐述,本章主要阐述城乡之间的协调发展,工业化、信息化、城镇化、农业现代化之间的同步发展,以及物质文明与精神文明之间的协调发展。

第一节 国民经济持续健康发展的内在要求

一、协调发展是社会主义经济的内在要求

现代经济有两大基本特征:一是社会化大生产;二是市场经济。社会化大生产又称生产的社会化,主要是指随着生产力发展特别是科技进步而形成的同分散的小生产相对立的组织化、规模化、协作化生产。其主要表现为生产资料和劳动力集中在企业中进行有组织的规模化生产;专业化分工水平明显提高,各种产品生产之间的协作更加密切;在市场调节下生产部门之间相互协作、彼此依存,形成一个不可分割的整体。

现代经济建立在社会化大生产基础上,社会化大生产把社会经济的各部门、各行业、各企业联成一个巨大的有机整体。要保障这样一个巨大而复杂的有机整体有效运行,必须保持其内部各部分、各环节之间的协调。马克思指出,"一个规模较大的直接社会劳动或共同劳动,都或多或少地需要指挥。以协调个人的活

动,并执行生产总体的运动——不同于这一总体的独立器官的运动——所产生的各种一般职能。一个单独的提琴手是自己指挥自己,一个乐队就需要一个乐队指挥"。[1] 社会化大生产这样一个巨大规模的"共同劳动"更需要"指挥"协调。

社会化大生产是以分工协作为基本特征的,随着科学技术及生产力的发展,社会分工越来越细化,促进了生产的专业化。社会分工和生产专业化的发展使各生产者、生产部门之间的相互联系越来越密切,相互依存度越来越高,社会化大生产的基本规律要求社会生产部门之间必须保持一定的协调性,这种协调性表现为社会经济的按比例发展。马克思1868年在致路·库格曼的信中曾指出:"要想得到和各种不同的需要量相适应的产品量,就要付出各种不同的和一定量的社会总劳动量。这种按一定比例分配社会劳动的必要性,决不可能被社会生产的一定形式所取消,而可能改变的只是它的表现方式"。[2] 在社会化大生产和分工条件下保持经济协调发展,是科技进步和生产力发展的内在要求,也是社会主义经济发展规律的必然要求。

中国特色社会主义经济不仅是社会化大生产经济,同时也是市场经济,经济运行的决定性调节机制是市场机制,同时也要有效发挥政府的作用,进行宏观调控,实现国民经济的协调、有序发展。

二、马克思主义协调发展理论的重大创新

协调发展是马克思主义关于经济社会发展理论的基本原理之一。马克思指出,人类社会是一个由各种相互联系、相互制约、相互转化的因素和领域构成的"有机体","这里表现出这一切因素间的交互作用,而在这种交互作用中归根到底是经济运动作为必然的东西通过无穷无尽的偶然事件……向前发展","这样就有无数互相交错的力量,有无数个力的平行四边形,而由此就产生出一个总的结果,即历史事实"。[3] 在这里,马克思提出了人类社会发展的有机整体观、交互作用观和发展合力观等重要观点,是对人类社会发展规律的深刻认识,也是社会经济实现协调发展的基本理论基础和依据。

新中国是在"一穷二白"的基础上建立起来的,不但经济基础薄弱,而且面临着经济结构和重大经济关系的严重失调。为促进国民经济健康发展,以毛泽东为代表的中国共产党人开始了对社会主义经济发展道路的艰辛探索,其中就包括对

---

[1]《马克思恩格斯全集》第23卷,人民出版社1972年版,第367页。
[2]《马克思恩格斯选集》第4卷,人民出版社1972年版,第580页。
[3]《马克思恩格斯全集》第37卷,人民出版社1971年版,第462页。

实现经济协调发展、处理好一系列重大经济关系道路的探索。1956年，毛泽东在调查研究的基础上，发表了著名的《论十大关系》，①深刻总结了我国社会主义建设的经验，提出了探索适合我国国情的社会主义建设道路的任务，对实现社会主义经济的协调发展具有重要指导意义。

改革开放以来，处理好国民经济重大比例关系，实现国民经济的持续协调发展，一直是现代化建设的内在要求。1988年，邓小平提出"两个大局"的战略思想，指出"沿海地区要加快对外开放，使这个拥有两亿人口的广大地带较快地先发展起来，从而带动内地更好地发展，这是一个事关大局的问题。内地要顾全这个大局。反过来，发展到一定的时候，又要求沿海拿出更多力量来帮助内地发展，这也是个大局。那时沿海也要服从这个大局。"②"两个大局"战略思想明确提出了实现区域经济协调发展的战略要求。

进入21世纪，随着我国经济社会发展环境、条件的变化，实现经济协调发展的内涵和要求也发生了新的变化。对此，党的十七大报告提出，要按照中国特色社会主义事业总体布局，全面推进社会主义经济建设、政治建设、文化建设、社会建设；③党的十八大报告进一步提出，要全面落实经济建设、政治建设、文化建设、社会建设、生态文明建设五位一体总体布局。④"五位一体"总体布局，是我们党对"实现什么样的发展、怎样发展"这一重大战略问题的科学回答，蕴含着丰富而鲜明的协调发展内容。

党的十八大以来，以习近平同志为核心的党中央根据我国经济发展进入新常态后面临的新环境、新任务、新要求，在协调发展方面又有了新的认识，提出了坚持以人民为中心的发展思想和创新、协调、绿色、开放、共享发展理念。树立协调发展理念，坚持协调发展，必须牢牢把握中国特色社会主义事业总体布局，正确处理发展中的重大关系，重点促进城乡区域协调发展，促进经济社会协调发展，促进新型工业化、信息化、城镇化、农业现代化同步发展，在增强国家硬实力的同时，注重提升国家软实力，不断增强发展的整体性。⑤

党的十九大报告提出，我国经济已由高速增长阶段转向高质量发展阶段。在新的历史条件下，必须坚持质量第一、效益优先。要以供给侧结构性改革为主

---

① 毛泽东：《论十大关系》1956年4月25日发表，载于《人民日报》1956年12月26日，收入《毛泽东文集》第7卷，人民出版社1999年版。
② 《邓小平文选》第3卷，人民出版社1993年版，第277页。
③ 《胡锦涛文选》第2卷，人民出版社2016年版，第624页。
④ 《胡锦涛文选》第3卷，人民出版社2016年版，第622页。
⑤ 中共中央宣传部：《习近平总书记系列重要讲话读本》，学习出版社、人民出版社2016年版，第134页。

线,加快建设实体经济、科技创新、现代金融、人力资源协同发展的产业体系;实施乡村振兴战略;实施区域协调发展战略等。十九大报告对进一步推进产业之间、城乡之间和区域之间的协调发展具有重要指导意义。

协调发展理念的提出是对马克思主义人类社会发展规律的深化和具体化,是促进当代经济社会科学发展的创新理论,是对马克思主义协调发展理论的创造性运用和发展。贯彻协调发展理念,实现国民经济和社会发展主要方面和领域的协调发展,是对我国经济社会发展规律认识的深化和升华,是保障我国经济社会持续健康发展的内在要求和基本条件。

三、协调发展的国内外经验教训借鉴

历史是一面镜子。我国社会主义经济建设的发展历史证明,协调发展对保持社会主义经济顺畅运行具有极端的重要性。

从新中国成立到改革开放前这一时期,总体上我国经济建设遵循按比例分配社会劳动时间规律,注重统筹兼顾和综合平衡,力求处理好发展中的重大关系,国民经济在大部分时间内保持协调发展。但是,由于受计划经济体制、国内外经济发展环境以及认识水平等多方面因素的影响和制约,我国在经济发展过程中也存在过于追求实现赶超、追求增长速度、忽视协调发展的问题。例如,在产业结构方面,过分强调重工业发展而对农业轻工业发展不够;在城乡发展方面,通过工农业产品价格"剪刀差"等方式,将大量农业的资源、要素转向城市工业,致使工农业发展的比例关系失调,农业长期发展滞后,人民生活长期得不到明显改善。

改革开放以来到"十二五"规划完成的几十年间,我国经济结构不断向协调发展方向调整,取得了重要成就,经济结构以及重要经济关系的协调水平不断提高,由此推动了我国经济发展质量和效益的不断提升。需要指出的是,经济结构的调整以及经济协调发展是一个动态的过程,不可能一劳永逸。当前我国经济发展过程中,仍面临着调整经济结构,处理好经济发展中的重大关系,实现国民经济持续、协调、可持续发展的艰巨任务。

从国际上看,拉美国家陷入所谓的"中等收入陷阱",与经济发展不协调密切相关。二战结束时,拉美国家的经济发展水平并不低,阿根廷和智利等国家甚至高于一些欧洲国家,到20世纪70年代,智利、墨西哥、巴西、哥伦比亚等国已达到中等收入国家的水平。但是,其后在拉美33个国家中,除了部分国家进入高收入经济体之外,包括巴西、阿根廷、墨西哥等在内的其他国家则长期徘徊不前，至今仍未步入高收入国家行列。导致拉美国家难以跨越"中等收入陷阱"的原因是多方面的，其中一个十分重要的原因是经济、社会发展过程中的不协调甚至在一些方面的失衡，恶化了经济发展环境，降低了经济发展效率。具体表现在：

首先，工业化与城市化发展失衡。一些拉美国家在工业化与城市化发展过程中，过分追求城市化水平的提升，导致城市化与工业化发展的失衡。1930年，拉美国家城市人口仅为3000万，但到1990年即猛增到3亿人以上，2000年城市人口占总人口的比重更是上升到78%，其中乌拉圭达到93.7%，阿根廷为89.6%，巴西为80%。[①] 过于超前的城市化导致大量农村人口涌入城市，由此造成住房紧张、失业增多、交通拥堵、教育和医疗卫生服务水平大幅下降等社会问题。失业的激增造成大量城市贫民，加剧了社会收入差距的扩大。中低收入群体庞大导致全社会消费需求不足。收入差距悬殊又引发激烈的社会动荡，进一步恶化了经济发展的环境。

其次，本国经济对外依赖严重。20世纪60年代的智利，外国资本掌握其铜矿生产的90%。在农村，占人口1%的大地主占有75%的可耕地。[②] 大量土地被抛荒，国家每年需进口大量粮食。20世纪80年代，拉美国家再度发生债务危机。在此背景下，国际货币基金组织、世界银行以纠正"扭曲的市场体系"为由，为拉美国家开出"减少政府干预，促进贸易和金融自由化"的改革药方，一味追求经济的市场化、私有化、自由化，进一步加剧了拉美国家对美国等发达国家资本、市场的依赖，产业和产品竞争力进一步弱化，经济失衡更为严重。

第二节 城乡协调发展

一、实现城乡协调发展的意义

促进城乡协调发展，实现城乡一体化发展，是一个国家工业化、城镇化和农业现代化发展到一定阶段的必然要求。在我国现阶段，实现城乡协调发展既是经济社会可持续发展的必要条件，也是贯彻落实协调发展理念的基本要求。

---

① 《中等收入陷阱的拉美反思》，新华网，2015年12月5日。
② 吴白乙：《拉丁美洲"转型"艰难的深层原因》，载于《人民论坛》2016年6月（上）。

在我国，城市、农村作为整个国民经济系统的两大子系统，相互之间只有保持统筹互动、相互协调，才能实现整个国民经济的持续协调发展。一方面，农村的发展离不开城市，要进一步提高农民收入水平和生活质量，实现农村繁荣发展，离不开城市的支持和反哺。因为大量的人才、设备、技术、资金和市场集中在城市，大量的非农就业机会和岗位集中在城市，大量的农产品需求特别是高端有机、绿色、反季节农产品需求集中在城市，大量优质的教育、医疗等基本公共服务集中在城市，而农村大量基本公共服务供给和建设需要城市发展提供的财税支持。另一方面，城市的发展同样离不开农村，农村不仅为城市的发展提供必要原材料和大量的剩余劳动力，而且为城市资本积累做出了贡献。农村大量资金通过各种渠道流到城市，为城市经济快速发展提供必要要素供给和资源保障。可见，城乡之间的经济活动是一个不可分割的整体。城市和农村发展不协调甚至失衡，必然导致整体经济发展的不协调和不可持续。

长期以来，由于受生产力发展水平和体制等因素的影响，我国城乡二元结构没有得到根本改变，城乡差距较大，制约了城镇化水平的提高，制约了农村现代化的进程，减缓了整体经济发展的动力。推进城乡协调发展，实现城乡一体化发展，是推进新型城镇化、实现农业现代化的基本要求，也是实现整个国民经济协调发展的重要条件。

二、城乡协调发展的主要影响因素

实现城乡协调发展，是一个复杂的技术、经济和社会发展过程，受到诸多因素的影响，主要有：

第一，城乡生产要素的流动。首先是农村劳动力向城市的流动。农业剩余劳动力由传统农业部门向现代部门转移是实现城乡结构转换的关键。一方面，农业剩余劳动力向现代部门的转移可以缓解劳动力和耕地之间的紧张关系，有利于土地的规模化、产业化、集约化经营，提高农业生产效率，增加农业从业人员收入，从而缩小城乡收入差距；另一方面，农业剩余劳动力向城市现代部门转移，可解决城市工业、服务业发展所需劳动力不足问题，促进城市产业发展，从而更好地实现工业反哺农业、城市支持乡村，最终实现城乡一体化发展。其次是城乡资本流动。从长期来看，城市现代部门率先发展进而反哺农村传统部门的非均衡发展战略是减弱一个国家或地区城乡差距的重要途径。但在一国经济发展的初期，资本短缺是普遍面临的一个问题。因此，农村传统部门的资本依靠市场机制的自发移动或政府力量的强制性转移，合理流动至城市现代部门进而实现资本的积累，成为现代部门成长和扩张的重要保障。当城市现代部门发展到一定阶段后，资本将由非农部门向农业部门流动，支持农业部门的发展，实现城市资本对农业的反哺，使农村基础设施、农业生态环境得以完善，并对消除城乡二元结构、实现城乡协调发展具有重要推动作用。当然，以上过程得以实现的前提条件是要素能够在现代部门和传统部门之间合理流动。

第二，相关制度因素的影响。包括城市偏向政策、城乡分割的市场制度、户籍制度、社会保障制度等。首先，实行城市偏向政策。城市偏向政策是指一国为了发展城市工业，建立高度集中的计划经济体制，实现了优先发展重工业的战略。这样的战略性举措是以牺牲农村发展为代价的。政府通过宏观调控，将大量的农村资金输送到工业部门，导致农村经济发展缓慢。其次，城乡分割的市场制度阻断了城乡产品流通渠道。为了降低工业部门职工的工资和生活成本，对农产品实行低价格收购政策。农民难以对自己生产的产品自由处置，也挤压了农民的正常消费和资本积累。再次，城乡户籍隔离体制阻碍了城乡间劳动力的自由流动，也抑制了人口城市化的进程。尽管农村剩余劳动力逐步涌向城市，但仅是一种体制外、暂时性的人口流动。流入城市的人口不能享受城市福利，也不能解决"人多地少"的根本矛盾。最后，差异性较大的城乡社会保障制度基本将农民排除在社会保障体系之外，制约了城乡结构的转换。

第三，技术进步的作用。技术进步对城乡协调发展的影响主要表现为其对传统农业部门的改造和促进城市现代部门的扩张两个方面。首先，技术进步促进城市现代部门的扩张。技术进步是产业结构演变的根本动力，它通过降低农产品的生产成本和价格，进而为现代部门提供充足的原材料供给，增强其积累能力，推动城市现代部门的规模扩张。同时技术进步降低现代部门产品成本，扩大其产品市场需求，引导产业结构实现由低级化向高级化的依次更替。其次，技术进步促进传统农业部门的改造。技术进步可扩大农业资源的利用范围，为农业生产提供更高质量的生产资料，改善农产品质量，提高农业生产效率或投入产出比率，增强农业的质量效益和竞争力，提高农业的现代化水平，缩小与城市现代部门的差距。

第四，城乡产业结构的差异。传统农业部门与现代工业和服务业部门的不同产业特性，导致两大部门劳动生产率的差异，是造成城乡二元经济结构的重要因素。在生产方面，农业生产活动是一种经济和自然活动相互混合、相互作用的过程，比其他产业具有更大的自然风险。同时，农业生产具有较强的土地资源依赖性，分散化经营特征明显，导致农业不能获取像其他产业那样显著的分工经济效益。在消费方面，根据恩格尔定律，随着经济发展和居民收入水平的提高，居民消费将更多地转向发展资料和享受资料（这些资料往往更多地依赖于工业和服务业），在农产品消费上的支出占比会不断降低，农产品的市场需求规模扩张和经济发展速度呈现出不一致。在交易方面，农业生产往往具有周期性和季节性，导致农业生产者难以对市场价格变动做出及时有效的反应。正是由于农业产业与现代工业和服务业的不同产业特性，导致了农业和工业、服务业的不均衡发展，由此造成经济发展中明显的城乡二元结构。

第五，基础设施的投入。城乡差距不仅体现在收入方面，也体现在基础设施、社会保障等社会公共服务方面。基础设施是指为社会生产和居民生活提供公共服务的物质设施，它不仅包括公路、铁路、机场、通信等公共设施，还包括教育、科技、医疗卫生、体育、文化等社会性基础设施。长期以来，城乡在基础设施投入方面存在着巨大差距，导致了城乡发展的不平衡。一方面是经济性基础设施的投入不平衡。城乡在交通运输、邮电通信等多个方面投入不平衡。由于城镇的集聚效应，其拥有便捷的交通网络、现代化的邮电通信系统，而农村存在饮水安全、道路不畅和电力供应不足等问题。另一方面是社会性基础设施投入的不平衡。城乡在医疗卫生、教育文化方面存在着显著差异。在农村，简陋的医疗卫生事业难以适应农民健康发展的需要，同时，在管理体制、运行机制和人才方面，问题尤为突出。

三、我国城乡协调发展的历史演变及现状

（一）我国城乡协调发展的历史演变

新中国成立初期，我国实行了优先发展城市重工业的赶超型经济发展战略，在生活资料供应、劳动就业、社会保障、财政投资等方面向城市倾斜，由此促进了城市工业部门的快速发展，使我国在较短的时期内建立起较为完整的工业体系和国民经济体系，但也使城乡差距不断扩大，城乡发展失衡。

改革开放初期，我国实行了农村家庭联产承包责任制，极大地解放了农村生产力，农业劳动生产率明显提高。与此同时，以乡镇企业为核心的农村非农产业发展较快。1978～1984年，乡镇企业的数量由152万个增长到607万个，总产值由493亿元增长到1709.89亿元。[①] 在这一时期，按不变价格计算的农业总产值

[①] 高帆：《中国城乡二元经济结构转化理论阐释与实证分析》，上海三联书店、上海人民出版社2012年版，第179～180页。

的年均增长率和工业总产值的年均增长率分别为12.5%和13%。农业与城市工业部门的差距逐渐缩小,城乡结构得到明显改善。①

20世纪90年代以后,经济改革与发展的重心转向城市。这一时期,城市国有经济效率提升,非国有经济获得较快发展,整体经济实现高速增长。而这一时期,乡镇企业在经历了上一时期的"外延扩张"式发展之后,开始向"内涵集约"型转变,对劳动力的吸纳力逐渐降低,城乡经济差距重新拉大,二元经济结构问题仍较为突出。

进入21世纪,随着改革开放的不断深入,国家对"三农"问题的重视程度和支持力度进一步增加。2004~2017年,中央连续发布14个"一号文件",着力解决"三农"问题。2003年,《中共中央关于完善社会主义市场经济体制若干问题的决定》中首次正式提出"统筹城乡发展"一词,并把统筹城乡发展置于"五个统筹"的第一位。

党的十八大以来,以习近平同志为核心的党中央坚持把解决好"三农"问题作为全党工作的重中之重,持续加大强农惠农富农政策力度,扎实推进农业现代化和新农村建设,全面深化农村改革,农业农村发展取得了历史性成就,为实施城乡协调发展创造了良好条件。党的十九大提出实施乡村振兴战略,坚持农业农村优先发展,加快推进农业农村现代化,为推进更高层次的城乡协调发展指明了方向。

(二) 我国城乡协调发展的成就及问题

随着我国经济快速发展和城乡统筹战略的加快实施,我国城乡关系发生了巨大变化,城乡产业和就业结构进一步优化,农村居民收入增速加快,城乡差距呈现出缩小趋势。

首先,城乡关系进入城乡统筹的发展阶段。当前,我国整体经济实力增强,经济结构不断优化,工农业关系已从农业支持工业走向工业反哺农业、城市支持农村的发展阶段。随着国家强农惠农富农政策的制定和实施,我国将逐步构建起以工促农、以城带乡、工农互惠、城乡一体的新型工农、城乡关系,广大农民将平等参与现代化进程、共同分享现代化成果。

其次,新型城镇化建设推动城乡一体化进程。新型城镇化不仅强调城镇化速度,更强调城镇化质量。2015年我国城镇化率达到56.1%,城镇化率增长速度的加快促进各种生产要素在空间上的集聚,优化资源的配置,改变了我国城镇化

---

① 武力:《1949~2006年城乡关系演变的历史分析》,载于《中国经济史研究》2007年第1期。

严重滞后于工业化的现状。在城镇化的质量方面，由以"物"的城镇化正转向以"人口"的城镇化和"绿色"的城镇化为特征的深度城镇化发展阶段，更加注重推进流动人口的市民化，提高城镇化的实际水平。

我国城乡协调发展也存在诸多问题。第一，城乡收入差距依然较大。随着我国整体经济的发展，农村居民人均纯收入逐年增加，农村居民生活水平和消费水平不断提高。但从绝对数的差距来看，国家统计局数据显示，农村居民人均可支配收入与城镇居民人均可支配收入的差距仍然较大，2015年两者差距仍达到20423元。

第二，城乡资源及要素配置不合理。由于城乡收入差距的存在，以及市场配置资源能力的差异，导致农村不但不能有效吸引城市资源，而且其现有的许多资源不断流向城市，加剧了城乡发展的失衡。

第三，城乡公共服务差距存在较大差距。长期以来，我国农村公共服务无论是在"质"上还是在"量"上，均弱于城市。近年来，经过努力，农村公共服务在"量"上有了很大发展，但是在义务教育、公共医疗、社会保障等方面，与城市相比仍存在较大差距。

第四，农业现代化推进缓慢制约了城乡协调发展。目前，农村土地的集体所有制形式和一家一户的分散式经营制度，使得农业规模经营生产方式难以充分实行，在相关土地制度和政策没有根本转变的情况下，农业生产效率较低的态势难以在短期内明显改变。

四、实现城乡协调发展的思路及措施

我国经济已由高速增长阶段转向高质量发展阶段，要求全面推进城乡一体化，构建以城带乡、城乡一体、良性互动、共同繁荣的新型城乡关系，实现城乡协调发展。

第一，推进城乡融合发展，着力推进农业现代化。坚决破除体制机制弊端，推动城乡要素自由流动、平等交换，推动新型工业化、信息化、城镇化、农业现代化同步发展，加快形成工农互促、城乡互补、全面融合、共同繁荣的新型工农城乡关系。进一步创新农业经营方式，加大先进农业科技的推广力度，提升农业经营的集约化水平，提高农业的土地产出率、资源利用率、劳动生产率和市场竞争力。充分尊重市场机制对于土地流转的引导作用，允许农民依法以多种方式对承包地经营权进行流转，发展新型农业经营主体，鼓励和支持承包土地向龙头企业、专业大户、家庭农场、农民专业合作社等新型农业经营主体流转，引导农业适度规模经营，提升现代农业发展水平和农村要素配置效率。

第二，建立城乡统一市场，有效发挥市场和政府在城乡资源配置中的作用。首先，建立和大力发展城乡统一的带动力资源、自然资源、资本和建设用地等要素市场，使市场在城乡资源配置中发挥决定性作用。其次，更好地发挥政府在城乡一体化进程中的作用。一是强化政府在城乡一体化进程中的顶层设计和制度安排；二是加快补齐城乡一体化发展中的一些短板，如农村基础设施建设、教育、医疗及其他社会服务体系建设等；三是政府通过制度安排、资金投入和市场建设等，为更好发挥市场机制在农村经济发展中的决定性作用创造条件和提供保障。

第三，提升公共服务供给能力，推动城乡公共服务均等化。首先，进一步提高公共服务支出占财政总支出的比例。其次，创新转移支付方式，提高一般性转移支付的比重，减少专项性转移支付比重，逐步取消偏离公平性要求的税收返还和计划经济残留的体制性补助，从纵向和横向两个方面完善转移支付制度。最后，为多元化公共服务提供主体。

第四，进一步推进制度创新，为城乡一体化发展提供强有力的制度保障。全面深化城乡综合配套改革，建立并完善城乡统一的户籍登记制度、土地管理制度、就业管理制度、社会保障制度以及公共服务体系和社会治理体系，促进城乡要素自由流动、平等交换和公共资源均衡配置，实现城乡一体化发展。

第三节　新型工业化、信息化、城镇化、农业现代化协调发展

一、落实协调发展理念的重要途径

坚持走中国特色新型工业化、信息化、城镇化、农业现代化协调发展道路，推动信息化与工业化深度融合、工业化与城镇化良性互动、城镇化与农业现代化相互协调，是加快经济发展方式转变的基本途径，也是贯彻落实协调发展理念的基本内容。"四化协调"的本质是"四化"之间的互动，是将整个国民经济作为一个整体系统，从实现经济的协调发展、促进整个经济发展方式转变的角度，提出的新的经济发展路径。从推进经济发展方式转变、实现国民经济协调发展理念的角度看，"四化"同步发展的重点是以下三个方面。

一是信息化与工业化的深度融合。它既是提高经济效率的必由之路，也是提

高我国工业经济和企业核心竞争力的重要手段。信息化必将为工业化提供强大的推动力,而工业化是信息化发展的坚实基础。

二是工业化与城镇化良性互动。这是现代经济社会发展的显著特征。工业化是城镇化的经济支撑,城镇化是工业化的空间依托,推动工业化与城镇化良性互动,既为工业化创造了条件,也是城镇化发展的内在规律。

三是城镇化与农业现代化相互协调。这是中国农村发展的大势所趋。没有农业现代化,城镇化就会成为无源之水、无本之木,而没有城镇化,农业现代化也会失去依托目标,广大农民向何处去就会成为一个大问题。

二、加快推进工业化与信息化深度融合

(一) 推进两化深度融合的重要意义

信息化与工业化融合,是指信息化与工业化在发展过程中各自渗透到对方融为一体,互为动力、共同发展的过程。具体表现为在国民经济各个领域应用信息技术。这一过程是产品信息化、生产过程信息化、市场需求和生产供给信息化、决策信息化、管理信息化的过程。在实现两化融合的过程中,工业化以机械化、电气化、自动化为代表,信息化以数字化、智能化和网络化为代表。工业化是信息化的基础,是信息化发展的载体;信息化是工业化发展的手段和推动力量,为工业化发展提供新的供给基础和需求空间。两化融合有利于提高工业化效率,加快经济发展方式转变,实现产业结构优化升级,有利于提高我国资源环境系统效率,实现经济的可持续发展。

当今世界,一场以互联网、大数据、人工智能等新一代信息技术应用为主要特征的新工业革命正在孕育发生,其中一个基本的趋势是,新一代信息通信技术与先进制造技术深度融合正在加快推进,全球兴起了以智能制造为代表的新一轮产业变革。在这种情况下,只有加速推进信息化和工业化融合创新,才能从根本上提升我国制造业竞争力,促进我国工业从全球价值链低端环节向中高端环节跃升,真正把工业发展的动力从主要依靠投资和要素投入转到主要依靠创新驱动的轨道上来。

推进两化融合也是应对新一轮国际竞争的现实需要。面对新产业革命的冲击,主要发达国家积极应对,制定实施了相应的战略规划,以抢占未来制造业竞争的制高点。如美国提出《先进制造业伙伴计划》、德国提出"工业4.0计划"、法国提出《新工业法国计划》、英国提出《英国工业2050》等。我国必须以《中

国制造2025》等战略为指导,加快推进两化深度融合,促进产业转型升级和国际竞争力提高。

（二）我国两化融合现状及问题

近年来,我国抢抓信息化发展的重要机遇,大力推进工业化与信息化融合,取得了明显进展和成效。一是信息化手段改造提升传统产业,工业发展质量和效益不断提升；二是大力推进物联网、云计算、大数据等新一代信息通信技术不断融入工业研发、生产、服务和管理等各个环节,不断催生新业态、新模式,工业产品智能化水平大幅提升；三是新兴产业快速发展,两化融合的产业支撑能力不断增强。目前,我国的自主品牌智能手机、智能电视和低端服务器国内市场占有率分别超过70%、87%和50%;① 智能机器人和高端装备制造业等呈爆发式增长态势。网络基础设施建设不断加快,三网融合深入推进,网络升级和行业转型成效显著,工业互联网发展已拉开序幕。另外,我国实施了两化深度融合专项行动计划,并实施了制造业信息化科技工程,重点支持制造业研发设计、生产装备、流程管理、能源管理的数字化、网络化、智能化,促进企业两化融合迈向集成应用的新阶段。

现阶段,我国两化融合还存在诸多问题与制约因素。第一,两化融合的总体水平还不高。两化融合总体上还处于起步阶段,多数企业仍以信息化手段单项应用为主,信息化集成应用水平不高,面临着智能装备不足、组织结构僵化、流程管理缺失等问题。第二,两化融合的产业基础仍显薄弱。无论是新一代信息技术还是智能制造关键装备,都面临着标准和知识产权缺失、关键器件依赖进口、集成服务能力不强、核心技术受制于人等问题,特别是尚未构建起跨学科、跨领域的政产学研协同、以企业为主体的制造业创新体系,从而无法对两化深度融合提供强有力的技术支持。第三,"信息孤岛"障碍仍较严重。主要是我国企业的信息化绝大多数是分头建设起来的,统一规划不足,造成企业不同部门之间信息传输不顺畅,由此在生产、财务、人事、销售等环节形成"信息孤岛",造成信息资源难以共享,信息化升级缓慢。第四,推进两化深度融合的法律法规体系及制度、政策等的建设相对滞后,包括在电子商务、数据开放、信息安全、互联互通等方面,法律法规不健全。另外,支持两化深度融合的财政、税收、金融等政策有待完善,相互间的协调配合有待加强。

---

① 工信部：《推动信息化与工业化深度融合——〈中国制造2025〉规划解读》。

（三）加快推进两化深度融合的思路及对策

与发达国家先完成工业化任务再推进信息化的发展路径不同，我国是在工业化尚未完成时又迎来了信息化快速发展的时代。对我国来说，不可能走西方国家先工业化后信息化发展的老路，必须在继续推进工业化进程的同时，大力发展信息化，并将信息化与工业化发展有机结合起来，实现二者的深度融合。

新时期我国推进两化深度融合的主要任务是把智能制造作为两化融合的主攻方向，加快推进制造业智能化转型。要贯彻落实《中国制造2025》提出的各项发展计划及要求，以推进智能制造作为主攻方向，加快新一代信息技术与制造业的深度融合，加快培育和发展创新、高效的智能制造生产模式。重点提升航天、航空、机械、船舶、汽车、轨道交通装备、钢铁、石化、有色、纺织、医药等重点行业的智能化水平。一是推进装备和产品的智能化；二是推进制造过程的智能化；三是促进管理的智能化；四是加快构建智能制造标准化体系。

把智能制造作为新型工业化与信息化深度融合的主攻方向，就是要把握新一轮产业革命与全球新一代制造技术变革的新趋势，以实现重大智能装备和产品的自主可控为突破点，以提升制造企业的研发、生产、管理等的智能化水平为着眼点，加快完善制造业国家创新体系和综合标准化体系，建设智能制造人才培养体系，打造我国制造业竞争新优势，加快实现由工业大国向工业强国的转变。

三、推进工业化与城镇化良性互动

（一）工业化与城镇化

工业化与城镇化发展水平是衡量发展中国家经济发展水平的重要标志，二者之间的协调发展是促进发展中国家经济社会发展的重要动力。工业化一般被定义为一个国家或地区工业产值在国民生产总值中的比例以及工业就业人数在总就业人数中的比例不断上升的过程。从资源配置的角度看，工业化过程是产品的来源和资源的去处从农业领域转向非农领域的过程；从产业结构的角度看，工业化则是农业在国民收入和就业中的份额下降，而非农产业份额上升的过程。城镇化是伴随着经济增长及产业结构非农化引发生产要素从农村向城市流动和集中，社会从业人员由第一产业向第二、第三产业转移的过程。该过程首先表现为城市及其人口数量的增加和规模的扩大，进而表现为城市资源更为合理地利用和城市空间形态的不断优化，从而带动农村快速发展，最终实现城市（城镇）、农村的一体化发展。工业化与城镇化作为现代经济社会发展的两翼或双轮,其互动协调发展构成一个国家或地区经济社会发展的重要动力,也是实现城乡一体化发展的根本途径。

(二) 工业化与城镇化的相互作用

现代经济发展条件下,一个国家或地区的工业化与城镇化之间存在相互作用、相互影响的关系。

一方面,工业化是城镇化发展的基础和支撑。首先,工业化通过实现产业升级促进城镇化的发展。伴随着技术水平和劳动生产率的不断提高,使农业部门释放出大量剩余劳动力,其流向城市非农产业,并逐步变为城市居民。同时,产业结构升级使城镇服务业水平不断提高,并成为吸纳农村劳动力的重要产业部门。工业化发展还将推动新兴产业的快速发展,这些新兴产业具有高技术含量、高效益、低污染、低耗能的优势,其发展为城镇化质量和水平的提高创造了良好的产业支撑。可以说,产业结构由低级向高级演变的过程也即城镇化不断发展的过程。其次,工业化为城镇化发展提供必要的物质基础和动力。工业经济持续增长,产业集聚效应不断增强,经济效益不断提升,使得城镇规模不断扩大,城市功能不断加强,人居环境不断改善。① 工业化发展积累起来的社会财富,为大规模的城市建设提供了充足的物质基础和条件,如先进的交通运输设备、现代电力和能源系统等。② 没有工业化支撑的城镇化是难以持续的,拉美一些国家的城镇化发展教训值得吸取。巴西近几十年经济发展迅速,农村人口大批向城市迁移,其 2000 年的城市化率已达 81.2%。但巴西的城镇化并没有与工业化协调发展,大量农村人口流向贫民窟,没有得到正规就业。③ 这种脱离工业化、脱离实体经济、缺乏坚实的产业支撑的城镇化是不可持续的。

另一方面,城镇化为工业化发展注入强大动力。首先,城镇化为工业化积聚越来越多的技术及生产要素。城镇化过程也是人力资本、技术要素等空间集聚的过程,特别是在当今社会,主要的技术创新活动都是在城镇开展和完成的,城镇成为技术研发和推广的主要支撑平台,是人力资本提高和知识积累的主要集聚地。高级技工和其他高素质劳动力也都主要集中于城镇。技术、工人与其他生产要素按某种规模聚集在城镇,将给生产或销售方面带来利益或节约,从而为工业

---

① Davis, James C. and J. Vernon Henderson, Evidence on the Political Economy of the Urbanization Process. *Journal of Urban Economics*, 2003, 53: 98–125.
② 顾朝林等:《中国城市化——格局、过程、机理》,科学出版社 2009 年版,第 120 页。
③ Renaud B. *National Urbanization Policy in Developing Countries* [M]. Oxford University Press, 1981.

化发展提供强大的动力。其次,城镇化发展促进产业结构不断优化升级。城镇化的推进有利于使一个国家或地区的经济由以农业为主转向以工业为主,进而转向以服务业为主。发达国家的城镇化发展经验表明,当一个国家的工业化发展到一定阶段时,推进城镇化可显著增加第三产业的就业弹性和就业规模,提高服务业在产业结构中的比重,并提升第三产业人口和城市人口比重。有专家对中国过去30多年城镇化与非农产业的就业关系进行研究发现,第三产业的就业比率对城镇化率的弹性为1.131,随着城镇化率的提高,第三产业的就业比率以递增的速度增加,城镇化率每提高1个百分点,我国第三产业就业人数增加663.84万人。[①]

(三) 现阶段实现工业化与城镇化良性互动的主要制约因素

目前,中国工业化与城镇化协调发展还存在许多问题和制约因素,主要包括:

第一,体制性及机制性因素制约。目前,我国在土地制度、户籍制度、行政区划体制、行政体制、财税体制、农村组织化程度等方面都存在一定缺陷,制约着城镇化的推进及其与工业化的协调发展。

第二,城市基础设施及公共服务能力明显不足。由于城市教育、医疗、社会保障、保障性住房等公共服务供给能力薄弱,大量进入城市的农民工并没有享受到与城市居民平等的公共服务。

第三,城镇化发展水平区域差异较大。中国城镇化水平呈现明显的东高西低特征。改革开放40多年来,东部沿海地区在形成外向型经济格局的同时,也形成了人口经济集聚程度较高的城市群,有力地带动了这些地区城镇化的快速发展。而处于内陆的中西部地区城镇化发展相对滞后。

第四,城镇化发展模式存在一定缺陷。一是过分追求大城市的规模扩张,城市功能没有得到相应加强和提升,对中小城镇在中国特色城镇化发展过程中的战略地位认识不足,发展相对缓慢。二是追求速度扩张型城镇化发展模式,忽视城镇化发展质量和内在素质的提升。

第五,产业升级与城镇化发展没有实现有效结合。我国正处于工业化发展的中后期阶段,在工业体系中重工业所占比重较大,产业的资本密集度总体较高,限制了对农村剩余劳动力的吸纳。再加上在推进产业升级过程中,过分关注工业升级,服务业特别是现代服务业发展相对滞后,工业与现代服务业的互动融合发展有待强化,这都限制了工业化与城镇化的协调发展。

---

① 杜传忠、刘英基:《基于系统耦合视角的中国工业化与城镇化协调发展实证研究》,载于《江淮论坛》2013年第1期。

(四) 新时代实现工业化与城镇化良性互动的思路及措施

实现工业化与城镇化协调发展，重点是将新型城镇化发展放在更加突出的战略地位，着力提高城镇化发展比重和水平。

首先，进一步健全、完善推进工业化与城镇化协调发展的体制机制。一是要进一步完善农村发展体制机制和户籍制度改革，完善土地承包制和经营权流转制度，促进农村剩余劳动力的转移。二是加快建立健全覆盖城乡的社会保障制度，促进城乡公共服务体系的均等化发展。三是改革干部考核机制，将一个地区的城镇化率以及城镇公共基础设施和公共服务作为重要考核指标。

其次，加快转变城镇发展模式。一是实现大城市与中小城镇的有机协调发展。二是城镇化发展实现由速度扩张型向质量效益型的转变。

最后，把产业结构优化升级与推进城镇化发展协调起来。要处理好发展高新技术产业、战略性新兴产业与发展劳动密集型产业的关系，在着力发展高端产业、提升产业国际竞争力的同时，还要大力发展具有比较优势的劳动密集型产业，吸引更多的农村剩余劳动力就业。进一步发展现代农业，提高农业劳动生产率，加快农业产业结构调整，进一步转移出大量农村剩余劳动力，提升城镇化发展水平。以促进区域产业转移为动力，加快推动区域工业化与城镇化协调发展。

四、新型城镇化与农业现代化协同发展

(一) 新型城镇化与农业现代化

城镇化也称为城市化，一般意义上说主要是指乡村人口向城市转移的过程[①]。在我国现阶段，"新型城镇化"主要是指以人为本的城镇化，以城乡统筹、城乡一体、产城互动、节约集约、生态宜居、和谐发展为基本特征的城镇化，是大中小城市、小城镇、新型农村社区协调发展、互促共进的城镇化。其基本要求是：以科学发展观为引领，通过新型工业化、信息化、城镇化和农业现代化的同步发展和互动，形成大中小城市与小城镇协调发展的新局面，因地制宜、分类指导、综合布局、统筹兼顾、循序渐进、集约发展，走出一条不以牺牲农业、生态和环

---

① 世界上许多国家镇的人口规模比较小，有的国家没有镇的建制，故国际上通常将"urbanization"译为"城市化"，而中国一些镇的人口规模与国外的小城市相当，在典型的城乡二元结构下，乡村人口不仅向城市（city）集聚，而且向城镇（town）转移，为强调我国城市化道路的特殊性，通常将"urbanization"译为"城镇化"。

境为代价的资源节约型、环境友好型社会发展道路，构建城乡全面协调可持续发展的新格局。

农业现代化是传统农业向现代农业发展演进的过程。现代农业就是用现代物质条件装备农业，用现代科学技术改造农业，用现代产业体系提升农业，用现代经营形式推进农业，用现代发展理念引领农业，用培养新型农民发展农业，提高农业水利化、机械化和信息化水平，提高土地产出率、资源利用率和农业劳动生产率，提高农业质量、效益和竞争力。实现农业现代化，就是要用现代工业提供的技术装备武装农业，用现代生物科学技术等改造传统农业，提高农业的综合生产能力和市场竞争力，同时保护生态环境，促进人与自然和谐相处，实现可持续发展的过程。

从总体上看，新型城镇化与农业现代化存在相互影响、相互促进的关系。一方面，新型城镇化有利于促进农业现代化的发展。另一方面，农业现代化推动新型城镇化加速实现。

（二）新时代实现新型城镇化与农业现代化协同发展的路径

1. **通过深化体制机制创新加快推进新型城镇化。**加快新型城镇化发展的重点是通过一系列体制机制改革与创新，清除新型城镇化发展道路上的各种限制与障碍，促进新型城镇化顺利推进。第一，加快户籍制度改革。第二，改革土地制度。完善被征用地农民的保障机制，严格土地用途管制。第三，深化住房制度改革。以满足新市民住房需求为主要出发点。通过建立租购并举的住房制度，将公租房扩大到非户籍的转移人口。进一步发展房屋租赁市场，促使一些房地产企业从销售商品房转化为批量化租赁住房。第四，深化相关财政、金融体制改革。建立相应的激励机制，激励地方政府有积极性去解决转移人口的落户问题。第五，进一步完善基本公共服务。包括使广大农民工子女接受跟城市的孩子同等的教育，将农民工纳入社保体系和保障房体系，改善农民工的居住条件，逐步实现公共服务对常住人口的全覆盖。另外，还要改革城镇管理体制，进一步调整、规范城镇规模结构、机构设置。发展各具特色的中小城市和小城镇。

2. **通过构建现代农业三大体系加快推进农业现代化。**要把构建现代农业产业体系、生产体系、经营体系作为今后一个时期推进农业现代化的主要抓手，走产出高效、产品安全、资源节约、环境友好的农业现代化道路，更好地实现城镇化和农业现代化同步发展。构建现代农业产业体系，重点是要通过优化调整农业结构，充分发挥各地资源比较优势，促进粮经饲统筹、农牧渔结合、种养加一体、一二三产业融合发展，延长产业链、提升价值链，提高农业的经济效益、生态效益和社会效益,促进农业产业转型升级。构建现代农业生产体系,重点是要用现代物质装备武装农业,用现代科学技术服务农业,用现代生产方式改造农业,转变农业要素投入方式,推进农业发展从拼资源、拼消耗转到依靠科技创新和提高劳动者素质上来,提高农业资源利用率、土地产出率和劳动生产率,增强农业综合生产能力和抗风险能力,从根本上改变农业发展依靠人力畜力、"靠天吃饭"的局面。构建现代农业经营体系,重点是要加大体制机制创新力度,培育规模化经营主体和服务主体,加快构建职业农民队伍,形成一支高素质农业生产经营者队伍,促进不同主体之间的联合与合作,发展多种形式的适度规模经营,提高农业经营集约化、组织化、规模化、社会化、产业化水平。

第四节 物质文明和精神文明协调发展

一、社会主义本质要求的重要方面

物质文明与精神文明,是人类认识世界、适应世界、改造世界全部有形的与无形的、物质的与非物质的成果的总括和结晶,它们共同构成了丰富多彩的人类文明。

实现人的全面发展是马克思设想的未来社会的基本特征。在马克思、恩格斯看来,未来的理想社会即社会主义社会和共产主义社会,是以每一个个人的自由而全面的发展为基本原则的社会形式。所谓人的自由而全面发展,主要体现为生产力的高度发达、物质财富十分丰富;与此同时,人们的智力与体力都得到充分的发展,人们的精神境界达到相当高的水平。即是说,人类社会的物质文明与精神文明都达到高水平。马克思、恩格斯关于未来社会的基本特征的理论为我们建设中国特色社会主义提供了重要的启示:建设和发展社会主义,不仅要大力发展社会生产力,不断提高人民的物质生活水平,而且要不断发展社会精神文明,实现二者的协同发展。

物质文明与精神文明的关系,物质文明是基础。社会主义的本质是坚持共产党领导,解放生产力、发展生产力,消灭剥削,消除两极分化,最终达到共同富裕。发展生产力,不断提高人民的物质生活水平,是社会主义的根本任务,也是进一步发展社会主义精神文明的物质基础和保障。特别是对正处于社会主义初级阶段的我国而言,社会的主要矛盾是人民日益增长的物质文化和生态需要同落后的社会生产之间的矛盾。正确地处理这一矛盾，首要的是牢牢把握经济建设这个中心，大力发展社会生产力，不断提高人民群众的物质生活水平。

另外，精神文明对物质文明具有重要的反作用。人们对精神、文化生活的追求和道德素质的提升，会直接影响人们的物质生产能力和生产效率，从而对物质文明建设产生重要影响。可以说，实现高度的精神文明，同样是社会主义的基本特征。物质文明与精神文明之间存在密切的关系：一方面，物质文明为精神文明的发展提供必要的物质条件与实践经验；另一方面，精神文明又为物质文明发展提供强有力的精神推动力和智力支持，二者相互联系、相互影响，共同推动社会主义由低级发展阶段走向高级发展阶段。

二、中国特色社会主义的重要内容

坚持物质文明和精神文明协调发展，既是社会主义的本质要求，也是我国改革开放40多年来，建设中国特色社会主义的经验总结。改革开放初期，我们党确立了"两手抓、两手都要硬"的战略方针。这里所谓的"两手"即是物质文明与精神文明。1986年，党的十二届六中全会审议通过了《中共中央关于社会主义精神文明建设指导方针的决议》，系统阐述和明确了社会主义精神文明建设的战略地位、指导思想、主要内容和任务。1996年，党的十四届六中全会审议通过了《中共中央关于加强社会主义精神文明建设若干重要问题的决议》，对进一步推进物质文明和精神文明、实现二者协调发展等重大问题做出明确指示。2006年，党的十六届六中全会提出建设社会主义核心价值体系的任务。2011年，党的十七届六中全会通过《中共中央关于深化文化体制改革推动社会主义文化大发展大繁荣若干重大问题的决定》，明确提出了"建设社会主义文化强国"的奋斗目标。无论是建设社会主义核心价值体系，还是促进社会主义文化大发展，都是社会主义精神文明建设的重要内容。

改革开放以来，我国物质文明建设取得了举世瞩目的成就，国家综合实力有了显著增强；但也应该看到，一个时期以来，我们在精神文明建设方面有所松懈，以至于出现一些不容忽视的问题，如理想信念动摇、精神空虚、道德滑坡、诚信缺失等。以上问题任其延续得不到有效纠正，必将导致一系列社会问题，甚至有可能使物质文明建设的成果得而复失。精神文明建设已成为我国两个文明建设过程中亟待加强的短板。

社会主义精神文明是社会主义社会的重要特征，是社会主义现代化建设的重要目标和保证。精神文明与物质文明的偏离，既违背社会主义的本质要求，也制约中国特色社会主义建设。基于此，党的十八大以来，以习近平同志为核心的党中央创新发展中国特色社会主义理论体系，在大力发展经济、发展社会生产力的同时，高度重视社会主义精神文明建设，提出了实现中华民族伟大复兴的中国梦、促进中华民族优秀传统文化繁荣等一系列重大举措，大大丰富了社会主义精神文明的内容。党的十八届五中全会提出五大发展理念，其中的协调发展明确将实现物质文明和精神文明协调发展作为其中的重要内容，标志着我国两个文明建设进入新的发展阶段。党的十九大报告进一步强调坚定文化自信，推动社会主义文化繁荣兴盛，推动社会主义精神文明与物质文明协调发展。

三、中华民族伟大复兴的坚强保证

全面建成小康社会，实现"两个一百年"奋斗目标和中华民族伟大复兴的中国梦，不仅要满足人民群众不断增长的物质需求，也要满足人民日趋多样化的精神文化需求，必须贯彻新发展理念，切实实现物质文明和精神文明的协调发展。只有物质文明建设和精神文明建设都搞好，国家物质力量和精神力量都增强，全国各族人民物质生活和精神生活都改善，中国特色社会主义事业才能顺利向前推进。

坚持以经济建设为中心不动摇，为加快建成小康社会夯实坚实物质基础。改革开放以来，我国在经济建设方面取得了巨大成就，但全体人民的生活水平还有待进一步提高，国家的综合国力还有待进一步加强。这要求我们必须坚持以经济建设为中心，大力发展经济，提高经济发展质量，提升全社会物质文明水平。为此，必须进一步深化改革，为物质文明建设建立强有力的体制保障；进一步推进开放，建设更高水平的新型开放型经济体系，为物质文明建设注入新的动力；强化创新驱动，推进产业转型升级，推进绿色发展，提高经济发展的质量、效益、水平和可持续性。

要坚持用新发展理念推进精神文明建设，坚持用中国化马克思主义武装全党、教育人民，坚持用中国梦和社会主义核心价值观凝聚共识、汇聚力量，继承和弘扬中华优秀传统文化，努力推出更多传播当代中国价值观念、体现中华文化精神、反映中国人审美追求的精品力作。坚定文化自信，增强文化自觉，加快文化改革发展，努力建设社会主义文化强国。大力发展社会主义先进文化，坚持以人民为中心的工作导向，把社会效益放在首位，实现社会效益与经济效益的统一。进一步推进文化体制改革，建立更加科学合理、灵活高效的文化产业经营、管理体制和运行机制；加快完善公共文化服务体系、文化产业体系、文化市场体系；进一步规范文化市场秩序，促进文化事业和文化产业健康有序发展。进一步强化法治观念和理念，推进文化建设领域的立法和规范建设，为精神文明建设提供强有力的法制保障。繁荣发展文学艺术、新闻出版、广播影视事业。推进优秀文化产品创作生产，努力推出更多传播当代中国价值观念、体现中华文化精神、反映中国人审美追求的精品力作，更好地满足人民群众日益多样化、差异化的文化需求。

【思考题】

1. 为什么说协调发展是国民经济持续健康发展的内在要求？
2. 现阶段我国城乡协调发展的主要制约因素和推进对策是什么？
3. 我国工业化与信息化深度融合的重要意义与推进思路是什么？
4. 我国工业化与城镇化实现良性互动的主要制约因素和推进路径是什么？
5. 我国实现新型城镇化与农业现代化协同发展的路径是什么？

第十六章

绿色发展与建设生态文明

绿色发展是我国五大发展理念之一，生态文明建设事关中华民族永续发展。处理好经济发展与环境保护的关系，把生态文明建设融入经济、政治、文化、社会建设各方面和全过程，利用环境保护推进经济转型升级，坚持绿色发展、循环发展、低碳发展，努力实现两者的协调和共赢，是经济社会发展的重要任务。

第一节 绿色发展和生态文明

一、永续发展的必要条件

绿色发展是建立在生态环境和资源承载力的约束条件下，将环境保护作为实现可持续发展重要支柱的一种新型发展模式和生活方式。其基本要求：一是要将环境资源作为社会经济发展的内在要素；二是要把实现经济、社会和环境的可持续发展作为绿色发展的目标；三是要把经济活动过程和结果的"绿色化""生态化"作为绿色发展的主要内容和途径；四是努力实现经济社会发展和生态环境保护协同共进，为人民群众创造良好生产生活环境。

生态文明是人类为保护和建设美好生态环境而取得的物质成果、精神成果和制度成果的总和，是贯穿于经济建设、政治建设、文化建设、社会建设全过程和各方面的系统工程，反映了一个社会的文明进步状态。

人类发展活动必须尊重自然、顺应自然、保护自然，否则就会遭到大自然的报复。人因自然而生，人与自然是一种共生关系，对自然的伤害最终会伤及人类自身，这是无法抗拒的规律。

自工业革命以来,人类经济社会飞速发展。人类通过工业技术革命提高了生产力,使得自身物质财富得到空前的满足。与此同时,工业革命在推进人类社会的发展过程中,也导致人与自然之间的关系出现了不和谐,生态环境不断恶化,最终演变成足以威胁人类生存和发展的全球性问题。如何处理好经济发展和环境保护的问题,走绿色发展道路,成为全球关注的重要话题。

1987年,联合国世界环境与发展委员会在《我们共同的未来》的报告中,首次提出了"可持续发展"概念。可持续发展是指"既能满足当代人的需要,又不对后代人满足其需要的能力构成危害的发展"。[①] 可持续发展的提出是对现代化进程中追求经济无限增长的反思和批判,强调的是环境与经济的协调发展,其目标是追求代内公平和代际公平,既要满足人类当代的需要,实现经济充分发展,同时有效地保护资源和生态环境,避免威胁到人类后代的生存和发展。

改革开放以来,我国经济社会发展取得历史性成就。同时,我国在快速发展中也积累了大量生态环境问题,其成为明显的短板,成为人民群众反映强烈的突出问题。面对这样的状况,必须下大气力扭转。1992年,我国首次把可持续发展战略纳入经济和社会发展的长远规划;1997年,党的十五大报告把可持续发展战略确定为国家战略;2002年,党的十六大报告把"可持续发展能力不断增强"作为全面建设小康社会的目标之一;2012年,党的十八大报告明确指出,要把生态文明建设放在突出地位,融入经济建设、政治建设、文化建设、社会建设各方面和全过程,实现中华民族永续发展。2017年,党的十九大报告中指出,到21世纪中叶,实现国家治理体系和治理能力现代化,实现物质文明、政治文明、精神文明、社会文明、生态文明的全面提升。因此,必须坚持节约优先、保护优先、自然恢复为主的方针,形成节约资源和保护环境的空间格局、产业结构、生产方式、生活方式,还自然以宁静、和谐、美丽。

二、人民对美好生活追求的重要体现

人民对美好生活追求的重要指标之一即幸福感或幸福指数。幸福感是人们所体验到的一种积极的存在与发展状态,而幸福指数反映的则是一种社会事实,是一般人或特定的社会群体在特定时期内主观生活质量的变化程度。[②]

自然资源与生态环境和人类幸福的关系密不可分。首先,自然资源与生态

---

① 1987年联合国世界环境与发展委员会发表的《我们共同的未来》专题报告中的定义。
② 陈新颖、彭杰伟:《生态幸福研究述评》,载于《世界林业研究》2014年第4期,第6~10页。

环境状态影响着人类幸福感。海洋、大气、森林、河流、湿地等良好的生态环境对人的幸福感有积极作用，而雾霾天气、水体等环境污染以及极端恶劣气候等环境因素对人的幸福感产生负面影响。生态环境的改变策略可以实现人们的幸福指数提升，如到风景优美的地区旅游或定期居住、享受宜人的气候等。自然资源通过开采与利用实现其经济价值，进而促进经济增长，影响着人类幸福。良好的生态环境对人类的积极影响包括精神疲劳的短期恢复、身体从疾病中更快康复以及人类健康和幸福感的长期全面提高。不良的生态环境会降低人们的幸福感。另外，人的幸福感状况也影响着生态可持续发展，具有高幸福感的人会做出更多有利于生态可持续发展的行为，如生态责任行为和亲环境行为等。

社会主义基本经济规律是贯穿社会主义再生产全过程的规律，社会主义生产规律包括社会主义生产目的。我们要建设的现代化是人与自然和谐共生的现代化，既要创造更多物质财富和精神财富以满足人民日益增长的美好生活需要，也要提供更多优质生态产品以满足人民日益增长的优美生态环境需要。

三、建设美丽中国的必然要求

在党的十八大报告中论述"生态文明建设"时，首次提出了"美丽中国"的概念。党的十九大报告进一步指出，从2020年到2035年，要实现生态环境根本好转，美丽中国目标基本实现；在21世纪中叶，建成富强民主文明和谐美丽的社会主义现代化强国。"美丽中国"首先要求的是自然之美，是人与自然的和谐之美。这种美丽是建立在节约资源、保护环境的基础之上的。建设美丽中国，需要科学的生态文明理念和生态文明实践。

建设生态文明是中华民族永续发展的千年大计；绿色是永续发展的必要条件，是人民对美好生活追求的重要体现。必须坚持人与自然和谐共生，树立和践行绿水青山就是金山银山的理念，坚持节约资源和保护环境的基本国策，像对待生命一样对待生态环境，统筹山水林田湖草系统治理，实行最严格的生态环境保护制度。加快建设资源节约型、环境友好型社会，推动绿色发展、循环经济和低碳发展，形成节约资源、保护环境的空间格局、产业结构、生产方式、生活方式，建设美丽中国，为人民创造良好生产生活环境，为全球生态安全做出贡献。

第二节 绿色发展的理论

一、马克思、恩格斯关于人与自然和谐发展的理论

早在马克思、恩格斯所处的时代,经济发展所带来的环境问题就已经引起了他们的高度重视。马克思、恩格斯的经典著作中蕴含着丰富的人与自然和谐发展的思想,从经济学的角度,这些思想可概括为:

第一,自然环境是生产要素。物质变换是通过劳动进行的,劳动是人类一切历史的起点。人类通过劳动这一活动,改变自然的物质形态,使其变成能够满足人类自身生产所需的物质产品,与此同时,人类又将这一过程中的废弃物排放到自然环境当中,这两个过程实现了人与自然之间的物质变换。关于劳动与物质变换的关系,马克思说:"劳动首先是人和自然之间的过程,是人以自身的活动来中介、调整和控制人和自然之间的物质变换的过程。"① 同时,马克思也指出,劳动除了需要作为主体的人之外,还需要自然资源。

第二,工业化与生态环境问题。工业革命在给人类社会带来巨大财富的同时也带来了生态危机和环境灾难,进而导致阶级矛盾进一步激化。马克思从唯物史观的视角研究生态问题,创造性地提出,自然环境是生产力中非常重要的一部分,赞成人们可以有计划地利用自然,但并不赞成对自然的根本驾驭。马克思用事实说明了资本主义生产是如何污染环境并引致公共健康等问题的,认为需要通过行动来解决自然的异化,以便创造一个可持续发展的社会。

第三,人与自然关系问题。马克思、恩格斯系统研究了人与自然之间的辩证关系,认为人与自然的关系和人与人的关系是有机统一的,并提出了劳动与劳动过程理论,科学地揭示了人与自然的关系以及人类应如何正确认识和处理同自然界的关系。马克思认为,自然是在人类社会的生产过程中形成的自然,是人类生产实践改造的对象,人类社会通过生产活动,将自然逐渐转化为"人化自然"。他强调,不能把人游离于自然界之外,更不能认为人是自然界的主宰。要想真正理解人与自然之间的关系,就要走出人类中心主义的误区。马克思强调,要合理使用自然资源。

---

① 《马克思恩格斯文集》第 5 卷,人民出版社 2009 年版,第 207~208 页。

第四,环境外部性问题。马克思、恩格斯较早发现并提出了人类生产生活对生态环境造成的负外部性问题。如恩格斯在批判传统生产方式时指出:"我们不要过分陶醉于我们对自然界的胜利,对于每一次这样的胜利,自然界都报复了我们。"① 他们还揭示了环境负外部性的隐蔽性与长期性,"到目前为止存在的一切生产方式,都只在于取得劳动的最近的、最直接的有益效果。那些只是以后才显现出来的、由于逐渐的重复和积累才发生作用的进一步的后果,是完全被忽视的"。②

第五,技术进步与可持续发展。马克思主义自然辩证法指出了处理人与自然关系的准则,通过人类自身发展与技术进步最终迈向人与自然的和谐。马克思、恩格斯提出利用科技进步来改善环境问题,这是绿色发展的理论源泉,可以说,绿色发展理念是马克思主义生态观的继承与发展。

第六,生产关系将影响和改变人与自然的关系。在资本主义社会里,资本支配一切,生产者都以追求剩余价值最大化为目标进行社会生产活动,这样人与自然之间的平等关系被弱化,取而代之的是索取与被索取的关系。在这一思想的指引下,人类会不加节制地从自然界掠夺资源,不加节制地向自然界排泄废弃物,导致人与自然之间的物质变换出现断裂,制造人与自然之间直接的矛盾。可见,资本主义的生产方式破坏了人与自然的内在统一性,造成了人与自然之间物质变换的断裂。要真正实现人与自然的和谐相处,就必须变革资本主义制度,铲除资本主义私有制,实现生产资料社会所有,即实现社会主义和共产主义。在共产主义社会中,生产资料不再私有化,而是社会占有;人与自然之间的关系不再是索取与被索取,而是平等关系。这样人们才会善待自然、保护自然,合理运用劳动来调节人与自然之间的物质变换关系。社会主义和共产主义克服了劳动的异化,使得人与自然之间的物质变换正常化,化解了人与自然之间的矛盾。正如马克思指出的,这种共产主义,是人与自然界之间、人与人之间的矛盾的真正解决。③

马克思、恩格斯的上述思想,是绿色发展的理论源泉。同时,马克思经典著作中蕴含着大量的指导可持续发展的经济学思想,如循环和节约经济思想、适度人口思想、全面协调发展思想、适度和绿色消费思想等,这些思想为可持续发展提供了理论基础和科学的方法论。

---

① 《马克思恩格斯文集》第9卷,人民出版社2009年版,第559~560页。
② 《马克思恩格斯文集》第9卷,人民出版社2009年版,第562页。
③ 《马克思恩格斯全集》第42卷,人民出版社1979年版,第120页。

二、中国化马克思主义对绿色发展思想的继承和发展

重视人与自然和谐相处,我国有悠久的历史传统。儒家有"天人合一"的思想,其基本内涵是自然与人类和谐统一、有机融合;道家主张宁静释然,把万物川流不息所遵循的"道"融入人类的生活方式、生产方式当中去。中华文明数千年积淀的丰富的生态智慧至今仍给人以深刻启迪。

中国共产党人在领导中国人民进行革命、改革、建设的过程中,重视优良传统的弘扬,同时坚持将马克思主义关于生态文明的基本原理与中国实际相结合,积极探索认识自然规律,利用大自然为人类谋福利,逐步形成了毛泽东思想和中国特色的社会主义理论体系中的生态文明思想。

毛泽东在认真总结社会主义建设初期经验教训的基础上认为,人要掌握自然规律,与自然和谐相处、平等对话,而不是统治自然、驾驭自然。他指出:"天上的空气,地上的森林,地下的宝藏,都是建设社会主义所需要的重要因素",[1]同时还强调,要实现废物利用,变废为宝。毛泽东从人与自然关系的角度,以我国当时的国情为基础,统筹生态、工农业发展和人民生活的实际需要,从兴修水利如治理水患、围湖造田、保持水土,发展林业如因地制宜、开荒种地、植树造林,合理利用资源如增产节约、综合利用、减少消耗,实行人口政策如提倡生育、节制生育、控制人口,以及治理公共环境如治理污染、清除四害等多角度多领域,提出相应的计划,处理人与自然的关系,以求为人民群众谋取利益。周恩来意识到资本主义发达国家"先污染,后治理"工业化道路的弊端,提出从源头预防环境污染,避免重蹈资本主义国家的覆辙。[2] 在社会主义建设初期关于人与自然关系探索的过程中,虽然在有的方面走过弯路,但总体上为其后的社会主义经济建设积累了宝贵的经验。

1978 年改革开放开始,以邓小平为代表的中国共产党人准确把握时代趋势,提出"科学技术是第一生产力",抓住科技中心,以科技为依托对生态环境进行改善,鼓励从国外引进生态治理技术,改善我国的生态环境。在实践中,对生态环境的保护从农业开始并取得成效。在此期间,我国的环境法律制度取得了长足的进步。1979 年,全国人大常委会颁布了第一部《中华人民共和国环境保护法(试行)》,这是我国关于生态文明建设的首要法律依据,意味着我国的生态文明

---

[1] 《毛泽东文集》第 7 卷,人民出版社 1999 年版,第 34 页。
[2] 李琦:《在周恩来身边的日子——西花厅工作人员的回忆》,中央文献出版社 1998 年版,第 333 页。

建设与环境保护开始走上法治道路。

以江泽民为核心的党中央提出"三个代表"重要思想,从新的高度去认识和发展生态文明理论体系。在此阶段,我国提出了可持续发展战略,强调要解决人口、资源与环境之间的不协调问题,同时继续加强有关生态文明建设的法律法规。不仅如此,我国还提出了要走新型工业化道路、① 经济发展与环境保护并行的重要思想。

以胡锦涛为总书记的党中央提出科学发展观,强调一方面要积极应对全球气候变化;另一方面要抓住绿色经济变革契机,推动经济发展的转型升级。胡锦涛同志提出,生态文明建设是涉及生产方式和生活方式根本性变革的战略任务,建设生态文明,要以资源环境承载力为基础,以自然规律为准则,以可持续发展为目标,建设资源节约型、环境友好型社会。② 党的十七大报告提出:"建设生态文明",号召"节约能源资源和保护生态环境",强调"使生态文明观念在全社会牢固树立",将生态文明建设视为全面建设小康社会的五大新要求之一,这是"生态文明"概念在党的纲领性文件中的首次明确出现。报告还明确了生态文明建设的内涵与本质,利用"科学发展观"对可持续发展战略进行整体展开,并将和谐社会主义构建与社会主义生态文明建设相结合,明确提出生态文明建设的重要战略。报告指出:"可持续发展,就是要促进人与自然的和谐,实现经济发展和人口、资源、环境相协调,保证一代接一代地永续发展。"这既是从生态文明方面对社会主义和谐社会的描述,也极大体现了中国特色社会主义建设中尊重自然、顺应自然、保护自然的重要思想。在具体实践中,我们坚持了改造传统产业,大力发展环保等战略性新兴产业,同时加大绿色经济、循环经济和低碳经济在整体经济结构中的比重,推动经济绿色转型。

党的十八大以来,以习近平同志为核心的党中央继承和发展马克思主义,使得马克思主义生态文明建设思想不断发展、不断创新,焕发出强大的生命力。习近平同志指出:"走向生态文明新时代,建设美丽中国,是实现中华民族伟大复兴的中国梦的重要内容。"习近平的生态文明思想主要包括四个方面的内容。③

第一,像对待生命一样对待生态环境。习近平指出:"我们既要绿水青山,也要金山银山。宁要绿水青山,不要金山银山,而且绿水青山就是金山银山。"④ 自然界是人类社会产生、存在和发展的基础和前提,人类可以通过社会实践活动

---

① 新型工业化是指除了发展已有工业价值之外,还要兼顾高科技、低消耗和少污染的思想,实现环境与经济社会的协调发展。
② 胡锦涛同志在省部级主要领导干部专题研讨班开班式上发表的重要讲话,2012 年 7 月 23 日。
③④ 《习近平总书记系列重要讲话读本》,学习出版社 2016 年版,第 230~239 页。

有目的地利用自然、改造自然,但不能凌驾于自然之上,其行为方式必须符合自然规律。生态文明是人类社会进步的重大成果,是实现人与自然和谐发展的必然要求。建设生态文明,要以资源环境承载能力为基础,以自然规律为准则,以可持续发展、人与自然和谐为目标。保护生态环境关系人民的根本利益和民族发展的长远利益,功在当代、利在千秋。要坚持把节约优先、保护优先、自然恢复作为基本方针,把绿色发展、循环发展、低碳发展作为基本途径,把深化改革和创新驱动作为基本动力。

第二,保护生态环境就是保护生产力。习近平指出:"生态文明建设事关中华民族永续发展和'两个一百年'奋斗目标的实现,保护生态环境就是保护生产力,改善生态环境就是发展生产力。"① 生态环境问题归根到底是经济发展方式问题。要正确处理好经济发展同生态环境保护的关系,切实把绿色发展理念融入经济社会发展各方面,推进形成绿色发展方式和生活方式。能源资源短缺与生态环境恶化的状况将对经济可持续发展带来严重影响,使我国发展的空间和后劲将越来越小。习近平指出:"我们在生态环境方面欠账太多了,如果不从现在起就把这项工作紧紧抓起来,将来会付出更大的代价。"② 作为发展中的大国,我国不能走欧美"先污染后治理"的老路,而应探索走出一条环境保护新路。要正确处理经济发展同生态环境保护之间的关系,决不以牺牲环境、浪费资源为代价换取一时一地的经济增长。要协调推进新型工业化、信息化、城镇化、农业现代化和绿色化,走出一条经济发展和生态文明相辅相成、相得益彰的新发展道路,让良好生态环境成为人民生活质量的增长点、成为展现我国良好形象的发力点,为子孙后代留下可持续发展的"绿色银行"。

第三,以系统工程思路抓生态建设。习近平强调,环境治理是一个系统工程,要按照系统工程的思路,抓好生态文明建设重点任务的落实,切实把能源资源保障好,把环境污染治理好,把生态环境建设好,为人民群众创造良好生产生活环境。大自然是一个相互依存、相互影响的系统,山水林田湖草要统筹治理。习近平讲道:"在生态环境保护问题上,就是要不能越雷池一步,否则就应该受到惩罚。"③ 要设定并严守资源消耗上限、环境质量底线、生态保护红线,将各类开发活动限制在资源环境承载能力之内。

优化国土空间开发格局,加快实施主体功能区战略,以主体功能区规划为基础统筹各类空间性规划,推进"多规合一"。按照人口资源环境相均衡、经济社会生态效益相统一的原则,统筹人口分布、经济布局、国土利用、生态环境保

---

①②③ 《习近平总书记系列重要讲话读本》,学习出版社2016年版,第230~239页。

护,科学布局生产空间、生活空间、生态空间,推动各地区依据主体功能区定位发展,保障国家和区域生态安全,提高生态服务功能。

全面促进资源节约,树立节约集约循环利用的资源观,从资源使用这个源头抓起,把节约资源作为根本之策,推动资源利用方式根本转变。加强能源和水资源、耕地与建设用地、矿产资源等勘查保护与合理开发,提高综合利用水平。大力发展循环经济,促进生产、流通、消费过程的减量化、再利用、资源化。

加大生态环境保护力度,以提高环境质量为核心,以解决损害群众健康的突出环境问题为重点,坚持预防为主、综合治理,强化大气、水、土壤等污染防治。

推动形成公平合理、合作共赢的全球气候治理体系,把应对气候变化融入国家经济社会发展中长期规划,坚持减缓和适应气候变化并重。深度参与全球气候治理,积极承担与我国基本国情、发展阶段和实际能力相符的国际义务,从全球视野加快推进生态文明建设。

第四,实行最严格的生态环境保护制度。习近平指出:"只有实行最严格的制度、最严密的法治,才能为生态文明建设提供可靠保障。"① 建设生态文明,必须依靠制度和法治,构建产权清晰、多元参与、激励约束并重、系统完整的生态文明制度体系。

完善经济社会发展考核评价体系,把资源消耗、环境损害、生态效益等体现生态文明建设状况的指标,纳入经济社会发展评价体系。建立责任追究制度,建立健全生态环境损害评估和赔偿制度,落实损害责任终身追究制度。建立环保督察工作机制,严格落实环境保护主体责任,完善领导干部目标责任考核制度,明确各级领导干部责任追究情形,对领导干部实行自然资源资产离任审计。

建立健全资源生态环境管理制度,包括自然资源资产产权制度、国土空间开发保护制度、空间规划体系、资源总量管理和节约制度、资源有偿使用和生态补偿制度、环境治理体系和市场体系、耕地轮作休耕制度、省以下环保机构监测监察执法垂直管理制度等。完善生态环境监测网络,加强生态文明宣传教育,增强全民生态文明意识和社会风气。

党的十九大确立了习近平新时代中国特色社会主义思想,明确了新时代我国社会主要矛盾是人民日益增长的美好生活需要和不平衡不充分的发展之间的矛盾。当前最突出的不平衡之一,就是人与自然关系的不平衡、经济发展和生态环境的不平衡。为解决这些矛盾,必须坚持以人民为中心的发展思想,牢固树立社会主义生态文明观,推动形成人与自然和谐发展现代化建设新格局,切实保护生

---

① 《习近平总书记系列重要讲话读本》,学习出版社2016年版,第230~239页。

态环境，不断促进人的全面发展。

习近平的中国特色社会主义生态文明观和绿色发展理念，是中国特色社会主义生态文明思想的伟大创新，与马克思主义生态文明思想一脉相承，将可持续发展理论和科学发展观理论提升到了新的高度。

三、国外理论的借鉴

早期在17世纪，西方经济学家就注意到了环境容量对经济增长的限制问题，认为人口增长要受到物质资料的约束。这些都是"生态环境承载力"对增长限制的一些早期讨论。

西方主流经济学将自由市场经济奉为圭臬，认为生态和环境问题的根源在于污染的负外部性与生态环境资源的公共物品属性，生态危机源于市场失灵。由于排污主体为污染行为所承担的私人生产成本小于社会生产成本，给环境造成了负面影响，包括大气污染、酸雨、水污染、土壤损害和全球变暖等，导致环境了负外部性问题。杰弗里·希尔[1]认为，生态问题的解决，需要改革市场经济制度，在市场调节作用下达到资源配置最优。[2]

西方经济学关于生态环境问题是从资源的稀缺性与跨期分配角度来讨论的。经济学家们认为，资源是有限的，发展要满足当代人的需要，同时要兼顾后代人的需要与福利。工业革命以来，人类社会发生巨大变化，发展模式也在不断变化，工业革命之后的发展模式是黑色发展模式，以物质财富的增长为目标，以高消耗、高投入为基础，形成了以GDP增长为核心的增长模式。而这种不加限制的增长没有考虑到生态环境的承载力，如果继续下去，将导致人类生存环境的不断恶化，最终增长超越生态边界，增长停止。正是因为人们意识到了传统增长的不可持续性，才开始探索新的增长方式并不断转型。

进入20世纪，工业文明不断进步，生态环境问题在西方国家不断显现，进而引来部分学者对生态环境问题进行一系列研究。最早的具有生态环境思想的研究来自美国生态作家蕾切尔·卡逊，她在1962年出版的《寂静的春天》一书中运用数据分析得出结论：过度的化学农药使用将会给人类带来毁灭性的灾难。同一时期的罗马俱乐部报告《增长的极限》，使西方社会开始认真反思经济增长与资源环境之间的关系，被认为是现代生态环境思想的起源。

---

[1] 杰弗里·希尔（Geoffraery Heal），美国哥伦比亚大学商学院经济与金融系教授并任商学院的副院长，公共政策和企业责任的加勒特（Garrett）讲席教授，主要研究领域之一为社会和自然资源之间的关系。

[2] 杰弗里·希尔：《自然与市场——捕获生态服务链的价值》，中信出版社2006年版。

哈丁（Hardin）1967年提出了"公地悲剧"理论模型，首次运用博弈理论阐释了人类对公共资源的过度利用问题以及内在逻辑。此后，许多专家学者运用公共理论和产权理论等，对生态环境与资源问题进行了大量的专门研究，譬如环境质量与经济增长关系问题、环境税收与排污权交易问题、土地属性与使用问题、矿产资源的勘探与开采问题、能源的利用与保护问题、森林的功能与管理问题、海洋与水资源的保护与利用问题、资源管理问题等。[①]

西方经济学认为，环境污染问题的核心在于负外部性导致私人生产过多，超过了帕累托最优时的产量水平。而私人生产要对生态环境产生影响，由于环境具有外部性，所以社会边际成本要高于私人边际成本，社会边际外部成本即为两者之间的差额。社会整体福利达到最大化时的产量应该是边际社会收益与边际社会成本的交点所决定的产量，而私人为追求利润最大化，会将其产量定在边际私人收益与边际私人成本的交点所决定的产量上（此时产量水平要高于前者）。

庇古的一个重要的理论创新是提出了"庇古税"，他通过比较分析私人边际成本与社会边际成本之间的差异，认为由于"市场失灵"，环境污染产生了负外部性。他提出应该由政府根据污染所造成的危害对边际私人成本小于边际社会成本的排污者征税，使税收额水平正好等于外部性造成的社会损害程度，以达到外部成本内部化，将污染成本加到产品价格中去。这为政府征收环境税与资源税等提供了最初的理论基础。"污染者付费原则"（polluter pays principle，PPP），是庇古税理论的一种应用，即要求所有的污染者都必须为其造成的污染直接或者间接地支付费用。该原则由经济合作与发展组织（OECD）于20世纪70年代提出。

1960年，制度经济学代表人物科斯（Coase）反对政府以收税的形式进行干预，认为污染问题的关键在于如何使外部性的价值在损害方和受害方之间分配。主张在资源产权界定清晰的前提下，由排污者与受害者之间进行谈判和交易，如损害补偿或产权交换等，自行解决污染问题。一旦产权得以明确，只要市场交易成本足够低，产权的初始分配并不影响资源的配置效率，通过对初始产权的交易重组，外部性可以有效地被内部化，政府在解决外部性问题中的作用在于确定初始产权的分配。根据这种思路，戴尔斯（Dales）1968年提出了排污权交易（cap and trade），政府根据环境容量和经济目标等实际情况制定排污量上限（cap），排污许可证的设定按此上限设立，并可在产权市场交易，使得排污量控制较好的企业能够获得排污许可证出让的收益，而超排的企业需要出资购买排污权配额

---

① 蒂坦伯格：《环境与自然资源经济学》（第八版），中国人民大学出版社2007年版。

(trade)。①

在实践中，庇古税理论与产权理论都得到了实际应用，前者包括污染税、补贴、排污费等价格规制政策，后者包括污染许可证、排放许可证、可交易许可证等数量规制政策。②

帕纳尤多（Panayotou）1995 年提出了环境库兹涅茨曲线（Environmental Kuznets Curve，EKC）假说，用来描述经济发展中环境质量和人均收入的关系，是研究经济增长和环境污染之间关系最典型的理论假说。该假说认为，环境质量将随着经济增长表现出先恶化再改善的变化趋势，其变化的拐点在经济增长和人均收入达到一定水平时，进而将环境和经济增长的关系称为"倒 U 型"关系。③

西方经济学在研究和解决生态环境难题中的各种理论，比如环境外部性理论、庇古税与排污权交易理论等，为我国生态文明建设和绿色发展提供了一定的理论借鉴。但是，西方经济学理论对生态与环境问题的讨论与研究缺少对发展中国家特别是对中国现实国情的具体考量，只可借鉴不可照搬。由于中国特色社会主义经济建设的特殊性与时代性等要求，我们必须结合我国国情的阶段性特征，探索适合我国国情的解决发展面临的生态环境难题的理论和措施。

第三节　开创社会主义生态文明新时代

一、促进人与自然和谐共生

根据世界各国的历史经验，在发展道路上面临两种选择：一种是先行完成工业化进程，待全社会步入后工业化发展阶段后再治理环境；另一种是在实现工业化的进程中同步保护生态环境，实现生态增长。作为后发的新兴工业化国家，资源环境约束不允许我国走先污染后治理的老路。一方面，我们要继续工业化进程，加速物质财富的积累；另一方面，我们必须要以生态文明的理念为指导对传统的工业化模式加以改造和提升。所以，我们只能选择经济发展与绿色发展同步的中国特色社会主义发展之路。

---

①② 蒂坦伯格：《环境与自然资源经济学》（第八版），中国人民大学出版社 2007 年版。
③ 环境质量和经济增长两者并非完全遵循"倒 U 型曲线"的简单关系，经济发展到一定水平时环境质量未必会一定改善。S. 巴茨和 D. L. 凯利（S. Bartz & D. L. Kelly，2008）应用"校准—模拟法"研究发现，美国的环境质量和经济增长间无"倒 U 型关系"，对 EKC 假说提出了挑战。

人与自然是生命共同体，人与自然的关系是人类生存与发展的基本关系，一部人类社会的发展史，也是人与自然的关系史。人与自然共处在地球生物圈之中，人类的繁衍与社会的发展离不开大自然，必须以大自然为依托利用自然；同时又必须认识并尊重自然规律，让大自然造福于人类，服务于人类。人与自然的关系主要表现在两个方面：一是人类对自然的影响与作用，包括从自然界索取资源与空间，享受生态系统提供的服务功能，向环境排放废弃物；二是自然对人类的影响与反作用，包括资源环境对人类生存发展的制约，自然灾害、环境污染与生态退化对人类的负面影响。

人类发展活动必须尊重自然规律，才能有效防止在开发利用自然上走弯路，否则就会遭到大自然的报复。对自然的伤害最终会伤及人类自身。随着人类社会生产力发展水平的不断提高和人类对客观自然规律认识的不断深化，在人类社会不同的发展阶段，人类对人与自然关系的认识有显著的不同。在原始社会，人类的生产活动以采集和狩猎为主，人类对自然十分依赖，很大程度上受到自然环境和自然条件的制约，所以人类和自然保持着一种最为原始的和谐关系。在农业社会，人类的生产活动主要为农业种植，人与自然在整体上还处于一种和谐融洽的关系，但是在局部区域内也出现了过度开垦、资源争夺的局部不平衡。在工业社会，人类的科技水平达到了前所未有的高度，对大自然的利用和改造的能力也越来越强，加之人口爆发式增长，所以人类对自然的索取越来越多，生态环境逐渐恶化，人与自然的关系也呈现出一种不和谐的状态。需要重视的是，人类大规模、无节制地开发自然、利用自然、改造自然，已经对地球产生了不可逆的负面影响，无序的人类活动造成的后果已经威胁到了人类自身命运。

20世纪60年代以来，人类逐渐认识到环境恶化的严峻挑战，可持续发展的理念随之广泛地兴起和蓬勃发展，这是人类发展观的一次质的飞跃。它既是划时代的发展观，又是崭新的世界观、文明观和自然观。它深刻地揭示了经济社会繁荣背后的人与自然的冲突，对传统的"征服自然"等不可持续发展观提出了挑战。1992年在巴西里约热内卢召开的联合国环境与发展大会，通过了《里约热内卢宣言》和《21世纪议程》两个纲领性文件，标志可持续发展观被全球持不同发展理念的各个国家所普遍认同，走可持续发展之路，实现人与自然和谐发展成为全世界的共识，促进人与自然和谐发展成为人类的共同使命。

20世纪80年代，我国把保护环境作为基本国策。党的十八大把生态文明建设纳入中国特色社会主义事业五位一体总体布局，明确提出大力推进生态文明建设，努力建设美丽中国，实现中华民族永续发展。党的十九大进一步明确指出，建设生态文明是中华民族永续发展的千年大计。要坚持人与自然和谐共生，必须树立和践行绿水青山就是金山银山的理念，坚定走生产发展、生活富裕、生态良好的文明发展道路。

保护生态环境关系人民的根本利益和民族发展的长远利益，习近平指出："环境就是民生，青山就是美丽，蓝天也是幸福。要像保护眼睛一样保护生态环境，像对待生命一样对待生态环境，把不损害生态环境作为发展的底线。"[①]

在新的发展阶段，促进人与自然和谐共生，就是要树立尊重自然、顺应自然、保护自然的生态文明理念；坚持节约资源和保护环境的基本国策，有序利用自然，调整优化空间结构，构建科学合理的城市化格局、农业发展格局、生态安全格局、自然岸线格局；建立统一规范的国家生态文明试验区，根据资源环境承载力调节城市规模；推动传统制造业绿色改造，推动建立绿色低碳循环发展产业体系；发展绿色金融，设立绿色发展基金；提倡绿色消费等。

推动形成绿色发展方式和生活方式，就要坚持和贯彻新发展理念，正确处理经济发展和生态环境保护的关系，坚决摒弃损害甚至破坏生态环境的发展模式和以牺牲生态环境换取一时一地经济增长的做法，让良好生态环境成为人民生活的增长点、成为经济社会持续健康发展的支撑点、成为展现我国良好形象的发力点。要加快构建科学适度有序的国土空间布局体系、绿色循环低碳发展的产业体系、约束和激励并举的生态文明制度体系、政府企业公众共治的绿色行动体系，加快构建生态功能保障基线、环境质量安全底线、自然资源利用上线三大红线。要切实加快转变经济发展方式、加大环境污染综合治理、加快推进生态保护修复、全面促进资源节约集约利用、倡导推广绿色消费和完善生态文明制度体系。要切实保证领导干部在生态环境保护中起到关键的作用，落实领导干部任期生态文明建设责任制，实行自然资源资产离任审计等。[②]

二、推动绿色循环低碳发展

在我国全力推动生态文明建设的进程中，遇到了多重复杂的严峻挑战：在国内，我们要解决人口多、资源紧缺和能源安全的问题，还有日益恶化的环境问题等诸如此类的众多问题。站在国际和全人类的更高视角，温室效应日益严峻已经威胁到了全人类的共同发展，中国作为一个负责任的大国也当然需为此做出自己

[①] 习近平总书记在参加十二届全国人大三次会议和全国政协十二届三次会议江西代表团审议时的讲话，2015年3月6日。

[②] 《习近平在中共中央政治局第四十一次集体学习时强调：推动形成绿色发展方式和生活方式　为人民群众创造良好生产生活环境》，载于《人民日报》2017年5月28日。

的一份贡献。因此，循环发展和低碳发展是目前国际公认的也是符合我国绿色发展理念的实现路径和模式。

(一) 低碳发展与循环发展的内涵

低碳发展是在应对气候变化背景之下我国实现生态文明和可持续发展的重要道路。由于纯粹的市场经济环境下无法解决大气圈层对温室气体的环境容量所造成的外部性问题，人类对化石燃料的规模开发利用，导致资源和环境的配置利用出现重大扭曲，由此导致了全球气候变暖这一人类有史以来最重大的"公地悲剧"。低碳经济发展模式的核心是通过制度框架和政策措施的制定和创新，形成明确、稳定和长期的引导和激励，推动低碳技术的开发和运用，并且调整社会经济的发展模式和发展理念，促进整个社会经济朝向高能效、低能耗和低碳排放的模式转型。低碳发展模式是在保障能源安全和应对气候变化方面保持高度统一，在保障经济发展与保护全球环境方面相互结合的战略性发展模式。发展低碳经济，实质是通过技术创新和制度安排来提高能源效率并逐步摆脱对化石燃料的依赖，最终实现以更少的能源消耗和温室气体排放支持社会经济可持续发展的目的。

由于存在自我净化机制，全球气候变暖不是只要排放温室气体就会产生，而是在特定的情况下才发生。破坏大气自我净化机制的排放量就是临界点，一旦人类向大气中排放的二氧化碳等气体的量超过此临界值，气候变暖就会发生。这种后果产生后，平均气温升高的全球气候就会成为强制各国消费的公共物品。因此，全球气候变暖问题是一个典型的全球公共物品问题，容易导致解决气候变暖所需资源的"供给不足"和治理成果的"免费搭车"，只有世界各国通力合作，才有可能从根本上减缓气候变暖。世界能源绝大多数来源于煤炭、石油、天然气等化石能源，它们是温室气体的主要来源。没有规模化的低碳能源取代它们，减排行动必然危及能源系统，而不采取行动又会损害气候。低碳经济战略为在节约能源、确保能源安全和增加就业的基础上实现社会经济的发展提供诸多益处，既是抉择，也是机遇。

循环经济是以减量化、再利用、资源化为原则，以提高资源利用效率为核心，促进资源利用由"资源—产品—废物"的线性模式向"资源—产品—废物—再生资源"的循环模式转变，以尽可能少的资源消耗和环境成本，实现经济社会可持续发展，使社会经济系统与自然生态系统相和谐。

我国资源相对不足，目前粗放型的增长方式又进一步加剧了资源不足的矛盾。循环经济要求把经济活动组织成一个"资源—产品—消费—再生资源"的反馈式流程，所有的物质和流量要能在这个不断进行的经济循环中得到合理和持久的利用。减量化、再利用、资源化原则中的每一个原则对循环经济的成功实施都是必不可少的。其中，减量化原则旨在减少进入生产端和消费端的物质量；再利用原则目的是延长产品和服务的周期；资源化原则目的是通过把废物再次变成资源以减少最终处理量。循环经济的基本特征是低消耗、高效率、资源化，集中表现在提高资源生产率和降低污染物最终处置量上，即单位资源消耗所创造的国内生产总值的大幅度提高和污染物最终处置率的大幅度降低。因此，大力发展循环经济是建设资源节约型社会和环境友好型社会的重要途径。

（二）循环发展与低碳发展的探索

循环经济和低碳经济都是新的发展模式。循环经济既要循环又要经济，其核心是资源的循环利用，要解决废物变资源的产业对接、技术应用、空间布局、市场效益；低碳经济既要低碳又要经济，其核心是强调经济活动中的碳排放逐步降低，缓解温室气体对气候变化的影响。循环经济发展要与产业园区建设、产业集群建设统一规划；低碳经济要与能源安全、节能减排统筹规划。低碳经济发展模式与循环经济发展模式既密切相关，又各有侧重。低碳经济发展模式强调经济活动中的碳排放逐步降低，循环经济发展模式强调经济活动中的资源循环利用和高效利用，两者都是我国建设资源节约型、环境友好型社会的重要内容，而且很大一部分工作乃至产业均是相互统一的。

对于低碳经济发展模式的探索，首先是能源的高效利用与结构低碳化。气候变化问题直接涉及与经济发展紧密联系的能源利用的结构与数量，减缓气候变化的关键在于实现未来能源的高效利用以及能源结构向低碳化发展。温室气体排放主要来源于能源活动，即人类大量燃烧化石能源产生的二氧化碳排放。因此，控制能源消费和构建低碳能源是关系全球气候变化问题的关键途径。低碳化的能源体系不仅可以显著削减碳排放，还具有增强能源安全、改善环境问题的多重效益。在中国化石能源探明储量中，煤炭占九成以上，这种能源资源结构决定了中国以煤为主的能源生产和消费格局将长期存在。2017年全年我国能源消费总量44.9亿吨标准煤，其中煤炭消费量占能源消费总量的60.4%，[①] 而煤炭在同期全球一次能源消费中的占比为28.1%。[②] 由于煤的碳密集程度比其他化石燃料要高得多，单位能源燃煤释放的二氧化碳是天然气的近两倍，以煤炭为主的能源结构

[①]《中华人民共和国2017年国民经济和社会发展统计公报》。
[②]《BP世界能源统计年鉴2017》，为2016年统计数据。

会产生较高的排放强度，中国已成为世界上最大的碳排放国。

其次是产业结构调整。面对我国工业化和城市化加速的现实，用高新技术改造钢铁、水泥等重化工业，优化产业结构，发展高新技术产业和现代服务业，显得十分重要。因此，在未来发展中，不仅要改造能耗高、物耗高、污染严重的"中国制造"，更需要"中国创造"，向利润曲线的两端延伸：向前端延伸，可以从产品的生态设计入手，形成具有自主知识产权的知识和产品；向后端延伸，开发形成自己的品牌和销售网络，不断提高我国产业和产品的核心竞争力。以信息化促进工业化，加快发展包括金融、保险、物流、旅游、教育、文化等在内的现代服务业。现代服务业是一个能耗低、污染小、就业机会多的低碳产业，有很大的发展空间。在重视传统工业发展的同时，加快现代服务业的发展，可以有效减轻我国的碳排放强度。

再次是利用国际技术合作的潜在优势。由于产业结构、消费结构处于高能耗阶段，加上节能技术水平较低，能源管理漏洞较多，使得我国的能耗强度和能源效率明显偏低，减排空间大。相对于发达国家，我国的减排成本比较低，在低碳技术方面还存在较大落差。同时，低碳技术国际合作的机会在增加。《联合国气候变化框架公约》规定发达国家有义务向发展中国家提供技术转让。在全球高度关注气候变化、发达国家承诺要向发展中国家大规模转让温室气体减排技术的背景下，我国作为能源消费和温室气体排放大国，国际技术合作潜在巨大。

最后是统筹低碳与发展。我国作为一个发展中国家，一方面，发展阶段和生活水平与发达国家存在巨大差距；另一方面，温室气体排放总量已居世界第一，人均排放量已达世界平均水平，而且正处在快速工业化、城市化进程之中，排放量增大，增长速度快。减缓气候变化可以配合其他范畴内的可持续发展，避免冲突。同样，经济的持续发展可以提高适应和减缓气候变化的能力。

循环经济发展模式与低碳经济发展模式相比，无论是在理论上还是在实践上，都是较早的。从实践发展看，循环经济是在全球资源日益紧张的情况下产生的，是更适应可持续发展要求的新的经济发展模式。在"十三五"期间，我国推动低碳循环发展的基本思路是：推进能源革命，改革能源体制，形成有效竞争的市场机制。加快能源技术创新，建设清洁低碳、安全高效的现代能源体系。推动化石能源清洁高效利用，提高非化石能源比重，加快发展可再生能源与核电。加强储能和智能电网建设，发展分布式能源。主动控制碳排放，加强高能耗行业能耗管控和重点行业碳排放。大力推动循环发展，减少单位产出物质消耗。推进交通运输低碳发展，实行公共交通优先，加强轨道交通建设，鼓励自行车等绿色出行。提高建筑节能标准，推广绿色建筑和建材。

三、全面节约和高效利用资源

全面节约和高效利用资源,是实现中国特色社会主义生态文明的重要途径。为了实现这样的目标,必须科学把握我国资源国情,加快转变思想观念和改革创新。

我国资源虽然总量大,但是人均少、质量不高,主要资源人均占有量与世界平均水平相比普遍偏低,重要能源资源对外依存度严重偏高,石油、铁、铜、铝等均超过50%,600多个城市中有400多个缺水。我国的基本国情、资源禀赋和发展的阶段性特征,决定了必须全面节约和高效利用资源,大力推动绿色发展。

全面节约和高效利用资源,要改变消费观念,倡导绿色消费与合理消费,摒弃奢侈浪费之风。在生产、流通、仓储、消费各环节推动节约与绿色发展,大力推动节能、节水、节地、节矿等,降低能耗、物耗,实现生产系统和生活系统循环链接。通过健全制度和机制,实施能、水、地、矿等资源总量和强度双控行动,完善市场调节、标准控制和考核监管,高效利用资源。建立健全用能权、用水权、碳排放权等初始分配与交易制度,建立和完善产权交易市场。

在节能方面,重点要推进能源消费革命。推进工业、建筑、交通运输、公共机构等领域节能,开发、推广节能技术和产品,开展能源评审和绩效评价。在节水方面,实行最严格的水资源管理制度,以水定产、以水定城,建设节水型社会。对水资源短缺地区实行更严格的产业准入。在节地方面,坚持最严格的节约用地制度,调整建设用地结构,降低工业用地比例,严控新增建设用地,探索实行耕地轮作休耕制度试点。在节矿方面,强化矿产资源规划管控,严格分区管理、总量控制和开采准入制度,提高矿产资源开采率、选矿回收率和综合利用率。完善优势矿产限产保值机制。建立矿产资源国家权益金制度,健全矿产资源税费制度。

四、加大环境治理力度

在总结实践经验的基础上,我国明确提出加大环境治理力度的要求,把改善生态环境作为实现"两个一百年"目标和民族复兴的重要任务,这是坚持创新、协调、绿色、开放、共享的发展理念,准确研判环境形势、顺应人民群众期盼的重大举措,意义重大、影响深远。

（一）加大环境治理力度的重要意义

加大环境治理力度是建设生态文明的必然选择。建设社会主义生态文明，环境质量是其中最重要的一个方面。我国环境质量差、生态受损严重、风险隐患高，环境承载能力已经达到或接近上限。生态环境已成为实现全面建成小康社会的短板和瓶颈制约。2016年，全国338个地级及以上城市中，有254个城市环境空气质量超标，占75.1%；6124个地下水水质监测点中，水质为较差级和极差级的监测点分别占45.4%和14.7%。[①] 为迅速改变这样的局面，我们必须以改善环境质量为核心，采取切实的措施，实现与全面建成小康社会相适应的环境质量目标。

加大环境治理力度是为人民提供更多优质生态产品的内在要求。随着经济社会快速发展，人民群众对清新空气、清澈水质、清洁环境等生态产品的需求越来越迫切。当前，雾霾天气、饮用水源不安全等环境问题凸显。必须加快解决突出环境问题，让人民群众切身感受到污染可以治理、环境能够改善、优质生态产品能够增加。

加大环境治理力度是推动绿色发展的重大任务。我国经济发展进入新常态，特别是在经济下行压力加大形势下，必须注重平衡和处理好发展与保护的关系，着力推进生产方式和生活方式绿色化。以环境保护优化发展方式、拓展发展空间、增强发展动力，坚持区域上守住生态红线、行业上守住排污总量、准入上守住环境门槛，既推动污染物排放降下来、环境质量好起来，又促进经济平稳发展、量增质更优。

（二）加大环境治理的目标和重点任务

加大环境治理，从当前和长远结合上，要实行最严格的环境保护制度，创新环境治理理念和方式，强化排污者主体责任，形成政府、企业、公众共治的环境治理体系。

实施污染防治行动计划。严格落实城市空气质量约束性指标，加大重点地区细颗粒物污染治理力度。推进水功能区分区管理，严格保护良好水体和饮用水水源，加强重点流域、海域综合治理。实施土壤污染分类分级防治，优先保护农用地土壤环境质量安全。

推进污染物达标排放和总量减排。完善污染物排放标准体系，改革主要污染

[①] 《2016年中国环境状况公报》。

物总量控制制度,扩大污染物总量控制范围,加强工业污染源监督性监测,实施重点行业清洁生产改造。

严密防控环境风险。实施环境风险全过程管理,加强危险废物污染防治,开展危险废物专项整治。

加强环境基础设施建设。加快垃圾处理设施、污水处理设施和管网的建设改造,推进无害化处理和资源化利用,实现生活污水、垃圾处理设施全覆盖和稳定达标运行。推进环境保护大数据建设。

改革环境治理基础制度。切实落实地方政府环境责任,加强环保督察巡视,建立领导干部环境质量评价考核以及环境保护责任离任审计机制。实行省以下环保机构监测监察执法垂直管理制度,探索建立跨地区环保机构,推行全流域、跨区域联防联控和城乡协同治理模式。建立健全排污权有偿使用和交易制度。

五、筑牢生态安全屏障

人类的生产、生活离不开生态环境,良好的生态环境包括很多因素,诸如水资源、动物多样性、空气质量、气候变化等。生态安全就是指健康的生态环境能够适合人类自身生存和发展的状况。随着人口的增长和社会经济的发展,人类活动对环境的压力不断增大,人地矛盾加剧。尽管世界各国在生态环境生态安全战略建设上已取得不小成就,但并未能从根本上扭转环境逆向演化的趋势;由环境退化和生态破坏及其所引发的环境灾害和生态灾难没有得到根本性减缓,全球变暖、海平面上升、臭氧层空洞的出现与迅速扩大、生物多样性的锐减等全球性的关系到人类本身安全的生态问题,一次次向人类敲响警钟。就我国而言,生态安全形势不容乐观,主要表现在土地退化、生态失调、植被破坏、生态多样性锐减并呈加速发展趋势等。

为了维护我国生态安全,党的十九大指出,以生态保护红线、永久基本农田、城镇开发边界三条控制线确保生态安全。要实施重要生态系统保护和修复重大工程,建立市场化和多元化的生态补偿机制,优化生态安全屏障体系,提升生态系统质量和稳定性。推进荒漠化、石漠化、水土流失综合治理和湿地保护恢复,完善天然林保护制度,扩大退耕还林还草。健全耕地草原森林河流湖泊休养生息制度,扩大轮作休耕试点。

六、健全生态文明制度体系

生态文明制度建设就是要建立系统完整的、具有约束力的、符合生态文明要求的目标体系、考核办法、奖惩机制等，这是全面深化改革总目标即"完善和发展中国特色社会主义制度，推进国家治理体系和治理能力现代化"的内在要求和题中应有之义。没有生态文明制度的科学制定、切实执行和健全完善，就不可能有生态文明建设实践的发展进步。建设生态文明，必须建立系统完整的生态文明制度体系，实行最严格的源头保护制度、损害赔偿制度、责任追究制度，完善环境治理和生态修复制度，用制度保护生态环境。这对于建设生态文明的现代化中国、步入中国特色社会主义生态文明新时代具有重要的理论和实践意义。

（一）建立生态文明的源头保护制度

生态文明建设，源头保护是关键。建立系统完整的生态文明制度体系，必须建立最严格的源头保护制度，即在全社会制定或形成一切有利于从源头上保护、保障自然生态系统的规定和规则体系。只有从源头上保护好自然生态系统，生态文明建设才能成为有源之水、有本之木。生态文明的源头保护制度的内涵有如下几方面。

首先，建立自然资源资产产权制度。自然资源资产产权制度是生态文明制度体系中的基础性制度。健全自然资源资产产权制度，是从法律上对自然生态空间的使用划定权力的边界，目的在于明确自然资源的"主人"，使其享有使用资源的应有权利，获得使用这些资源的利益，同时承担起保护资源的具体责任，保证权利、义务与责任的有机统一。我国《宪法》规定，自然资源产权分为全民所有和集体所有两种形式。当下一些领域出现的生态环境问题，如不计成本的资源滥用、无节制的资源开发、无监管的生态环境破坏等，暴露出自然资源资产产权归属不清晰、所有权人不作为等问题。为此，必须加快对水流、森林、山岭、草原、荒地、滩涂等自然生态空间的统一确权登记，建立完整的自然资源资产调查、评价和核算制度，形成归属清晰、权责明确、监管有效的自然资源资产产权制度。只有产权清晰，才能通过发挥市场在资源配置中的决定性作用实现自然资源的经济效益、生态效益和社会效益的最佳配置。

其次，建立自然资源用途管制制度。自然资源资产产权制度与自然资源用途管制制度既有联系又有区别，前者是关涉所有权意义上的权利的相关制度，后者是关于管理者意义上的权力的相关制度。自然资源用途管制，一般而言是对一定国土空间里的自然资源按照自然资源属性、使用用途和环境功能采取相应方式的监管。用途管理实质上就是功能管理。自然资源用途管制必须通过国土空间的功能区划和环境功能来划定和落实。长期以来，由于缺乏统一的用途管制，对土地、水资源、海洋资源、林业资源实行分类管理的体制存在顾此失彼的弊端，导致许多自然资源遭到破坏,在一定程度上阻碍了经济社会的持续健康发展。为此,应对各类自然资源按照科学的方法和规律进行用途划分,进行统一的用途管制和系统修复。

再次,建立生态保护红线制度。生态保护红线,是指在提升生态功能、改善环境质量、促进资源高效利用等方面必须严格保护的最小空间范围与最高或最低数量限值。这是在坚持生态底线思维下制定的最基本的生态保护要求,是维护生态环境质量必须坚持的防护底线,对于维护国家和区域生态安全及经济社会可持续发展、保障人民群众健康具有关键作用。划定生态保护红线制度,严格按照主体功能区合理推动发展,就能够保证生态环境休养生息,体现了节约优先、保护优先、自然恢复为主的基本方针,强调在利用自然资源和改善生态环境时,应把保护放在首位,从源头上扭转生态恶化趋势。

(二) 建立生态文明的损害赔偿制度

首先,建立资源有偿使用制度。资源有偿使用制度是指国家采取强制手段使开发利用自然资源的单位和个人支付相应费用的一整套管理措施。自然资源属于国家或集体所有,在使用过程中应当付费。资源性产品价格,一方面是市场供求和资源稀缺程度所反映的产品的市场价格;另一方面是资源性产品对生态系统的影响所体现的生态价值。现阶段,我国资源性产品的价格总体偏低,所付费用主要是前者的价格,难以体现生态价值以及资源稀缺状况和开发过程中对生态的损害,这势必导致自然资源的严重浪费。为此,应加快健全和实行资源有偿使用制度,实现资源利用效率的最大化。

其次,建立生态补偿制度。生态补偿制度是综合运用多种手段建设生态文明的重要路径,是指对损害生态环境的行为或产品进行收费,对保护生态环境的行为或产品进行补偿或奖励,对因生态环境破坏和环境保护而受到损害的人群予以补偿,以激励市场主体自觉保护环境,促进环境与经济协调发展。建立生态补偿制度,一方面,要着力健全和完善生态补偿标准、补偿程序以及监督管理机制;另一方面,要开展基本情况广泛调查,分析明确生态保护的权利义务关系,科学评估维护生态系统功能的成本,确保权利、义务与责任的相统一,做到补偿分明。

(三) 建立生态文明的责任追究制度

首先,建立并严格实行责任人赔偿制。一段时期以来,一些地区在发展经济的过程中过分强调自然资源的经济价值而忽视其生态价值,导致在国土空间开发和经济发展活动中出现大量损害、牺牲生态环境的行为。然而，这一行为的主要责任人并没有被问责，也没有被追加相应的损害赔偿。这显然有悖于国家相关法律的规定和生态环境保护原则。为此，必须严格实行赔偿制度。要建立政治素质好、业务能力强的生态环境损害评估机构，及时准确地评估生态环境损害状况；要制定科学合理的损害赔偿规章，规定生态环境损害赔偿的范围、赔偿的原则、赔偿的标准、赔偿的数额以及赔偿的程序等，为生态环境损害赔偿提供基本遵循；正确认定生态环境损害责任人，依法依规督促其赔偿。

其次，落实领导干部追究制。领导干部的终身责任追究制是实行严格的责任追究制度的重要内容。事实表明，我国的生态环境问题与领导干部不科学的政绩观有一定的关联，部分党政领导干部淡化甚至丧失保护自然资源的责任意识，为实现经济增长牺牲生态环境，过度开发和无端浪费自然资源，当离任或退职时未得到应有的责任追究，留下潜在的生态环境损害和不可逆转的系统性破坏，影响当地经济社会的可持续发展。因此，应加强领导干部正确政绩观教育，将生态环境保护与干部任期考核、选拔任用相结合，建立生态环境损害责任领导干部终身追究制。

（四）建立生态文明的环境治理与生态修复制度

首先，建立生态环境治理制度。改革开放以来的快速发展，使我国的经济总量跃居世界第二位。但与此同时，环境污染尤其是水污染、大气污染、土壤污染带来的生态压力日益加大，人民群众对保护生态、治理污染的呼声日益强烈。因此，应采取多重举措，加大生态环境治理力度。一是落实责任，确保投入。二是加大宣传，营造氛围。开展生态环境治理，须广泛动员全体社会成员共同参与、形成合力。三是强化检查，严格考核。

其次，建立生态修复制度。生态修复可以理解为通过一定的生物、生态及工程的技术与方法，在自然生态系统自身和适当的人为作用下，将被损害的生态系统恢复到或达到接近受干扰前功能的一个过程。比如被砍伐的森林要通过植树、退耕还林，使生态系统得到相应恢复，这被称为"生态修复"。现阶段，我国生态修复的基本思路是，根据地带性规律、生态演替及生态位原理，选择适宜的先锋植物，构造种群和生态系统，实行土壤、植被与生物同步分级恢复，使生态系统逐步恢复到一定的功能水平。然而，对伴随经济高速发展而不断恶化的生态环境，仅仅从技术上进行生态修复或采取补救措施还远远不够，必须配套建立切实有效的生态修复制度予以保障。一是强化生态修复所需的生物、生态以及工程技术和方法的科学研究，创造出适合我国现阶段国情和当前生态环境现状的技术和方法，为生态环境修复提供科学技术支撑。二是加快制定生态修复法规、生态修复条例等，逐渐形成完整的生态修复法律体系，促使生态修复有章可循、有法可依，提高生态修复的持续性和实效性。三是加强对开发建设项目的监管和审批，即建立专门的部门，形成统一高效的决策管理体制。

【思考题】

1. 马克思主义经典作家对人与自然的关系有哪些重要论述？
2. 新时代中国特色社会主义生态文明建设的总体要求是什么？
3. 为什么说"我们既要绿水青山，也要金山银山。宁要绿水青山，不要金山银山，而且绿水青山就是金山银山"？
4. 怎样理解绿色发展理念？
5. 简述如何推进我国生态文明制度体系的建设和完善。

第十七章

共享发展与改善民生

社会主义生产的根本目的是不断满足人民日益增长的美好生活需要。而要实现社会主义生产的根本目的,就要坚持以人民为中心的发展思想,贯彻共享发展理念,着力改善民生,让人民群众共享发展成果。这体现着改革发展的根本宗旨,也反映着社会主义逐步实现共同富裕的本质要求。

第一节 发展成果人民共享

一、共享发展的内涵和根本要求

经过长期探索和经验总结,党的十八届五中全会提出了新发展理念,共享发展理念是其中重要的发展理念之一。共享发展理念的内涵和根本要求包括四个相互联系的方面。

一是共享是全民共享。共享发展是人人享有、各得其所,不是少数人共享、一部分人共享。这既与共产主义奋斗目标相吻合,也是社会主义的本质所要求。新中国成立初期,毛泽东就指出:"现在我们实行这么一种制度,这么一种计划,是可以一年一年走向更富更强的,一年一年可以看到更富更强些。而这个富,是共同的富,这个强,是共同的强,大家都有份。"① 改革开放以后,邓小平多次强调共同富裕。江泽民指出,实现共同富裕是社会主义的根本原则和本质特征,绝不能动摇。胡锦涛提出,使全体人民共享改革发展的成果,使全体人民朝着共

---

① 《毛泽东文集》第6卷,人民出版社1999年版,第495~496页。

同富裕的方向稳步前进。习近平进一步指出，如果贫困地区长期贫困，面貌长期得不到改变，群众生活长期得不到明显提高，那就没有体现我国社会主义制度的优越性，那也不是社会主义。

二是共享是全面共享。共享发展就要共享国家经济、政治、文化、社会、生态各方面建设成果，全面保障人民在各方面的合法权益。既包括经济发展成果，实现城乡居民收入不断提高，城乡居民生活水平不断改善，也包括政治发展成果，文化发展成果，社会发展成果和生态文明发展成果。

三是共享是共建共享。共建才能共享，共建的过程也是共享的过程。没有发展就没有共享的物质基础。生产是消费的前提，价值创造是价值分配的前提。要充分发扬民主，广泛汇聚民智，最大激发民力，形成人人参与、人人尽力、人人都有成就感的生动局面。

四是共享是渐进共享。共享发展必将有一个从低级到高级、从不均衡到均衡的过程，即使达到很高的水平也会有差别。我们要立足国情、立足经济社会发展水平来思考设计共享政策，既不裹足不前，也不好高骛远、寅吃卯粮、口惠而实不至。

二、共享发展是社会主义本质的体现

共享发展理念是社会主义本质的体现。要坚持人民主体地位，顺应人民群众对美好生活的向往，不断实现好、维护好、发展好最广大人民根本利益，做到发展为了人民、发展依靠人民、发展成果由人民共享。要始终把人民利益摆在至高无上的地位，让改革发展成果更多更公平惠及全体人民，朝着实现全体人民共同富裕不断迈进。要通过深化改革、创新驱动，提高经济发展质量和效益，生产出更多更好的物质精神产品，不断满足人民日益增长的物质文化需要。要全面调动人的积极性、主动性、创造性，为各行业各方面的劳动者、企业家、创新人才、各级干部创造发挥作用的舞台和环境。要坚持社会主义基本经济制度和分配制度，调整收入分配格局，完善以税收、社会保障、转移支付等为主要手段的再分配调节机制，维护社会公平正义，解决好收入差距问题，使发展成果更多更公平惠及全体人民。

践行以人民为中心的发展思想，体现了人民是推动发展的根本力量的唯物史观。共享理念的实质就是坚持以人民为中心的发展思想，体现的是逐步实现共同富裕的要求。共同富裕是自古以来我国人民的一个基本理想，也是科学社会主义的基本原则。按照马克思、恩格斯的构想，共产主义社会将彻底消除阶级之间、城乡之间、脑力劳动和体力劳动之间的对立和差别，实行各尽所能、按需分配，真正实现社会共享、实现每个人自由而全面的发展。

三、践行共享发展切实改善民生

落实共享发展理念，措施有很多，归结起来就是共建和共享。

共建是充分发挥人民群众的积极性、主动性、创造性，举全民之力推进中国特色社会主义事业，不断把"蛋糕"做大。要引导更多的劳动者参与到劳动力市场上，参与经济建设。要鼓励创新创业，吸引更多的力量，实现充分竞争，发挥全社会的积极性，提高经济发展的质量。共享是把不断做大的"蛋糕"分好，让社会主义制度的优越性得到更充分的体现，让人民群众有更多获得感。要扩大中等收入阶层，逐步形成"橄榄型"分配格局，特别要加大对困难群众的帮扶力度，坚决打赢农村贫困人口脱贫攻坚战。共建和共享就是要最大程度激发各方力量，形成人人参与、人人尽力、人人都有成就感的局面。

经济发展是前提，是改善民生的物质基础，改善民生必须建立在稳固的经济基础和现实的国家财力之上。这也意味着保障和改善民生必须从客观条件出发，尽力而为又量力而行。而改善民生也有利于经济的长远发展。在经济发展的基础上持续不断地改善民生，既能有效解除人民大众的后顾之忧，又能增强人们的消费能力、释放人们的消费潜力进而拉动内需，形成新的经济增长点，从而在根本上促进经济发展。经济发展需要人人参与，其最终目的是提高全体人民的福祉、改善民生。如果经济发展不能回应人民期待，不能让群众得到实际利益，就会失去意义。要通过各种制度安排保障人民群众参与发展过程，分享发展成果，促进社会公平正义。

贯彻共享理念要落实到保障和改善民生上。要抓住人民最关心最直接最现实的利益问题，既尽力而为，又量力而行，一件事情接着一件事情办，一年接着一年干。坚持人人尽责、人人享有，坚守底线、突出重点、完善制度、引导预期，完善公共服务体系，保障群众基本生活，不断满足人民日益增长的美好生活需要，不断促进社会公平正义，形成有效的社会治理、良好的社会秩序，使人民获得感、幸福感、安全感更加充实、更有保障、更可持续。

践行共享发展理念，切实改善民生，是一个系统工程。包括优先发展教育事业，提高就业质量和人民收入水平，加强社会保障体系建设，坚决打赢脱贫攻坚战，实施健康中国战略，打造共建共治共享的社会治理格局，有效维护国家安全等都是要着力搞好的工作。

第二节 优先发展教育

一、经济发展、贫困与教育

教育是民族振兴和社会进步的基石。改善民生包含很多方面的内容,发展教育是其中的重要一环。

教育不仅可以通过全民族素质的提高,促进科技进步、经济发展、综合国力的增强,从而为实现共享发展改善民生提供战略支持,而且可以为彻底解决贫困问题实现全民共享奠定坚实基础。中国作为一个发展中国家,由于历史等因素,不可避免地存在贫困问题。尤其是在一些偏远农村地区,贫困已经成为制约城乡均衡发展的重要因素。国内外众多学者从注重物质资本投入、注重人力资本投入、科技脱贫、支柱产业选择、财政支持等多方面讨论了反贫困问题。在现代知识社会、信息社会,通过发展教育来反贫困则是改善经济状况的根本性因素。

我国贫困地区面临的一个重大问题即为教育与经济的相互作用、相互制约问题。经济贫困造成教育经费的缺乏、教育理念的落后和教育质量的低下;教育贫困反过来阻碍了科技创新、产业结构升级和经济增长方式转变,限制了其他反贫困促发展措施的效果,使得一个地区更容易陷入"贫困恶性循环陷阱"。有学者曾结合国际经验及我国现实,构建了一系列教育发展指数,对我国 31 个省区市的教育发展机会、教育投入水平、教育公平水平进行统计测算,其研究结果表明教育发展指数在经济发展水平较高的省份也较高。[①] 因此,认识到优先发展教育的重要性有利于我国经济的均衡发展,对于扶助贫困地区脱贫、建立公平的社会制度及统一的劳动力市场有极为重要的价值。

目前我国经济落后地区的教育发展存在多重问题。第一,公民平均受教育年限偏低。第二,存在较大教育经费缺额。第三,师资力量不足。从长期看,实现共享发展要大力发展教育。特别是反贫困更需要通过教育提升经济落后地区人力资本,这一目标需要通过以下几个方面的改进进行。第一,加大经济落后地区教育的财政投入程度。尤其是义务教育,作为一种公共产品,政府应当保证每一位

---

① 王善迈、袁连生、田志磊、张雪:《我国各省份教育发展水平比较分析》,载于《教育研究》2013 年第 6 期。

适龄儿童享受到入学的权利。此外，政府还应重视教育资金在区域、城乡间的分配问题，确保甚至优先农村教育资源的落实情况。第二，积极引导其他社会资金流入教育事业。目前我国农村教育经费主要以县级财政支出为主，一旦基层政府财政收入受到冲击，农村教育就会进一步受到限制。要拓宽教育经费来源、积极引进民间和社会资本投资兴办教育。第三，加强对农村劳动力的技能培训。对于贫困农村地区的劳动力而言，针对其劳动方式与劳动特点进行技能培训，有利于促进农业产业化、农业现代化及农业增长方式的转变，是解决"三农"问题的长久之计。

二、教育公平

教育公平的观念源远流长。从我国的孔子到古希腊的柏拉图和亚里士多德，都曾提出过类似的思想。联合国在1948年的《世界人权宣言》中明确提出人人都有受教育的权利，基础教育应是免费和义务的，高等教育也应根据个人品质向所有人开放，这对在全世界范围内推动教育公平的发展具有重要意义。

教育公平是社会公平的重要基础，对经济、政治等其他领域的公平问题具有潜在的巨大影响。一方面，教育公平能够提升人力资本的平均水平，教育不平等的缩小有利于贫困人群进行初等人力资本积累，推动我国经济建设；另一方面，教育公平能够保障公民在教育乃至其他领域更公平地享有资源，是实现再分配的重要途径，对促进合理的收入流动具有显著作用，有利于构建和谐社会。

教育公平具有三个层次：一是每个公民都有平等享有接受教育的权利和义务；二是为每个公民提供相对平等的受教育的机会和条件；三是教育结果的相对均等。同时，教育公平的要求与内涵也在随着时代的发展不断发生变化。在义务教育尚未普及之时，教育公平重在保障每个公民拥有接受教育的机会；在义务教育得到普及之后，教育公平重在保障所有公民的基本受教育质量；在社会发展到一定程度时，教育公平重在为更多人提供优质教育。

实现教育公平，就我国现状来看，应当着力做好以下两个方面工作。首先，通过国家立法使每一位公民平等享有接受义务教育的权利。义务教育的公平意味着平等的教育机会及合理分配教育资源。我国目前已经基本普及了九年义务教育，义务教育事业取得了巨大成就。但是由东西部经济发展不平衡的状况所决定，我国区域之间、城乡之间义务教育事业的差距突出。我国虽然已对农村贫困家庭中小学生实行"两免一补"政策，并在2008年实现了城乡义务教育全部免费，但加强中西部、广大农村欠发达地区的教育支持力度，完善这类地区的教育制度安排，仍然是不可息慢的要求。要坚持教育的公益性和普惠性，普及高中阶段教育、发展学前教育、鼓励普惠性幼儿园发展、办好特殊教育。随着人民生活水平的提高，人民对优质教育资源的需求急剧增长，与优质教育资源的不足和分配不均形成了日益严重的矛盾，对此宜通过建立健全经费保障制度、实行更贴近实情的改革计划、制定合理的分阶段目标逐步解决这一矛盾。其次，注重消除教育的区域差别及城乡差别，逐步实现教育公平。由于地域、自然、经济等历史因素及后期户籍制度的影响，我国教育不公平具有明显的区域差别和城乡差别。针对这些差别，应当进行教育资源分配改革，以均衡发展为目标扩大中西部地区及广大贫困农村地区的资源分配占比，通过一定的政策倾斜实现教育资源的转移，力求实现教育在空间上的公平性，以带动经济的均衡发展。

三、调整和优化教育结构

调整教育结构，要着力处理好基础教育、高等教育和职业教育各自的发展以及它们之间的关系。我国的基础教育包括幼儿教育、小学教育及普通中等教育。良好的教育基础是社会成员后期深造学习的先决条件，因而基础教育是整个教育体系的关键部分。目前，基础教育的"量"不再是限制我国教育事业的首要问题，而基础教育的"质"则显得愈发重要。《中华人民共和国教育法》规定："义务教育必须努力提高教育质量，使儿童、少年在品德、智力、体质等方面全面发展，为提高全民族的素质，培养有理想、有文化、有纪律的社会主义建设人才。"随着社会的进步，强调基础教育应当由"应试教育"向"素质教育"转变的呼声越来越高，不再单纯以为高等教育服务来衡量基础教育的质量成为被更多人接受的观念。

目前，随着社会整体文化程度的提高及生产力的快速发展，高等教育已经成为教育体系中极为重要的一环。我国的高等教育包括普通高等教育、高等职业教育、高等教育自学考试、电大开放教育、成人高等教育及远程网络教育等多种形式，高等教育的发展为社会主义现代化建设培养了大规模的专业化人才，对经济建设、科技进步及社会发展起到了不可忽视的作用。但在高校教育快速发展的同时，一些问题不容忽视，例如如何稳步提高教育质量、如何解决大学生就业难等问题。教育投入是消费，也是投资。为实现教育公平，使民众从教育中获益更多，进一步提高国民素质，现阶段政府的教育政策应更重视高中教育的全面普及，而不应过分盲目扩张高等教育的规模。①

职业教育是指让受教育者获得某种职业或生产劳动所必需的知识与技能的教

---

① 简必希、宁光杰：《教育异质性回报的对比研究》，载于《经济研究》2013年第2期。

育。职业教育对国家工业化具有提供专业技能人才，尤其是高级应用型技术人才的基础性作用。目前我国越来越注重"精英化"的高等教育，教学多以理论学科教育为主，仅仅依靠传统的基础教育与高等教育很难为社会提供大量具有专业劳动技能的人才。这是近年技术工人短缺问题出现的主要原因。职业教育中，高等职业教育作为一种将高等教育与职业教育结合在一起的教育模式，符合我国社会发展中对人才的实际需求。21世纪以来我国高等职业教育已经取得了一定发展，但还是落后于国际先进水平，同时在我国自身的教育体系中也是薄弱的一环。所以，要大力发展职业教育，建立现代职业教育体系，开展企业职业技能培训，提高技术工人待遇，解决技术工人短缺现状。

第三节 提高就业质量和人民收入水平

一、就业是民生之本

就业是民生之本，关系到每个人的切实利益和国家经济的长远发展。只有实现就业，劳动者才能获得劳动收入，提高个人和家庭的生活水平和质量。劳动力是经济增长的重要要素，而高技能的劳动力更是经济长期稳定发展的重要推动力。只有实现全社会劳动者的充分就业，才能保证劳动力资源的最优配置，保证经济的可持续发展。

共享发展首先要使更多的劳动者参与到劳动力市场上，参与经济建设，实现充分就业，通过就业使每个劳动者都能获得改革开放和经济发展的红利。为实现充分就业就要贯彻劳动者自主就业、市场调节就业、政府促进就业和鼓励创业的方针，实施就业优先战略和更加积极的就业政策。引导劳动者转变就业观念，鼓励多渠道多形式就业，促进创业带动就业。

二、加强劳动力市场建设

发达完善的劳动力市场，有利于劳动者充分就业，并因此而获得更高收入，在参与经济建设的过程中分享经济发展的成果。

当前我国劳动力市场存在的主要问题是城乡统一的劳动力市场不够完善，从而影响农村剩余劳动力在城市实现就业转移。自20世纪80年代以来，随着国家对劳动力跨区域流动的限制逐渐放开，大量农村剩余劳动力开始逐步向城镇转移，并推动了中国经济的快速增长，形成了数量庞大的农民工群体。根据国家统计局发布的《2015年农民工监测调查报告》，2015年全国农民工总量达到了2.77亿人，其中外出农民工1.69亿人。① 然而，就其就业信息的渠道来看，多数外出务工人员还是以自发外出或者由亲友介绍为主，真正通过劳动力市场就业的农民工不多。这表明，虽然阻碍劳动力自由流动的限制已逐步消除，但是劳动力市场作为配置资源的有效渠道还没有充分发挥作用。

我国劳动力市场的发展与城乡二元体制紧密相连。应该看到，当前劳动力市场发育程度已经大大提高，户籍制度改革正在全国各地推进。截至2016年5月，全国共有29个省区市出台了户籍改革方案，其中上海、重庆、四川等地根据2014年国务院印发的《关于进一步推进户籍制度改革的意见》的要求，取消了农业和非农业户口，建立了城乡统一的户口登记制度，限制劳动力流动的制度性障碍目前已经基本清除。然而造成劳动力市场扭曲的传统体制还没有根本改变，城乡社会保险还没有做到统一衔接，针对外来劳动力的歧视性政策依然存在。规范的农民工就业市场和全国统一的劳动力信息网络还没有建立起来，城镇登记失业率不包括农民工群体的失业。行业素质准入（就业资格证或上岗证书等）把一部分劳动力排除在某些就业市场之外，农民工自身素质较低和缺乏技能是其就业的主要障碍。这些均对农民工群体的就业造成了阻碍，影响到他们的就业质量。农民工就业不稳定，收入较低，合法权益还无法得到全方位的保障等问题还存在。

鉴于此，进一步深化就业体制的改革和创新，构建城乡统一、内外开放、平等竞争、规范有序的就业市场，就显得十分重要。

第一，统一城乡就业市场，使城乡居民享有平等的就业机会和自由择业的权利。政府应提供统一的就业管理和就业服务，将农民工的管理纳入城市政府的管理体系，清除对农民工就业的歧视和限制，使其在城市获得市民待遇，并在自愿的基础上逐步实现市民化。

第二，健全有关法律法规，进一步规范对劳动力市场的管理。要逐步规范进城务工人员的劳动合同管理，制度上约束用人单位与务工人员签订就业协议，保障农民工的合法权益不受侵犯。强化劳动监察，维护劳动力市场秩序，加强劳动力市场安全防范，做好劳动力市场的管理和服务。落实农民工的基础管理，建立面向农民就业的信息网络体系，实行农民工就业登记制度、失业和社会保障登记

---

① 国家统计局：《2015年农民工监测调查报告》，http://www.stats.gov.cn/tjsj/zxfb/201604/t20160428_1349713.html。

制度、劳动合同档案管理制度等,将农民工的管理纳入信息网络。规范农民工中介行为和中介市场,依法取缔非法职业介绍组织,清理整顿违规经营的职业介绍机构,遏制职业介绍领域的非法犯罪活动。

第三,提高基础教育和职业技能教育水平,提升低技能劳动者的就业能力。技能水平是劳动力就业的重要影响因素,可以解释低技能劳动者的低收入状况。教育资源的公平配置可以有效缓解农村地区教育水平落后的面貌,提高农村学生的人力资本水平,使其在未来的就业市场中有一定的竞争力。政府还应当加大公共财政支持农民工技能培训的力度,建立和发展农民工技能培训体系,增强农民工的综合素质和就业能力。

第四,建立农民工社会保障制度。与城市就业人员相比,农民工在失业、工伤、医疗、养老、住房等社会保障方面还存在诸多不平等,全面推进农民工的社会保障工作有利于我国劳动力市场的稳定发展。

第五,放松管制,降低行业和所有制进入壁垒,鼓励劳动力自由流动。劳动力在不同行业、不同所有制部门的自由流动,有利于保证就业的公平竞争,缩小不同行业和所有制部门间的收入差距,实现共享发展。改革开放以来,越来越多的劳动力在私营部门就业。要放松管制,降低行业进入壁垒,鼓励个体私营经济发展,允许劳动者进入更多的行业。要加大创业扶持政策力度,通过创业带动更多的就业,实现共同富裕。

健全的劳动力市场会吸引更多的劳动年龄人口参与到劳动力市场中去,提高劳动参与率。我国劳动参与率在国际比较中处于较高的位置,但近年有所下降。另外,出生率下降导致劳动年龄人口减少、人口老龄化,这也影响到劳动力数量。根据国家统计局发布的数据,2014年中国劳动年龄人口连续第三年下降,在劳动年龄人口中,35~64岁人口所占比重在上升,15~35岁青壮年人口占比在下降,这意味着推动技术创新的劳动力占比在缩小。

国际上对"人口红利"是否存在的判断一般是依据15~64岁人口在总人口中的占比是否超过了70%。虽然从2012年起我国劳动年龄人口总量开始减少,但15~64岁年龄段人口占比仍然在70%以上。这意味着中国仍将经历一段人口红利维持期。总之,在推行全面放开二孩生育、推迟退休年龄等政策的同时,还要通过制度完善加强劳动力流动,以减缓劳动力短缺的压力。让更多的劳动力参与到发展过程中,分享经济发展的成果。

三、推进经济增长与技术进步

经济增长与就业问题紧密相连,而推动经济增长的一个重要因素是技术进步,三者之间相互联系、互相促进。

就业水平是经济增长的一个条件,历史的经验表明,经济发展水平的迅速提升离不开全社会就业量的增长,但是它的影响不是独立的,往往与增长的其他条件一起发挥作用。具体到我国,我国的经济增长一方面要实现人均收入的大幅度提升;另一方面要缩小地区之间差距,全面建成小康社会,这就要求中西部欠发达地区要以更快的速度实现经济增长。更快的增长速度要求创造条件以改变经济的初始稳态水平,技术进步和充分就业是决定经济稳态的重要因素。过去30多年的高速经济增长离不开投资拉动、技术进步和人口红利。当前中国经济处于新常态,在某些领域产能严重过剩的情况下,投资不可能持续增长,而推动技术进步的因素需要一定的条件限制,人口就业因素越来越不具有优势,中国经济的增长有向较低的稳态拉回的风险,向发达国家赶超或趋同的步伐有放慢的趋势。技术进步和产业结构升级对经济增长和就业起着重要的作用,在未来经济处于中高速增长的环境下技术的提升就显得格外重要。

国家统计局的数据显示,1995~2015年全国就业人口从6.8亿增加到7.7亿,20年间共增加了9000万。同时农业就业人口逐年下降,由1995年的4.9亿下降到2014年的3.8亿,城镇就业人口逐年上升,从1995年的1.9亿增加到2014年的3.9亿,城镇登记失业率稳定在4%左右。

农村剩余劳动力向城市的持续转移,要求通过经济增长不但要解决城镇劳动力存量的就业,还需要消化和吸收农村转移来的劳动力,这就要求经济增长扩大就业水平的能力不断提高。衡量就业与经济增长之间数量关系的指标是就业弹性,我国城镇就业弹性从20世纪90年代初以来总体上呈现上升趋势,2000年达到0.31,进入21世纪之后又有所降低,到2002年达到0.19。也就是说城镇经济每增长1个百分点,就业仅增长0.19个百分点。[①] 所以,要提高经济增长的就业弹性,让更多的劳动者参与到经济建设中,分享经济增长的成果。

经济增长往往伴随着产业结构的演进,技术进步是推动产业结构升级和经济增长的核心动力。已有的理论证实,随着经济的不断增长、产业结构的升级,劳动力将发生从第一产业向第二、第三产业转移的趋势。中国农村剩余劳动力向城市第二、第三产业转移正是中国实现工业化、现代化和城镇化的主导力量。如图17-1和图17-2所示,第一产业在国民经济中的比重逐年降低,由1995年的19.66%下降到2015年的9%,第一产业在就业中的比重由1995年的52.2%

---

① 蔡昉、都阳、高群书:《就业弹性、自然失业和宏观经济政策》,载于《经济研究》2004年第9期。

下降到 2014 年的 29.5%，当前第一产业吸纳就业人数比第三产业低大约 10 个百分点，比第二产业也略低。第二产业增加值在国民经济中的比重在 2011 年之前基本稳定，变化幅度很小，自 2011 年之后开始缓慢降低，已由 2011 年的 46.14% 下降到 2015 年的 40%。第二产业的就业比重缓慢上升，由 1995 年的 23% 上升到 2014 年的 30%。第三产业增加值的比重以及就业比重上升较快，第三产业增加值由 1995 年的 33.66% 上升到 2015 年的 50.5%，就业比重则由 1995 年的 24.8% 上升到 2014 年的 40.6%。①

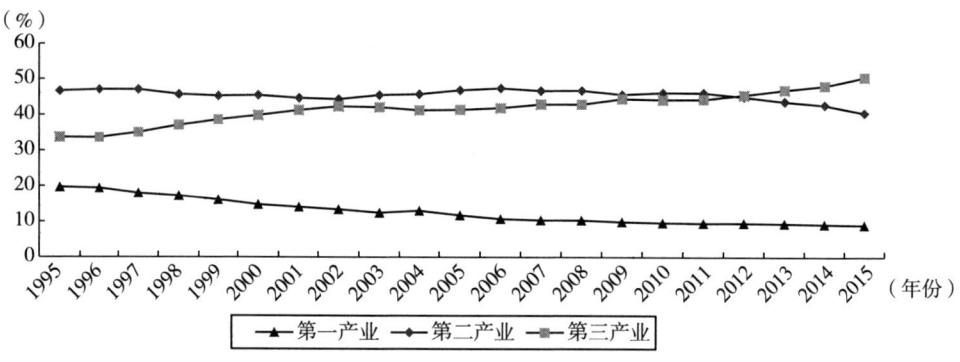

图 17-1　中国 1995~2015 年三次产业产值比重

资料来源：根据中经网数据库数据绘制。

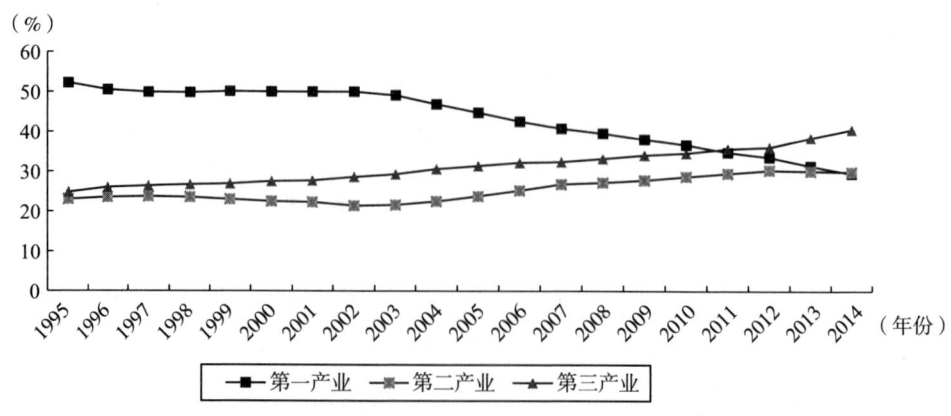

图 17-2　中国 1995~2014 年三次产业就业比重

资料来源：根据中经网数据库数据绘制。

---

① 中经网统计数据库，http://db.cei.gov.cn。

目前我国三次产业产值与就业结构均已达到"三、二、一"的次序，但产值结构和就业结构还有一定的偏离，主要表现在第一产业产值只占国民收入的9%，但吸纳的就业人口比重达到了29.5%，劳动力由农业向第二、第三产业的转移还会继续进行。随着技术更新和经济的结构性调整，中国的产业结构还将继续发生变化，第三产业的比值还会继续提高，第一产业的就业比重会不断降低。如果把增加值结构中第一产业产值作为中国工业化进程的标志，把就业结构中第一产业就业的比重作为中国城市化进程的标志，则当前的工业化进程快于城市化进程。① 城市化与工业化的差距要不断缩小，农业增加值的下降要伴随着农业就业比率的相应降低，以使更多的农业劳动力通过转入非农产业就业来分享发展的成果。

产业结构的演进与技术进步密不可分，在这个演变过程中技术进步的发生带动了就业总量和就业结构的变化。技术进步对就业有双重影响。一方面技术进步有助于劳动生产率和资本有机构成的提高，从而减少企业对劳动力的需求，形成资本对劳动的替代作用。同时技术进步促进了新的生产领域和新的服务产业的出现，创造了新的就业机会，这是技术进步对就业的补偿作用。有学者的研究表明，我国第二、第三产业的技术革新并没有对总体就业产生促进作用，在服务业甚至产生了负面影响。② 所以，一方面我们应关注过快用资本替代劳动的现象，充分估计技术进步对就业的负面影响；另一方面，这并不意味着技术进步排斥就业，如果技术进步放缓或者停滞，将会导致经济增长速度的进一步降低，从而出现大量的失业问题。

当前政府应当继续加大科研经费投入力度，促进科技成果转化，有效衔接高校等科研机构与企业的合作，通过技术进步提升企业效益，为吸纳更多的就业提供产业支撑，同时通过在新兴产业的技术革新扩大其吸纳就业的能力。现阶段政府应正确把握经济增长、技术进步和就业之间的关系，要保持一定的经济增长速度，也要避免技术对就业产生较大的负面影响，加强产业结构调整和劳动力的产业转移，在促进新兴服务业发展的同时，适度发展就业吸纳能力强的传统服务业，充分挖掘服务业对就业的吸纳能力。加大对人力资本的投入力度，消除制度性就业壁垒，推进经济体制转变和就业制度创新，提高就业匹配率，尽可能发挥技术进步对就业的补偿作用，实现经济增长、技术进步和就业促进的共同实现，

---

① 刘伟、蔡志洲、郭以馨：《新阶段中国经济增长与就业的关系研究》，载于《经济科学》2015年第4期。

② 朱轶、熊思敏：《技术进步、产业结构变动对我国就业效应的经验研究》，载于《数量经济技术经济研究》2009年第5期。

让劳动者分享技术进步和经济增长的成果,实现共享发展。

四、着力解决结构性失业难题

结构性失业是劳动力需求和供给不匹配造成的失业,在劳动力市场的突出表现是"用工荒"和"就业难"并存:一方面用人单位找不到急需的人才,另一方面某些行业或某些工种因为种种原因有大量失业人员短时间内无法再就业。结构性失业不但造成了人力资源的浪费,而且阻碍了经济结构的调整和国际竞争力的提升,也不利于失业的劳动者分享经济发展的成果。

在经济发展新常态下,如何应对经济结构的调整引起的结构性失业,是需要密切关注并切实加以解决的课题。产业结构的高级化将带来高端、高质量就业岗位的增加,但同时也要付出一定代价。随着一部分企业转产甚至关停破产、退出市场,一部分劳动力将面临失业或再就业。要从我国实际出发,在产业结构优化升级过程中,开辟更多就业渠道,增加就业。

大学毕业生就业难和技术工人短缺是当前结构性失业的集中体现。当前大学生就业形势较为严峻,毕业即失业的现象屡见不鲜。但是大学毕业生供给量并不是绝对过剩的,大学生就业难是相对的,具有结构性和地域性的特点。以"北上广"为代表的东部城市高校密集,也是大学毕业生就业的首选地,大量大学毕业生的流入造成了部分城市的"知识失业"现象,而与此同时广大中西部和农村地区大学生极为缺乏,高素质劳动力向这些地区流动的动力不足,形成了人力资源配置的不平衡。劳动力市场分割及大学毕业生供给和需求的结构性不匹配有助于解释上述现象。有些大学毕业生对工作的期望过高,将目光局限于局部分割市场,延长搜寻时间,过度搜寻以期望得到更好的待遇和成长空间,其职位的频繁转换造成了就业率偏低。除了大学生自身观念的原因,高等教育体系与劳动力市场之间的脱节也是大学生就业难的原因之一。当前高等教育理念的更新还无法跟上现代化的步伐,课程设置缺乏灵活性,内容无法适应市场的需求,在就业市场上表现为毕业生的就业能力不足。简单来说,高等教育改革确实给更多人提供了接受高等教育的机会,但是并没有在劳动力市场上带来同样多的高技能劳动力。大学生是宝贵的人力资源,要采取各项政策解决其就业难问题,鼓励其自主创业,提高其就业能力。

解决大学毕业生的结构性失业问题,我们应当在如下几个方面进行努力。第一,加强区域宏观调控,控制资本在东部的过度集中,积极引导大学生中西部就业创业。东部地区经济较为发达,大学生人力资源相对丰富,而资金等生产要素在中西部相对匮乏，加大对中西部地区的投资，才能产生更多的就业机会，从而吸引大学毕业生等高素质人才向中西部转移。第二，提高教育质量，改变就业观念。为减少结构性失业，必须改变以单纯追求学历和文凭为目的的高等教育现象，促使教育回归其本质。高等教育体系要相应进行调整，根据不同办学条件和培养目标，分类培养，开展研究型、应用型和技能型教育。尤其是在本科和研究生层次加大应用型人才培养，促进充分就业。高职高专院校定位于技能型人才培养，要做到理论与实践相结合，从课程设置、师资结构等方面加强产学研合作，促使毕业生的知识和技能与用人单位的需求相一致。

每年待就业的大学毕业生对城镇就业产生了极大的压力，但同时很多企业存在"招工难"现象，对生产性人员的巨大需求无法得到满足，"短缺"与"过剩"并存，结构性失业问题不断加剧。招工难是一种典型的结构性矛盾。中国农民工供给主要来自农村和中西部地区，对农民工的需求则往往发生在城镇和东部沿海，劳动力供求在地域间存在着不匹配，农民工需要从农村向城镇、从中西部向东部沿海转移，在这个转移过程中农民工不但要克服各种制度性障碍，而且还要面临各种歧视性待遇，使其难以长期在流入地实现稳定居住和就业。[①] 如果农民工在流入地的境况无法得到改善，必然导致流入地的吸引力下降，企业招工难也就在所难免。另外，农民工整体素质和技能偏低，与用人单位需求的不匹配也是造成招工难的重要因素。在某些地区，用人单位尽管打出了高薪诱惑，但是因为教育程度不足和缺乏相应的技能使得很多企业无法找到合格的工人，形成了所谓的"农民工短缺"现象。

应对结构性失业对我国整体就业产生的负面影响，政府应当进一步加大对人力资本的投入，改革现有的高等教育体系使其适应市场的需求，提高大学毕业生的就业率。同时，要强化针对农民工的职业培训，培养更多的技术工人。完善就业中介体系，提高就业匹配率。进一步推进经济体制的转变以及就业制度的创新，完善失业保障制度，打破限制农村劳动力在城市就业的各项制度性壁垒，减少劳动力市场分割，实现劳动力供求双方合理对接匹配，增强就业的稳定性和持续性。要降低结构性失业水平，实现人力资源的合理配置和充分就业，让每个劳动者都能从经济发展中受益，真正实现共享发展。

[①] 张车伟：《中国30年经济增长与就业：构建灵活安全的劳动力市场》，载于《中国工业经济》2009年第1期。

第四节　统筹城乡社会保障体系建设

一、社会保障与经济发展

社会保障是保障人民生活、调节社会分配的一项基本制度。社会保障是指国家通过立法，积极动员社会各方面资源，保证无收入、低收入以及遭受各种意外灾害的公民能够维持生存，保障劳动者在年老、失业、患病、工伤、生育时的基本生活不受影响，同时根据经济和社会发展状况，逐步增进公共福利水平，提高国民生活质量。一般来说，社会保障由社会保险、社会救济、社会福利、优抚安置等组成。其中，社会保险是社会保障的核心内容。

社会保障体系的建设不仅有利于社会总体福利水平的提高，更能促进我国经济的长远健康发展。我国社会保障体系的建设在近十年取得重大成就，社会保障体系从无到有发展起来，但仍存在不足与缺陷，其中，城乡社保体系发展不平衡的问题较为突出。在经济新常态的背景下，抓住机遇，统筹城乡社会保障体系对维护社会公平、保持社会稳定以及促进共享发展都具有重要意义。社会保障与经济发展是相互影响、相互促进以及相互制约的关系。经济发展水平决定社会保障制度的建立、发展和完善，而社会保障制度又反过来促进或者制约经济的发展。

首先，经济发展对社会保障具有决定性作用。经济发展对社会保障的发展起着决定性的作用，为社会保障体系的建立和完善提供坚实的物质基础。社会保障制度是生产力发展到一定阶段的产物。一个国家或地区的社会保障水平与当地的经济发展水平密切相关，社会保障体系的建立离不开生产力发展所提供的雄厚的物质基础。社会保障制度的建设和完善也由经济发展水平所决定。当经济发展水平较低时，社会保障的物质基础较为薄弱，而且低发展水平导致的低收入也抑制了人民对社会保障的需求。因此，只能先建立低水平的社会保障。当经济发展水平上升时，逐步建立多层次、高水平和可持续的社会保障体系。其次，社会保障对经济具有反作用。社会保障制度能够对生产力的发展产生巨大的反作用。如果其适应生产力的发展便会促进生产力水平的提高，反之，则会阻碍生产力的发展。从长期来看，社会保障与经济发展的失调，将不利于经济的持续健康发展。

社会保障制度能够从多个方面促进经济发展水平的提高。首先，社会保障制度作为再分配制度，一定程度上保证了收入的公平性，为经济的发展提供了稳定的社会环境。社会保障制度利用国家强制力，通过社会保障形式的再分配，调节收入水平，满足低收入群体基本生活保障，缓和社会矛盾，为经济的发展提供了良好的社会环境，并促进了生产力的提高。其次，社会保障制度对劳动者的各项保障措施也提高了劳动者人力资本，进而促进经济的发展。社会保障制度不仅提高低收入劳动者的收入水平，更通过各种补贴、培训等措施提高了劳动者的人力资本水平，为经济的发展提供更强劲的动力。此外，生育保险、医疗保险等保障措施在一定程度上保证了劳动力的再生产，为经济发展提供源源不断的劳动力支持。再次，社会保障能够通过其基金供需变化，缓解经济周期带来的需求变动，保障经济平稳发展。经济萧条时，通过提高补贴等措施刺激有效需求，恢复经济增长。经济高涨时，就业率上升、工资增加又减少了补贴数量，社会保障收入大于支出，有更多的资金在萧条时进行补贴。因此，社会保障通过基金收支自动调节稳定经济的发展。最后，社会保障事业的发展能够推动相关的第三产业发展，创造就业岗位，减少失业，进而促进经济的发展。

社会保障制度也可能阻碍经济的发展。首先，如果社会保障制度不能适应经济的发展水平，则可能不利于经济的发展。如果社会保障制度的建设滞后于经济发展水平，则不利于劳动力的合理流动，并导致收入差距过大，影响社会稳定与经济发展。社会保障制度相应地调节经济的作用不能有效发挥，同样也制约了经济的发展。如果社会保障制度的建设超前发展，则可能导致国家财政负担加重，引起严重的财政赤字，制约政府功能的有效发挥。高昂的社会保障支出也影响了社会资本积累，降低了社会的经济活力，损害经济的可持续发展能力。其次，社会保障在保证社会公平性的同时也有损于经济效率。从劳动者的角度来讲，社会保障制度可能在一定程度上削弱其工作的积极性，失业救济和补贴可能延长劳动者的失业持续期，并降低了劳动参与率。

二、加强城乡社会保障体系统筹

新中国成立以来，我国社会保障体系建设取得了重大成就。进入21世纪后，我国政府为推进社会保障体系建设又进行了一系列重要部署，逐步建立城镇居民医疗保险、新型农村合作医疗保险、城镇居民社会养老保险和新型农村社会养老保险等重要制度，基本建立起社会保障体系框架。经过一系列制度建设，我国社会保障覆盖人群逐步扩大，社会保障基金增长迅速，社会保障水平逐步提高，向"全覆盖、保基本、多层次、可持续"的社会保障体系目标稳步前进。

第一，社会保障覆盖人数逐年上升。截至2015年底，我国基本医疗保险和基本养老保险参保人数分别超过6.65亿和8.58亿，失业保险、工伤保险和生育保险的参保人数分别超过1.73亿、2.14亿和1.77亿。① 社会保障基本达到广覆盖的要求。

第二，社保基金规模逐步扩大。截至2015年底，全年五项社会保险（含城乡居民基本养老保险）基金收入合计46012亿元，比上年增加6184亿元，增长15.5%。基金支出合计38988亿元，比上年增加5985亿元，增长18.1%。其中，全年基本养老保险基金收入32195亿元，比上年增长16.6%；全年城镇基本医疗保险基金总收入11193亿元，比上年增长15.5%；全年失业保险基金收入1368亿元，比上年下降0.9%；全年工伤保险基金收入754亿元，比上年增长8.6%；全年生育保险基金收入502亿元，比上年增长12.5%。②

第三，社会保障水平稳步提升。近些年，我国不断上调企业退休人员养老金，并逐步提高基本医疗保险报销比例和最高支付限额，失业、工伤、生育保险待遇也明显提高。

我国社会保障体系建设取得了举世瞩目的成就，积累了宝贵的经验，并为今后的社会保障建设与完善打下了坚实的基础。但是，由于我国社会保障体系建设起步较晚，时间短，任务重，在发展过程中难免存在不完善的方面。而且面临老龄化的压力，仍有很多制度性的问题亟待解决，社会保障体系的建设仍面临较大的压力。

首先，管理体制分割。以医疗保险为例，城乡医疗保险分别由不同的部门管理，制度、机制间缺乏衔接和协调，存在重复参保、政府重复补贴、机构重复建设、资源浪费等问题。社会保险费征收体制不一，征收机构由省级政府各自确定，导致社会保险管理环节脱节。社会保险的统筹层次仍不高，不利于在更大范围分散风险。管理体制的分割不仅不利于对重复参保等行为进行有效监管，更不利于城乡社保的统筹。不同地区、不同参保对象的参保缴纳额、补贴额以及领取额都不同，导致统筹只能在较低的水平进行。全国范围内的社保统筹任重而道远。

其次，城乡待遇差别较大。虽然近年来随着新型农村合作医疗和新型农村社会养老保险的大力推行，农村居民社会保险覆盖面进一步扩大，但是深度和广度还不够，实际受益程度不高，人均受益金额较少，社会保险水平较低，并且远低于城镇居民。农村低保数量无论从户数还是人数来讲都是城镇人口的两倍，但是全年各级财政共支出的农村低保资金与城镇低保资金持平，因此，城镇地区人均低保水平是农村地区人均低保水平的两倍左右。而这仅仅包含制度以及政策方面

---

①② 《2015年度人力资源和社会保障事业发展统计公报》。

的差异，城镇地区往往医疗卫生条件较好，在支付相同金额的情况下能够享受更好的医疗服务，这些非制度性的差异更加剧了城乡社会保障体系的不平等。

再次，社会保障基金保值增值压力较大。虽然我国目前社会保障基金收大于支，但这与我国社会保障体系处于初期有关，随着我国社会保障体系建设的深入，大批劳动者将到达退休年龄，从社保的缴纳方转变为领取方，这将会对我国社会保障基金带来巨大压力。而且据估算，2050年我国每3个人中就有1个老年人。[①] 人口老龄化对养老保险和医疗保险影响巨大，巨大的医疗需求和养老需求将导致社会保险基金收支缺口逐步扩大，制度运行藏有隐患。另外，由于社会保障基金的特殊性，其首要目的为安全性而非收益性，这就导致社会保障基金目前只能投向银行以及国债等安全但收益率较低的渠道。养老金等社会保障基金过于追求安全性导致投资渠道较少而且收益较低，对基金的保值增值提出了更高的要求。2015年，《基本养老保险基金投资管理办法》结束公开征求意见，人社部表示2016年启动养老金入市，规模或超过2万亿元。但是，如何在管理社保基金时兼顾资产的安全性、流动性和收益性，将是一个长期困扰我国政府的重要问题。

最后，社会保障相关法律法规不完善。我国第一部社会保险制度的综合性法律《中华人民共和国社会保险法》于2011年7月1日生效，使保险制度进入法制化轨道。但是，相关配套的法律法规并未及时出台，地方颁布的条例、决定缺少衔接甚至存在冲突，现实中存在"有法难依"的困境。

我国城乡社会保障制度的差异根源于我国实行的城乡二元分割的体制，为了统筹城乡社会保障体系，让全体人员享受经济发展带来的成果，只靠政策的修修补补是不够的，必须打破传统的城乡分割，为统筹城乡社会保障体系扫清制度障碍；必须提高农村居民收入水平，为统筹城乡社会保障体系打下坚实的物质基础。

首先，完善现行社会保障体系，加快建立完善的农村社会保障体系。农村地区的社会保障体系建设起步较晚，各项保障制度并不完善，与城镇地区存在较大差距。在此基础上进行城乡统筹将面临巨大的资金以及各方协调压力。我国城乡社会保障的差异，要求我们应加快社会保障制度改革的步伐，着重对农村社会保障体系进行建设，进一步扩大农村社会保障的覆盖面，提高社会保障标准，加速形成全国统筹的城乡一体化社会保障体系。因此，必须加快完善农村社会保障体系的建设，形成包括农村养老保障体系、农村医疗保障体系、农村就业保障体系、农村工伤保障体系、农村生育保障体系、农村社会救助体系、农村社会福利体系和社会优抚体系在内的全方位的社保体系。除了完善农村社会保障体系之

---

① 《2050年我国老年人将达4.3亿 每3个人中将有1老人》，载于《新京报》2012年10月24日。

外,还需要提高农村地区的筹资水平。而城乡社会保障筹资水平的差异一方面是由于财政支出不均衡,这就需要政府加强对农村地区的政策倾斜,给予农村社会保障建设以更多财政支持。另一方面则是由于农村居民人均收入较低。这就要求加快农村地区改革,着力提高农民收入,建设社会主义新农村,为统筹城乡社会保障体系提供内在动力。

其次,打破传统的城乡分割,为统筹城乡社会保障体系扫清制度障碍。城乡社会保障方面的差异根源在于我国长期实行的城乡二元体制。城乡之间的差距不仅仅是社会保障方面的差距,无论是政策支持,还是实际上的基础设施建设,农村地区都远远落后于城镇地区。因此,要解决城乡社会保障的不公平问题,必须打破原有的城乡二元体制。二元体制的形成不是一朝一夕之事,其彻底解决也需要较长的时间。目前可以从联系城乡的特殊人群——农民工入手。以举家外出人群为重点,推进跨省农业转移人口在流入地落户定居,并引导新增农业转移人口就近就地转移就业,在本地实现市民化。农民工人群的公共服务均等化能够为统筹城乡社会保障提供优秀的借鉴经验,加快城乡社会保障的统筹进度。

最后,建立与完善社会保障管理体制。应加快建立中央集权的社会保障管理体制,打破各级政府"各自为政"的管理方式,为统筹扫除制度障碍。加强对社会保障基金的管理和监督,实现社会保障基金的保值和增值。建立全国联网的社会保障信息管理系统。随着社会保障覆盖范围的扩大和保障水平的提高,需要建立全国统一的社会保障信息管理平台,并推行社会保障卡,实现"记录一生、保障一生、服务一生"的目标。[①] 建立全国联网的信息管理系统,可以充分发挥信息资源的整体效益,实现资源共享,并有效防止重复参保行为的发生。

总之,城乡统筹必须坚持分步骤、分阶段、分层次地稳步进行。城乡统筹并不是"城乡统一",要摒弃"城乡分治"的传统观念,但在执行过程中也不能"一刀切"。要在统筹过程中积极做好应对老龄化所带来的挑战,着眼可持续发展机制,实现社会保障基金收支平衡并可持续发展。

三、实施健康中国战略

人民健康是民族昌盛和国家富强的重要标志。要完善国民健康政策,为人民群众提供全方位全周期健康服务。深化医药卫生体制改革,全面建立中国特色基本医疗卫生制度、医疗保障制度和优质高效的医疗卫生服务体系,健全现代医院

[①] 尹蔚民:《统筹推进城乡社会保障体系建设》,载于《求是》2013年第3期。

管理制度。加强基层医疗卫生服务体系和全科医生队伍建设。全面取消以药养医，健全药品供应保障制度。坚持预防为主，深入开展爱国卫生运动，倡导健康文明生活方式，预防控制重大疾病。实施食品安全战略，让人民吃得放心。坚持中西医并重，传承发展中医药事业。支持社会办医，发展健康产业。促进生育政策和相关经济社会政策配套衔接，加强人口发展战略研究。积极应对人口老龄化，构建养老、孝老、敬老政策体系和社会环境，推进医养结合，加快老龄事业和产业发展。①

四、精准扶贫

由于历史、自然禀赋等原因，我国尚存在一定数量的贫困人口，主要集中在边远农村。尽快使这些贫困人口脱贫，是共享发展的迫切要求。

近年来，我国在解决贫困人口脱贫上取得了显著成绩。按照现行贫困标准，截至2017年末，全国农村贫困人口从2012年末的9899万人减少至3046万人，累计减少6853万人；贫困发生率从2012年末的10.2%下降至3.1%，累计下降7.1个百分点。② 我国提出到2020年，稳定实现农村贫困人口不愁吃、不愁穿，义务教育、基本医疗和住房安全有保障。确保我国现行标准下农村贫困人口实现脱贫，贫困县全部摘帽，解决区域性整体贫困。③ 我国不仅提出了贫困人口的脱贫时间表，而且制定了一系列精准扶贫、精准脱贫的具体实施方案。

解决农村贫困问题需要贫困群体自身的不懈努力，但是也需要借助外部力量的帮扶和支持，以改善贫困群体所处的发展环境。否则，贫困人口很难在原有的要素资源禀赋下，跳出贫困的恶性循环。

精准扶贫是实现贫困农户脱贫致富的主要路径。在扶贫过程中，无论是东西协作扶贫、易地搬迁扶贫，还是产业扶贫、教育扶贫、医疗救助扶贫等各类扶贫措施，归根结底，要真正解决贫困人口脱贫进而实现致富的关键，在于政府引导和产业发展两大方面。只有贫困地区或其他地区的各类产业得以蓬勃发展，才有可能通过城镇化的方式，实现贫困人口向城镇转移，并通过非农就业提高贫困户的收入水平；才有可能使得易地搬迁的贫困户能够有持续稳定的收入来源；才有

---

① 习近平：《决胜全面建成小康社会　夺取新时代中国特色社会主义伟大胜利——在中国共产党第十九次全国代表大会上的报告（2017年10月18日）》，人民出版社2017年版。
② 国家统计局：《2017年全国农村贫困人口明显减少　贫困地区农村居民收入加快增长》，http://www.stats.gov.cn/tjsj/zxfb/201802/t20180201_1579703.html。
③ 《中共中央国务院关于打赢脱贫攻坚战的决定》，载于《人民日报》2015年12月8日。

可能通过产业税收增加进而增加财政扶贫资金实力，以确保财政有较为充足的兜底扶贫资金，拥有用于教育扶贫和医疗扶贫的资金支持。当然，产业发展本身并不会主动将资金盈余用于扶贫，因此，政府的先期投入和政策引导就显得尤为重要。

总之，只有真正实现农村贫困人口的脱贫和致富，才能够实现全体人民的全面小康，才能改变现有收入分配格局的状况，才能实现国家的平稳可持续发展。

【思考题】

1. 如何通过改善民生来贯彻共享发展理念？
2. 试述教育在改善民生中的地位，如何深化教育改革？
3. 如何提高就业水平？

第六篇　开放发展与全球治理

第十八章

开放发展与全面提高开放型经济水平

随着经济全球化的发展,我国经济日益走向世界。对外开放是我国的基本国策,开放是引领我国发展的五大发展理念之一。我国的对外开放取得了巨大成就,但面对国内外经济新形势新任务新挑战,进一步加快构建开放型经济新体制,破除体制机制障碍,使对内对外开放相互促进,"引进来"与"走出去"更好结合,以对外开放的主动赢得经济发展和国际竞争的主动,以开放促改革、促发展、促创新,推动形成全面开放新格局,建设开放型经济强国,仍然是重要任务。

第一节 开放是繁荣发展的必由之路

一、开放与发展

开放带来进步,封闭必然落后。习近平多次强调:"各国经济,相通则共进,相闭则各退。"① 开放带来发展进步,封闭导致停滞落后,这一规律已被古今中外众多的理论和经济发展实践所证明。

自重商主义开始,西方资产阶级经济学家,包括古典经济学家亚当·斯密和大卫·李嘉图在内,都曾在理论上阐释过开放对经济和社会发展的重要作用。亚当·斯密提出一国通过贸易扩大市场,可以实现该国资源和生产能力的充分利

---

① 习近平:《共同维护和发展开放型世界经济——在二十国集团领导人峰会第一阶段会议上关于世界经济形势的发言》,2013年9月5日,俄罗斯圣彼得堡。

用,从而可以促进该国经济增长。亚当·斯密指出,"不管在任何两国之间进行对外贸易,两国全都得到两种不同的好处。它将本国没有需求的那部分剩余的土地和劳动年产物送往国外,带回本国有需求的某种东西。它通过将这种剩余产品交换到某种其他东西而使剩余产品具有价值,这种其他东西可以满足一部分本国的需求,增加本国的享受。通过对外贸易,可以使国内市场的狭小不至妨碍某一工艺或制造部门的劳动分工达到最高的完善境地。通过为可能超过国内消费的一部分劳动产品开辟更为广阔的市场,对外贸易鼓励各国改进自己的生产力,将自己的年产物增至最大限度,从而增加社会的实际收入和财富。对外贸易经常为进行贸易的国家提供这种伟大的和重要的服务。"[①] 大卫·李嘉图则提出"大宗产品出口理论",认为一国利用原材料或自然资源密集型产品的出口可以增加本国的收入,进而提高该国的储蓄和投资水平,带动整个经济的发展。

马克思继承并创新了古典经济学家的思想,认为国际贸易和世界市场是人类社会进步和经济发展的重要推动力量。马克思指出,国际贸易在社会再生产过程中处于"中间环节"和"媒介要素"的地位,"世界贸易是大机器工业的必不可少的条件",[②] 可以为工业的发展提供充足的资本、丰富的劳动力以及广阔的市场。马克思在《共产党宣言》中也曾经指出:"资产阶级,由于开拓了世界市场,使一切国家的生产和消费都成为世界性的了。""过去那种地方的和民族的自给自足和闭关自守状态,被各民族的各方面的互相往来和各方面的互相依赖所代替了。""资产阶级在它的不到一百年的阶级统治中所创造的生产力,比过去一切世代创造的全部生产力还要多,还要大。自然力的征服,机器的采用,化学在工业和农业中的应用,轮船的行驶,铁路的通行,电报的使用,整个整个大陆的开垦,河川的通航,仿佛用法术从地下呼唤出来的大量人口,——过去哪一个世纪料想到在社会劳动里蕴藏有这样的生产力呢?"[③] 这里,马克思讲的"世界市场""各民族的各方面的互相往来和各方面的互相依赖"和生产力的飞速发展,是对资产阶级统治下开放促进生产力发展的生动写照。

第二次世界大战后,随着经济全球化持续推进和各国经济联系日益紧密,开放促进发展这一发展规律也被世界上越来越多国家和地区的经济发展实践所证实。世界银行在1987年发布的《世界发展报告》中,选择41个发展中国家和地区按照贸易发展战略分成4种类型:坚定外向型、一般外向型、一般内向型和坚定内向型。如表18-1所示,根据一系列经济发展指标对比可以看出,采取开放

---

① 亚当·斯密著,杨敬年译:《国富论》,陕西人民出版社2011年版,第376~377页。
② 《马克思恩格斯文集》第10卷,人民出版社2009年版,第49页。
③ 《马克思恩格斯文集》第2卷,人民出版社2009年版,第35、36页。

型（外向型）经济发展战略的国家和地区比采取内向型经济发展战略的国家和地区经济发展的表现更优。世界银行在 2008 年发布的另一份报告也指出，全球有 13 个经济体实现了持续 25 年以上的高速增长，而它们的共同特征就是都实行了对外开放。①

表 18-1　　按贸易战略分组的 41 个发展中经济体的工业化特征　　单位：%

贸易战略	制造业实际增加值年平均增长率		农业实际增加值年平均增长率		制造业增加值占 GDP 的平均比重		工业劳动力在总劳动力中的平均比重		制造业就业的年均增长率	
	1963~1973	1973~1985	1963~1973	1973~1985	1963	1985	1963	1980	1963~1973	1973~1984
坚定外向型	15.6	10.0	3.0	1.6	17.1	26.3	17.5	30.0	10.6	5.1
一般外向型	9.4	4.0	3.8	3.6	20.5	21.9	12.7	21.7	4.6	4.9
外向型（平均）	10.3	5.2	3.7	3.3	20.1	23.0	13.2	23.0	6.1	4.9
一般内向型	9.6	5.1	3.0	3.2	10.4	15.8	15.2	23.0	4.4	4.4
坚定内向型	5.3	3.1	2.4	1.4	17.6	15.9	12.1	12.6	3.0	4.0
内向型（平均）	6.8	4.3	2.6	2.1	15.2	15.8	12.7	14.1	3.3	4.2

资料来源：The World Bank, *World Development Report 1987*, Oxford University Press, P. 87.

开放促进发展的规律在中国表现得尤为突出。新中国成立以来特别是 1978 年以来，通过不断深化改革和扩大开放，我国逐步实现了从贫穷落后到目前世界第二大经济体的飞跃发展，日益走近世界舞台中央。开放之所以能发挥如此巨大的作用，就是因为它符合利用深化分工、扩大市场、发挥优势推动经济发展的要求。特别是在经济全球化深入发展、各国经济联系日益紧密的当今时代，只有打开国门搞建设，把一国发展置于广阔的国际空间来谋划，才能获得推动经济发展所必需的资源、市场、资金、技术和人才，也才能充分发挥比较优势和竞争优势，推动经济发展和社会进步。可以说，开放是国家繁荣发展的必由之路，中国正是充分利用了开放促进发展这一发展规律而逐步实现了经济腾飞。

---

① 任理轩：《坚持开放发展——"五大发展理念"解读之四》，载于《人民日报》2015 年 12 月 23 日。

二、适应引领经济发展新常态的迫切需要

当前,中国特色社会主义进入新时代,我国社会主要矛盾已经转化为人民日益增长的美好生活需要和不平衡不充分的发展之间的矛盾。我国稳定解决了十几亿人的温饱问题,总体上实现了小康并即将全面建成小康社会,人民美好生活需要日益广泛,不仅对物质文化生活提出了更高要求,而且在民主、法治、公平、正义、安全、环境等方面的要求日益增长。同时,我国社会生产力水平总体上显著提高,社会生产能力在很多方面进入世界前列,更加突出的问题是发展不平衡不充分,这已经成为满足人民日益增长的美好生活需要的主要制约因素。当前我国经济发展也进入了新常态,经济增速、经济结构、经济发展动力都正在发生重大变化:我国经济从高速增长转为中高速增长,经济结构不断优化升级,同时经济增长动力逐步从要素驱动、投资驱动向创新驱动转换。在这一转化过程中,我国发展不平衡、不充分、不协调、不可持续问题仍然突出,主要表现在发展方式粗放,创新能力不强,部分行业产能过剩严重,企业效益下滑;城乡区域发展不平衡;资源约束趋紧,生态环境恶化趋势尚未得到根本扭转;基本公共服务供给不足,收入差距较大,人口老龄化加快,消除贫困任务艰巨等方面。面对经济发展的新常态,加快经济发展方式转变和提高经济发展质量效益的任务更加艰巨而紧迫。而要适应和引领经济发展新常态,用好当前重要战略机遇期,则必须要用进一步的高水平开放来推动经济高质量发展。要不断以新思路、新举措发展更高水平、更高层次的开放型经济;既要立足国内,充分发挥我国在制度、资源、市场等方面优势,同时又要更好利用国际国内两个市场、两种资源,不断以开放促改革、促发展、促创新,从而与世界各国共享发展成果,实现互利共赢。

三、顺应世界发展的潮流深度融入世界经济

2008年国际金融危机以来,世界经济进入深度调整期,国际经济合作和竞争的格局发生了深刻变化。由于近年来全球经济增长趋缓、国际贸易和投资增长乏力、收入与财富分配不均状况日益严重,导致逆经济全球化思潮和形形色色的贸易保护主义、霸凌主义抬头,对世界和平发展构成严峻威胁,世界经济面临的不确定性和潜在风险不断增加。特别是美国挑起针对中国和世界多国的贸易战,不仅对中国经济发展构成威胁,而且也给世界经济发展带来灾难。面对这种复杂多变的国际环境,世界各国需要携手应对发展问题和经济全球化进程中出现的各

种挑战,坚决反对单边主义、贸易保护主义和霸权主义。我国已成为世界第二大经济体和世界经济增长的重要引擎,肩负着更多的国际责任和期待。要坚定不移进一步发展更高层次的开放型经济,更好地顺应和平、发展、合作、共赢的世界潮流,积极引领经济全球化的正确方向和健康发展,维护世界经济的开放性,不断增强全球经济应对挑战和走出困境的信心,从而为世界发展不断注入新动力。必须与国际社会一道,努力构建互利共赢、公平合理的国际经济新秩序,推动经济全球化不断朝着均衡、普惠、共赢的方向发展。同时,我们必须实行更加积极主动的开放战略,推动对外开放不断朝着优化结构、拓展深度、提高效益的方向转变,全面推进双向开放,完善对外开放战略布局,构建互利共赢、多元平衡、安全高效的开放型经济体系。

第二节 构建开放型经济新体制

一、构建开放型经济新体制的总体要求

新形势下我国构建开放型经济新体制的总体目标是,加快培育国际合作和竞争新优势,更加积极地促进内需和外需平衡、进口和出口平衡、引进外资和对外投资平衡,逐步实现国际收支基本平衡,形成全方位开放新格局,实现开放型经济治理体系和治理能力现代化,在扩大开放中树立正确义利观,切实维护国家利益,保障国家安全,推动我国与世界各国共同发展,构建互利共赢、多元平衡、安全高效的开放型经济新体制。

为实现这样的目标,我们要坚持使市场在资源配置中起决定性作用,更好发挥政府作用,坚持改革开放和法治保障并重,坚持"引进来"和"走出去"相结合,坚持与世界融合和保持中国特色相统一,坚持统筹国内发展和参与全球治理相互促进,坚持把握开放主动权和维护国家安全。同时主动适应经济发展新常态,并与"一带一路"建设和实施国家外交战略紧密衔接,科学布局,选准突破口和切入点,发挥社会主义制度优势,把握好开放节奏和秩序,扬长避短、因势利导、有所作为、防范风险、维护安全,积极探索对外经济合作新模式、新路径、新体制。具体来说,构建开放型经济新体制的总体要求主要包括:

一是要建立与社会主义市场经济要求相适应的资源配置新机制。促进国际国内要素有序自由流动、资源全球高效配置、国际国内市场深度融合,加快推进与

开放型经济相关的体制机制改革，建立公平开放、竞争有序的现代市场体系。

二是要形成经济运行管理新模式。按照国际化、法治化的要求，营造良好法治环境，依法管理开放，建立与国际高标准投资和贸易规则相适应的管理方式，形成参与国际宏观经济政策协调的机制，推动国际经济治理结构不断完善。同时要推进政府行为法治化、经济行为市场化，建立健全企业履行主体责任、政府依法监管和社会广泛参与的管理机制，健全对外开放中有效维护国家利益和安全的体制机制。

三是要形成全方位开放新格局。坚持自主开放与对等开放，加强"走出去"战略谋划，实施更加主动的自由贸易区战略，赋予自由贸易试验区更大改革自主权，探索建设自由贸易港，拓展开放型经济发展新空间。实行对内开放和对外开放相结合，继续实施西部开发、东北振兴、中部崛起、东部率先的区域发展总体战略，推进"一带一路"建设，实施京津冀协同发展战略和长江经济带战略，推动东西双向开放，促进基础设施互联互通，扩大沿边开发开放，形成全方位开放新格局。

四是要形成国际合作竞争新优势。巩固和拓展传统优势，加快培育竞争新优势。以创新驱动为导向，以质量效益为核心，大力营造竞争有序的市场环境、透明高效的政务环境、公平正义的法治环境和合作共赢的人文环境，加速培育产业、区位、营商环境和规则标准等综合竞争优势，不断增强创新能力，全面提升在全球价值链中的地位，促进产业转型升级。

二、创新外商投资管理体制

新形势下不断创新外商投资管理体制是构建开放型经济新体制的一项重要内容。要统一完善内外资管理法律法规，改善投资环境；改革外商投资审批和产业指导的管理方式，全面实行准入前国民待遇加负面清单的管理模式；完善外商投资监管体系；促进开发区体制机制创新和转型升级发展。

第一，统一完善内外资管理法律法规。适时修订中外合资经营企业法、中外合作经营企业法和外资企业法，同时制定新的外资管理基础性法律，将规范和引导境外投资者及其投资行为的内容纳入外资管理基础性法律。对于外资企业组织形式、经营活动等一般性内容，可由统一适用于各类市场主体法律法规加以规范的，则按照内外资一致的原则，适用统一的法律法规。要保持外资政策的稳定性、透明性和可预期性，营造规范的制度环境和稳定的市场环境，保持外商投资规模和速度的稳定性，不断提高引进外资质量。

第二，完善外商投资市场准入制度，对外商投资全面实行准入前国民待遇加负面清单的管理模式。在总结自贸试验区试点工作的基础上，对外商投资管理体制进行根本性变革，全面实行准入前国民待遇加负面清单管理制度。要在做好风险评估的基础上，进一步开放一般制造业，同时分层次、有重点放开服务业领域外资准入限制，推进金融、教育、文化、医疗等服务业领域有序开放，放开育幼养老、建筑设计、会计审计、商贸物流、电子商务等服务业领域外资准入限制。在维护国家安全的前提下，对交通、电信等基础设施以及矿业等相关领域也要逐步减少对外资的准入限制。取消或放开制造业和服务业一些领域外商投资股比限制，允许以并购方式设立外资企业。

第三，完善外商投资监管体系。按照扩大开放与加强监管同步的要求，加强对外商投资事中和事后监管，建立外商投资信息报告制度和外商投资信息公示平台，充分发挥企业信用信息公示系统的平台作用，形成各政府部门信息共享、协同监管，社会公众参与监督的外商投资全程监管体系，不断提升外商投资监管的科学性、规范性和透明度。

第四，推动开发区转型升级和创新发展。加强对国家级经济技术开发区、高新技术产业园区、海关特殊监管区域以及省级开发区等各类开发区的规划指导，促进其创新发展。要发挥开发区的引领和带动作用，大力发展先进制造业、生产性服务业和科技服务业，推动区内产业升级，建设协同创新平台，实现产业结构、产品附加值、质量、品牌、技术水平和创新能力的全面提升；推动开发区绿色、低碳、循环发展，继续深化节能环保国际合作；不断改善开发区投资环境，进一步规范行政管理制度，完善决策、执行、监督和考核评价体系，避免同质竞争，努力把开发区建设成为带动地区经济发展和实施区域发展战略的重要载体、构建开放型经济新体制和培育吸引外资新优势的排头兵、科技创新驱动和绿色集约发展的示范区。

三、健全对外开放合作体制

在新时期要构建开放型经济新体制，实现开放发展，需要不断健全对外开放合作体制，以我国的发展促进地区和世界共同发展，不断扩大同各方利益的汇合点，在实现本国发展的同时兼顾其他国家的正当关切。在此基础上，要进一步完善法治化、国际化、便利化的营商环境，不断健全有利于合作共赢、同国际投资贸易规则相适应的对外开放合作体制机制。

为此，需要进一步营造公平竞争的市场环境、高效廉洁的政务环境、公正透明的法律政策环境和开放包容的人文环境；进一步提高自由贸易试验区建设质量，深化在服务业开放、金融开放和创新、投资贸易便利化、事中事后监管等方面的先行先试，在更大范围推广复制成功经验；统一内外资法律法规，制定外资基础性法律，保护外资企业合法权益，完善外商投资国家安全审查制度，创新外资监管服务方式；完善境外投资发展规划和重点领域、区域、国别规划体系，健全备案为主、核准为辅的对外投资管理体制，健全对外投资促进政策和服务体系，提高便利化水平，建立国有资本、国有企业境外投资审计制度，健全境外经营业绩考核和责任追究制度；建立便利跨境电子商务等新型贸易方式的体制，全面推进国际贸易单一窗口、一站式作业、一体化通关和政府信息共享共用、口岸风险联防联控；健全服务贸易促进体系，发挥贸易投资促进机构、行业协会商会等的作用；加强知识产权保护和反垄断执法，深化执法国际合作。

四、强化对外开放服务保障

在实现开放发展、构建开放型经济新体制过程中，政府需要不断强化对外开放服务保障职能。一是推动同更多国家签署高标准双边投资协定、司法协助协定、税收协定，争取同更多国家互免或简化签证手续。二是构建高效有力的海外利益保护体系，定期发布重大国别风险评估报告，及时警示和通报有关国家政治、经济和社会重大风险，提出应对预案和防范措施，维护我国公民和法人海外合法权益。三是健全反走私综合治理机制，完善反洗钱、反恐怖融资、反逃税监管措施，完善风险防范体制机制。四是提高海外安全保障能力和水平，完善领事保护制度，提供风险预警、投资促进、权益保障等便利服务，完善境外安全风险预警机制和突发安全事件应急处理机制，及时妥善解决和处置各类安全问题，切实保障公民和企业的境外安全。五是强化涉外法律服务，建立知识产权跨境维权援助机制等。

第三节 发展更高层次的开放型经济

一、推进贸易强国建设

首先，拓展对外贸易。改革开放以来我国对外贸易取得了长足发展，在2009

年超过德国成为世界第一出口大国,并于2013年超过美国成为世界第一贸易大国。但长期以来,我国的外贸发展更侧重于促进出口,进口贸易的发展则相对不足。这在一定程度上使得我国进出口贸易顺差不断积累,我国的经济增长对出口也形成了较大依赖。虽然我国进出口贸易顺差占GDP的比重在2007年达到9.3%的最高值后近年来有所下降,但2015年我国进出口贸易顺差高达5932亿美元,创历史最高值,进出口贸易顺差占GDP的比重达5.5%。2017年我国进出口贸易顺差仍高达4225.06亿美元,与同期GDP的比达3.5%,尽管贸易顺差额比2015年的历史高位下降28.8%,但仍显著高于2014年度及以前各年度水平。我国的外贸依存度在2006年达到67%的峰值后也有所下降,2017年仍然达33.6%。[1] 依赖出口的增长模式可能符合原来我国所处的历史发展阶段,但在新形势下,这种增长模式的局限性不断显现。从出口方面看,近年来我国在生产成本和资源等方面的比较优势正在减弱,环保、工人福利等方面的压力不断加大,同时对外贸出口的过度依赖会造成我国受到外部冲击而加剧经济波动的风险,而且长期大量的外贸顺差也容易引起与贸易伙伴的贸易争端和摩擦,同时对人民币汇率及国内物价等宏观经济发展产生重要的影响和冲击。因此,在新形势下为建设开放型经济体系,我们应当全面推进双向开放,坚持出口和进口并重,实施优进优出战略,推动外贸发展向优质优价、优进优出转变,加快建设贸易强国。强化贸易政策和产业政策之间的协调,形成以技术、品牌、质量和服务为核心的出口竞争新优势。特别是我们在通过推动出口市场多元化、鼓励发展新型贸易方式、发展出口信用保险以及强化贸易摩擦预警等措施促进出口的同时,要积极扩大进口,优化进口结构,更多进口先进技术装备和优质消费品,通过进出口贸易双向协调开放促进国民经济的健康发展。

其次,培育贸易新业态新模式。经过改革开放40年的发展,加工贸易已经成为我国对外贸易中举足轻重的力量,为推动我国外贸和经济发展发挥了重要的作用。但是,总体来看,我国当前的加工贸易仍处于国际分工产业链的低端,传统的劳动密集型行业仍然占据着主导地位,在核心技术、软件支持、产品设计、关键零部件配套、关键设备和模具以及品牌等环节上,多数被国外跨国公司的母公司所控制。因此,在今后我国发展加工贸易的过程中,要不断引进跨国公司的核心技术,逐步提升国内配套能力,通过加快模仿、联合开发实现技术进步,通过发挥政策引导和市场调节作用、推动加工贸易区域协调发展、建立支持服务体

---

[1] 根据国家统计局发布的 GDP 数据（http://www.stats.gov.cn/tjsj/zxfb/201801/t20180119_1575351.html）和海关总署发布的进出口贸易数据（http://www.customs.gov.cn/eportal/ui?pageId=302275）以及国家外汇管理局历年《中国国际收支报告》中的数据计算。

系、提升产业价值链等方式，不断促进加工贸易的转型升级和创新发展，实现加工环节较大的价值增值。

从服务贸易的发展来看，2015年我国服务贸易进出口总额达7130亿美元，在世界服务贸易中的排名也上升到第2位，其中出口居第3位，进口居第2位。尽管2016年我国服务贸易进出口总额有所下滑，为6560亿美元，但在世界服务贸易中的排名仍高居第2位，其中出口2070亿美元，居第5位，占世界服务贸易出口额的比重为4.3%；进口4490亿美元，居第2位，占世界服务贸易进口额的比重达9.7%。① 但与货物贸易的发展相比，我国服务贸易发展相对滞后，2018年我国服务贸易总额与货物贸易总额的比例仅为17.2%。② 而且自1995年以来我国服务贸易一直处于逆差状态且近年来逆差不断扩大，发展水平与美国、英国等发达国家相比仍存在较大差距，当前我国服务贸易整体上仍缺乏比较优势和竞争优势。2015年，我国服务贸易逆差达1824亿美元；2016年，我国服务贸易逆差高达2442亿美元，比2015年增长12%，服务贸易逆差与GDP之比达2.2%。③ 我国服务贸易逆差主要来自旅游、运输、知识产权使用费等项目。当前我国服务贸易出口以旅游、运输、建筑等传统服务贸易为主，高附加值服务行业有待进一步发展。因此，我国在今后需确立一手抓货物贸易、一手抓服务贸易的战略思想，实现服务贸易与货物贸易的有机结合，充分发挥服务贸易高附加值、低能耗、低污染的优势，大力发展服务贸易，特别是发展金融、保险、计算机和信息咨询服务等高附加值服务贸易的出口，并且以发展服务贸易提升货物贸易的发展质量，在货物贸易和服务贸易协调发展中带动国民经济可持续发展。

二、推进资本和金融市场双向开放

2015年11月30日，国际货币基金组织正式宣布将人民币纳入特别提款权（special drawing rights，SDR）货币篮子，SDR货币篮子相应扩大至美元、欧元、人民币、日元、英镑五种货币，这五种货币在SDR货币篮子中的权重分别为

---

① 数据来自WTO："Trade Recovery Expected in 2017 and 2018, Amid Policy Uncertainty"，https：//www.wto.org/english/news_e/pres17_e/pr791_e.htm。如果以人民币计价，2016年中国服务进出口总额为53484亿元，比2015年增长14.2%。其中，服务出口18193亿元，增长2.3%；服务进口35291亿元，增长21.5%。具体参见中华人民共和国国家统计局：《2016年国民经济和社会发展统计公报》。

② 根据商务部发布的服务贸易进出口总额数据（52402亿元人民币）和海关总署发布的货物进出口贸易总额数据（305050亿元人民币）计算。

③ 国家外汇管理局：《2016年中国国际收支报告》，2017年3月30日。根据商务部最新数据计算，2018年中国服务贸易逆差为17086亿元人民币，与GDP（900309亿元人民币）之比为1.9%。

41.73%、30.93%、10.92%、8.33%和8.09%。① 新的SDR货币篮子于2016年10月1日生效。人民币加入SDR货币篮子，是IMF首次将一个新兴经济体货币作为国际储备货币，这一方面将大大提升人民币在国际货币舞台的地位，促进人民币国际化，另一方面也有助于提升包括中国在内的新兴经济体和发展中国家在国际货币金融领域的话语权，改变美欧日等发达国家垄断国际货币金融体系的格局，从而促进国际货币金融体系改革朝着更加公平、公正、包容、有序的方向发展。我们应以人民币纳入SDR货币篮子为契机，有序实现人民币资本项目可兑换，提高可兑换、可自由使用程度，稳步推进人民币国际化，推进人民币资本"走出去"。同时，逐步建立外汇管理负面清单制度，放宽境外投资汇兑限制，改进企业和个人外汇管理；放宽跨国公司资金境外运作限制，逐步提高境外放款比例。进一步推进资本市场双向开放，提高股票、债券市场对外开放程度，放宽境内机构境外发行债券，以及境外机构境内发行、投资和交易人民币债券。提高金融机构国际化水平，加强海外网点布局，完善全球服务网络，提高国内金融市场对境外机构开放水平。

三、完善对外开放战略布局

在当前新形势下，建设和提升开放型经济体系还要求我们将对内和对外开放统一起来，通过扎实推进"一带一路"建设、大力实施自由贸易区战略、不断深化沿海开放、加快内地开放、提升沿边开放来进一步完善对外开放战略布局。

（一）扎实推进"一带一路"建设

中国于2013年提出共建"丝绸之路经济带"和"21世纪海上丝绸之路"（简称"一带一路"）的重大倡议，受到国际社会广泛关注。共建"一带一路"旨在促进经济要素有序自由流动、资源高效配置和市场深度融合，推动沿线各国实现经济政策协调，开展更大范围、更高水平、更深层次的区域合作，共同打造开放、包容、均衡、普惠的区域经济合作架构，建立一个包括欧亚非大陆在内的陆海内外联动、东西双向开放，世界各国政治互信、经济融合、文化包容的利益共同体、命运共同体和责任共同体。"一带一路"建设是我国在新的历史条件下实行全方位对外开放的重大举措、推行互利共赢的重要平台。

---

① 《人民币加入SDR 在SDR货币篮子中的权重为10.92%》，人民网，http://money.people.com.cn/n/2015/1201/c42877-27873670.html。

自"一带一路"倡议提出以来,中国实施了一系列政策措施积极推动"一带一路"建设并已取得初步成效。丝路基金和亚洲基础设施投资银行(Asian Infrastructure Investment Bank,AIIB)分别于2014年和2015年正式成立,中巴经济走廊、渝新欧大动脉、巴基斯坦瓜达尔港、希腊比雷埃夫斯港、印尼雅万高铁、马尔代夫中马友谊大桥、中老铁路、肯尼亚蒙巴萨—内罗毕铁路等一大批惠及长远的重大互利合作项目已陆续启动开工建设或完成。据统计,2014~2016年,中国同"一带一路"沿线国家贸易总额超过3万亿美元,对"一带一路"沿线国家投资累计超过500亿美元。① 2017年以来,中国与"一带一路"沿线国家的投资合作进一步稳步推进。2017年,中国企业对"一带一路"沿线的59个国家进行了非金融类直接投资143.6亿美元,占同期总额的12%;与"一带一路"沿线的61个国家新签对外承包工程合同额1443.2亿美元,占同期总额的54.4%,同比增长14.5%;完成营业额855.3亿美元,占同期总额的50.7%,同比增长12.6%。② "一带一路"框架下,中国已同80个国家和组织签署共建合作协议,同30多个国家开展了机制化产能合作,在沿线国家推进建设80多个境外经贸合作区,大大推动了贸易和投资自由化便利化,将沿线各国紧密地联系在一起。据国际货币基金组织预测,到2020年"一带一路"沿线国家和地区货物贸易总额将达到19.6万亿美元,占全球货物贸易总额的38.9%。③ 共建"一带一路"合作倡议还先后于2016年11月、2017年3月和2017年5月被载入联合国决议、联合国安理会决议和联合国亚太经社会决议。可以说,"一带一路"建设是中国引领各国合作共享发展的积极探索,通过秉持"和平合作、开放包容、互学互鉴、互利共赢"的丝绸之路精神,中国不断扩大与"一带一路"沿线国家的合作共识,已经推动共建"一带一路"由规划设计蓝图方案变为了各方积极参与的实际合作行动。"一带一路"已取得的一系列丰硕成果表明,"一带一路"倡议顺应时代潮流,适应发展规律,符合各国人民利益,具有广阔的发展前景。

在新形势下,为进一步推进"一带一路"建设,我们需要处理好以下几方面的关系。

首先,要处理好我国利益和沿线国家利益的关系。我们要在发展自身利益的

---

① 习近平:《携手推进"一带一路"建设——在"一带一路"国际合作高峰论坛开幕式上的演讲》,2017年5月14日。

② 商务部对外投资和经济合作司:《2017年我对"一带一路"沿线国家投资合作情况》,http://hzs.mofcom.gov.cn/article/date/201801/20180102699459.shtml。

③ 张翼、陈恒:《"一带一路":构建人类命运共同体的重要实践》,载于《光明日报》2017年3月16日。

同时，更多考虑和照顾其他国家利益。要坚持正确义利观，以义为先、义利并举，不急功近利，不搞短期行为。要统筹我国同沿线国家的共同利益和具有差异性的利益关切，寻找更多利益交汇点，调动沿线国家积极性。推动与沿线国家发展规划、技术标准体系对接，推进沿线国家间的运输便利化安排，开展沿线大通关合作。推动中蒙俄、中国—中亚—西亚、中国—中南半岛、新亚欧大陆桥、中巴、孟中印缅等国际经济合作走廊建设，推进与周边国家基础设施互联互通，共同构建连接亚洲各次区域以及亚欧非之间的基础设施网络，从而以我国发展为契机，让更多国家搭上我国发展快车，帮助他们实现发展目标。

其次，要处理好政府、市场、社会的关系。既要发挥政府把握方向、统筹协调作用，又要发挥市场作用。政府要在宣传推介、加强协调、建立机制等方面发挥主导性作用，同时要注意构建以市场为基础、企业为主体的区域经济合作机制，广泛调动各类企业参与，引导更多社会力量投入"一带一路"建设，建立以企业为主体、以项目为基础、各类基金引导、企业和机构参与的多元化融资模式，努力形成政府、市场、社会有机结合的合作模式，形成政府主导、企业参与、民间促进的立体格局。

再次，要处理好经贸合作和人文交流的关系、对外开放和维护国家安全的关系以及务实推进和舆论引导的关系。真正要建成"一带一路"，必须在沿线国家民众中形成一个相互欣赏、相互理解、相互尊重的人文格局。民心相通是"一带一路"建设的重要内容，也是"一带一路"建设的人文基础。要坚持经济合作和人文交流共同推进，注重在人文领域精耕细作，尊重各国人民文化历史、风俗习惯，加强同沿线国家人民的友好往来，广泛开展教育、科技、文化、体育、旅游、环保、卫生及中医药等领域合作，构建官民并举、多方参与的人文交流机制，为"一带一路"建设打下广泛社会基础。要加强同沿线国家在安全领域的合作，努力打造利益共同体、责任共同体、命运共同体，共同营造良好环境。要重视和做好舆论引导工作，通过各种方式，讲好"一带一路"故事，传播好"一带一路"声音，为"一带一路"建设营造良好舆论环境。

最后，要处理好国家总体目标和地方具体目标的关系。"一带一路"建设既要确立国家总体目标，也要发挥我国各地方的积极性。地方的规划和目标要符合国家总体目标，服从大局和全局。要把主要精力放在提高对外开放水平、增强参与国际竞争能力、倒逼转变经济发展方式和调整经济结构上来。要立足本地实际，找准位置，发挥优势，取得扎扎实实的成果，努力拓展改革发展新空间。

总之，"一带一路"建设是中国对创新开放和国际合作新模式的积极探索。我们要在吸取和借鉴历史经验的基础上，以创新的理念和创新的思维，秉持亲诚惠容，坚持共商共建共享原则，围绕政策沟通、设施联通、贸易畅通、资金融通、民心相通，不断健全"一带一路"双边和多边合作机制，畅通"一带一路"经济走廊，共同打造开放、包容、均衡、普惠的区域经济合作架构，与有关国家和地区实现互利共赢，努力将"一带一路"建设成为和平之路、繁荣之路、开放之路、创新之路、文明之路。

（二）继续大力实施自由贸易区战略

面对新形势，我国要继续大力实施自由贸易区战略，加强双边和多边经贸合作，从而为以开放促改革促发展提供新的途径和方式。目前中国与亚洲、大洋洲、拉丁美洲、欧洲、非洲的 30 多个国家和地区建设 30 多个自由贸易区，其中已签署并实施的自由贸易协定有《中国—东盟自由贸易协定》《中国—瑞士自由贸易协定》《中国—澳大利亚自由贸易协定》《中国—韩国自由贸易协定》《中国—格鲁吉亚自由贸易协定》《中国—马尔代夫自由贸易协定》等 17 个，正在谈判的有《区域全面经济伙伴关系协定》（RCEP）、中日韩自贸协定等 14 个。[①]面对当前全球区域经济合作与双边自由贸易加速发展的新形势，为维护自身利益、缓解竞争压力、促进经济和贸易增长、保障能源供应，我们要在继续执行和实施已签署的自由贸易协定基础上，加快推进《区域全面经济伙伴关系协定》（RCEP）、中日韩自贸协定以及中国分别与海合会、挪威、斯里兰卡、以色列、毛里求斯、摩尔多瓦等双边自由贸易协定谈判，同时加强对中国分别与加拿大、哥伦比亚、孟加拉国、斐济、尼泊尔等双边自由贸易协定的可行性研究，通过自由贸易区战略的大力实施和持续推进为新形势下中国以开放促改革促发展、参与全球经济合作和竞争提供新途径和新平台。

（三）推动形成全方位的区域开放新格局

我国对外开放从沿海起步，由东向西渐次推进。进入 21 世纪特别是党的十八大以来，中西部内陆地区和沿边地区开放取得了长足发展，但总体上还是我国对外开放的洼地。内陆和沿边地区劳动力充裕，自然资源丰富，基础设施不断改善，特别是随着"一带一路"建设加快推进，中西部地区逐步从开放末端走向开放前沿，开放型经济发展空间广阔。在新形势下，我国东部沿海发达地区要"承外启内"，全面参与全球经济合作和竞争，利用好全球新一轮产业转移的机遇，创造更加宽松便利的环境，大力吸引承接先进制造业、高新技术产业、现代服务

---

① 截至 2019 年 4 月。

业和跨国公司地区总部，推动对外开放上层次、上质量、上水平；要以开放促创新，提升产业技术水平，努力掌握核心技术和关键技术，促进产业结构升级；要进一步强化辐射和扩散效应，发挥珠江三角洲、长江三角洲和环渤海地区的对外开放门户作用，率先对接国际高标准投资和贸易规则体系，培育具有全球竞争力的经济区，形成三个东西一体、分工合理的对外开放带。内陆地区则要通过改善投资环境、优化政策措施、完善配套设施，加快对外开放的步伐；要切实增强利用外部资金、技术和资源的能力，积极承接国外和我国东部沿海发达地区劳动密集型产业特别是加工贸易的梯度转移，既发挥自身劳动力充足、产业基础好的优势，也为沿海发达地区腾出新的开放空间；要大力培育有区域特色和竞争优势的产业，增强对资源性产品的深加工和精加工能力，努力建设一批资源产业基地、特色产业基地和现代农业基地；要以内陆省会、中心城市和城市群为依托，打造开放平台，形成若干产业集聚度高的区域性开放中心和开放战略支撑带。沿边地区要充分发挥自身优势，着力提升对外开放的规模与水平；要利用区域经济合作机制，加强与周边国家的联系，拓展周边市场空间；要根据不同地区的资源能源和市场情况，建设和提升进口资源加工区、边境出口加工区、大型边境贸易中心、跨境经济合作区等，作为实施沿边开放的重要载体；要规范贸易秩序，加强整顿和治理，进一步完善与周边国家的贸易磋商机制，引导边贸企业规范经营，为边境贸易健康、稳定发展创造良好的软环境。总之，我们要在深化沿海开放的同时，推动内陆和沿边地区从开放的洼地变为开放的高地，形成陆海内外联动、东西双向互济的开放格局，进而形成区域协调发展新格局。

四、深入推进国际产能和装备制造合作

近年来，我国装备制造业持续快速发展，产业规模、技术水平和国际竞争力大幅提升，在世界上具有重要地位。同时，全球产业结构加速调整，基础设施建设方兴未艾，特别是发展中国家大力推进工业化、城镇化进程，为推进国际产能和装备制造合作提供了重要机遇。在这样的背景下，推进国际产能和装备制造合作，是我国推动新一轮高水平对外开放、增强国际竞争优势的重要内容，是形成我国新的经济增长点、保持我国经济中高速增长和迈向中高端水平的重大举措。

深入开展和推进国际产能和装备制造合作，要坚持突出重点、有序推进的原则。以钢铁、有色、建材、铁路、电力、化工、轻纺、汽车、通信、工程机械、航空航天、船舶和海洋工程等制造能力强、技术水平高、国际竞争优势明显、国际市场有需求的领域为重点，根据不同国家和行业的特点，有针对性地采用境外

投资、工程承包、技术合作、装备出口等方式，推动装备、技术、标准、服务"走出去"，促进国内经济发展和产业转型升级。在此过程中，要以企业为主体、市场为导向，按照国际惯例和商业原则开展国际产能和装备制造合作，企业自主决策、自负盈亏、自担风险。政府则要加强统筹协调，制定发展规划，改革管理方式，提高便利化水平，完善财税、金融、保险、投融资平台、风险评估等服务支撑体系，营造良好环境，为企业"走出去"创造有利条件。①

五、提升利用外资综合质量与对外投资效益和水平

（一）提升利用外资综合质量

改革开放前，中国基本上没有利用外资，特别是外商直接投资。改革开放以来，中国敞开大门吸引外资，利用外资规模和领域不断扩大。改革开放初期，中国利用外资以对外借款，特别是政府贷款为主，且外商投资总体上呈现出数量扩张的特征，形成了以劳动密集型加工贸易为主的外商投资格局。从总体上看，利用外资规模较小，质量较低；同时，利用外资总量少，单位项目投资量小。1979年中国吸引外商直接投资总量只有8万美元，1980年也只有0.57亿美元。之后，随着改革开放的深入推进，中国投资环境不断改善，吸引外商直接投资逐年增加。特别是20世纪90年代后，中国确定了积极合理有效利用外资的方针，吸引外资进入高速发展时期，自1993年起，中国已成为发展中国家最大的外商直接投资吸收国。2012~2016年，中国吸引外商直接投资稳步增长，连续五年居世界前三位，年均增长3.5%。② 同时，外商投资产业结构得到很大改善，投资的重点由一般制造业发展到高新技术产业、基础产业和基础设施建设，商业、外贸、电信、金融、保险等服务业逐渐成为外商投资的新热点。外商投资形式也更加多样化，由以绿地投资为主逐步发展为绿地投资、并购投资和国际资本市场融资等多种方式相结合。

但是，近年来由于世界经济复苏乏力等原因，外国来华直接投资增速呈现出放缓趋势。特别是2016年，我国国际收支口径的直接投资由净流入转为净流出，

---

① 2015年5月国务院发布了《国务院关于推进国际产能和装备制造合作的指导意见》，为我国开展国际产能和装备制造合作提供了行动指南。

② 国家统计局：《国际地位显著提高 国际影响力明显增强——党的十八大以来经济社会发展成就系列之二》，http://www.stats.gov.cn/tjsj/sjjd/201706/t20170621_1505616.html。

直接投资净流出额达466亿美元。① 2018年我国实际使用外商直接投资金额为1350亿美元，比2017年（1310.4亿美元）增长3%。在新形势下，为提高中国开放型经济水平，我们需要进一步创新利用外资方式，不断提高利用外资的综合质量，充分发挥利用外资在推动自主创新、产业升级、区域协调发展等方面的积极作用。为此，中国应继续优化引进外资的软硬件环境建设，加快统一内外资法律法规，制定新的外资基础性法律；扩大开放领域，放宽准入限制，全面实行准入前国民待遇加负面清单管理制度；积极有效引进境外资金和先进技术，鼓励外商进行并购投资，引导跨国并购向优化产业结构方向发展，鼓励外资投向高端制造业、高新技术产业、现代服务业、新能源和节能环保产业等领域和中西部及东北地区；继续鼓励跨国公司在华设立地区总部和研发中心等各类功能性机构，切实加强知识产权保护，支持外资研发机构与中国企业和科研单位开展合作，更好地发挥外资在技术共享、合作研究、人才交流等方面的溢出效应；鼓励跨国公司在中国设立外包企业承接本公司集团和其他企业的外包业务，从而提高中国承接国际服务外包的水平；推动引资、引技、引智的有机结合，切实提高利用外资的综合优势和总体效益。

（二）提高对外投资效益和水平

随着中国对外开放步伐的加快，特别是加入世界贸易组织以来，中国企业对外投资进入快速发展时期。对外投资形式逐步多样化，由单一的绿地投资向跨国并购、参股、境外上市等多种方式扩展。对外投资领域也不断拓宽，对外投资层次和水平不断提升。对外投资使中国企业通过国际化经营不断发展壮大，国际竞争力得到极大增强。2018年，中国有120家企业（包括8家香港企业和9家台湾企业）进入了美国《财富》杂志全球企业500强名单。

近年来我国对外直接投资的存量和流量均大幅增长，增速远高于其他国家和地区。据统计，2004~2015年，我国对外直接投资存量年均增长率高达32.1%，是全球平均8.9%水平的3.6倍，远高于同期欧元区、日本、德国、美国分别为11.7%、11.7%、6.5%和5.7%的增幅。同期，我国对外直接投资流量的增速更加迅猛，流量年均增速高达51.4%，是全球平均增速0.7%的71倍，大大高于德国、日本、欧元区和美国分别为25.3%、11.2%、10.8%和-0.8%的增长速度，而且高于1985~1990年日本海外直接投资快速增长时期年均36.8%的增

---

① 国家外汇管理局：《2016年中国国际收支报告》，2017年3月30日。

速。① 当前我国对外直接投资快速增长是多种因素综合作用的结果：一是我国综合经济实力显著增强，开始从资本流入阶段转向资本输出阶段，从单纯的商品输出转向商品输出与资本输出并重，经济发展水平提高催生了对外直接投资的高速增长；二是随着经济全球化和一体化的深入推进，我国企业进入国际市场的意愿明显增强，通过设立境外企业或跨境并购重建价值链，从而实现企业资产全球优化配置；三是当前我国正处于"三期叠加"、结构性调整的关键阶段，国内投资回报率有所降低，境内外投资回报预期差异缩小吸引我国企业对外寻找投资利润点；四是当前我国国内流动性较充裕，也为我国企业加大海外投资提供了低成本资金支持。②

但是，与中国吸引外资相比，中国的对外投资仍然滞后，特别是投资收益率仍存在较大差距。据统计，2005~2016年我国对外金融资产年平均投资收益率仅为3.3%，而同期外国来华投资年平均收益率则达6.4%。③ 因此，今后中国需要进一步大力提高对外投资效益和水平，对外投资和合作方式也需要进一步创新。为此，中国应进一步完善对外投资的法律法规和服务体系，简化各类审批手续，落实企业境外投资自主权；健全风险防范机制，支持有条件的企业对外投资和跨国经营，特别是鼓励金融机构和企业在境外融资，开展跨国并购，有效提高企业在研发、生产、销售等方面的国际化经营能力和水平，深度融入全球产业链、价值链、物流链，在全球整合资源链，培育一批中国的具有世界水平的跨国公司和国际知名品牌；鼓励企业开展境外加工贸易，建立境外经济贸易合作区和研发机构，积极搭建对外投资金融和信息服务平台，在政策、资金、配套服务等方面支持有条件的国内大企业与海外跨国公司结成战略联盟，更好地实施"走出去"战略；同时要有序推动中国对外间接投资，以国家外汇投资公司等方式不断拓展境外投资渠道，逐步扩大以企业和居民为主体的对外间接投资，最终形成"引进来"和"走出去"有机结合的双向对外开放格局。

---

① 国家外汇管理局：《2015年中国国际收支报告》，2016年3月31日。

② 2017年由于我国加强了对企业对外投资真实性、合规性审查，非理性对外投资得到了切实有效遏制。2017年全年我国境内投资者共对全球174个国家和地区的6236家境外企业新增对外直接投资额（不含银行、证券、保险）8108亿元，按美元计价为1201亿美元，比2016年下降29.4%。参见国家统计局：《中华人民共和国2017年国民经济和社会发展统计公报》。2018年中国对外非金融类直接投资额达1205亿美元，比2017年增长0.3%。

③ 国家外汇管理局：《2016年中国国际收支报告》，2017年3月30日。

六、统筹国内国外两个市场两种资源

我国在新时期要提升开放型经济水平,首先还是要抓住时机,提高自身实力。发展是硬道理。只有经济保持持续快速稳定发展,经济实力和综合国力不断提高,才能在国际经济和世界舞台拥有更多的话语权,也才能更好地实现开放发展。为此,我们要切实贯彻"创新、协调、绿色、开放、共享"的发展理念,坚持"质量第一、效益优先"原则建设现代化经济体系,努力实现更高质量、更有效率、更加公平、更可持续的发展。在此基础上,要进一步统筹国内国外两个大局,充分利用国内国外两个市场和两种资源。一方面我国物质基础雄厚、人力资本丰富、市场空间广阔、发展潜力巨大;另一方面我国也存在发展方式粗放、创新能力不强、资源约束趋紧、人口老龄化加快、生态环境恶化趋势尚未得到根本扭转等突出问题。全方位对外开放是新时期我国经济实现可持续发展的必然要求。我们应奉行互利共赢的开放战略,坚持打开国门搞建设,既立足国内,充分利用我国在制度、资源、市场等方面的优势,又要重视国内国际经济联动效应,积极应对外部环境变化,更好统筹利用两个市场、两种资源,不断提升开放型经济水平,协同推进与世界各国的战略互信、经贸合作、人文交流,努力形成深度融合的互利合作格局,从而实现互利共赢、共同发展。

【思考题】

1. 为什么说"开放带来进步,封闭必然落后"?
2. 新形势下我国构建开放型经济新体制的总体目标是什么?有哪些总体要求?
3. 我国发展更高层次的开放型经济需要把握哪些要点?
4. 当前我国应如何完善对外开放战略布局?
5. 如何提升我国利用外资综合质量和对外投资效益水平?

第十九章

构建人类命运共同体和全球治理

随着经济全球化进程的日益深入,人类所面临的经济、政治、生态等问题越来越具有全球性,解决这些问题需要国际社会的共同努力。全球治理顺应了这一世界历史发展的内在要求,有利于在经济全球化时代确立新的国际秩序。全球治理内容广泛,既包括政治、环境、也包括经济,本书主要从经济的角度,对经济全球化进程中的经济治理进行探讨,并对中国提出的构建人类命运共同体理念进行阐释。

第一节 经济全球化

一、经济全球化的内涵及表现

(一) 经济全球化的内涵

经济全球化是指,随着生产力不断发展、科技不断进步、生产的国际化程度不断提高,世界各国、各地区的经济活动越来越超出一国或地区的范围而相互联系、相互依赖的过程。

经济全球化的萌芽状态可以追溯到很早。早在公元前139年,从西汉时期汉武帝派遣张骞出使西域开始,中国的丝绸就源源不断地运往罗马等国家,这就是最早的"丝绸之路"。丝绸之路从一开始就是中国古代与亚欧互通有无的商贸大道,是促进中国与亚欧各国友好往来、沟通东西方文化的友谊之路。沿着这条丝绸之路,汉朝及其后的多个朝代的使节频繁往返西域各国,不断增强中国和西域各国的友谊和交流。有西汉张骞开通西域的"西北丝绸之路";有北向蒙古高原,再西行天山北麓进入中亚的"草原丝绸之路";有西安到成都再到印度的山道崎岖的"西南丝绸之路";还有从广州、泉州、杭州、扬州等沿海城市出发,从南洋到阿拉伯海,甚至远达非洲东海岸的海上贸易的"海上丝绸之路"等。明朝永乐三年(1405年),郑和率领200多艘海船、两万七八千人开始了第一次远航。从永乐三年到宣德八年(1433年),郑和先后7次远航西太平洋和印度洋,到达30多个国家和地区,最远的曾到达非洲东部,红海、麦加。郑和的航行比葡萄牙、西班牙等国的航海家,如麦哲伦、哥伦布、达·伽马等人早了将近100年,是名副其实的"大航海时代"的先驱。特别需要提出的是,中国古代在长时间的实践中发明的指南针及其在航海上的应用,对地理大发现和海上贸易发挥了极大的促进作用,对经济全球化的形成和发展做出了重要贡献。对此,马克思指出:"火药、指南针、印刷术——这是预告资产阶级到来的三大发明。火药把骑士阶层炸得粉碎,指南针打开了世界市场并建立了殖民地,而印刷术则变成新教的工具,总的来说完成科学复兴的手段,变成了精神发展创造必要前提的强大的杠杆。"① 中国先人的科技发明和开放壮举,与世界各国一起,促进了世界各国的交流和共同发展,为经济全球化的孕育做出了贡献。但是在近代,由于制度和统治者的没落,加上外敌的入侵,中国参与经济全球化的程度则越来越小。

资本主义制度的确立和发展,使经济全球化有了较快发展。正如马克思、恩格斯所说:"资产阶级,由于开拓了世界市场,使一切国家的生产和消费都成为世界性的了。"② 20世纪80年代末90年代初,随着冷战的结束和以信息技术为代表的新科技革命的推动,技术、资本、商品等真正实现了全球范围的流动,各国之间的经济联系日益密切,相互合作、相互依存大大加强。中国的改革开放,使一个拥有十几亿人口的大国昂首挺胸走向世界,与世界各国一起,大大推动了经济全球化的更快发展。

(二)经济全球化的表现

首先是生产全球化。生产全球化是指从事跨国经营的企业在全球范围内建立分支机构,并借助母公司与分支机构之间各种形式的联系,在组织和管理体制上突破民族国家疆域的限制,逐步建立以价值增值为基础的跨国生产和投资体系。

---

① 《马克思恩格斯文集》第8卷,人民出版社2009年版,第338页。
② 《马克思恩格斯选集》第1卷,人民出版社2012年版,第275~276页。

其次是贸易全球化。贸易全球化表现为国际贸易迅速扩大，商品和劳务在全球范围内的自由流动。20世纪80年代以来，全球贸易的规模以较快速度持续增长，对外贸易在各国国民经济中的地位和作用进一步提高。随着国际贸易体制和规则更为规范以及世界贸易组织（WTO）的建立，进入21世纪以后，虽然全球金融危机的爆发对国际贸易造成了短暂的冲击，但2010~2016年间商品贸易出口总额仍有所增长，截至2016年，全球商品贸易出口总额已经达到15.9万亿美元，与2000年相比增长了1.47倍。不仅是商品贸易，21世纪之后的服务贸易增长势头也异常迅猛，2010~2016年间，年均增速为3.7%，截至2016年达到4.9万亿美元，与2000年相比增长了2.21倍。[①] 但当前，正当贸易全球化成为经济全球化重要表现的时候，美国逆潮流而动，发起对中国等多国的贸易战，给经济全球化和世界经济发展蒙上了阴影，带来很大不确定性。

再次是金融全球化。随着世界经济的全球化发展，金融领域的跨国活动也迅猛发展。金融全球化是指金融业跨国发展，金融活动按全球同一规则运行，同质的金融资产价格趋于同化，巨额国际资本通过金融中心在全球范围内迅速运转。金融全球化主要表现在：资金流动的全球化；金融机构的国际化和金融市场的全球化。信息通信技术的高度发达和广泛应用，使全球金融市场已经开始走向金融网络化。

最后是国际分工的深化。伴随着全球化的深入，国际分工体系已经由传统的产业间分工，逐步深入到产业内分工甚至产品内分工。传统的产业间分工就是国家之间的劳动分工按照不同产业进行，主要表现是发达国家从事工业制成品生产，而发展中国家从事农产品和原材料初级产品的生产，由此形成最原始的国际分工体系。二战以后，随着国际分工格局的变化，之前垂直型的分工依然存在，但是水平型分工体系变得越来越普遍。

二、经济全球化的动因与本质

（一）经济全球化的动因

导致经济全球化不断发展的主要因素包括以下三个方面：

一是科技革命所推动的产业革命为经济全球化提供了物质基础。随着科学技术的迅猛发展，人类的生产生活方式发生了巨大变化，经济也加速在全球范围内

---

① 数据来源于世界贸易组织。

的运转。首先，在18世纪中期至19世纪中期，以蒸汽机和纺织机的发明使用为重要标志的第一次工业革命，使资本主义生产由工厂手工业过渡到了机器大工业，工农业生产与交通运输业也获得了空前的发展，加强了世界的联系。继而在19世纪后半期发生了以电力和电动机的发明使用为标志、以重化工业兴起为核心的第二次工业革命，极大地推动了经济全球化，并对资本主义国际分工体系的最终形成起到了决定性的作用。然而经济全球化的进一步发展则是以20世纪以来的信息技术革命为基础，以计算机进入办公室和家庭、卫星通信和光导通信的发展，特别是网络化的迅速发展为标志。这次科技革命使世界各国的联系更加紧密，实现了人类生产的精细化和实时动态管理，使得分布在全球各地的生产活动可以通过互联网得以远程控制以及迅速完成。通信、运输、交易成本的大幅下降，人类的生产、生活方式发生了革命性变化，客观上为经济全球化的迅猛发展提供了物质基础与现实可能。

二是各国经济体制的变革为经济全球化创造了体制条件。经济全球化已经超越了主权国家的范畴成为世界性潮流，其赖以存在的经济机制是市场经济。从20世纪70年代末80年代初开始，世界各国相继进入了经济体制大变革、大调整时期。一方面世界上一些主要发达国家为了摆脱经济滞胀的困境，开始进行经济政策与经济结构的大调整，使资本主义市场经济体制进一步在全球范围拓展。另一方面，发展中国家也在做向市场经济体制方向转变的调整。一些原先实行计划经济的国家，向市场经济体制过渡。这个过程为经济全球化发展提供了体制条件。

三是跨国公司的全球扩张成为经济全球化的主要推动力。跨国公司是经济全球化的微观层面的具体组织者和主要驱动力量，跨国公司的全球生产、经营活动是经济全球化的主要载体，在推动经济全球化发展中发挥着重要作用。

（二）经济全球化的本质

从经济全球化的发展过程看，经济全球化以及在此基础上形成的世界经济体系具有二重性：一方面是生产的社会化和资源配置的全球化过程；另一方面是社会经济关系在全球范围内的一体化过程。

从生产力发展和资源配置的角度看，经济全球化是生产社会化发展的更高阶段。在全球化的经济中，社会总资源的配置是通过世界市场在全球范围内来实现的，商品、资本和劳动力的流动跨越了国家的界限，市场经济日益具有国际性，国际贸易不断扩大，跨国投资不断增加，包括银行贷款、票据融资和债券发行在内的国际金融市场不断发展，劳动力的跨国流动和国际移民不断增加，国际价值规律成为调节生产过程的主要规律。经济全球化是生产社会化发展的必然趋势，对生产力的发展有巨大的推动作用。全球化促进了国际分工在广度和深度上的发展，加速了商品、资金、信息和劳动力在全球范围内的流动，加快了知识和技术传播与扩散的速度，使各国和各民族之间的相互联系更加紧密，提高了全世界资源配置的效率，导致了社会财富的日益增长。

从社会经济关系角度看，在人类社会发展处于资本主义阶段时，经济全球化有了较快发展，在这样的阶段，资本主义在经济全球化中处于主导地位。一方面，由于资产阶级创造全球市场的强烈冲动，适应了经济全球化的要求，推动了世界经济发展，使各国之间的经济联系日益增强；另一方面，由于资本的本质在于不断增殖。因此，迄今为止的经济全球化，实际上是资本主义生产方式在世界范围内的扩张过程。在资本原始积累时期，资本主义制度的扩张是通过对殖民地的征服来实现的，美洲金银产地的发现，土著居民的被剿灭、被奴役和被埋葬于矿井，对东印度开始进行的征服和掠夺，非洲变成商业性地猎获黑人的场所，这一切标志着资本主义生产时代的曙光。在自由竞争时期，资本主义制度的扩张是在武力征服和自由贸易的共同推动下完成的，它的商品的低廉价格，是用来摧毁一切万里长城、征服野蛮人最顽强的仇外心理的重炮。它迫使一切民族——如果它们不想灭亡的话——采用资产阶级生产方式；它迫使它们在自己那里推行所谓的文明，即变成资产者。一句话，它按照自己的面貌为自己创造出一个世界。进入垄断阶段后，资本的输出成为资本主义制度全球扩张的主要工具，通过对外投资，资本主义生产关系直接输出到广大发展中国家，资本主义生产方式在全球得到推广。在当代，贸易的全球化、资本的全球化、跨国公司的迅猛发展，使得资本主义生产关系在全世界得到了更加深入和广泛的发展。

因此，经济全球化是一把双刃剑，在推动生产的社会化和世界经济发展的同时，又给世界经济的发展带来了许多新矛盾。资本主义的基本矛盾也随着经济的全球化而在全世界范围内得到了更为广泛的发展。但资本主义主导的经济全球化是历史性的，而绝不可能是永恒的。

三、经济全球化的影响

经济全球化有积极影响，也有消极影响。经济全球化对发达国家的积极影响主要表现在：首先，在对外贸易和投资渠道上，发达国家的出口贸易空间随着经济全球化得到了极大的扩大，并借助投资自由化，为其国内过剩资本找到了获取高额垄断利润的投资场所，从中获取多重经济利益。其次，经济全球化游戏规则的制定从根本上反映和代表着发达国家的利益，为其对外经济扩张带来了更为广阔的活动空间和潜在的经济利益。最后，经济全球化带动了发达国家的产业结构变迁，使其获得国际分工深化的巨大经济利益。另外，经济全球化也容易造成发达国家资金的充溢和流动性泛滥，国际"热钱"的过度投机会加大金融市场的不稳定性。但从总体上看，在经济全球化背景下，发达国家仍然是最大受益者，其通过不对等的国际制度和发展优势可以获得更大的利益却承担较少的成本，进一步加强了其优势地位和对国际制度的主导权。

对于发展中国家而言，经济全球化既给广大发展中国家带来了发展机遇，也使它们面临诸多风险与挑战。机遇主要体现在以下几个方面：首先，发展中国家可以充分利用国内国外两种资源、两个市场来改善本国资金、技术和管理经验不足的局面，尽快实现经济的现代化。其次，发展中国家在经济全球化推动下有利于实现产业结构的调整与优化，利用本国劳动力资源丰富的比较优势，承接发达国家转出的劳动密集型产业，扩大就业，提高居民收入，加速工业化、城镇化的进程。再次，经济全球化推动了发展中国家对外贸易的扩大，贸易自由化为发展中国家的加工贸易产品赢得了不断扩大的销售市场，增加外汇的同时，也为发展中国家进入发达国家市场提供了机会。最后，发展中国家参与全球经济合作，也为自身在国际经济中争得一席之地，在一定程度上有利于维护自身的权利和利益。风险与挑战主要表现在：第一，发展中国家面临着资本流动冲击的风险，在经济全球化背景下，国内资金流出的可能性加大，国外资本的过度流入也会造成对外国资本的过度依赖，从而加大了发展中国家的金融风险。第二，发展中国家盲目承接发达国家劳动密集型、高能耗、高污染产业转移容易导致本国资源过快枯竭、环境污染和抑制本土企业发展，损害本国经济可持续发展能力。发展中国家虽然可以实现工业化，但是由于发达国家通过规则制定、技术垄断等方式，可以将发展中国家限制在价值链的低端，于是只能实现"不发达的发展"，却难以真正追赶发达国家。第三，经济全球化对民族国家传统的宏观经济管理能力和控制能力构成严重挑战，使发展中国家的经济主权、经济安全遭到威胁。所以，面对全球化，发展中国家应采取正确的政策趋利避害、妥善应对，这样才能抓住机遇更好地发展。

从整体看，经济全球化对世界经济体系也产生重要的影响。首先，经济全球化使生产要素在全球范围内自由流动、配置和重组，生产、投资、金融、贸易、技术、信息、劳动力等越出国界、区界和洲界，流量越来越大，相互间的经济联系越来越密切，世界各国、各地区的经济融为相互依存的统一体。其次，经济全球化使南北差距加剧。发达国家在国际分工中处于价值链的高端，获取贸易全球化带来的绝大多数利益，进一步巩固了在世界经济体系中的地位和作用。而对于发展中国家来说，经济全球化加快了发展中国家的分化。一部分发展中国家充分利用全球化提供的机遇，国民经济获得迅速增长，在世界经济中的地位和作用显著提升。而一部分发展中国家引进外资和对外投资较少，主要依靠单一的初级产品出口，产业结构落后，在全球化浪潮下获益较小，处境艰难，日益被"边缘化"和"外围化"。显著扩大的南北差距会加剧南北矛盾，造成世界上的多种对立和冲突。最后，在经济全球化背景下，世界经济格局正在向多极化方向发展。在经济全球化条件下，世界经济高度融合、相互依存，虽然美国在世界经济中超级大国的地位没有动摇，然而单个国家在重大政治、经济、环境等方面问题上已不再可能主宰世界走向。同时，日本和西欧的经济实力在二战以后得到显著的增强，尤其是欧盟依靠一体化带来的集合力量在经济上已经具有和美国相抗衡的实力。新兴经济体抓住了经济全球化带来的发展机遇，实现了较为快速的增长，包括中国、印度、俄罗斯、巴西、南非在内的"金砖国家"，已经成为推动世界经济发展的重要力量。随着全球化的深入发展，促成世界多极化的因素正在不断涌现和加强。

四、经济全球化面临的新课题

（一）发展动力不足

2008年世界金融危机之后，经济全球化的强劲发展势头有所逆转，随之而来的是贸易保护主义抬头，逆全球化浪潮苗头出现。具体而言，主要表现在：

第一，国际贸易的增速下降。2008年全球金融危机以来，国际贸易增速明显放缓，跨国公司的发展与对外直接投资增速也有所下滑。国际贸易和对外投资增速呈现低迷状况，意味着经济全球化进程遭遇较大的阻力。

第二，投资限制与贸易壁垒提升。自2008年全球金融危机爆发以来，美国等国家采取保护主义措施。投资自由化和贸易自由化政策被束之高阁，严格的投资限制与严密的贸易壁垒大行其道。保护主义严重阻碍国际贸易和投资的持续发展，使经济全球化面临严峻挑战。

第三，区域经济一体化呈现排他性、封闭性、碎片化的发展态势。区域经济一体化是经济全球化的重要组成部分和推动力量，一体化有助于推动经济全球化的发展。但是金融危机之后，由于各种复杂的政治、经济、社会因素，一些地区的区域经济一体化进程受到重创。其中较为典型的就是英国脱欧事件，并使得欧洲一体化进程遭遇挫折。区域经济一体化进程的逆转严重阻碍了经济全球化的发展。

(二) 发展不平衡

第一，人均收入不平衡。发达国家与发展中国家经济发展不平衡的一个重要特点就是人均收入不平衡、差距悬殊。二战以来，发达国家一直在世界经济中占据优势地位，其凭借优势地位通过不等价交换来控制和剥削发展中国家，发展中国家则因经济的畸形发展和资金、技术的不足而在经济上依附于发达国家，结果是富者愈富、穷者愈穷。在当今的经济全球化浪潮下，这样的不平衡依然没有改变，发达国家利用其在贸易、金融、投资等方面的优势成为经济全球化的最大受益者。2016年高收入国家人均GNI为41150.12美元，是1965年的3.63倍，是1995年的1.69倍。2016年中高等收入国家人均GNI为8176.34美元，仅占高收入国家的1/5。2016年中等收入国家、中低等收入国家、最不发达国家人均GNI分别为4891.35美元、2077.70美元、953.27美元。最不发达国家的人均GNI是高收入国家的1/43。① 可见，发达国家与发展中国家人均收入水平不平衡的严重性。

第二，产业结构不平衡。产业结构发展的不平衡实际上是通过发达国家与发展中国家分别处于不同的发展阶段反映出来的，即体现着一种发展阶段的不平衡性，但更重要的是中心外围结构也抑制了发展中国家的产业层次跃升，进而难以实现对发达国家的经济赶超。二战之前，发达国家产业结构的重心已经完成了由农业向工业的转移。二战之后，发达国家产业结构的重心由工业迅速向服务业转移。但多数发展中国家产业结构的重心只是实现了由农业向工业的转移，与发达国家相比，服务业在GDP中的比重仍然较低。1970~2015年发达国家与发展中国家的产业结构对比如表19-1所示。

表19-1　　　1970~2015年发达国家与发展中国家的产业结构对比　　　单位：%

国家	项目	1970年	1980年	1990年	2000年	2005年	2010年	2015年
发达国家	农业	5.0	3.9	2.8	1.7	1.6	1.4	1.3
	工业	38.0	36.1	31.9	27.0	25.3	23.8	23.0
	服务业	57.1	60.0	65.3	71.3	73.1	74.8	75.7

---

① 数据来源为世界银行。

续表

国家	项目	1970年	1980年	1990年	2000年	2005年	2010年	2015年
发展中国家	农业	38.4	19.4	14.8	10.3	9.5	9.4	9.0
	工业	27.4	41.1	36.8	36.3	38.9	38.9	36.2
	服务业	34.2	39.5	48.4	53.4	51.6	51.7	54.8

资料来源：UNCTAD, Handbook of Statistics, September 2009, December 2014, December 2017.

第三，发展条件不平衡。发展条件不平衡是发达国家与发展中国家经济发展不平衡的另一重要特征，主要体现在基础设施条件不平衡和能源资源结构的不平衡上。基础设施的完备程度是一个国家或地区经济发展和人民生活水平最直接的反映，基础设施主要包括公路、铁路、机场、管道等。2006年，占全球人口86%的发展中国家的公路、铁路和机场的保有量均仅占全球的一半左右，而仅占全球人口14%、面积24%的25个发达国家基础设施的数量占到全球的一半。发展中国家每万人公路、铁路及管道的里程数、每百万人机场数量均仅相当于发达国家人均水平的1/5。

(三) 资源与环境的不可持续

随着世界各国经济的发展，土地资源问题日益突出，集中表现为森林衰退问题和土壤退化问题。森林衰退主要是指全球森林覆盖面积的不断减少，最直接的原因在于，发展中国家为了摆脱贫困和发展经济，不得不过度开采和出卖森林资源。而森林和土表植被的减少，导致土壤流失、耕地退化、水灾频繁、全球气候变暖、物种消失，影响整个生态系统的平衡。半个多世纪以来，由于人口的迅速增长和环境污染的日益严重，土壤退化问题日益严重。从全球看，水资源紧缺及其分布不均和水污染，已成为当代世界最严重和最重大的资源环境问题。目前，世界上已有超过一半的陆地面积、遍及100多个国家和地区中的12亿人用水短缺，30亿人缺乏用水卫生设施，这种状况在发展中国家尤为严重。同时，伴随着全球人口的急剧增长和全球工业的迅速发展，人类对水资源的需求以惊人的速度扩大。据统计，整个20世纪，世界人口增加了2倍，而人类用水则增加了5倍。洁净水的缺乏将是制约21世纪经济发展的关键因素之一。

能源是国民经济发展和人民生活水平提高的重要物质基础。在主要的能源品种中，石油的战略价值最为明显，20世纪被形容为"石油的世纪"。然而，由于石油资源地理分布和石油消费的明显不均衡性，产生了资源的供求矛盾。因此无论是发达国家，还是发展中国家，对石油资源的依赖与竞争已是当前各国经济运行和国际政治交往的重要内容。世界经历了1973年和1979年的两次石油危机，面对全球气候变暖的严峻局势，近年来各国纷纷加大对新能源和能源新技术开发与利用的力度。

随着科技进步和社会生产力的极大提高，人类创造了前所未有的物质财富，加速推进了文明发展的进程。与此同时，人类对环境影响的深度和广度也不断加强，人类赖以生存的大气、水、土地、生物乃至外层空间不断受到破坏，环境问题随之产生。由联合国列出的威胁人类生存的全球十大环境问题包括：全球气候变暖，臭氧层的耗损与破坏，生物多样性减少，酸雨蔓延，森林锐减，土地荒漠化，大气污染，水污染，海洋污染，危险性废物越境转移及处置。严峻的现实已告诉我们，人类如果继续以牺牲长远利益为代价，使环境单纯地满足我们目前的需求，其结果将是灾难性的。许多环境问题都是全球性的，因此，世界各国应同心协力、共同治理。应对环境问题需要动用人类所有的创新和智慧。

（四）国际经济秩序的不协调

首先是国际贸易体系的不协调。伴随着经济全球化程度的不断加深，国际贸易作为世界经济增长引擎的作用愈发突出。此外，国际贸易商品结构也发生明显改变。第一，货物贸易中初级产品所占的比重下降，制成品比重相应上升。第二，国际服务贸易迅速增长。并且，自20世纪90年代以来，世界贸易中逐渐形成了北美、欧盟和东亚三大板块的新格局。2013年，三大板块占世界贸易的比重分别为12.8%、35.2%、15.0%，合计为63.0%。[①] 上述三大板块推动了世界经济的增长和全球贸易的发展，但同时也促进了贸易集中度的提高，导致了世界贸易的发展更加不平衡。

从国际贸易规则的角度来看，不可否认的是WTO的作用有被弱化的趋势。近年来，为了实现经济再平衡，摆脱经济危机的困扰，资本主义正在积极推动国际贸易体系的变革。其特点主要是弱化WTO的作用，逐步以新型贸易协议取而代之。这些被提出的新型贸易协议几乎涵盖了一个国家商业关系的所有方面，除了传统的贸易投资自由化与关税议题外，还纳入了竞争政策、金融服务、政府采购、知识产权、环境保护、劳工权益等问题，并对此做出了严格的规定。其目的在于以"规则领跑"来提升自身竞争力，这将在很大程度上抑制新兴经济体的增长潜力和发展空间，并加快发达经济体与新兴经济体之间的经贸竞争由产品层面转向规则层面。

[①] 根据世界贸易组织《世界贸易报告》相关数据计算。

其次是国际货币体系的不协调。二战之后的国际货币体系历经三次重要转折，从金本位制到布雷顿森林体系再到现在的牙买加体系，已经变得愈发脆弱。

第二节　坚持和平发展道路　推动构建人类命运共同体

一、坚定推进创新发展

面对当前世界经济发展动力不足和经济全球化出现的问题，首先要考虑如何提供新动力，让世界经济发展的引擎运转起来。回顾工业革命以来的历史可以发现，创新是引领发展的第一动力，是从根本上打开增长之锁的钥匙。目前，上一轮科技进步带来的增长动能逐渐衰减，新一轮科技和产业革命正在发生。为了走出困境，国际社会必须牢牢把握科技进步的大方向，建设创新型世界经济。

对于中国而言，为全球治理贡献中国智慧和力量，首先就是要坚定推进创新发展，对全世界经济复苏起到带动作用。中国经济发展进入新常态，过去长期以来主要依靠资源、资本、劳动力等要素投入支撑经济增长的方式已不可持续，因此迫切需要建设创新型国家和世界科技强国，转变经济增长方式，实现可持续发展。科技创新是提高社会生产力和综合国力的战略支撑，必须摆在国家发展全局的核心位置，要坚持走中国特色自主创新道路、实施创新驱动发展战略，加快建设创新型国家。

加快建设创新型国家，对我国形成国际竞争新优势、增强发展的长期动力，从而推动世界经济增长具有战略意义。推进创新驱动发展战略，要着力采取以下措施：第一，加强基础研究，提高创新能力。第二，打造创新高地，拓展发展新空间。第三，发展高端制造，构建产业新体系。

二、坚定推进包容发展

就世界范围而言，贫困和饥饿仍然是人类面临的重大问题。如何消除贫困饥饿，使各个国家和民族在经济全球化进程中互利共赢、共同进步，实现包容联动式发展，仍然是国际社会所要解决的重要问题之一。在世界范围内，必须将发展中国家的发展置于优先位置，只有加快发展中国家的发展，减少全球发展不平等和不平衡，才能促进各国人民共享世界经济增长成果。

在此方面，中国做出了努力，始终坚定推进包容发展。正如习近平所说："大家一起发展才是真发展，可持续发展才是好发展，欢迎各国搭乘中国发展'顺风车'。"① 近年来，中国提出"一带一路"倡议，已有100多个国家和国际组织参与其中，这将有力推动各个国家和民族互利共赢、共同进步。"一带一路"逐渐成为国际合作的新平台，增添了共同发展的新动力。

与此同时，中国也一直在努力推动新兴市场国家提高在国际货币基金组织等国际金融机构中的投票权和份额。在中国等国的努力推动下，金砖国家开发银行于2015年7月正式成立，创始成员为"金砖五国"即中国、巴西、俄罗斯、印度和南非，启动资金1000亿美元。其资金主要用于资助金砖国家以及其他发展中国家的基础设施建设。

三、坚定推进绿色发展

长期以来，中国高度重视全球气候变化问题，一方面积极参与应对全球气候变化的国际合作，另一方面也把绿色低碳发展作为本国生态文明建设的重要内容以及经济社会发展的重大战略。中国曾于2009年哥本哈根会议（COP15）期间向国际社会宣布："到2020年单位国内生产总值二氧化碳排放比2005年下降40%至45%，非化石能源占一次能源消费比重达到15%左右，森林面积比2005年增加4000万公顷，森林蓄积量比2005年增加13亿立方米。"为此，中国在"十二五"期间出台并积极实施了《"十二五"控制温室气体排放工作方案》《"十二五"节能减排综合性工作方案》《节能减排"十二五"规划》，通过一系列行之有效的政策措施，推动本国的碳减排进程。2014年APEC会议期间中美两国发布了《中美气候变化联合声明》，作为上一年度世界碳排放总量最大的两个国家就在巴黎气候会议（COP21）达成新的协议取得了共识。2015年巴黎会议上，中国根据自身国情与所处的发展阶段，提出"二氧化碳排放2030年左右达到峰值并争取尽早达峰；单位国内生产总值二氧化碳排放比2005年下降60%至65%，非化石能源占一次能源消费比重达到20%左右，森林蓄积量比2005年增加45亿立方米左右"，进一步展现出大国的国际责任与担当，也展现出中国坚定推进绿色发展的决心。

中国为了兑现《巴黎协定》中的自主贡献的承诺，推动经济绿色低碳发展，

---

① 引自习近平主席于第70届联合国大会发表的题为《携手构建合作共赢新伙伴 同心打造人类命运共同体》的重要讲话。

将着力于做好以下三个方面：第一，建立清洁低碳的现代能源体系，调整能源结构。要尽力提高清洁能源消费占比，以实现碳减排目标。第二，建立绿色低碳的现代产业体系。第三，积极参与国际碳减排合作。早在《京都议定书》框架下，排放交易与清洁发展机制等国际碳减排合作的制度安排就已经被提出。在随后的实践中，不仅上述机制取得了诸多进展、积累了丰富经验，而且很多国家和地区还建立起本地的碳排放交易体系。中国是清洁发展机制中最大的卖家，已经在国内多个地区进行碳排放交易试点，并已构建起全国范围的碳排放交易体系。中国的碳排放削减，除了减缓气候变化之外，对其他环境污染的治理也具有极为重要的外溢效应。

四、坚定推进开放发展

对外开放已经成为我国长期的基本国策。开放带来进步，封闭必然落后。中国开放的大门不会关闭，只会越开越大。当今的世界是开放的世界，互相开放不仅是发展中国家的需要，也是世界发展的大趋势。从当代生产力发展水平来看，生产的社会化和国际化程度在近几十年中空前提高，国际分工有了长足发展，许多产品都是国际分工合作的产物；从科学技术的研究、运用和发展来看，国际合作成果与互惠步伐加快，世界范围的人力、财力和物力，通力合作，共同攻关日益明显；从市场经济发展方向来看，开放化与一体化已经成为世界潮流，统一的国内市场已经发展成为世界市场；在当代，任何一个国家要发展，都必须扩大对外开放，加强国际交往。

坚持开放发展，必须顺应中国经济深度融入世界经济的趋势，奉行互利共赢的开放战略，发展更高层次的开放型经济，积极参与全球经济治理和公共产品供给，构建广泛的利益共同体，人类命运共同体。

五、构建人类命运共同体

当今世界正处于大发展大变革大调整时期，和平与发展仍然是时代主题。世界多极化、经济全球化、社会信息化、文化多样化深入发展，全球治理体系和国际秩序变革加速推进，各国相互联系和依存日益加深，国际力量对比更趋平衡，和平发展大势不可逆转。同时，世界面临的不稳定性不确定性突出，世界经济增长动能不足，贫富分化日益严重，地区热点问题此起彼伏，恐怖主义、网络安全、重大传染性疾病、气候变化等非传统安全威胁持续蔓延，人类面临许多共同挑战。面对的世界格局，各国人民应同心协力，构建人类命运共同体，建设持久和平、普遍安全、共同繁荣、开放包容、清洁美丽的世界。要相互尊重、平等协商，坚决摒弃冷战思维和强权政治，同舟共济，促进贸易和投资自由化便利化，推动经济全球化朝着更加开放、包容、普惠、平衡、共赢的方向发展。要坚持环境友好，合作应对气候变化，保护好人类赖以生存的地球家园。

（一）人类命运共同体的内涵

党的十九大报告中提出，坚持和平发展道路，推动构建人类命运共同体。2018年3月11日，第十三届全国人民代表大会第一次会议通过的宪法修正案规定要"发展同各国的外交关系和经济、文化交流，推动构建人类命运共同体"。①"人类命运共同体，顾名思义，就是每个民族、每个国家的前途命运都紧紧联系在一起，应该风雨同舟，荣辱与共，努力把我们生于斯、长于斯的这个星球建成一个和睦的大家庭，把世界各国人民对美好生活的向往变成现实。"② 构建人类命运共同体内涵丰富：

政治上，要相互尊重、平等协商，坚决摒弃冷战思维和强权政治，走对话而不对抗、结伴而不结盟的国与国交往新路。安全上，要坚持以对话解决争端、以协商化解分歧，统筹应对传统和非传统安全威胁，反对一切形式的恐怖主义。经济上，要同舟共济，促进贸易和投资自由化便利化，推动经济全球化朝着更加开放、包容、普惠、平衡、共赢的方向发展。文化上，要尊重世界文明多样性，以文明交流超越文明隔阂、文明互鉴超越文明优越。生态上，要坚持环境友好，合作应对气候变化，保护好人类赖以生存的地球家园。人类命运共同体这一超越民族国家和意识形态的"全球观"，表达了中国追求和平发展的愿望，体现了中国与各国合作共赢的理念。

（二）人类命运共同体的时代意义

突破不平衡与不平等的国际经济关系，将"自由人的联合体"从民族国家内部扩展至世界范围，构筑起一个人类社会的命运共同体，这将是全新国际经济秩序发展的方向。在国际经贸关系之间，导致外围国家受到中心国家经济支配，被迫接受不等价交换的原因是多方面的，包括技术落后、资金缺乏、基础设施不足、国内市场无法提供具有规模的需求等。如果可以解决上述问题，就可以帮助

---

① 《中华人民共和国宪法》，中国民主法治出版社2018年版，第5页。
② 习近平总书记在中国共产党与世界政党高层对话会上的主旨讲话。

发展中国家逐渐摆脱外围地位，实现真正意义上的经济发展。但是，对于资本主义主导的全球化则难以解决上述问题，这相当于让资本放弃自己追逐的利润。人类命运共同体的核心在于从根本上促进世界经济的平衡与平等。当然，世界上国家之间的关系错综复杂，不仅发达国家与发展中国家存在着不平衡与利益冲突，而且发达国家之间以及发展中国家之间也同样存在着不平衡与利益冲突。这就增加了促进世界经济格局及其运行改变的难度。但是，人类命运共同体则强调求同存异，首先从具有利益共识的领域做起，通过累积量变争取促成质变。因此，人类命运共同体概念的提出是马克思主义政治经济学在结合当代资本主义发展基础上的一个重要理论创新。

（三）人类命运共同体的发展方式

发展人类命运共同体，一方面要加强双边合作，开展多层次、多渠道沟通磋商，推动双边关系全面发展；另一方面要强化多边合作机制的作用，利用各种多边合作平台寻求更大范围的利益共识与合作可能。

发展国家之间的利益共同体关键是要形成利益共识。由于不同国家之间的发展水平与经济规模存在差异，因此就决定不同国家在构建共同体中具备的能力与可以发挥的作用显著不同。目前，中国经过改革开放40年的发展，在经济总量、贸易规模、制造业生产能力、外汇储备等很多方面都在世界范围内名列前茅，这就为中国在构建利益共同体中发挥更大的积极作用创造了条件，可以确保中国拥有在众多领域与其他国家实现合作共赢的可能性。中国可以将自身经济发展与其他国家的经济发展彼此联系，共同分享发展的红利。

第三节 积极参与全球治理体系改革和建设

一、全球治理及其基本原则

全球治理是顺应世界多极化趋势，旨在对全球事务进行的共同管理。全球治理的核心要素包括：一是全球治理的价值。即在全球范围内所要达到的应当是反映全人类共同要求的目标。二是全球治理的规制。即维护国际社会正常秩序，实现人类共同目标的规则体系，包括用以调节国际关系和规范国际秩序的所有跨国性的原则、规范、标准、政策、协议、程序等。三是全球治理的主体。即制定和实施全球规制的组织机构,主要有各国政府、政府部门;正式的国际组织,如联合国、世界银行、世界贸易组织、国际货币基金组织等;非正式的全球性组织。四是全球治理的客体。即已经影响或者将要影响全人类的、很难依靠单个国家解决的跨国性问题,主要包括国际经济、全球安全、生态环境、气候变化、跨国犯罪、基本人权等。五是全球治理的效果。涉及对全球治理绩效的评估,集中体现为国际规制的有效性,具体包括国际规则的透明度、完善性、适应性、政府能力、权力分配、相互依存和知识基础等。

全球治理的模式有三种:一是国家中心治理模式。即以主权国家为主要治理主体的治理模式。具体地说,就是主权国家在彼此关注的领域,出于对共同利益的考虑,通过协商、谈判而相互合作,共同处理问题,进而产生一系列国际协议或规制。二是有限领域治理模式。即以国际组织为主要治理主体的治理模式。具体地说,就是国际组织针对特定的领域(如经济、环境等领域)开展活动,使相关成员之间实现对话与合作,谋求实现共同利益。三是网络治理模式。即以非政府组织为主要治理主体的治理模式。具体地说,就是指在现存的跨组织关系网络中,针对特定问题,在信任和互利的基础上,协调目标与偏好各异的行动者的策略而展开的合作管理。

全球治理的原则:第一是合法性,即社会秩序被自觉认可和服从的性质和状态。第二是透明性,即政治信息的公开性。第三是责任性,即人们应当对自己的行为负责。第四是法治,即法律是公共政治管理的最高准则,任何政府官员和公民都必须依法行事,在法律面前人人平等。第五是回应,即公共管理人员和管理机构必须对民众的要求作出及时的和负责的反应,不得无故拖延。在必要时还应当定期地、主动地向民众征询意见、解释政策和回答问题。第六是有效,主要指管理的效率。

二、共同构建公正高效的全球金融治理格局

针对经济全球化出现的新问题和新挑战,首先要构建公正高效的全球金融治理格局,对现在的国际货币体系进行一系列的改革。那么,什么样的国际货币体系才能保持全球金融稳定、促进世界经济发展呢?这是世界各国面临的一个重要问题。2008年爆发的世界金融危机更加暴露了现行国际货币体系的内在缺陷。从国际货币体系发展的长期历史来看,国际货币体系改革从没有间断过,每一次改革总是与当时的经济社会背景相联系,改革的内容和侧重点也往往出现一些新的特点和情况。目前,国际货币体系除了继续对原有的改革内容进行强化之外,

改革的重点应集中在国际储备货币体系的改革，主要包括：第一，加强对主要储备货币发行国的监督。可以改革国际货币基金组织的职能以加强和改善对主要储备货币发行国，特别是美国的宏观经济政策和货币发行政策的监督。第二，促进国际储备货币的多元化。通过国际货币多元化，促进国际货币体系均衡性、稳定性的发展，并据此提高新兴与发展中国家在国际货币体系中的作用与地位。第三，促进超主权货币的发展。创造一种与主权国家脱钩并能保持币值长期稳定的国际储备货币，从而避免主权信用货币作为储备货币的内在缺陷，这是国际货币体系改革的理想目标。超主权储备货币不仅克服了主权信用货币的内在风险，也为调节全球流动性提供了可能。超主权储备货币的主张虽然由来已久，但至今没有实质性进展。国际货币基金组织于1969年创设了特别提款权（SDR），以缓解主权货币作为储备货币的内在风险，SDR具有超主权储备货币的特征和潜力，为国际货币体系改革提供了希望。未来，国际货币基金组织应着力推动SDR在各成员之间的分配，并在此基础上进一步扩大SDR的发行，从而使其能真正满足各国对储备货币的要求。

我国从2009年开始加速推进人民币国际化进程，这一阶段我国一方面以应对金融危机为契机，与多国央行之间签订了本币互换协议；另一方面以人民币跨境结算试点为突破口，完善收付信息管理系统建设，推动人民币债券市场发展，逐步构筑人民币内外循环的通道。此后，进一步拓展双向跨境投资，并且结合利率机制、汇率机制、沪港通、自贸区等改革措施提升人民币国际化利用的自由度，从而使得人民币的国际影响力逐步提升。2015年11月30日，国际货币基金组织正式宣布将人民币纳入SDR。人民币纳入SDR并且逐步成为世界货币，将促使国际货币体系发生一些积极变化，帮助世界各国，特别是发展中国家营造一个稳定且公平的外部经济环境。第一，人民币将进一步促进储备货币多元化，各国可以将人民币纳入外汇储备，并且以此配置人民币资产，中国经济的成长性将足以确保人民币的汇率稳定与人民币资产的保值。第二，发展中国家如果希望确保本国货币汇率稳定，将人民币纳入目标货币篮子将是一种有益的尝试。目前的牙买加体系下，各国可以灵活地选择本国的汇率制度。在美国过度去工业化的背景下，美元的汇率大幅波动已经成为金融资本攫取利润的一种手段，所以单纯盯住美元显然也将加大本国经济波动的风险。随着中国经济逐步扩大对世界经济影响的深度与广度，特别是在加大进口之后，将人民币纳入广大发展中国家目标货币篮子将有助于世界汇率体系的稳定。第三，中国在推动人民币国际化的进程中也必将发挥更大作用，向广大发展中国家提供力所能及的帮助。例如，当某国出现国际收支恶化的情况时，一方面可以通过改革国际货币基金组织，提供更为及时的救助，另一方面也可以通过货币互换或者金砖国家银行等机制、平台帮助发展中国家渡过难关。

三、共同构建开放透明的全球贸易和投资治理格局

开放带来进步。开放是世界经济繁荣发展的必由之路。但是，在国际金融危机的背景下，经济全球化出现波折，多边贸易体制受到冲击。因此，国际社会需要警觉的是重回以邻为壑的老路，这不仅无法摆脱自身危机和衰退，而且会收窄世界经济共同空间，导致"双输"局面。所以，国际社会应该继续推动贸易和投资自由化便利化，共同构建开放透明的全球贸易和投资治理格局。

要积极引导经济全球化的发展，通过开放实现优势互补，最终取得互利共赢。为此，国际社会应该重申反对保护主义承诺，恪守不采取新的保护主义措施的承诺，加强贸易和投资机制建设，加强投资政策协调合作，制定全球贸易增长战略和全球投资指导原则，巩固多边贸易体制，采取切实行动促进贸易增长。不同国家之间要巩固原有贸易领域，同时积极挖掘新的贸易增长点，进而促进贸易增长，并且优化贸易结构。在贸易方式方面，一方面继续发展传统贸易；另一方面结合互联网与电子商务平台，促进新型贸易业态发展。拓展贸易关键是要减低贸易成本，促进贸易的便利化，这涉及海关、检验、检疫、标准、认证、统计等多领域的跨国协调与合作，重点是制度规则的统一与信息的传递共享，逐步实现信息互换、监管互认、执法互助。继续拓展自由贸易区的建议，并且在发展贸易的同时也推动投资的便利化，以双边投资协定的方式消除投资壁垒。

在此基础上，国际社会应该发挥基础设施互联互通的辐射效应和带动作用，帮助发展中国家和中小企业深入参与全球价值链，推动全球经济进一步开放、交流、融合。自2008年全球金融危机之后，世界经济艰难复苏，形势严峻。许多发展中国家推动经济发展、推进工业化进程以及加强基础设施建设的意愿强烈、需求旺盛，而我国在相关的产业与装备领域具备配套能力强、产品质量高、制造成本低等优势，双方拥有广泛开展国际产能合作的空间。这不仅有利于拉动相关国家的经济与就业，而且也可以帮助中国有效应对新常态下的结构转型与经济下行压力，实现在产品出口基础上的产业出口叠加，进而加速"走出去"以构筑对外开放的新格局。对于投资国而言，国际产能合作可以促进当地就业增加、民生改善、产业升级以及经济发展。开展国际产能合作时，对外投资企业需要注意按照属地原则遵守当地的规章制度合法经营，并且注意生态环境保护，承担所在地区的社会责任。只有如此，才能为世界各国发展营造更大市场和空间，重振贸易

和投资这两大引擎。

互联互通的合作重点包括三个方面，分别是交通、能源与通信。交通运输是拓展贸易、促进投资的关键。从硬件方面看，涉及公路、铁路、港口、机场等基础设施的建设；从软件方面看，则需要在建设硬件的基础上重视国际运输的协调机制完善，涉及国际通关、换装、多式联运等机制与规则。只有共同强化软件与硬件的条件，才可以实现国际交通网络以及国际运输的便利化。由于各种能源资源在全球空间分布非常不均衡，因此能源合作无疑具有巨大的潜力，进而可以构成互联互通的一个重要领域。其中包括输油、输气、输电等形式，此外还涉及能源技术、节能减排、能源互联网等合作领域。在通信方面主要包括卫星通信与跨境、跨海光缆铺设等。

四、共同构建绿色低碳的全球能源治理格局

当前，新一轮能源革命蓬勃兴起，世界能源未来发展呈现出新的特征。然而，既有各种全球能源治理机制缺乏有效协调，全球能源治理呈现高度"碎片化"，无法满足构建新型全球能源治理格局的需求。2008年G20华盛顿峰会将能源议题列为"其他挑战"，到2009年匹兹堡峰会上，各方一致同意在清洁能源、可再生能源方面的投资。既包括俄罗斯、沙特等能源生产大国，又包括美国、中国等能源消费大国，同时又能在国际能源署、欧佩克等国际机构之间发挥协调作用的G20，逐步走上全球能源治理的舞台。

2014年布里斯班峰会上，习近平主席就能源议题做主题发言时强调，要参与国际能源规则制定，推进能源技术革命，保障能源市场良好运行，并代表中国与美国、澳大利亚牵头发布《二十国集团能源合作原则》。峰会公报指出，加强能源合作是G20的工作重点，"打造一个强劲并抗风险的能源市场对经济增长至关重要"。2015年11月的安塔利亚峰会上，能源问题首次被列为会议优先议程之一，并召开了G20历史上首次能源部长会议。在中国推动下，2016年4月G20协调人会议发布了G20历史上第一份《关于气候变化问题的主席声明》。在G20峰会成果文件中，中国协调各方意见，形成了气候变化融资的相关内容。习近平主席在G20杭州峰会上的讲话中又明确提出"共同构建绿色低碳的全球能源治理格局，共同推进绿色发展合作"为全球经济治理要抓住的重点之一。

2015年12月，《联合国气候变化框架公约》（UNFCCC）各缔约方一致同意通过《巴黎协定》。该协议明确各缔约方加强对气候变化威胁的全球性应对，将全球平均温度升幅与工业化时期相比控制在2摄氏度以内，并继续努力，争取把

温度升幅限定在 1.5 摄氏度以内。全球将尽快实现温室气体排放达峰,21 世纪下半叶实现温室气体净零排放。根据协议,各方将以"自主贡献"的方式参与全球应对气候变化行动。发达国家将继续带头减排,并加强对发展中国家的资金、技术和能力建设支持,帮助后者减缓和适应气候变化。2016 年 4 月,在美国纽约联合国总部举行了《巴黎协定》的签署仪式,最终 175 个国家正式签字。《巴黎协定》的达成不仅是应对全球气候变化的一个里程碑,而且也构建了一个计划涵盖世界所有国家并指向 2030 年的全球性碳减排体系,将对未来的世界经济发展产生深远影响。

习近平主席曾在联合国发展峰会上倡议探讨构建旨在促进全球清洁能源大规模开发利用的全球能源互联网,推动以清洁和绿色方式满足全球电力需求。这是中国为积极应对气候变化贡献的中国方案,为实现能源可持续发展指明了方向。G20 杭州峰会上,全球能源互联网作为推动基础设施互联互通的重要内容,纳入二十国集团工商峰会会议报告。到 2050 年全球能源互联网初步建成时,清洁能源比重将达到 80%,每年可替代相当于 240 亿吨标准煤的化石能源,减排二氧化碳 670 亿吨。届时,全球气温上升控制在 2 摄氏度以内的目标有望实现。近年来,全球能源互联网建设深入推进,目前全球已形成北美、欧洲、俄罗斯—波罗的海三个特大型互联电网,欧洲超级电网、东北亚互联电网、北非向欧洲输电的"沙漠计划"等互联计划正在积极建设中,它们将成为全球能源互联网的重要组成部分。

全球能源互联网带来的还有更广阔的经济前景。预计到 2050 年全球能源互联网累计投资将超过 50 万亿美元,形成若干个万亿级的投资板块。仅在中国,2016~2030 年特高压及配套电网投资,加上西部清洁能源开发投资,就超过 12 万亿元。全球能源互联网将能源从富裕地输送到匮乏地,实现可再生能源在全球范围内的优化配置,这将让全球人民受益。

五、共同构建包容联动的全球发展治理格局

尽管当今世界经济飞速发展,但是资本主义的生产方式并没有改变,资本主义生产关系占主导的全球经济体系的性质也没有改变,因而资本主义矛盾运动的过程也就没有停止。马克思主义经济学对国际关系的深入剖析,其理论意义就体现在它深刻地揭示了资本主义主导的经济全球化所蕴含的不平衡与不平等。这一点已经被现实情况所证明,法国学者托马斯·皮凯蒂在《21 世纪资本论》中所

提供的实证研究就是一个很好的例证。① 那么，如何克服这种不平衡与不平等呢？打造人类命运共同体就是一种可行的出路。

构建包容联动的全球发展治理格局，适应时代发展的潮流，适应世界发展的需要，反映了多数国家谋求发展的心声。在世界经济遭受金融危机、主权债务危机，迟迟难以走出阴霾的大背景下，构建包容联动的全球发展治理格局不仅可以为中国经济发展创造良好的外部环境，同时也为其他国家的经济发展以及未来经济全球化的深入发展指明了方向。

经济全球化是符合各国人民经济利益的，而导致不平衡与不平等的根源就在于经济全球化被资本主义所主导，成为资本在世界范围谋取利润的一种工具。这样的经济全球化既不符合人类社会的共同利益，又难以长期稳定存在。因此，实现全世界、全人类共同富裕，让不同国家、不同种族的人们都可以获得全面自由的发展，就必须探寻一种合作共赢的经济全球化模式。打造共同利益的基础，首先是要逐步缩小并消除彼此之间的经济发展差距。而消除贫富差距又要依靠经济发展，特别是让贫穷落后的国家加快经济发展速度，提高人民收入。

构建包容联动的全球发展治理格局必须坚持以下若干基本原则。一是要恪守联合国宪章的宗旨和原则，构建以合作共赢为核心的新型国际关系。具体而言，就是坚持遵守和平共处五项原则，即尊重各国主权和领土完整、互不侵犯、互不干涉内政、和平共处、平等互利。遵守和平共处五项原则就是尊重民族国家的核心利益关切，是在平等基础上打造利益共同体的基础。二是和谐包容。不同文明之间要彼此承认多样性的客观存在，注重对方的文化、宗教、发展道路与制度选择，兼容并蓄、相互交流、理解互信，即使存在冲突与矛盾也要沟通协调、求同存异。三是坚持市场化运作。遵循市场规律，遵守并不断完善国际通行规则，充分发挥市场在资源配置中的决定性作用，让各类企业成为世界市场中的行动主体，同时也注意发挥好各国政府的协调与引导作用。四是发挥各方比较优势，兼顾各方的利益关切，激发各方的发展潜力，在寻求最大公约数的基础上共享发展。我国作为开放的最大发展中国家，秉持共商共建共享的全球治理观，倡导国

---

① 法国经济学家、巴黎经济学院教授托马斯·皮凯蒂在《21世纪资本论》中对过去300年来欧美国家的财富收入做了详尽探究，通过大量的历史数据分析，旨在证明近几十年来，不平等现象已经扩大，很快会变得更加严重。他认为，我们正在倒退回"承袭制资本主义"的年代。在这样的制度下，经济的制高点不仅由财富决定，还由继承的财富决定，因而出身要比后天的努力和才能更重要。皮凯蒂指出，最富有的那批人不是因为劳动创造了财富，只是因为他们本来就富有。一句话：人生而不平等。由于资本回报率倾向于高于经济增长率，贫富不均是资本主义固有的东西，所以要彻底铲除经济中的这种不平等现象，就需要在全球范围内对富人征收累进税来保护民主社会。托马斯·皮凯蒂揭示的事实很有意义，但他并未进行更深入的制度分析，没有触及造成欧美国家财富不平等的资本主义制度。

际关系民主化，坚持国家不分大小、强弱、贫富一律平等，支持联合国发挥积极作用，支持扩大发展中国家在国际事务中的代表性和发言权，将继续发挥负责任大国作用，积极参与全球治理体系改革和建设，不断贡献中国智慧和力量。

【思考题】

1. 如何理解经济全球化的本质与影响？
2. 当前经济全球化面临哪些新课题？
3. 如何理解人类命运共同体？
4. 当今世界应该如何推进全球治理？

主要参考文献

1. 马克思：《资本论》，引自《马克思恩格斯文集》第 5~7 卷，人民出版社 2009 年版。

2. 马克思、恩格斯：《共产党宣言》，引自《马克思恩格斯文集》第 2 卷，人民出版社 2009 年版。

3. 马克思：《〈政治经济学批判〉导言》，引自《马克思恩格斯文集》第 7 卷，人民出版社 2009 年版。

4. 马克思：《〈政治经济学批判〉序言》，引自《马克思恩格斯文集》第 2 卷，人民出版社 2009 年版。

5. 恩格斯：《反杜林论》，引自《马克思恩格斯文集》第 9 卷，人民出版社 2009 年版。

6. 《列宁专题文集（论社会主义）》，人民出版社 2009 年版。

7. 《列宁专题文集（论马克思主义）》，人民出版社 2009 年版。

8. 斯大林：《苏联社会主义经济问题》，人民出版社 1952 年版。

9. 毛泽东：《论十大关系》，引自《毛泽东文集》第 7 卷，人民出版社 1999 年版。

10. 《邓小平文选》第 1~2 卷，人民出版社 1994 年版；第 3 卷，人民出版社 1993 年版。

11. 《习近平谈治国理政》，外文出版社 2014 年版。

12. 习近平：《决胜全面建成小康社会 夺取新时代中国特色社会主义伟大胜利——在中国共产党第十九次全国代表大会上的报告（2017 年 10 月 18 日）》，人民出版社 2017 年版。

13. 中共中央宣传部编：《习近平总书记系列重要讲话读本》，学习出版社、人民出版社 2016 年版。

14. 中共中央文献研究室编：《习近平关于社会主义经济建设论述摘编》，中央文献出版社 2017 年版。

15. 《中共中央关于全面深化改革若干重大问题的决定》，人民出版社 2013

年版。

16. 《中共中央关于制定国民经济和社会发展第十三个五年规划的建议》，人民出版社2015年版。

17. 王亚南：《中国经济原论》，商务印书馆2014年版。

18. 钱穆：《中国经济史》，北京联合出版公司2014年版。

19. 孙冶方：《社会主义经济论稿》，广东人民出版社1998年版。

20. 谷书堂：《社会主义经济学通论》（第三版），高等教育出版社2006年版。

21. 蒋学模主编：《高级政治经济学——社会主义本体论》，复旦大学出版社2001年版。

22. 吴树青、谷书堂、吴宣恭主编：《政治经济学（社会主义部分）》，中国经济出版社1997年版。

23. 卫兴华：《中国特色社会主义经济理论体系研究》，中国财政经济出版社2015年版。

24. 张卓元：《当代中国经济学理论研究》，社会科学文献出版社2009年版。

25. 逄锦聚、洪银兴、林岗、刘伟：《政治经济学》（第五版），高等教育出版社2013年版。

26. 顾海良：《马克思经济思想概论》，经济科学出版社2008年版。

27. 洪银兴：《创新性经济发展的新阶段》，经济科学出版社2015年版。

28. 林岗等：《2010～2030年中国经济增长基本条件研究》，经济科学出版社2015年版。

29. 张宇：《中国特色社会主义政治经济学》，中国人民大学出版社2016年版。

30. 编写组：《马克思主义政治经济学概论》，人民出版社、高等教育出版社2011年版。

31. 编写组：《世界经济概论》，高等教育出版社、人民出版社2011年版。

32. 亚当·斯密：《国民财富的性质和原因的研究》，商务印书馆1974年版。

33. 大卫·李嘉图：《政治经济学及赋税原理》，商务印书馆1972年版。

34. 约翰·梅纳德·凯恩斯：《就业、利息和货币通论》，人民日报出版社2009年版。

35. 熊彼特：《经济发展理论》，中国社会科学出版社2009年版。

36. 钱纳里、塞尔昆：《发展的型式1950～1970》，经济科学出版社1988年版。

37. 罗斯托：《经济增长的阶段——非共产党宣言》，中国社会科学出版社2001年版。

38. 麦迪森：《世界经济二百年回顾》，改革出版社1997年版。

39. 蒂坦伯格:《环境与自然资源经济学》(第八版),中国人民大学出版社 2007 年版。

40. 杰奥瓦尼·阿锐基:《漫长的 20 世纪》,江苏人民出版社 2001 年版。

41. 弗朗索瓦·沙奈:《资本全球化》,中央编译出版社 2001 年版。

42. 斯蒂格利茨:《社会主义向何处去》,吉林人民出版社 1998 年版。